普通高等院校经济管理类应用型人才培养实用教材

# 基 础 会 计

**主 编** 李 艳 李 霞
**副主编** 陈 静 张宇雁 赵 珍

西南交通大学出版社
·成 都·

图书在版编目（CIP）数据

基础会计 / 李艳，李霞主编. -- 成都：西南交通大学出版社，2025.2. --（普通高等院校经济管理类应用型人才培养实用教材）. -- ISBN 978-7-5774-0361-8

Ⅰ. F230

中国国家版本馆 CIP 数据核字第 2025G3R076 号

普通高等院校经济管理类应用型人才培养实用教材

Jichu Kuaiji

**基础会计**

主　编 / 李艳 李霞

策划编辑 / 罗在伟　孟　媛　赵思琪
责任编辑 / 罗爱林
责任校对 / 蔡　蕾
封面设计 / 墨创文化

西南交通大学出版社出版发行

（四川省成都市金牛区二环路北一段 111 号西南交通大学创新大厦 21 楼　610031）

营销部电话：028-87600564　　028-87600533

网址：http://www.xnjdcbs.com

印刷：四川煤田地质制图印务有限责任公司

成品尺寸　185 mm×260 mm

印张　21　字数　524 千

版次　2025 年 2 月第 1 版　　印次　2025 年 2 月第 1 次

书号　ISBN 978-7-5774-0361-8

定价　58.00 元

课件咨询电话：028-81435775

图书如有印装质量问题　本社负责退换

版权所有　盗版必究　举报电话：028-87600562

# PREFACE 前 言

为适应市场经济体制对管理学及经济学等专业人才的需求，适应大思政格局构建中关于课程思政建设的要求，把"立德树人"作为根本任务来抓，完善应用型人才培养模式，培养应用型高校大学生对人才市场的适应性，提高学生就业竞争能力，提升学生职业道德素养，结合云南保山学院规划教材建设的推进，编者以《中华人民共和国会计法》《中华人民共和国经济法》《中华人民共和国税法》《中华人民共和国审计法》《中华人民共和国公司法》《企业会计准则》等为依据，结合课程思政的要求，根据专业教学规律，总结专业教学实践经验，组织有丰富教育教学经验和实践经验的教师，经过多次调查研究，编写了《基础会计》一书。本书主要结合管理类及经济类专业学生的培养目标、知识结构和基本职业能力等要求而编写，全书共分为三篇。第一篇主要阐述会计基本理论，包括总论、会计核算基础、账户与复式记账；第二篇主要阐述会计基本业务，包括企业主要经济业务的核算、账户分类；第三篇主要阐述会计基本技能，包括会计凭证、会计账簿、财产清查、财务报告、账务处理程序。本书既可以作为管理学及经济学专业教材，也可供自学者使用。

1. 在每一章都列出了课程思政目标，引导学生弘扬和践行爱国主义精神，树立家国情怀，体现教材的课程思政特点。

2. 结合会计职业道德，利用经济案例，让思想教育工作贴近管理学及经济学专业的属性，引导学生在入职前就深切感悟职业底线和职业规则，体现教材的职业性特点。

3. 以会计工作循环体系为主线，克服了国内同类教材大多未能实现实践与理论循环教学的缺陷，将会计理论知识与会计基础实务有机融合，力求体现会计理论和会计实践的新发展，体现教材的应用性特点。

4. 在编写过程中参考了较多的会计教材和相关文献资料，根据税法的最新精神和要求，调整了相关税目税率，对企业经济业务进行了完善，使教材中的案例内容更贴近会计实务，体现教材的前沿性特点。

5. 课后习题在各章自成体系，但完成全部学习内容后，以综合业务构成一个企业完整的账务处理程序，可供学生进行会计核算基本流程的训练，有利于培养学生的实践操作能力，体现教材的实践性特点。

本书由云南保山学院教授李艳、副教授李霞担任主编，陈静、张宇雁、赵珍担任副主编，贺玉琪、倪佳、杨惠钧、马小涵、刘华、徐国良参编。在编写过程中，编者参考了许多会计教材和相关文献资料，请教了税务、审计、银行、企业等不同领域的多位老师，在此表示衷心的感谢。

出版本书的目的是希望与同仁们共同探析应用型高校人才培养模式，探讨管理学及经济学专业中，课程思政建设的思路。鉴于编者水平有限，书中难免有疏漏之处，真诚希望得到同仁们的批评指正，我们将持续完善修订。

编　者

2024 年 12 月

# CONTENTS 目 录

## 第一篇 会计基本理论

### 第一章 总 论 ··········002
- 第一节 会计的产生与发展 ··········002
- 第二节 会计的概念、职能与目标 ··········007
- 第三节 会计法规体系 ··········013
- 第四节 会计程序和会计方法 ··········018
- 思考与实训练习 ··········023

### 第二章 会计核算基础 ··········027
- 第一节 会计假设与会计基础 ··········027
- 第二节 会计信息质量要求 ··········032
- 第三节 资金运动与会计对象 ··········035
- 第四节 会计要素与会计等式 ··········038
- 思考与实训练习 ··········053

### 第三章 账户与复式记账 ··········062
- 第一节 会计科目与账户 ··········062
- 第二节 复式记账法 ··········070
- 第三节 平行登记 ··········082
- 思考与实训练习 ··········086

## 第二篇 会计基本业务

### 第四章 企业主要经济业务的核算 ··········100
- 第一节 企业经济业务 ··········100
- 第二节 筹资业务的核算 ··········103
- 第三节 供应阶段的核算 ··········111
- 第四节 生产阶段的核算 ··········124
- 第五节 销售阶段的核算 ··········133
- 第六节 财务成果的核算 ··········139
- 思考与实训练习 ··········147

## 第五章　账户分类 ... 160

### 第一节　账户分类概述 ... 160
### 第二节　账户按经济内容分类 ... 162
### 第三节　账户按用途和结构分类 ... 164
思考与实训练习 ... 175

# 第三篇　会计基本技能

## 第六章　会计凭证 ... 180

### 第一节　会计凭证概述 ... 180
### 第二节　原始凭证 ... 182
### 第三节　记账凭证 ... 192
### 第四节　会计凭证的传递与保管 ... 201
思考与实训练习 ... 204

## 第七章　会计账簿 ... 208

### 第一节　会计账簿概述 ... 208
### 第二节　会计账簿的使用 ... 213
### 第三节　错账查找及更正方法 ... 227
### 第四节　账簿的更换与保管 ... 231
思考与实训练习 ... 234

## 第八章　财产清查 ... 239

### 第一节　财产清查概述 ... 239
### 第二节　财产清查的内容和方法 ... 245
### 第三节　财产清查结果的处理 ... 251
思考与实训练习 ... 257

## 第九章　财务报告 ... 263

### 第一节　财务报告概述 ... 263
### 第二节　资产负债表 ... 268
### 第三节　利润表 ... 275
### 第四节　现金流量表 ... 280
### 第五节　所有者权益变动表 ... 285
### 第六节　财务报表附注和财务情况说明书 ... 288
思考与实训练习 ... 290

## 第十章 账务处理程序 ···················· 297
### 第一节 账务处理程序概述 ············· 297
### 第二节 记账凭证账务处理程序 ············· 300
### 第三节 科目汇总表账务处理程序 ············· 308
### 第四节 汇总记账凭证账务处理程序 ············· 312
### 第五节 多栏式日记账账务处理程序 ············· 317
### 第六节 日记总账账务处理程序 ············· 320
### 第七节 信息化下的账务处理 ············· 322
### 思考与实训练习 ············· 323

## 参考文献 ···················· 328

# 第一篇

# 会计基本理论

# 第一章 总论

**学习目标**：了解会计的产生和发展、会计程序和会计的任务；认识会计环境和会计学及其分支、会计核算方法；理解会计与经济发展的关系；明确会计的目标；掌握会计的定义及特征、会计的基本职能。

**学习重点**：会计的定义及特征、会计的基本职能。

**学习难点**：会计的特征、会计基本职能之间的关系。

**课程思政**：职业道德培育、依法监督理念养成。

## 第一节 会计的产生与发展

会计的产生和发展历史跨越几千年。在人类社会发展的历史上，会计作为一种管理活动，是适应社会生产的发展、经济管理的需要而产生和发展的。

物质资料的生产是人类社会赖以生存和发展的基础，生产活动成为人类社会最基本的实践活动。原始社会初期，生产力水平极其低下，剩余产品较少甚至没有，会计只是"生产职能的附带部分"，是人们在生产活动以外，附带地对劳动成果和劳动耗费进行计量和记录，并未成为一项专职的工作，如我国古代的"结绳记事""刻木记数"等。随着社会的进步和生产力水平的提高，生产规模不断扩大和复杂，剩余产品逐渐增多，人们需要记录生产活动耗费的人力、物力和财力，并力求以尽可能少的生产耗费取得尽可能多的生产成果。此时，简单的计量记录行为已不能满足人们的管理需要。因此，会计行为应运而生，并从生产职能中分离出来，成为专职专责专人的管理活动。

可见，会计的发展是一个从简单到复杂、从低级到高级的过程，经历了较长的历史时期，并随着社会发展和管理的需要、科学技术的进步得以不断完善。会计的发展经历了从古代会计、近代会计到现代会计的漫长过程，分别以会计人员产生、复式记账问世和管理会计产生等为主要标志。

## 一、我国会计的产生和发展

会计在我国有悠久的发展历史，我国从公元前 22 世纪末到公元前 17 世纪初在夏朝时代就开始设置会计。

### （一）古代会计（原始社会末期至 15 世纪）

我国从夏朝开始征收国家赋税，并由专门的官员负责对赋税等收支项目进行计算和登记，夏朝成为我国政府会计的历史起点。我国西周时期就出现了"会计"一词，《周礼·天官篇》中，"以逆群吏之治，而听其会计"，出现了专门的官职："大宰""司会"，掌管朝廷中的钱粮赋税，有了报告文书："日成""月要""岁会"，相当于现在的财务报表，形成完整的官厅会计。春秋战国时期至秦代，有了现代会计账簿的雏形："籍书"或"簿书"，以"入""出"为记录符号反映经济收支事项的"三柱结算法"：入－出＝余。我国古代会计全面发展的时期是在唐末宋初，官厅会计有了比较健全的组织机构，如宋代的"会计司"；有了比较严格的计财制度（户籍、记账制度、审计制度、财物保管、出纳保管及会计报告制度等），会计账簿和会计报表的设置也日益完备，由流水账（日记账）和誊清账（总清账）组成的账簿体系已初步形成。宋朝更创建和运用了"四柱结算法"，所谓"四柱"，即"旧管""新收""开除""实在"。四柱之间的结算关系用会计方程式表示为：旧管＋新收＝开除＋实在。每一柱都反映着经济活动的一个方面，各柱相互衔接形成的平衡公式，既可检查日常记账的正确性，又可系统、全面和综合地反映经济活动的全貌。运用"四柱结算法"编制的报告，被称为"四柱清册"。"四柱结算法"开始主要运用于官厅会计中，后来逐渐运用于民间商业活动。"四柱结算法"是我国古代会计的一个杰出成就，标志着我国会计技术达到了一个新水平，是我国最早比较科学、系统、完善的中式会计方法，为我国通行多年的收付记账法奠定了理论基础。

明、清两代，在"四柱结算法"基础上创建了"龙门账"，全部账目分为"进"（收入）、"缴"（支出）、"存"（资产）、"该"（负债），四者之间的关系用会计方程式表示为：进－缴＝存－该。设总账进行"分类记录"，每年年终结账时，根据"进"与"缴"两类账目的记录编制"进缴表"，计算差额并决定盈亏，同时根据"存"与"该"两类账目的记录编制"存该表"，计算差额并决定盈亏，两表计算结果如果完全吻合，则称为"合龙门"，开始复式记账；"龙门账"中的"进""缴""存""该"四要素及平衡关系与现代会计中的收入、费用、资产、权益等会计要素及平衡关系非常接近。

古代会计历时较长，从古代会计运用的技术方法看，主要是单式簿记和初创时期的复式簿记。

### （二）近代会计（15 世纪至 20 世纪 40 年代末）

随着商品经济的进一步发展，资本主义经济关系开始萌芽，民间商业界出现了"四脚账"，又称"天地合账"。它要求对日常发生的一切账项，都要在账簿上记录两笔，既登记"来账"，又登记"去账"，以反映同一账项的来龙去脉。账簿采用垂直书写，直行分上下两格，上格为天，记收，下格为地，记付，上下两格所记数额必须相等，即所谓天地合。

"四柱清册""龙门账""天地合账"显示了我国历史上各个时期传统中式簿记的特点。"龙门账"和"天地合账"被认为是单式簿记到复式簿记的过渡。随着官办企业的不断发展,"西式会计"传入中国,以大清银行为代表的官办企业开始走上改良会计的道路。1908年大清银行创办,标志着西方的借贷记账法开始在中国应用。著名会计学家蔡锡勇(著有《连环账谱》)、谢霖(著有《银行簿记学》),为西方复式记账法传入中国作出了重要贡献。

我国从封建社会步入半殖民地半封建社会后,北洋政府制定了中国历史上第一部《会计法》和《审计法》。到国民政府时期,四政(路政、电政、邮政、航政)特别会计得到发展。以徐永祚为代表的改良中式簿记运动为西式簿记引入奠定了社会基础。1925年3月,我国第一个会计师公会即上海会计师公会,在上海成立。

### (三)现代会计(20世纪50年代至今)

辛亥革命后到新中国成立前,"中式簿记"和"西式簿记"并存。新中国成立后,在财政部设立了主管全国会计事务的机构,称为会计制度处(今财政部会计司)。在高度集中的计划经济体制下,我国参照苏联的会计模式建立了高度统一的企业会计制度和预算会计制度。1963年发布了《会计人员职权试行条例》。改革开放后,国家的重心转向经济建设,1985年颁布《中华人民共和国会计法》(以下简称《会计法》);为适应市场经济的发展,1992年财政部颁布《企业会计准则——基本准则》《企业财务通则》,开始会计改革;1995年至2004年,财政部陆续颁布了16个具体会计准则,并于2001年颁布了统一的《企业会计制度》,会计规范体系得到逐步完善;2005年,颁布《企业会计准则——基本准则》和20多项具体准则的征求意见稿,并对已经实行的16项具体会计准则进行了修订;2006年2月,财政部颁布包括一项基本准则和38项具体准则的《企业会计准则》。至此,适应我国社会主义市场经济发展的、能够独立实施和执行的、与国际会计标准趋同的中国企业会计准则体系正式建立。

现代科学技术的不断进步,尤其是人工智能、大数据、云计算、区块链、互联网等技术的不断发展和成熟,以及市场经济从高速发展到高质量发展,都对会计工作产生了全方位的影响,促进了现代会计的进一步发展。

## 二、西方会计的产生和发展

随着自然经济、商品经济向市场经济过渡,从业主经营的手工作坊到合伙制的出现,从股份公司的兴起到跨国公司的涌现,西方会计始终与社会经济发展相适应。

### (一)古代会计(公元15世纪中叶以前)

此时的会计只是生产职能的附带部分,随着以小生产为主的自然经济占主导地位,有了简单的商品生产,会计才逐渐从生产职能中分离出来,成为独立的、有专人负责的经济管理活动。但由于商品经济不发达,会计还很不成熟,主要采用单式记账法,对经济事项的发生,采取序时流水登记的方法,平时只登记货币资金的收付和债权债务业务。可见,古代会计仅是简单的计量和记录,会计独有的专门方法并未形成,会计也尚未成为独立的学科。

## （二）近代会计（15 世纪中叶到 20 世纪中叶）

到了 15 世纪，随着意大利北部地区手工业的兴起和商业、银行业的繁荣，世界上最早的借贷复式记账法诞生。1494 年，意大利数学家卢卡·帕乔利出版了《算术、几何、比与比例概要》一书，成为会计发展史上的第一个里程碑。该书介绍了以威尼斯复式簿记为主的借贷复式记账法，为借贷复式簿记在世界范围的传播奠定了基础。1581 年，威尼斯会计学院的建立，表明会计已作为一门学科在学校传播。18—19 世纪英国爆发工业革命，社会生产力大幅提高，早期的成本会计应运而生。19 世纪中叶以后，股份公司在西方得到了广泛发展，并成为企业组织的主要形式，而股东则直接负责公司的生产经营管理活动。此时的会计主要服务于公司内部管理。为防止公司经营管理者舞弊，保护投资者权益，英国首先出现了以审查会计报表真实性为目的的独立审计。1894 年，苏格兰爱丁堡会计师公会成立，成为会计发展史上第二个里程碑，它标志着会计开始作为一种专门职业而存在。1911 年弗雷德里克·温斯洛·泰勒的《科学管理原理》出版，产生了标准成本会计，成为会计发展史上的第三个里程碑。美国在经历了 1929—1933 年的经济危机后，开始着手制定会计准则，用以规范会计行为。随着会计理论、方法和技术的快速发展，会计由原来主要对内提供会计信息的簿记（记账、算账和报账），逐渐发展为以提供对外财务信息为主要任务的财务会计。

## （三）现代会计（20 世纪中叶以后）

20 世纪中叶以后，以美国为代表的西方会计界致力于财务会计准则的研究，使以簿记为基础的财务会计趋于系统化和标准化，而跨国公司的兴起则直接促进了国际会计的产生。1973 年，国际会计准则委员会（IASB）成立，随即发布了一系列国际会计准则，引导各国会计逐步走向国际化。随着企业生产经营规模的扩大和市场竞争的加剧，企业的管理得到了高度重视，系统的成本计算、内部控制制度相继形成，成本会计发展迅速；同时，由于企业管理对会计信息资料的新要求，在成本会计的基础上产生了一个新的会计分支，即管理会计。管理会计的产生成为会计发展史上第四个里程碑。随着电子计算技术、信息时代、知识经济时代、互联网时代、大数据时代、数字经济时代等的到来，现代会计由手工簿记系统发展为电子数据处理系统和网络系统。会计处理的电算化，是会计在记录和计算技术方面的重大革命，促进了会计信息的传递，提高了会计信息的使用效率，把会计工作带入一个崭新的变革时期，是会计发展史上第五个里程碑。可见，经济越发展，会计越重要。

## 三、会计学科体系

会计实践出现较早，但会计学的出现则相对较晚。我国第一部论及会计业务的会计著作是唐代史官李吉甫于公元 807 年撰写的《元和国计簿》一书，比会计实践的产生晚了三千多年。西方会计论著出现得更晚一些，1494 年出版的意大利数学家卢卡·帕乔利的《算术、几何、比与比例概要》是西方第一部会计著作，不过这时的会计学还仅仅停留在"簿记学"阶段。1903 年，劳伦斯·狄克西的《高等会计学》和乔治·利司尔的《会计学全书》的出版，才标志着真正意义上的会计学产生。

会计实践是不断发展和丰富的，会计学理论随之也不断地发展和完善。随着会计学研究的深入发展，会计学分化出许多分支，每一分支都形成了一个独立的学科。这些学科相互促进、相互补充，构成了一个完整的会计学科体系。

### （一）会计学科体系的概念及形成

会计学是人们对会计实践进行科学总结、找出其内在规律，将其系统化而形成的知识体系，是研究会计理论和方法的一门经济管理科学。

从会计的产生与发展的描述中可以看出，生产力的发展及其外部经济环境对会计提出了不同的要求与限定，从而推动了会计学科的发展。尤其是近几十年来，人们将信息论、控制论、系统论、行为科学等引入会计学领域，使会计学的内容更加丰富，形成了一个完整的会计知识体系，也就是会计学科体系。会计学科体系的框架如图1-1所示。

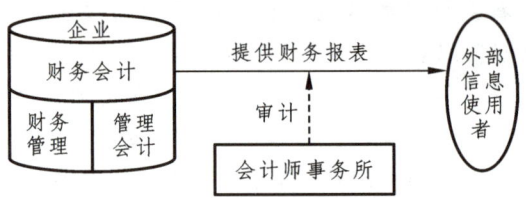

图1-1　会计学科体系的框架

在图1-1中，财务会计、管理会计与财务管理都存在于企业内部，其中，管理会计和财务管理面向公司管理当局，为管理层更有效地管理企业提供各种信息；财务会计则以外部信息使用者为导向，向外部使用者提供反映企业管理者经营管理业绩的信息。由于财务会计信息是由企业内部人员提供给外部使用者的，为确保财务报告信息的可靠性，应该由独立于企业的职业会计人员进行鉴证，这就构成了审计的内容。上述4个方面相互配合构成目前会计学科的大致框架。

### （二）会计职业教育的课程体系

会计学科体系的构成可以从不同的角度进行分类，其研究内容也非常丰富，这里仅立足会计职业教育的课程体系，阐述会计学科体系所要研究的内容。

#### 1. 会计学原理

会计学原理亦称会计学基础、基础会计，是学习会计学科体系其他专业课程的基础。该课程主要阐述会计的基本理论、基本方法、基本技能，主要研究会计的基本概念、记账原理、账务处理程序和方法、会计凭证、会计账簿和财务报表，介绍会计要素的确认、计量、记录和报告的基本知识。

#### 2. 财务会计学

财务会计学亦称财务会计、会计实务，该课程主要阐述处理各项会计要素以及财务报表编制的基本理论与方法，研究如何根据企业已经发生的经济业务，通过对会计要素的确认、计量、记录和报告，提供其财务状况、经营成果和现金流量的信息，以满足外部会计信息使用者的需要。

### 3. 成本会计学

成本会计学亦称成本会计，该课程主要阐述企业的成本核算、成本管理的理论和方法，研究成本管理及降低成本的途径，为企业经营管理决策提供所需的各种成本信息，主要包括成本预测方法、成本计划的编制、实际成本的计算、成本分析、成本控制及成本决策方法等。

### 4. 管理会计学

管理会计学亦称管理会计，该课程主要阐述企业如何利用会计信息和其他有关信息对企业进行经营管理，使企业进行最优决策的基本理论和方法，主要包括预测决策会计、控制会计、责任会计等。管理会计以现代管理科学为基础、以改善企业经营管理为目的，所提供的信息主要面对企业内部管理人员，因此又被称为对内报告会计。

### 5. 审计学

该课程主要阐述对企业经营活动的合法性、合理性、效益性进行监督检查的基本理论和方法。审计的监督和检查，主要是通过检查会计凭证、会计账簿和财务报表来进行的，主要包括审计的基本理论与方法、财务审计、财经法纪审计、经济效益审计等。

### 6. 财务管理学

财务管理学亦称财务管理，该课程主要阐述企业如何筹集并运用资金的理论和方法，主要包括投资、融资、财务分析与预测、企业兼并重组与清算等。

### 7. 会计信息化

会计信息化亦称会计信息系统或财务信息系统，该课程主要阐述利用电子计算机来处理会计数据资料的理论、方法和技术，包括电算化会计处理系统的分析、设计和电算化软件的具体运用。

## 第二节 会计的概念、职能与目标

会计是伴随着人类社会生产的发展和经济管理的需要而产生、发展并不断完善的，也必将随着社会进步、经济发展、环境变化、科技变革等，不断被赋予新的内涵。

### 一、会计的概念

现代会计的概念有多种代表性观点，目前主要存在两种主流学派的观点，即会计管理活动论和会计信息系统论。

#### （一）会计管理活动论

这一观点认为，会计从本质上讲是一种经济管理活动。一方面，会计的职能通过会计人员多种形式的管理活动而实现，即以有用的会计信息为管理者提供决策参考，从而参与会计主体的管理活动；另一方面，会计工作往往在会计主体内部管理的整个系统中进行，每个管理环节都渗透了会计职能作用的发挥。从宏观上看，会计也是国民经济管理的重要基础和组成部分。因此，会计的本质是一种经济管理活动。

会计管理活动论吸收了管理科学思想，因而成为在当前国际国内会计学界具有重要影响的观点。将会计作为一种管理活动并使用"会计管理"这一概念在西方管理理论学派中早已存在，会计早已在"古典管理理论"学派的著作中被列入企业经营管理的职能之一。

### （二）会计信息系统论

这一观点认为，会计是确认、计量、记录和传递信息的系统。原始的经济业务信息进入该系统后，经过识别、计算、分类与汇总，加工和转换为具有可靠性、相关性和可比性的会计信息，将其提供给会计信息的使用者，便于他们了解和掌握企业的经营状况，并作出相应的决策。

会计信息系统论的思想最早起源于美国会计学家 A.C.利特尔顿。他在 1953 年出版的《会计理论结构》一书中指出："会计是一种特殊门类的信息服务。"随着信息论、系统论、控制论等边缘科学的发展，20 世纪 60 年代后期，把会计定义为信息系统的观点开始被美国会计学界和会计职业界所认同。美国会计学会（AAA）和美国注册会计师协会（AICPA）所属的会计原则委员会（APB）都曾对会计下过类似的定义。20 世纪 80 年代，会计信息系统论传入我国并被一些会计学者所重视。

### （三）会计的定义及特征

会计管理活动论和会计信息系统论对会计定义的讨论产生了积极的社会影响，综合不同的观点，会计的定义可概括为：会计是以货币为主要计量单位，运用一整套科学的专门方法和程序，对会计主体的经济活动进行全面、连续、系统、综合的核算和监督，如实反映受托责任履行情况和提供有用经济信息为主要目的，并参与经济预测与决策的经济管理活动。

从会计的定义中可发现，会计具有以下基本特征：

（1）以货币为主要计量单位。对经济社会生产、分配、交换和消费过程及其结果进行计量的尺度通常有实物计量尺度、劳动计量尺度、时间计量尺度和货币计量尺度等多种。其中，货币计量尺度由货币为一般等价物的性质所决定，具有全面性、综合性等特征，可将复杂的不同质的经济活动加以计量和综合，是衡量一般商品价值的共同尺度。因此，以货币为主要计量单位、其他计量尺度作为辅助性补充成为会计的基本特征之一。

（2）会计采用一系列的专门方法和程序。会计产生于人们对经济活动过程中生产耗费、生产成果的观察、计量以及记录和比较的需要，会计记录的真实可靠、会计计量的准确完整是经济社会对会计的基本要求，是会计的本质特征，为此，会计所采用的各种专门方法和程序之间也形成了一个科学系统。会计方法通常包括会计核算方法、会计分析方法、会计检查方法等，其中会计核算方法是会计确认、计量、记录和报告的最基本方法，包括一整套的程序和具体手段。

（3）核算职能和监督职能相结合。会计核算和监督的过程不仅是一个连续系统的过程，也是一项十分复杂缜密的整体性工作。为此，会计要按照相关法律法规的要求，对经济活动过程及结果进行确认、计量、记录和报告，同时要对经济活动的合法性、合规性和合理性进行审查。因此，会计核算和监督是会计的两大基本职能。

（4）对企业实际发生的经济活动进行核算。会计要反映经济活动的真实情况，就要在每项经济活动发生或完成后，取得能证明经济业务确实发生或完成的书面凭证。这种凭证要具有可验证性，才能据以登记会计账簿，以保证会计所提供的信息真实可靠。所以，"实际发生"就是要有真实合法的会计凭证。

## 二、会计的职能

会计的职能是指会计在经济管理活动中所具有的功能，即人们在经济管理活动中运用会计干什么。从会计发展史可知，生产力发展水平和经济管理水平的高低对会计的职能具有决定性作用。会计发展初期，会计的职能主要是核算。随着生产力水平和经济管理水平的提高，会计又发挥了监督经济活动的职能。马克思把会计的职能高度概括为"过程的控制和观念的总结"，后来人们把它总结为"会计核算和会计监督"。《会计法》第五条将会计定位于"进行会计核算，实行会计监督"，从法律上明确了会计的基本职能是核算和监督。此外，会计还具有评价经营业绩、预测经济前景、参与经济决策等职能。因此，会计的职能可以分为基本职能和拓展职能，基本职能是核算和监督，拓展职能是评价、预测、决策等。

### （一）基本职能

#### 1. 会计核算职能

会计的核算职能是指按照会计法律法规的要求，运用科学的原理和方法，主要以价值形式对会计主体的经济活动全过程进行确认、计量、记录和报告，反映资金运动的过程和结果，为经济管理提供全面、连续、系统、真实的会计信息。会计核算是会计工作的起点和基础，会计核算贯穿于经济活动的全过程。会计核算的主要内容是：① 款项和有价证券的收付；② 财物的收发、增减和使用；③ 债权、债务的发生和结算；④ 资本、基金的增减；⑤ 收入、支出、费用、成本的计算；⑥ 财务成果的计算和处理；⑦ 需要办理会计手续、进行会计核算的其他事项。

其特征如下：

（1）会计核算是对会计主体过去已经发生的经济业务进行核算。只有在每项经济业务发生或完成后，才能取得该项经济业务完成的书面凭证。这种凭证具有可验证性，据以记录账簿并生成财务报表，从而保证会计提供的信息真实可靠。

（2）会计核算具有全面性、连续性、系统性。全面性是指对各种经济活动都要能反映其来龙去脉，不能任意取舍，不可遗漏；连续性是指按照经济活动发生的时间顺序做不间断的记录；系统性是指采用科学的方法进行分类、加工和汇总，使提供的会计信息更加科学有序。

（3）会计核算以货币为主要计量单位。货币计量起到综合汇总的作用，综合反映企业的经济活动；在货币计量的同时，根据需要可辅之以实物量度和劳动量度，使经济活动的结果呈现得更加详细和全面。

## 2. 会计监督职能

会计监督可分为单位内部监督、国家监督和社会监督三部分，三者共同构成"三位一体"的会计监督体系。单位内部的会计监督职能是指以国家的经济政策、会计法律法规以及单位内部会计管理制度、预算等为准绳，对特定会计主体经济活动的真实性、合法性、合理性进行审查，以确保会计主体资产安全、经营合规、信息可靠。会计监督同样贯穿于经济活动的全过程，主要内容是：① 对原始凭证进行审核和监督；② 对伪造、变造、故意毁灭会计账簿或者账外设账行为，应当制止和纠正；③ 对实物、款项进行监督，督促建立并严格执行财产清查制度；④ 对指使、强令编造、篡改财务报告行为，应当制止和纠正；⑤ 对财务收支进行监督；⑥ 对违反单位内部会计管理制度的经济活动，应当制止和纠正；⑦ 对单位制定的预算、财务计划、经济计划、业务计划的执行情况进行监督等。

会计监督职能的特征如下：

（1）会计监督是对经济活动的真实性、合法性和合理性进行审查。真实性是指会计核算是否依据实际发生的经济业务，如实反映经济交易或事项的真实状况，是否具有可验证性；合法性是指各项经济业务是否符合国家的法律法规，以及会计核算是否符合相关的会计法规、遵守财经纪律；合理性是指经济活动是否符合经济运行的客观规律以及会计主体经营管理的特征。

（2）会计监督是对经济活动的全过程进行审查，包括事前监督、事中监督和事后监督。事前监督与事中监督有利于尽早发现问题，及时采取补救措施，防患于未然；事后监督有利于检查经济活动的全过程，提高会计信息的准确性。

（3）会计监督具有强制性。会计监督以国家的相关法律法规为准绳。《会计法》不仅赋予会计机构和会计人员行使监督的权利，同时也规定了监督者的法律责任。

## 3. 核算职能与监督职能的关系

会计的两大基本职能是紧密结合、相辅相成的。会计核算是会计监督的基础，没有核算所提供的各种信息资料，监督就失去了依据，无法发挥其职能；会计监督是核算的继续和质量保证，没有会计监督，就不能保证会计核算资料的真实性、合法性、合理性，会计核算就失去了意义。会计核算的过程也是会计监督的过程，只有通过会计监督才能进行有效的会计核算，离开了会计监督，会计核算就没有保证。因此，会计既要核算，又要监督。

## （二）拓展职能

随着社会的发展、技术的进步，经济关系的复杂化和经济管理水平的不断提升，会计的职能也随之扩展。除了上述基本职能外，会计还具有预测、决策、评价等拓展职能。

（1）预测职能，是指根据财务报告等提供的信息，定量或者定性地判断和推测经济活动的发展变化规律，预测经济前景，以指导和调节经济活动，提高经济效益。

（2）决策职能，是指根据财务报告等提供的信息，运用定量分析和定性分析方法，对备选方案进行经济运行的可行性分析，为企业经营管理等提供与决策相关的信息，参与经济决策。

（3）评价职能，是指利用财务报告等提供的会计信息，采用适当的方法，对企业一定经营期间的资产运营、经济效益等经营成果，对照相应的评价标准，做出真实、客观、公正的综合评判，评价经营业绩。

### 三、会计的目标

从会计的产生和发展历史可知：人类在社会实践中运用会计的目的就是要借助会计对经济活动进行反映和监督，完成会计任务，为会计信息使用者提供会计信息和评价经营责任，从而获得最大的经济效益。会计信息使用者是谁、他们需要什么样的信息，这两个问题决定了会计的目标。

#### （一）会计信息使用者

会计信息使用者通常为会计主体的利益相关者。由于会计主体的性质不同，其相关利益者存在一定的差异。企业的利益相关者是指与企业存在利益关系的组织或个人，行政事业单位的相关利益者则与企业不同。本教材以企业为例，因此，以下会计主体均指企业。

企业会计信息使用者包括会计信息的内部使用者和外部使用者。

##### 1. 内部使用者

内部使用者主要是企业管理者及员工。

（1）管理者。在所有权和经营权分离的现代企业中，投资者授权管理者经营与管理企业，管理者根据企业的经营业绩获得相应的报酬，两者之间形成了委托与被委托的关系，即委托代理关系。管理者履行受托责任，需要全面了解和掌握企业的生产经营活动过程及结果，对财务状况、经营成果和现金流量等进行分析、考核、评价，并据以进行经济预测和决策，不断提高企业的经营管理水平与经济效益；同时也要定期向委托人（所有者）提供有关企业财务状况、经营成果和现金流量的会计信息。

（2）员工。员工向企业提供劳务并获取薪酬，企业经营业绩好坏与员工获得的报酬息息相关。因此，员工时刻会关注企业的经营状况及财务绩效。他们需要通过会计信息来判断企业发展前景、经济效益和自身薪酬水平的变化，以此决定继续服务还是选择离开。

##### 2. 外部使用者

外部使用者主要是与企业有直接或间接经济利益关系的单位和个人，包括投资者、债权人、供应商、客户、社会公众、政府及相关部门等。

（1）投资者。投资者又称股东或所有者。投资者将资本投入企业，目的是在资本保值的前提下，实现资本增值。因此，投资者首先希望能从投资中获得尽可能多的收益，分享企业的利润；其次投资者还可能出售所持有的股权，而股权的价值不仅取决于企业过去的经营业绩，也反映出对未来经营业绩的预期。投资者需要依靠会计信息了解企业管理者受托责任的履行情况，根据企业的经营业绩对管理者进行评价与考核，决定是否继续聘用以及作出追加投资、减少投资或者维持目前投资的决策。

（2）债权人。债权人通过信贷等方式将资本投入企业，其目的是希望按时收回本金和利息。因此，债权人最关心的是本金和利息是否能安全收回，需要通过了解和掌握企业的财务状况、盈利水平以及现金流量等会计信息，以判断企业的偿债能力，以便作出是否继续贷款或者收回贷款的决策。

（3）供应商。供应商是企业原材料、商品及服务的提供者，也是企业短期资金的提供者，通过赊销赊购的方式，向企业提供商业信用，是企业的主要合作伙伴。供应商最关心的是货款能否按期收回，因此，他们需要了解与企业经营状况、获利能力和支付能力相关的会计信息，以此决定贸易策略，即是否继续合作并提供商业信用。

（4）客户。客户是企业的经销商或者企业产品的终端消费者，也是企业收入和利润的提供者。客户最关心的是销售政策、产品质量和价格等会计信息，因此，有关企业运营能力、获利能力和增长能力的会计信息是他们关注的焦点，也是其决定是否继续购买商品或服务（消费者）和继续合作（经销商）的依据。

（5）社会公众。社会公众是指有兴趣了解企业财务状况和经营成果的各方人士，是企业潜在的投资者。了解和掌握企业的财务状况、盈利水平以及现金流量等会计信息，判断企业的盈利能力、发展能力和发展前景，作出是否投资的决策。

（6）政府及相关部门。对政府相关部门（财政、税务、审计等）及企业上级主管部门来说，通过财务报告提供的会计信息，可以了解企业经营资金的构成及使用是否合理，检查企业税收计算是否正确，税费是否及时、足额缴库，合理评估资源配置的有效性、经济政策制定的有效性、环境保护与经济发展的平衡以及税费政策的合理性等问题，监督企业在经营活动与会计核算中有无违法违纪问题，考核企业经营业绩及各项经济政策贯彻执行情况，从而更好地发挥宏观调控与经济监督的作用。

此外，会计师事务所等中介机构也是会计信息的使用者。

### （二）会计目标

会计目标是指人们通过会计工作预期所要达到的目的。广义而言，会计是为满足人类社会经济活动管理的需要而产生的，并在管理需要的变化中得以不断发展。具体而言，会计目标一方面要考虑满足资源配置的需要，力求将社会经济资源配置到最有效的地方，保证社会经济的发展要求。因此，会计目标要明确向谁提供信息、提供何种信息、何时提供信息、以何种方式提供信息、必须符合何种质量标准等，以利于信息使用者通过决策而使社会经济资源实现有效配置。另一方面会计目标要反映管理层受托责任履行情况，以利于委托人对经营业绩进行评价，作出决策。

会计目标指明了会计实践活动的目的和方向，明确了会计在经济管理活动中的使命，成为会计发展的导向。制定科学的会计目标，有利于把握会计发展趋势，确定会计未来应采取的措施，有利于促使会计工作规范化、标准化、系统化，更好地为社会经济发展服务。

《企业会计准则——基本准则》对财务会计报告目标的界定是："我国财务会计报告的目标，是向财务报告使用者提供与企业财务状况、经营成果和现金流量等有关的会计信息，反映企业管理层受托责任的履行情况，有助于财务报告使用者作出决策。"可见，我国的会计目标有"决策有用观"和"受托责任观"两种学术观点。

#### 1. 决策有用观

决策有用观强调，会计的目标就是向会计信息使用者提供决策有用的信息，以帮助决策者作出合理的决策，保障其以最少的资源消耗获得最大的利益。这一观点适用的经济环境是所有权与经营权相分离，并且资源的分配是通过资本市场进行的，即委托方与受托方的关系不是直接建立起来的，而是通过资本市场建立的，这导致了委托方与受托方两者关系的模糊，委托人较为关注资本市场的整体风险和报酬，从而要求会计提供决策有用的信息。

市场经济条件下，有用的会计信息可以为决策者作出多方面的经济决策提供参考，如：

（1）现有的或潜在的投资者需要了解被投资对象的经营能力和获利能力，以便决定是否投资或撤资。

（2）发放贷款的债权人或作为债务的担保人，包括银行等金融机构或非金融机构，需要了解贷款对象或担保对象的偿债能力，以便决定是否进行贷款或担保。

（3）国家税务机关需要了解被征税对象的实际经营收入或盈亏情况，以便确定纳税人是否依法纳税。

（4）会计主体的管理者需要了解本单位的经营状况，以便制订长短期发展计划，加强经营管理，不断提高经济效益。

（5）会计主体的员工需要了解本单位的经营状况，以便确定个人的报酬是否合理及是否继续留职本岗位。

### 2. 受托责任观

受托责任观强调，会计的目标是为了向委托人报告受托责任的履行情况。这一观点适用的经济环境是所有权与经营权相分离，且委托方和受托方有明确的委托关系存在。当所有者不担任管理者时，所有者与管理者之间的关系就是委托人和代理人的关系。所有者将其财产委托给管理者管理，让财产得以保值和增值，管理者有义务履行受托责任，并定期向所有者报告其财产的保值和增值情况以及受托责任的完成情况；所有者则通过及时了解和评价管理者的受托责任履行情况，决定是否继续投资和委托等，从而要求会计提供管理者履行受托责任的情况。

各个层次的管理者之间也存在着委托人和代理人的关系。上一级管理者委托下一级管理者按照计划开展具体的管理活动；下一级管理者有义务履行责任，并且定期或在管理活动结束时向上一级管理者报告，如下一级管理者可以定期编制控制报告，汇报计划的完成情况。

可见，"决策有用观"下的会计目标是向会计信息使用者提供有助于作出合理决策的信息，在反映会计信息时主要强调信息的相关性和有用性；"受托责任观"下的会计目标是反映受托责任的履行情况，在反映会计信息时主要强调信息的客观性和可靠性。

## 第三节　会计法规体系

会计法规体系是指导和管理会计活动的法律、规章、制度和道德守则的总和，它是会计工作的依据和标准。为了实现会计目标，为了公平公正地协调各方利益，为了促进国际间的经济交往，各国都建立了会计法规体系。

## 一、会计法规体系的构成

会计法规体系是由多个层次构成的，每个层次对于规范会计行为都具有重要作用。这里的会计法规体系按权威和法律效力区分，主要分为5个层次。

### （一）法律层次

会计法律是由国家最高权力机关——全国人民代表大会及其常务委员会制定的，对于规范会计行为具有最高的权威性和约束力，为会计人员提供了规范会计行为的具体指引和标准，从而保障了会计活动的合法性、准确性和公正性。

会计法律包括《会计法》《中华人民共和国公司法》《中华人民共和国税收法》《中华人民共和国预算法》《中华人民共和国审计法》《中华人民共和国注册会计师法》等。其中，《会计法》是会计法律制度中层次最高的法律规范，是会计工作的根本大法，是制定其他各层次会计法规的依据，也是指导会计工作的最高准则。

### （二）行政层次

行政法规是由我国最高行政机关——国务院制定的。会计行政法规是根据《会计法》等会计法律制定的，是对会计法律的具体化或对某个方面的补充，一般称为条例，具有一定程度的法律效力及制度规范性，提供了具体的会计标准。

国务院制定的会计行政法规，如《总会计师条例》《企业财务会计报告条例》《行政事业性国有资产管理条例》《关于进一步深化预算管理制度改革的意见》等。

### （三）部门规章

部门规章是由国务院有关部门拟定经国务院批准发布的规章制度，如国家主管会计工作的行政部门——财政部以及其他部委制定的指导会计工作的具体规定，包括会计规章、规范性文件、通知等，具有较强的规范性，提供了会计工作的规则，为会计实践提供具体指导。制定会计部门规章必须以会计法律和会计行政法规为依据。

财政部制定的会计规章制度，如《企业会计准则》《企业会计准则——应用指南》《政府会计准则》《小企业会计准则》《政府会计制度》《行政单位财务规则》《会计人员职业道德规范》《小企业内部控制规范（试行）》《会计档案管理办法》等。

部门规章也包括国家税务总局、证监会、教育部等部门制定的各种规章、规范性文件以及通知等。

### （四）地方性会计法规

地方性会计法规是由各省、自治区、直辖市人民代表大会或常务委员会在同宪法、会计法律、行政法规、部门规章不相抵触的前提下，根据本地区情况制定的适用于本地区会计工作管理的规定、办法、规则、通知等，如《云南省政府性债务管理办法》《云南省会计条例》《云南省代理记账管理实施办法》等。

### （五）行业规范

行业规范是由行业自主组织或协会制定的行业标准、行业规范等，致力于推进行业自律和规范发展。我国会计行业规范主要由中国注册会计师协会、中国会计学会、中国审计协会等单位发布，如《注册会计师执业规范》《内部审计规范》等。这些规范对于推动会计专业发展、加强行业自律具有非常重要的作用。

此外，各会计主体还应当根据《会计法》等相关法规的规定，结合自身的业务类型和内部管理需要，建立健全内部会计管理制度，如《会计人员岗位责任制度》《内部牵制制度》《财产清查制度》《成本核算制度》等。

综上所述，会计法规体系的每个层次都有不同的制度、规范和约束力，共同构成了完整的会计法规体系。在实践中，财务人员需要严格遵守各层次的法规，以确保会计工作的合法性、准确性和公正性。现行主要的会计法规体系如表 1-1 所示。

表 1-1　现行会计法规体系（部分）

| 层　　次 | 法律法规 |
| --- | --- |
| 法律法规 | 《中华人民共和国会计法》 |
| | 《中华人民共和国注册会计师法》 |
| | 《中华人民共和国公司法》 |
| | 《中华人民共和国税收法》 |
| | …… |
| 行政法规 | 《总会计师条例》 |
| | 《企业财务会计报告条例》 |
| | 《行政事业性国有资产管理条例》 |
| | 《关于进一步深化预算管理制度改革的意见》 |
| | …… |
| 部门规章 | 《企业会计准则》 |
| | 《小企业会计准则》 |
| | 《政府会计准则》 |
| | 《政府会计制度》 |
| | 《关于进一步加强财会监督工作的意见》 |
| | 《行政单位财务规则》 |
| | 《会计基础工作规范》 |
| | 《会计档案管理办法》 |
| | 《会计专业技术资格考试实施办法》 |
| | 《会计人员职业道德规范》 |
| | …… |

续表

| 层次 | 法律法规 |
|---|---|
| 地方性法规 | 《云南省政府性债务管理办法》 |
| | 《云南省会计条例》 |
| | 《云南省代理记账管理实施办法》 |
| | …… |
| 行业规章 | 《注册会计师执业规范》 |
| | 《内部审计规范》 |
| | …… |

## 二、会计法规体系的特征

会计是经济管理的重要组成部分，会计行业是一个特殊的行业，规范和约束会计行业的会计法规体系，与其他行业规范相比，具有明显的特征。

### （一）会计法规具有权威性

会计法规作为评价会计行为合理、合法的有效标准，必然具有充分的影响力和威望，能够让会计人员信服，不管这种承认是自发的还是强制的，也不管这种规范是成文的还是惯例的。通过这些标准，会计人员能明白哪些行为是符合法规的，哪些行为是不符合法规的。权威性可以来自制定会计法规的国家立法机关、行政机关和行业协会，也可以来自社会的广泛支持。

### （二）会计法规具有统一性

会计法规体系在一定范围内是统一的，适用的对象不是针对具体和特定的会计主体，而是广泛适用于全国范围；不是针对某一具体和特定的会计业务，而是适用于任何会计行为。当然，会计法规的适用也有一定的范围限制，比如：地方性会计法规只能适用于本地区；企业内部管理制度只能在本企业具有较强的约束力。

### （三）会计法规具有科学性

会计是一门科学，会计法规体系更需要科学合理，即会计规范体系能够体现会计工作的法律要求和内在要求，能够与会计所处的客观环境、客观条件有机结合，体现高度科学性。

### （四）会计法规具有相对稳定性

会计法规体系在一定时期、一定客观环境下是相对稳定的，但并非是一成不变的。随着社会政治经济条件的发展变化，一些会计法规可能不再适宜，或变得过时而需要进行修正甚至放弃，而一些新的会计法规逐渐被建立、被接受。因此，会计法规体系的建立和发展是一个动态的演进过程。

## 三、企业会计准则

会计准则是对会计实践活动的规律性总结，是从事会计工作的标准和指导思想。我国现行的企业会计准则包括《企业会计准则——基本准则》《企业会计准则——具体准则》《企业会计准则——应用指南》3个层次。基本准则和具体准则于2006年2月15日以财政部令第33号公布，自2007年1月1日起施行。其中，基本准则为主导，对企业财务会计的一般要求和主要方面做出了原则性的规定。

《企业会计准则——基本准则》包括总则、会计信息质量要求、资产、负债、所有者权益、收入、费用、利润、会计计量、财务会计报告、附则11章共50条；《企业会计准则——具体准则》包括1号存货、4号固定资产、6号无形资产、9号职工薪酬、14号收入、30号财务报表列报等在内的38项具体准则。在施行过程中，为适应企业和我国资本市场发展的需要，实现我国企业会计准则与国际财务报告准则的持续趋同，财政部于2014年对基本准则第42条进行了修订，对5项具体准则进行了修订，并新增了3项具体准则；2017年又修订了6项具体准则，并新增一项具体准则。

2006年10月30日，财政部发布了《企业会计准则——应用指南》。应用指南是企业会计准则体系的重要组成部分，内容包括对《企业会计准则第1号——存货》等32项具体准则的进一步阐释，以及对会计科目和主要账务处理做出的规定。

一项基本准则和42项具体准则以及一系列会计准则应用指南的颁布，标志着我国企业会计准则体系构建工作已基本完成，极大地完善了我国的会计法规体系。

## 四、会计人员职业道德规范

2023年1月12日，为贯彻落实党中央、国务院关于加强社会信用体系建设的决策部署，推进会计诚信体系建设，提高会计人员职业道德水平，根据《会计法》《会计基础工作规范》，财政部研究制定了《会计人员职业道德规范》。其主要内容包括：

### （一）坚持诚信，守法奉公

牢固树立诚信理念，以诚立身、以信立业，严于律己、心存敬畏。学法知法守法，公私分明、克己奉公，树立良好职业形象，维护会计行业声誉。

### （二）坚持准则，守责敬业

严格执行准则制度，保证会计信息真实完整。勤勉尽责、爱岗敬业，忠于职守、敢于斗争，自觉抵制会计造假行为，维护国家财经纪律和经济秩序。

### （三）坚持学习，守正创新

始终秉持专业精神，勤于学习、锐意进取，持续提升会计专业能力，不断适应新形势新要求，与时俱进、开拓创新，努力推动会计事业高质量发展。

## 第四节 会计程序和会计方法

会计为了向会计信息使用者提供决策有用的会计信息，需要通过一系列会计程序和专门的方法来履行会计职能、实现会计目标、完成会计任务。

### 一、会计程序

会计程序是指会计信息系统在加工数据并形成最终会计信息的过程中所特有的步骤，包括会计确认、会计计量、会计记录和会计报告。确认是指确定辨识哪些经济业务可以进入会计系统，以及何时在账簿系统中进行记录；计量是指确认的会计事项（会计要素）的货币价值是多少；报告是指在财务报表中的列示。

#### （一）会计确认

这一程序主要解决是否确认、如何确认、何时确认3个问题。是否确认即哪些交易或事项应该进入会计核算系统；如何确认即进入会计核算系统的项目应作为哪一项会计要素加以记录；何时确认即在不同时间确认会计事项对会计要素产生哪些影响。

**1. 会计确认的含义**

会计确认即会计要素的确认，是指对企业发生的交易或事项进行分析判断，将符合会计要素定义和确认条件的项目纳入财务报告的过程。

**2. 会计确认的步骤**

会计确认包括两个步骤：一是将经济业务传递的数据利用文字和金额表述归集于账户中；二是将数据表述于财务报告中，形成有助于会计信息使用者作出决策的会计信息。前者可以认为是初次确认，而后者则是一种再确认。所以广义的会计确认包括计量、记录和报告的全过程。

**3. 会计确认的条件**

会计确认必须同时符合3个条件。
（1）符合要素的定义，即纳入资产负债表和利润表的项目必须符合会计要素的定义。
（2）与该项目有关的未来经济利益很可能流入或者流出企业。
（3）与该项目有关的流入或流出的经济利益可以可靠计量。

#### （二）会计计量

会计通常被认为是一个对会计要素进行确认、计量、记录和报告的过程，在明确了企业发生的经济活动所涉及的会计要素之后，就需要进一步确定其影响的程度，即要确定对有关会计要素的增减变化会产生多大的影响。

1. 会计计量的含义

会计计量是在会计确认的基础上,将企业发生的交易或事项予以量化的过程。

《企业会计准则——基本准则》规定:"企业在将符合确认条件的会计要素登记入账并列报于会计报表及其附注时,应当按照规定的会计计量属性进行计量,确定其金额。"会计以货币作为主要计量单位,计量属性需要根据不同的目的进行选择。

2. 会计计量的属性

《企业会计准则——基本准则》规定:"会计计量属性包括历史成本、重置成本、可变现净值、现值和公允价值。"

会计实务中,资产价值的确定涉及两个问题:一是新增资产价值如何确定,会计上称为初始计量;二是持有期内资产价格发生变化时如何处理,即资产期末计量。不论是初始计量还是期末计量,资产价值需要根据所采用的计量属性而定。

(1) 历史成本。历史成本又称实际成本,是指取得或控制某项经济资源时所实际支付的现金或者现金等价物。在历史成本计量下,资产按照购置时支付的现金或者现金等价物的金额,或者按照购置资产时所支付的对价的公允价值计量;负债按照因承担现时义务而实际收到的款项或者资产的金额,或者承担现时义务的合同金额,或者按照日常活动中为偿还负债预期需要支付的现金或者现金等价物的金额计量。

历史成本计量要求对会计要素的计量,应基于经济业务的实际交易成本,不考虑随后市场价格变动的影响。在币值基本稳定的前提下,采用历史成本计量,是世界各国的通用做法,也是一直以来会计计量中最基本的属性。

历史成本计量的优点:历史成本是实际发生数,通常以发票、合同、账单等作为依据,既客观又可靠;因为有原始凭证作为依据,采集数据便捷,并且可进行验证;不同企业或同一企业的不同时期都采用历史成本计量,可避免由于采用其他计量属性而引起的会计信息的差异,体现了会计信息的一致性和可比性。基于此,历史成本计量对于资产的初始计量具有优越性。

历史成本计量的缺陷:对资产持有期间以及期末计量而言,资产的价格可能会发生变化,购入时的实际成本已不能反映期末的价值。因此,历史成本计量不便于会计信息使用者根据变化的价值进行预测和决策,降低了会计信息的相关性。于是便产生了其他计量属性及其各种计量属性的组合使用。

(2) 重置成本。重置成本也称现行成本,是指按照当前的市场条件,重新获得同样一项资产所需支付的现金或者现金等价物的金额。在重置成本计量下,资产按照现在购买相同或者相似资产所需支付的现金或者现金等价物的金额计量;负债按照现在偿付该债务所需支付的现金或者现金等价物的金额计量。例如:3年前购入某种机器设备,实际成本16万元。本年若购入新旧程度相同的该机器设备,实际成本需要10万元,则10万元就是本年该机器设备的重置成本。

重置成本计量的优点:考虑了物价变动的影响,能避免物价变动时虚计收益,更准确地反映费用的补偿,有利于资本保全;提供的会计信息与决策的相关性强。

重置成本计量的缺陷:可操作性比较差。以资产为例,随着技术的发展与进步,很难找到两个不同时期相同或类似的资产。

会计实务中,重置成本多用于固定资产盘盈的计量。

（3）可变现净值。可变现净值是指在企业正常生产经营过程中，以估计售价减去进一步加工的估计成本和销售所必需的估计税金、费用后的净值。在可变现净值计量下，资产按照其正常对外销售所能收到的现金或者现金等价物的金额，扣减该资产至完工时估计将要发生的成本、估计的销售费用以及相关税费后的金额计量。会计实务中，比较典型的事项是，存货在计提跌价准备时，需要比较存货的成本与存货的市价，存货市价就是按照可变现净值计量的。

可变现净值计量的优点：能够比较真实地反映资产的价值。

可变现净值计量的缺陷：在操作上有一定的难度。

会计实务中，可变现净值多用于存货资产减值情况下的后续计量。

（4）现值。现值是指对未来现金流量以恰当的折现率进行折现后的价值，是考虑货币时间价值的一种计量属性。在现值计量模式下，资产按照预计从其持续使用和最终处置中所产生的未来净现金流入量的折现金额计量；负债按照预计期限内需要偿还的未来净现金流出量的折现金额计量。

现值计量属性的优点：考虑了货币的时间价值，最能反映资产的经济价值，会计信息的决策相关性强。

现值计量属性的缺陷：可靠性较差，从技术上看，未来现金流量、贴现率与收益期等都存在很大的不确定性。

（5）公允价值。公允价值是指按照市场参与者在计量日发生的有序交易中，出售资产所能收到或者转移负债所需支付的价格。

市场参与者是指在相关资产或负债的主要市场中，同时具备下列特征的买方和卖方：双方应该相互独立，不存在《企业会计准则第36号——关联方披露》所述的关联方关系；双方应当熟悉情况，能够根据可取得的信息对相关资产或负债以及交易具备合理认知；双方应当有能力并自愿进行相关资产或负债的交易。有序交易是指在计量日的前一段时期内相关资产或负债具有惯常市场活动的交易，清算等被迫交易不属于有序交易。

公允价值计量属性的优点：所提供的会计信息与决策相关性强。

公允价值计量属性的缺陷：对不存在活跃交易市场的资产，其公允价值难以确定，采用估值技术测算的结果主观性强，会影响会计信息的可靠性；当市价高于成本时，会计上要确认未实现的收益，不符合谨慎性的要求。

会计实务中，公允价值计量被我国适度和有条件地引入会计核算当中，《企业会计准则第39号——公允价值计量》具体指导公允价值的运用。公允价值计量主要用于交易性金融资产的计量等。

5种计量属性的计量对比如表1-2所示。

表1-2　5种计量属性的计量对比

| 计量属性 | 对资产的计量 | 对负债的计量 |
| --- | --- | --- |
| 历史成本 | 按当时购置金额 | 按承担现时义务的金额 |
| 重置成本 | 按现在购置金额 | 按现在偿还的金额 |
| 可变现净值 | 按现在出售金额 | — |
| 现值 | 按未来金额折现 | 按未来现金流折现的偿还金额 |
| 公允价值 | 有序交易中出售资产的价格 | 有序交易中转移负债的价格 |

### 3. 计量属性的应用原则

由于各种计量属性各有利弊，会计实务中一般以历史成本计量为基础，同时将历史成本计量与其他计量属性组合使用、相互补充，共同提供既相关又可靠的会计信息。随着经济全球化、企业并购以及新的金融工具的日益出现，公允价值在国际财务报告准则中已跃升为与历史成本并驾齐驱的计量属性。但其使用需要有活跃的交易市场、需要会计人员具备较高的职业判断能力，因此，目前在我国会计实务中，对公允价值的使用采用适度、谨慎的做法。

《企业会计准则——基本准则》规定："企业在对会计要素进行初始计量时，一般应当采用历史成本，采用重置成本、可变现净值、现值、公允价值计量的，应当保证所确定的会计要素金额能够持续取得并可靠计量。"

### （三）会计记录

会计记录是指将各项经济业务确认、计量后，采用一定的方法在账簿中加以登记，以便对会计数据进一步加工处理并形成全面、连续、系统、综合的会计核算资料的过程，包括以原始凭证为依据编制记账凭证，再以审核无误的记账凭证为依据登记账簿。会计记录包括序时记录和分类记录、手工记录和计算机记录；记录载体一般有会计凭证、会计账簿、财务报告或者磁盘、光盘等。

### （四）会计报告

会计报告是指对会计记录的结果进行归纳汇总，形成财务报告提供给会计信息使用者的过程。即会计报告是在会计确认、会计计量、会计记录的基础上，对会计凭证和账簿等会计资料进行进一步的归纳整理，提供财务报告的过程。财务报告主要包括财务报表（资产负债表、利润表、现金流量表、所有者权益变动表）以及报表附注等。

## 二、会计方法

从会计发展历史看，会计方法经历了从不完善到比较完善、从不系统到比较系统的发展过程。未来，随着社会的进步、生产力的发展和科学技术的更新换代，会计方法必将不断得以发展和完善。

### （一）会计方法的内容

会计方法是履行会计职能、实现会计目标、完成会计任务的方式，是履行会计职能的手段，它随着会计职能、目标、任务的发展而发展。现阶段，会计方法包括会计核算方法、会计分析方法和会计检查方法等。其中会计核算方法是会计最基本的方法。

#### 1. 会计核算方法

会计核算方法是对会计主体的经济活动进行确认、计量、记录和报告所应用的方法，主要包括设置会计科目与账户、复式记账、填制和审核会计凭证、登记会计账簿、成本计算、财产清查、编制财务报告7种专门方法。

### 2. 会计分析方法

会计分析方法是以财务报告和其他相关资料为依据、起点，采用专门方法进行比较、分析和评价，从而了解企业目前的财务状况、经营业绩和现金流量，发现企业生产经营中存在的问题，预测企业未来发展趋势，为科学决策提供依据。

### 3. 会计检查方法

会计检查方法是会计监督职能的具体体现，包括两个层面的含义：一是单位内部自行对经济活动及会计核算的合法性、合理性、真实性、准确性所进行的审查和审计；二是由社会中介机构实施的社会审计，以及由财政、审计、税务、银行、证券监管、保险监督等部门实施的专项检查。

3种方法紧密联系、相互依存，构成了一个完整的会计方法体系。其中，会计核算方法是基础，会计分析方法是核算的继续和发展，会计检查方法是核算方法及分析方法的保证。作为广义的会计方法，三者既相互联系，又有相对的独立性；而狭义的会计方法，一般是指会计的核算方法。

## （二）会计核算方法

会计核算的7种专门方法相互联系、紧密配合，构成了一个完整的核算体系。其中，设置账户和复式记账是会计核算方法的核心，贯穿于会计核算工作的全过程。

### 1. 设置会计科目与账户

设置会计科目与账户是对会计对象的具体内容进行分类核算和监督的专门方法。会计科目是对会计要素的具体内容进行分类核算的项目，账户是根据会计科目开设的，具有一定的格式，用以分门别类地反映会计要素具体项目的增减变动情况及其结果。

### 2. 复式记账

复式记账是对每项经济业务都要求以相等的金额同时在两个或两个以上相互联系的账户中进行登记，表明账户对应关系的专门方法。复式记账既可以反映每项经济活动的来龙去脉，完整、系统地记录资金运动的过程和结果，又便于检查账簿记录是否正确。

### 3. 填制和审核会计凭证

会计凭证是具有一定格式，用以记录经济业务发生或完成情况的书面证明，是登记账簿的重要依据。对每项交易或事项的发生，都要将其发生的时间、内容、数量和金额等记录在会计凭证上，并对其进行严格的审核。审核无误的会计凭证，才能作为登记账簿的依据。因此，填制和审核会计凭证是保证会计记录真实、完整，审查经济活动是否合理、合法的专门方法。

### 4. 登记会计账簿

会计账簿是用以全面、连续、系统地记录各项经济业务的簿籍，由会计账户构成，账簿所提供的会计信息是编制财务报告的主要依据。登记会计账簿是以审核无误的会计凭证为依据，将每一笔交易或事项对会计要素的影响序时分类地记录到相关账簿中，并定期进行对账、结账的专门方法。

## 5. 成本计算

成本计算是按一定的成本对象,对生产经营过程中所发生的成本费用进行归集和分配,计算各对象的总成本和单位成本的一种专门方法。通过成本计算,可以计算材料采购成本、产品生产成本、劳务成本等,为正确计量企业的经营成果提供依据;同时通过了解成本结构,分析考核成本预算执行情况。

## 6. 财产清查

财产清查是通过盘点实物、核对账目等方式,查明各项财产物资和债权债务实有数,并核实实有数与账存数是否相符的一种专门方法。通过财产清查可以掌握各项财产物资的保管与使用以及债权债务状况,保护财产物资安全完整,加速资金周转;同时为编制财务报告提供正确的、可靠的会计资料。

## 7. 编制财务报告

财务报告是反映会计主体某一特定日期财务状况和某一会计期间经营成果及现金流量的书面文件,是会计核算和监督的最终结果。编制财务报告主要以账簿记录为依据,经过分类、整理和汇总,形成各种会计指标,为会计信息使用者提供总括、完整、可靠、相关的会计信息。

7 种会计核算方法的关系如图 1-2 所示。

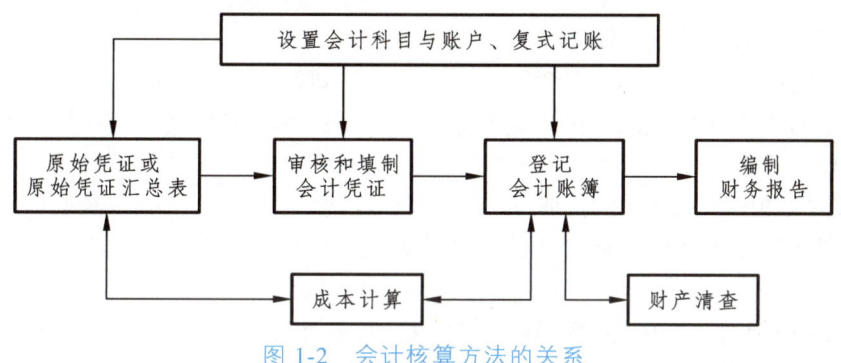

图 1-2 会计核算方法的关系

## 思考与实训练习

### 一、简答题

1. 什么是会计?会计有哪些特征?有哪两种主流学派?
2. 如何理解"经济越发展,会计越重要"?
3. 什么是会计的职能?会计的基本职能是什么?
4. 结合经济生活中的实例思考会计基本职能的关系。
5. 什么是会计的目标?有哪两种主要观点?
6. 我国的会计规范体系由哪几个层次构成?
7. 会计人员职业道德规范包括哪些内容?

8. 会计核算的主要内容是什么？
9. 什么是会计确认？什么是会计计量？会计有哪些计量属性？
10. 什么是会计核算方法？各种专门方法之间的关系是什么？
11. 通过本章的学习，你还认为会计是简单的记账吗？
12. 中外会计发展史上，有哪几个重要的里程碑？

## 二、单项选择题

1. 我国首次出现"会计"的命名，设置"司会"官职的时期是（　　）。
   A. 西周　　　　　B. 西汉　　　　　C. 唐宋　　　　　D. 明清
2. "四柱清册"创建于我国（　　）。
   A. 西周　　　　　B. 明朝　　　　　C. 宋朝　　　　　D. 清朝
3. 复式记账产生于（　　）。
   A. 法国　　　　　B. 英国　　　　　C. 美国　　　　　D. 意大利
4. 主要向外部信息使用者提供企业财务状况、经营成果和现金流量信息的是（　　）。
   A. 成本会计　　　B. 管理会计　　　C. 财务会计　　　D. 审计
5. 会计以（　　）为主要计量单位。
   A. 实物　　　　　B. 货币　　　　　C. 劳动量　　　　D. 价格
6. 会计的基本职能是（　　）。
   A. 计划与决策　　B. 预测与分析　　C. 控制与考核　　D. 核算与监督
7. 会计对经济活动的管理属于（　　）。
   A. 劳动管理　　　B. 价值管理　　　C. 实物管理　　　D. 生产管理
8. 以货币为主要计量单位，对特定会计主体的经济活动进行确认、计量、记录和报告的功能是会计（　　）。
   A. 核算职能　　　B. 监督职能　　　C. 控制职能　　　D. 预测职能
9. 对特定会计主体经济活动和相关会计核算的真实性、完整性、合法性和合理性进行审查的职能是会计（　　）。
   A. 核算职能　　　B. 监督职能　　　C. 控制职能　　　D. 分析职能
10. 关于会计目标的两种主要学术观点是"受托责任观"和（　　）。
    A. 决策有用观　　B. 管理有用观　　C. 技术有用观　　D. 科学有用观
11. 现阶段会计方法中最基本的方法是（　　）。
    A. 会计核算方法　　　　　　　　　B. 会计分析方法
    C. 会计检查方法　　　　　　　　　D. 会计决策方法
12. 企业的资产按照取得时的实际成交价格计量，采用的计量属性是（　　）。
    A. 公允价值　　　B. 历史成本　　　C. 重置成本　　　D. 可变现净值
13. 按历史成本计量模式获得的信息更具有（　　）。
    A. 相关性　　　　B. 重要性　　　　C. 谨慎性　　　　D. 可靠性
14. 下列项目中，不属于会计核算内容的是（　　）。
    A. 经营成果计算　　　　　　　　　B. 收入记录
    C. 资本增减　　　　　　　　　　　D. 制订生产计划

### 三、多项选择题

1. （　　）被认为是我国单式簿记到复式簿记的过渡。
   A. 龙门账　　　B. 天地合账　　　C. 三柱结算法　　　D. 四柱清册

2. （　　）的出版标志着真正意义上的会计学产生。
   A. 李吉甫《元和国计簿》
   B. 卢卡·帕乔利《算术、几何、比与比例概要》
   C. 劳伦斯·狄克西《高等会计学》
   D. 乔治·利司尔的《会计学全书》

3. 会计程序包括（　　）。
   A. 会计确认　　　B. 会计计量　　　C. 会计记录　　　D. 会计报告

4. 会计监督职能是在履行会计核算职能的同时，对经济活动的（　　）进行审查。
   A. 合法性　　　B. 合理性　　　C. 真实性　　　D. 营利性

5. 会计工作中可能采用的计量单位主要有（　　）。
   A. 空间计量　　　B. 货币计量　　　C. 实物计量　　　D. 劳动计量

6. 会计监督是经济活动的全过程监督，包括（　　）。
   A. 事前监督　　　B. 事后监督　　　C. 事中监督　　　D. 社会监督

7. 目前会计的拓展职能主要有（　　）。
   A. 监督职能　　　B. 评价职能　　　C. 预测职能　　　D. 决策职能

8. 下列属于会计核算方法的是（　　）。
   A. 复式记账　　　　　　　　B. 登记账簿
   C. 保管凭证　　　　　　　　D. 设置会计科目与账户

9. 下列有关会计核算和会计监督关系的表述中，正确的有（　　）。
   A. 会计核算是会计监督的前提　　　B. 会计监督与会计核算无必然的关系
   C. 会计监督是会计核算的保障　　　D. 两者之间密切相关、相辅相成

10. 下列属于会计信息使用者的是（　　）。
    A. 投资者　　　B. 管理者　　　C. 债权人　　　D. 社会公众

11. 会计人员职业道德规范的内容包括坚持学习、守正创新，（　　）。
    A. 坚持诚信　　　B. 守法奉公　　　C. 守责敬业　　　D. 坚持准则

12. 会计法规体系的特征是（　　）。
    A. 权威性　　　B. 统一性　　　C. 科学性　　　D. 相对稳定性

13. 以下属于会计计量属性的是（　　）。
    A. 历史成本　　　B. 重置成本　　　C. 估计成本　　　D. 公允价值

14. 会计确认的条件有（　　）。
    A. 符合会计要素的定义
    B. 经济利益很可能流入或流出企业
    C. 经济业务发生一定能带来经济利益
    D. 流入或流出企业的经济利益金额能可靠计量

15. 下列各项中，属于企业会计目标的是（　　）。
    A. 向财务报告使用者提供有用的会计信息
    B. 进行会计核算和监督
    C. 反映企业管理层受托责任的履行情况
    D. 进行财产物资的收发
16. 会计核算职能的特征包括（　　）。
    A. 以货币为主要计量单位　　　　B. 具有全面性、连续性、系统性
    C. 反映过去已经发生的经济业务　　D. 具有预测、决策、控制功能

### 四、判断题

1. 以复式簿记为主的借贷记账法出现成为会计发展史上的第一个里程碑。　　　（　　）
2. 会计监督具有强制性。　　　（　　）
3. 会计可反映过去已发生的经济活动，也可反映未来可能发生的经济活动。　　　（　　）
4. 会计的职能只有会计核算职能与会计监督职能。　　　（　　）
5. 我国现行的企业会计准则包括基本准则、具体准则和应用指南 3 个层次。　　　（　　）
6. 《会计人员职业道德规范》以推进会计诚信体系建设，提高会计人员职业道德水平为目的。　　　（　　）
7. 会计核算方法是相互独立的，按部门分工由不同的会计人员进行。　　　（　　）
8. 会计以货币为唯一计量单位，核算和监督会计主体的经济活动。　　　（　　）
9. 我国财务报告的目标是向财务报告使用者提供决策有用的信息，并反映企业管理层受托责任的履行情况。　　　（　　）
10. 企业利益相关者也是会计信息的使用者。　　　（　　）
11. 可变现净值是考虑货币时间价值的一种计量属性。　　　（　　）
12. 我国的会计目标既强调受托责任，又强调决策相关。　　　（　　）

# 第二章 会计核算基础

> **学习目标**：理解会计基本假设、会计基础和会计对象的含义；归纳经济业务对会计等式影响的一般规律；掌握会计信息质量要求，能解释会计信息质量的特征；掌握会计要素的概念及特征、会计基本等式。
> **学习重点**：会计假设、会计要素、会计等式。
> **学习难点**：会计基础、会计等式。
> **课程思政**：责任意识培育、终身学习理念养成。

## 第一节 会计假设与会计基础

在会计发展进程中，面对复杂多变的社会经济环境，会计要对企业发生的经济活动有效地进行核算和监督，一系列前置性问题必须首先得到解决。会计假设和会计基础是会计核算的前提，是会计进行确认、计量、记录和报告的前提条件。

### 一、会计假设

会计假设是对会计核算时间和空间范围以及所采用的主要计量单位等所做的合理假定，是企业会计确认、计量、记录和报告的前提。会计假设对于履行会计职能、实现会计目标要求等具有重要的作用和意义。会计假设包括会计主体、持续经营、会计分期和货币计量。

#### （一）会计主体

会计主体是会计工作为其服务的特定单位或组织。会计主体假设主要解决为谁记账、为谁报告的问题。会计主体假设严格划清了企业会计确认、计量、记录和报告的空间范围，使该会计主体不仅独立于其他会计主体，同时也独立于企业所有者，也就是说，会计核算的范围既不包括其他企业的经济活动，也不包括企业所有者本人的经济活动，只有影响该会计主体经济利益的经济活动才需要核算。会计主体假设的含义：

（1）规定了会计核算的空间范围；

（2）规定会计主体独立于其所有者而单独存在；

（3）规定会计主体不一定具有独立的法律地位（法人），只要有独立核算要求即可。

通常情况下，会计主体就是一个单位，如一个公司、一个企业、一个学校、一个机关等，这些个体单位都是法律主体。作为一个法律主体，会计主体应当建立会计系统，独立反映其财务状况、经营成果和现金流量。但会计主体与法律主体不是同一概念。一般而言，法律主体必然是会计主体，但会计主体不一定就是法律主体。比如：独资或合伙企业是会计主体，但不是法律主体；企业集团中的母公司拥有若干子公司，母、子公司虽然是不同的法律主体，但是母公司对子公司拥有控制权，为了全面反映企业集团的财务状况、经营成果和现金流量，有必要将企业集团作为一个会计主体，编制合并财务报表。在这种情况下，尽管企业集团不属于法律主体，但却是会计主体。特定情况下，一个基金（由企业管理的证券投资基金、企业年金基金）也是会计主体，但不是法律主体。因此，会计主体可以是一个有法人资格的企业，也可以是由若干家企业通过控股关系组成的企业集团，也可以是企业管理的一个基金，还可以是企业、单位下属的二级核算单位，如分公司、销售点等，但分公司、销售点不是法律主体。

会计主体假设是持续经营假设、会计分期假设和其他会计核算的基础。若不能设定会计核算的空间范围，会计核算工作就无法组织和指导会计核算工作的一切规章、程序和方法，也就失去了存在意义。

### （二）持续经营

持续经营是指在可预见的未来，如果没有明显的证据证明企业不能经营下去，企业将会按当前的规模和状态继续经营，不会停业或破产，也不会大规模削减业务。持续经营规定了企业会计确认、计量、记录和报告的时间范围，即会计核算应当以企业持续经营为前提，不考虑企业是否破产清算等情况。企业在设立时，创始人都期望企业一直经营下去，这种期望可看作是持续经营假设，尽管企业未来可能出现经营失败，或者企业的目标已经实现，合伙人散伙等情况。

持续经营假设的意义在于，只有在持续经营的状态下，企业的经济活动及资本才能完成一次又一次的循环和周转，会计才能按照其特有的程序和方法，全面、连续、系统、综合地反映企业的经济活动，保持会计信息处理的一致性和稳定性。比如：向银行申请5年期限的贷款1 000万元，购置一条生产线，使用寿命为20年，在持续经营的前提下，企业就可以将该生产线的购置成本按20年进行分摊，每年计入使用成本（折旧）50万元，同时按期支付贷款利息和偿还本金。

持续经营假设并非意味着企业将永远存续下去，在市场经济条件下，企业不能持续经营的可能性总是存在的。企业如果遇到因资不抵债而宣告破产、合同规定的经营期限即将到期、兼并重组等情况，会计上就应放弃持续经营假设，而改用清算假设，并采用相适应的会计核算方法。在会计实务中，企业应定期对其持续经营假设做出分析判断，若能判断企业不能持续经营，就应当停止这一假设，并在企业财务报告中披露，否则就会误导会计信息使用者的经济决策。

### （三）会计分期

会计分期又称会计期间，是指将一个会计主体持续经营的生产经营活动划分为一个个连续的、长短相同的期间。《企业会计准则——基本准则》规定："企业应当划分会计期间，分期结算账目和编制财务会计报告。会计期间分为年度和中期。中期是指短于一个完整会计年度的报告期间。"会计分期是以持续经营假设为前提的，它规定了会计核算的时间范围。

在持续经营假设下，企业的生产经营活动是连续不断进行的，在时间上具有不间断性，会计要对连续不断的生产经营活动进行核算和监督，提供有用的会计信息是较困难的。为了能够及时核算与报告有关企业的财务状况、经营成果和现金流量信息，满足会计信息使用者的需要，将企业持续经营的活动人为地划分为相等的会计期间，按会计期间核算和监督经营活动，分期结算账目和编制财务会计报告，才有了本期与非本期，让不同类型的会计主体有了记账的基准，产生了收付实现制和权责发生制，也有了折旧、摊销等会计处理方法。会计分期假设的含义如下：

（1）规定了会计核算的时间范围；

（2）以便分期结账、定期编制和报送财务报告；

（3）对收入和费用的确认，产生两种确认基础。

我国的会计期间分为年度、半年度、季度和月度，它们均按公历起讫日期确定。以每年1月1日至12月31日作为一个会计期间，称为会计年度，它是最重要的会计期间。短于一年的会计期间统称为会计中期，包括半年度、季度和月度。

### （四）货币计量

货币计量假设是指会计主体在会计确认、计量、记录和报告时主要以货币作为计量单位，反映会计主体的生产经营活动过程及其结果。《企业会计准则——基本准则》规定："企业会计应当以货币计量。"

货币是商品的一般等价物，具有价值尺度的功能，是衡量一般商品的共同尺度。以货币为主要计量单位可以将企业不同的交易或事项进行汇总，日常核算中使用的其他计量单位只能从一个侧面反映经济活动，无法在量上进行直接汇总和比较，不便于进行会计核算和管理。货币计量假设包括两个层次的含义：

（1）货币计量单位的选择。会计主体的交易或事项可能涉及不同的货币，需要确定记账本位币。《企业会计准则——基本准则》规定："会计核算通常应选择人民币作为记账本位币；业务收支以人民币以外的货币为主的企业，可以选定其中一种货币为记账本位币，但编制财务报告时应当折算为人民币反映；在境外设立的中国企业向国内报送的财务报告，也应当折算为人民币反映。"

（2）货币的币值是否稳定。货币作为一种特殊商品，其自身价值也在不断变化，但货币计量假设货币价值稳定或基本稳定。货币币值由于受到宏观环境诸多因素，如汇率、利率、通货膨胀等综合影响，实际上是经常变动的。按照国际惯例，当币值变动不大，或者币值上下波动的幅度不大而且可以相互抵消时，会计核算时就可以不考虑这些影响，仍然假设币值是稳定的。但如果宏观环境发生了变化引发了恶性通货膨胀时，会计上就不应该再坚持币值稳定不变，而应该采取特殊的会计处理方法，如通货膨胀会计调整等。

综上所述，会计假设虽然是人为确定的，但完全出于客观需要，有充分的客观必然性，否则会计核算工作就无法进行。4个假设缺一不可，既有关系，又有区别，共同为会计核算工作奠定基础。

## 二、会计基础

会计确认、计量、记录和报告的基础称为会计基础或会计核算基础。会计实务中，由于企业交易或者事项的发生时间与其货币收付时间有时并不完全一致，基于会计分期假设，为了使收入与费用配比，合理计算企业盈亏，客观上要求明确各项经济业务的会计核算应归属的期间，即需要明确在该项经济业务产生权利和责任的期间入账，还是在与该项经济业务有关的货币资金收付期间入账，由此便产生了会计核算基础。

### （一）收入与费用的收付期间与归属期间

会计实务中，收入与费用的收付期间与归属期间是否一致，可归纳为3种情况。

（1）收入和费用的收付期间与归属期间一致，即企业本期收到的收入款就是属于本期获得的收入，本期已支付的费用就是本期应该负担的费用。

（2）本期收入和支付的款项不应归属于本期，即本期收到的收入款并不属于本期的收入，本期支付的费用并不应当由本期负担。

（3）应归属于本期的收入和费用尚未收款或付款，即应属于本期的收入本期尚未收到现款，本期应该负担的费用本期尚未支付。

在第一种情况下，收付期与归属期一致，无论采用什么会计基础，收入与费用的确认均不会产生差异。但在后两种情况下，究竟应该在什么时间确定企业的收入与费用，就涉及会计基础的选择，可供选择的会计基础有权责发生制和收付实现制。

### （二）权责发生制

权责发生制又称应计制或应收应付制，是指以权利和责任的发生来决定收入和费用的归属，它从时间上界定了会计确认的基础，即会计主体应按收入的权利和支出的责任是否属于本期来确认收入、费用的入账时间，而不是按款项的收付是否在本期发生来确认。

权责发生制下，凡是当期已经确认实现的收入和已经确认发生或应当负担的费用，无论款项是否收付，都应当作为当期的收入和费用；凡是不属于当期确认的收入和当期负担的费用，即使款项已经在当期收付，都不应当作为当期的收入和费用，即在权责发生制下，应计入某一会计期间的收入和费用与款项的实际收付并不是一回事。比如：款项已经收到，但销售并未实现，此时并不能确认收入；或者款项已经支付，但并不是为本期生产经营活动而发生的，此时也不能确认费用。

### （三）收付实现制

收付实现制也称现金制或现收现付制，它以款项的实际收付为标准来确定收入和费用的归属期间，即会计主体当期实际收到的款项均作为当期的收入确认，会计主体当期实际付出的款项都作为当期费用处理。

收付实现制下，凡是本期实际收到的款项和实际付出的款项，不论其是否归属于本期，都应作为本期的收入和费用处理；凡是本期没有收到和付出的款项，即使应当归属于本期，也不作为本期的收入和费用。

### （四）权责发生制和收付实现制的对比

权责发生制和收付实现制是两种截然不同的会计基础。权责发生制下，企业必须考虑预收、预付和应收、应付业务。由于企业日常会计核算不能完全反映本期的收入和费用，所以需要在会计期末对账簿记录进行调整，将预收、预付和应收、应付归属于相应的会计期间，以便正确计算当期的经营成果。其会计确认和核算手续较复杂，但反映当期的收入和费用较合理真实。收付实现制下，每个会计期末都不存在对账簿记录进行调整的问题，会计确认和核算手续简单，但不同会计期间缺乏可比性。

现举例说明两种会计基础下收入和费用确认与计量的差异。

【例 2-1】甲企业于 2024 年 6 月发生以下经济业务（见表 2-1）：

（1）5 日销售商品，货款 500 000 元，20 日收到款项。
（2）8 日销售商品，货款 700 000 元，合同约定下月收款。
（3）17 日收到客户预付货款 200 000 元，合同约定下月交付商品。
（4）30 日预付下半年保险费 12 000 元。
（5）30 日支付本月的水电费 1 800 元。
（6）30 日分摊去年 12 月支付，由今年各月承担的报纸杂志费 1 000 元。

表 2-1　两种会计基础下 6 月份收入与费用比较

| 业务序号 | 权责发生制 | | 收付实现制 | |
| --- | --- | --- | --- | --- |
| | 收入 | 费用 | 收入 | 费用 |
| （1） | 500 000 | | 500 000 | |
| （2） | 700 000 | | | |
| （3） | | | 200 000 | |
| （4） | | | | 12 000 |
| （5） | | 1 800 | | 1 800 |
| （6） | | 1 000 | | |
| 合计 | 1 200 000 | 2 800 | 700 000 | 13 800 |

《企业会计准则——基本准则》规定："企业应当以权责发生制为基础进行会计确认、计量和报告。"在我国，政府会计由预算会计和财务会计构成。其中预算会计采用收付实现制，国务院另有规定的，依照其规定；财务会计采用权责发生制。

## 第二节　会计信息质量要求

会计作为经济管理的重要组成部分，其目标是向会计信息使用者提供与企业财务状况、经营成果和现金流量等有关的会计信息。为实现这一目标，会计信息质量就必须达到一定的要求，会计信息质量要求也称会计信息质量标准或特征。

会计信息质量要求是对企业财务会计报告中所提供的会计信息质量的基本要求，是使财务报告中所提供的会计信息对使用者决策有用所应具备的质量特征。《企业会计准则——基本准则》规定："会计信息质量要求包括可靠性、相关性、可理解性、可比性、实质重于形式、重要性、谨慎性和及时性。"其中，可靠性、相关性、可理解性和可比性是会计信息的首要质量要求，是企业财务报告中所提供的会计信息应具备的基本质量特征；实质重于形式、重要性、谨慎性和及时性是会计信息的次级质量要求，是对首要质量要求的补充和完善。

### 一、可靠性

可靠性要求企业应当以实际发生的交易或事项为依据进行会计确认、计量、记录和报告，如实反映符合确认和计量要求的各项会计要素及其他相关信息，保证会计信息真实可靠、内容完整。

可靠性又称客观性、真实性，是对会计信息质量的一项基本要求，具体包括：

（1）企业应当以实际发生的交易或事项为依据进行会计确认、计量、记录和报告，不能以虚构的交易或者事项为依据进行会计确认、计量、记录和报告。

（2）企业应当在符合重要性和成本效益原则的前提下，保证会计信息的完整性，其中包括编报的财务报告应当保持完整，不能随意遗漏或者减少应予披露的信息，与财务报告使用者决策相关的有用信息都应当充分披露。

（3）财务报告中的会计信息应当是客观中立的、无偏的。如果企业在财务报告中为了达到事先设定的结果或效果，通过选择或列示有关会计信息以影响决策和判断，这样的财务报告信息就不是中立的。

会计实务中的一些数据需要会计人员根据自身的经验或对未来的预计进行确认和计量，如折旧方法和折旧年限的选择、费用分配方法的选择等。这在一定程度上受个人主观意志的影响。不同的会计人员对同一经济业务的处理出现不同的结果是在所难免的，但会计人员应在统一标准的条件下，将可能发生的误差尽量降到最低，以保证会计信息质量的真实可靠。

### 二、相关性

相关性要求企业提供的会计信息应当与财务会计报告使用者的经济决策需要相关，有助于财务会计报告使用者对企业过去、现在或者未来的情况做出评价或者预测。

相关性也称有用性，它也是对会计信息质量的一项基本要求。衡量会计信息的价值，关键是看其与使用者的决策需要是否相关，是否有助于使用者决策或者提高决策水平。会计信息是否具有相关性，取决于预测价值和反馈价值。预测价值是指会计信息有助于使用者评价和分析企业的过去与现在、预测企业的未来；反馈价值是指会计信息可以验证过去的决策有效性，证明经营计划的预测和经营结果的一致性水平，以便修正决策的偏差。

为了满足会计信息质量的相关性要求，企业应当在确认、计量、记录和报告会计信息的过程中，充分考虑使用者的决策模式和信息需要。当然，对于某些特定目的或者用途的信息，财务报告可能无法完全提供，企业可以通过其他形式予以提供。会计信息质量在可靠性的前提下，应尽可能保证相关性，以满足财务报告使用者的决策需要。

### 三、可理解性

可理解性要求企业提供的会计信息应当清晰明了，便于投资者等财务报告使用者理解和使用。

企业编制财务报告、提供会计信息的目的在于使用，而要让使用者有效地使用会计信息，就应当让其了解会计信息的内涵，弄懂会计信息的内容，这就要求财务报告提供的会计信息应当清晰明了，易于理解。只有这样，才能提高会计信息的有用性，实现财务报告的目标，满足向财务报告使用者提供决策有用信息的要求。

对交易本身较为复杂或会计处理较为复杂的信息，若与使用者的经济决策相关，则应当在财务报告中予以披露，企业不能仅仅以该信息难以理解而将其排除在财务报告所应披露的信息之外。因此，鉴于会计信息是一种专业性较强的信息产品，可理解性不仅是信息本身的一种质量标准，也是一个与信息提供者和使用者有关的质量要求。一方面，信息提供者应尽可能传递和表达容易理解的会计信息；另一方面，应假设使用者具备理解会计信息的能力，能读懂相关会计信息。

### 四、可比性

可比性要求企业提供的会计信息应当相互可比。可见，可比性是指对交易或事项的会计处理应遵循一致性原则。可比性包含两层含义：

（1）同一企业不同时期可比（纵向可比）。为了便于会计信息使用者了解企业财务状况、经营成果和现金流量的变化趋势，比较企业在不同时期的财务报告信息，全面、客观地评价过去、预测未来并作出决策，可比性要求"同一企业不同时期发生的相同或者相似的交易或者事项，应当采用一致的会计政策，不得随意变更"。但是，满足会计信息可比性的要求，并不表明企业不得变更会计政策。若企业按照规定或者会计政策变更后可以提供更可靠、更相关的会计信息时，就有必要变更会计政策，以向使用者提供更为有用的信息。但是有关会计政策变更的情况，应当在附注中予以说明。

（2）不同企业相同会计期间可比（横向可比）。为便于会计信息使用者评价不同企业的财务状况、经营成果和现金流量及其变动情况，有助于使用者作出科学合理的决策，会计信息质量的可比性要求"不同企业相同会计期间发生的相同或者相似的交易或者事项，应当采用统一规定的会计政策，确保会计信息口径一致、相互可比"，即不同企业按照一致的会计确认、计量、记录和报告基础，提供有关会计信息。

## 五、实质重于形式

实质重于形式要求企业应当按照交易或者事项的经济实质进行会计确认、计量、记录和报告，不仅仅以交易或者事项的法律形式为依据。

实质重于形式就是要求在对会计要素进行确认、计量、记录和报告时，应重视交易的实质，而不仅仅是根据交易的法律形式进行反映。如果企业仅仅以交易或者事项的法律形式为依据进行会计确认、计量、记录和报告，容易导致会计信息失真，无法如实反映经济活动的情况。

会计实务中，某些交易或者事项的经济实质并非与法律形式一致，根据法律形式未能完全真实地反映其实质内容。比如：企业租入的资产（短期租赁和低值资产租赁除外），虽然从法律形式来讲企业并不拥有其所有权，但是由于租赁合同规定的租赁期相当长，往往接近于该资产的使用寿命，租赁期结束时承租企业有优先购买该资产的选择权，在租赁期内承租企业拥有资产使用权并从中获益。从其经济实质来看，企业能够控制租入资产所创造的未来经济利益，在会计确认、计量、记录和报告中应当将租入的资产视为企业的资产，在资产负债表中填列。

## 六、重要性

重要性要求企业提供的会计信息应当反映与企业财务状况、经营成果和现金流量有关的所有重要交易或者事项。

重要性是指财务报告在全面反映企业的财务状况、经营成果和现金流量的同时，应当区别经济业务的重要程度，采用不同的会计处理程序和方法，即对于重要的经济业务，应当单独核算、分项反映、力求准确，并在财务报告中重点说明；对于不重要的经济业务，在不影响会计信息可靠性和相关性的情况下，可适当简化会计核算，在财务报告中简要反映或合并反映，以便集中精力抓好关键，既满足信息使用者对决策有重要影响的会计信息获取，又能节省会计信息处理成本。

如果财务报告中提供的会计信息的省略或者错报会影响使用者据此作出经济决策，该信息就具有重要性。重要性具有相对性，对不同企业而言，同一交易或事项的重要性是不同的，因此重要性需要依赖职业判断。企业应当根据其所处环境和实际情况，从质和量两个方面进行判断。从质的方面看，如果某一会计事项的发生可能对决策产生重大影响，则该事项具有重要性；从量的方面看，如果某一会计事项的发生达到一定数量或比例，可能对决策产生重大影响，则该事项具有重要性。比如：企业发生的一些金额较小的支出，从受益期看需要进行分摊，但根据重要性，可以一次计入当期损益。

## 七、谨慎性

谨慎性要求企业对交易或者事项进行会计确认、计量、记录和报告时应当保持应有的谨慎，不应高估资产或者收益、低估负债或者费用。

谨慎性又称稳健性，是指在处理不确定性经济业务时，应持谨慎态度，充分估计各种风险和损失。在市场经济环境下，企业的生产经营活动面临着许多风险和不确定性，如应收款项的可收回性、固定资产的使用寿命、无形资产的使用寿命、售出存货可能发生的退货或者返修等。因此，如果一项经济业务有多种处理方法可供选择，应当选择不导致夸大资产、虚增利润的方法，即应当合理预计可能发生的损失和费用，而不应预计可能带来的收入和过高估计资产的价值。目前会计核算中的许多方法均体现了谨慎性的要求，如对应收账款提取坏账准备、对存货计提跌价准备，对固定资产、在建工程、无形资产、长期股权投资等计提减值准备，固定资产折旧政策中提供的加速折旧法等。

遵循谨慎性，对企业存在的经营风险予以合理估计，对防范风险有预警作用，有利于企业作出正确的决策，从而保护投资者和债权人的利益，提高企业在市场中的竞争力。但谨慎性的应用不允许企业设置秘密准备，若企业故意低估资产或收益、高估负债或费用，则不符合可靠性和相关性要求，损害会计信息质量，扭曲企业实际财务状况和经营成果，从而对使用者的决策产生误导，这是企业会计准则所不允许的。

### 八、及时性

及时性要求企业对已经发生的交易或者事项，应当及时进行会计确认、计量、记录和报告，不得提前或延后。

会计信息的价值在于帮助使用者作出经济决策，具有时效性。即使是可靠、相关的会计信息，如果提供不及时就失去了时效性，对于使用者的效用就大大降低，甚至不再具有任何意义。及时性还关系到可靠性与相关性之间的权衡。有时为了及时提供会计信息，可能在全面了解交易或事项的实质之前，就需要提出报告，这就有可能损害会计信息的可靠性；相反，如果推迟到了解交易或事项的实质之后再报告，会计信息具备了可靠性，但对于需要及时决策的信息使用者而言，其作用已不大。企业需要在相关性和可靠性之间寻求一种平衡关系，以确定信息及时披露的时间。及时性要求包括以下3层含义：

（1）及时收集会计信息，即在经济交易或者事项发生后，及时收集整理各种原始单据或者凭证。

（2）及时处理会计信息，即按照《企业会计准则》的规定，及时对经济交易或者事项进行确认、计量、记录和报告。

（3）及时传递会计信息，即按照国家规定的有关时限，及时将编制的财务报告传递给财务报告使用者，便于其及时使用和决策。

8个方面的会计信息质量要求经常需要在会计实务中进行权衡或取舍，以达到质量要求之间的适当平衡，实现财务报告的目标。会计信息质量要求的不同情况下的相对重要性，属于会计人员的职业判断问题。

## 第三节 资金运动与会计对象

会计主体从事经济活动必须具备一定的物质基础，比如：制造企业生产产品，首先要拥有一定数量的财产物资（厂房及建筑物、机器设备、材料等），将这些财产物资与劳动者相结合，才能进行产品的生产。可见，这些财产物资是企业开展经济活动的前提，财产物资的货币表现，称为资金，即会计主体开展经济活动的前提是拥有资金。

## 一、会计主体的资金运动

会计主体所拥有的资金不是闲置不动的，它随着物资流的变化而不断运动和变化。因此，企业的经济活动一般都包括资金投入、资金循环和周转、资金退出3个基本环节。

### （一）资金投入

企业存在的前提是必须拥有一定数量的资金。企业通过各种方式（吸收投资、发行股票或债券、金融机构借入等）筹集资金，其来源主要包括所有者的资金投入和债权人的资金投入，前者构成企业所有者权益，后者形成企业负债。

### （二）资金循环和周转

制造企业的生产经营活动，分为供应、生产和销售3个阶段，伴随着生产经营活动的经营资金也顺次经过供应、生产和销售3个阶段不断地改变形态，周而复始地循环周转。

在供应阶段，企业用货币资金购买材料物资，为生产进行必要的物资储备，货币资金转化为储备资金；用货币资金购建固定资产等，为生产创造必要条件，货币资金转化为固定资金。在生产阶段，企业将材料投入生产并加工成产品，同时发生各种生产费用（材料的耗用、固定资产的磨损、支付劳动报酬、发生管理费用等），储备资金、固定资金和一部分货币资金转化为生产资金；产品生产完工时，生产资金转化为成品资金。在销售阶段，企业将产品销售出去，通过结算取得销售收入，成品资金转化为货币资金。

企业的资金通过上述3个阶段，资金从货币资金形态开始，依次经过储备资金、固定资金、生产资金、成品资金，最后又回到货币资金形态这一运动过程即资金循环。周而复始不间断的资金循环称为资金周转。

储备资金主要是指原材料等物资占用的资金；固定资金主要是指房屋及机器设备等占用的资金；生产资金主要是指在产品、半成品等占用的资金；成品资金主要是指库存商品等占用的资金。

### （三）资金退出

资金退出是指企业的资金不再参加生产经营过程的资金循环和周转，游离于企业的资金运动之外。它包括按法定程序返回投资者的投资、偿还各项债务、上缴税费及向所有者分配利润等。

## 二、会计对象

企业的经济活动在会计学范畴被称为经济业务，是会计进行核算和监督的内容，即会计对象。会计是以货币作为主要计量单位的，所以会计的对象是社会再生产过程中的资金运动或称价值运动。所谓资金就是会计主体所拥有的财产物资的货币表现及货币本身。

社会再生产过程中的资金运动，不同的会计主体，其表现形式是不完全相同的。所以，会计对象也就不完全一致。概括地说：企业的资金运动是指经营资金的运动；行政事业单位的资金运动是指预算资金的运动。

为了更好地了解和认识会计的对象，现结合不同行业和部门的特点，具体说明资金运动的方式，重点是介绍制造企业的资金运动。

### （一）制造企业资金运动

制造企业是商品的生产者和经营者，它担负着满足人民日益增长的物质文化生活需要和为国家、企业发展积累资金的任务。制造企业的经营资金随着生产经营活动的进行，不断地运动和变化。

企业的资金从筹集、循环周转到退出的增减变动而引起的各项资源的增减变化、各项成本费用的形成和支出、各项收入的取得以及损益的发生、利润的形成和分配等，都是会计核算和监督的对象。制造企业资金运动所经历的阶段如图2-1所示。

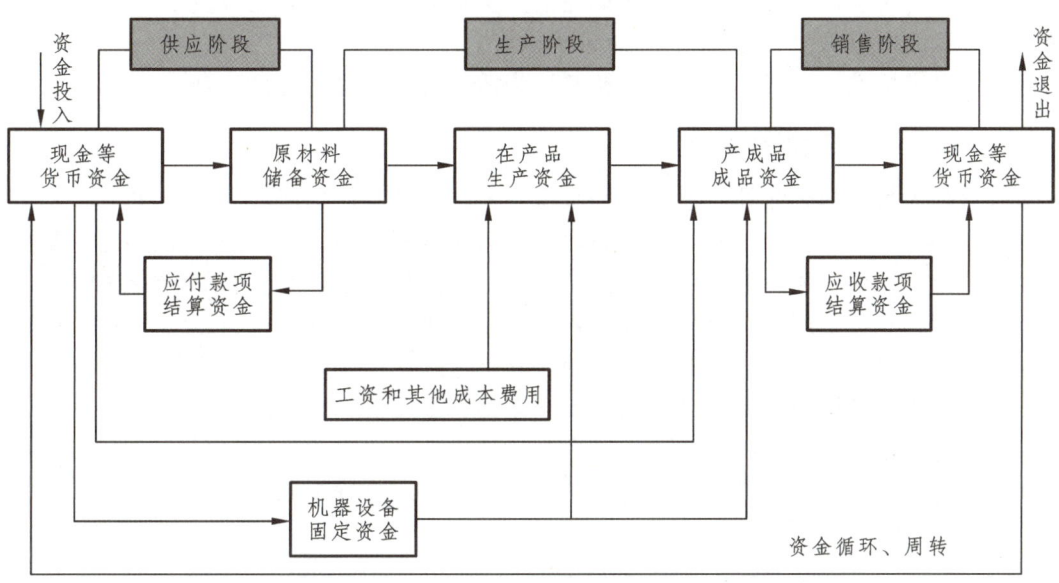

图 2-1　制造企业资金运动流程图

### （二）流通企业资金运动

商品流通企业是从事商品流通的经营者，通过购销活动组织商品流通，满足市场需要，其经营过程分为购进和销售两个阶段。在购进阶段，随着商品采购，货币资金转化为商品资金；在销售阶段，随着商品的出售，商品资金转化为货币资金。因此，商品流通企业的资金运动方式是沿着货币资金—商品资金—货币资金的形式连续不断地循环和周转。在商品流通过程中，企业消耗的人力、物力和财力的货币表现，称为商品流通费用。商品流通企业资金运动所经历的阶段如图2-2所示。

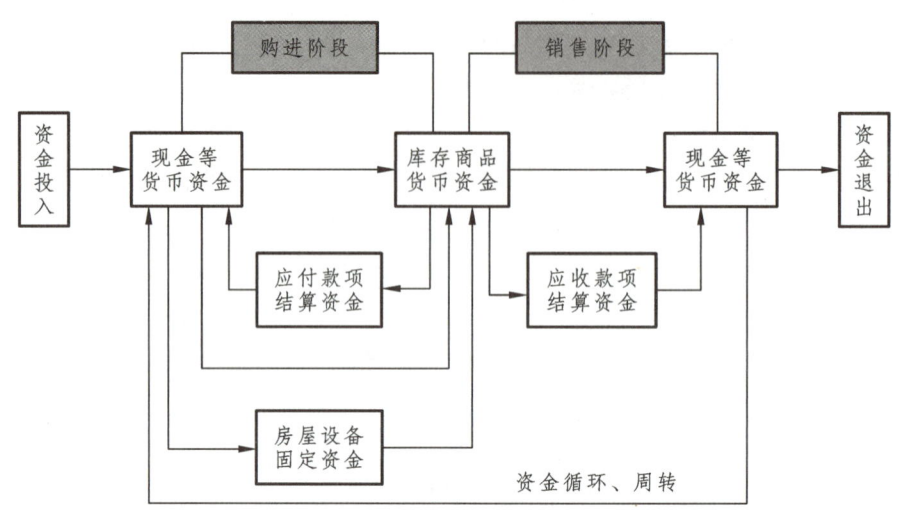

图 2-2　流通企业资金循环图

可见，企业因资金的投入、循环与周转、资金的退出等经济活动而产生经济业务，在确认为会计事项后（不是所有的经济活动都是会计核算的对象，只有能以货币计量的经济活动才是会计核算的内容），均构成了会计对象的内容。

为统一界定标准，本书所指的经济业务均为能以货币计量的会计事项。

### （三）非营利组织资金运动

除以营利为目的的企业外，还有一些组织并不从事产品的生产和流通活动，而是以提供公共产品或公共服务为目的，这类组织通常被称为非营利组织，如事业单位、机关团体等。非营利组织为了达成任务、实现目标，也必须获取一定数额的资金，用于购置各种物资设备，支付职工薪酬和相关费用。其资金来源主要是国家财政预算拨款，资金运动不表现为资金的循环和周转，而只是预算资金的取得和使用。其资金运动形式就是：资金拨入—资金支出。预算资金的收支活动构成了非营利组织的资金运动，是非营利组织的会计对象。

综上所述，任何会计主体都是社会再生产过程中的基层单位，会计反映、监督的对象都是资金运动过程和结果，所以，会计对象就是社会再生产过程中的资金运动。

## 第四节　会计要素与会计等式

会计对象是社会再生产过程中的资金运动，即能够用货币表现的各项经济活动，但由于企业所处的行业不同、商业模式不同，其经济活动千差万别。如何将企业纷繁复杂的经济业务加工整理成会计信息使用者需要的信息，是会计核算面临的首要问题。

### 一、会计要素概述

为了完成会计工作，正确地对会计主体的经济活动进行确认、计量、记录和报告，提供分门别类的会计信息，需要将会计对象的具体内容进行适当的分类，由此便形成了会计要素。

## （一）会计要素的含义

会计要素是指对会计所核算和监督内容的基本分类，是按其经济特征归类的项目，是会计对象的具体化，是反映会计主体的财务状况和经营成果的基本单位，也是财务报告的基本内容。《企业会计准则——基本准则》将会计要素划分为资产、负债、所有者权益、收入、费用和利润6大类。6大会计要素又可以划分为以下两类：

（1）反映企业财务状况的会计要素。资产、负债和所有者权益反映企业的财务状况，又称资产负债表要素（或静态会计要素），是指企业在一定时点上的资产总值和权益总值，其内容反映在企业的资产负债表中，构成资产负债表的基本单位。

（2）反映企业经营成果的会计要素。收入、费用和利润反映企业的经营成果，又称利润表要素（或动态会计要素），是指企业在一定期间的经营成果，它是资金在生产经营过程各个阶段不断转变形态的结果，其内容反映在利润表中，构成利润表的基本单位。

## （二）划分会计要素的作用

划分会计要素是对会计对象进行的初步分类，是建立会计科目的依据，是会计核算的关键步骤。其作用体现在以下3个方面：

（1）会计要素是对会计对象科学详细的分类。会计对象所涉及的是企业庞杂的经济业务，为了全面、连续、系统、综合地反映和监督会计的对象，必须对其进行分类。

（2）会计要素是进一步设置会计科目和账户的依据。将会计对象首先划分为会计要素，才能在此基础上进一步设置会计科目和账户，详细反映会计对象具体项目的增减变动及其结果。

（3）会计要素是构成财务报表的基本单位。会计要素为财务报表构筑了基本框架，按照会计要素构建的财务报表，可以分别反映各个会计要素的基本数据及相互关系，从而提供相互关联的、有价值的会计信息。

会计要素的分类如图2-3所示。

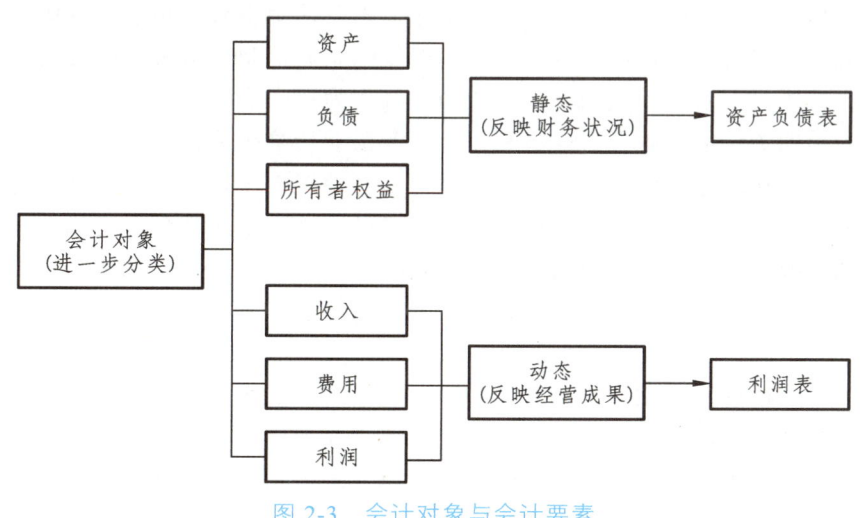

图2-3　会计对象与会计要素

## 二、会计要素的内容

由于政治、经济、法律和文化等因素的差异,世界各国和地区的会计准则对会计要素构成内容的规定不尽相同。下面介绍《企业会计准则——基本准则》规定的资产、负债、所有者权益、收入、费用和利润 6 大会计要素的具体内容。

### (一) 资　产

资产是指企业过去的交易或事项形成的、由企业拥有或控制的、预期会给企业带来经济利益的资源。

交易是指以货币为媒介的商品或劳务交换,如购买材料物资、支付广告费用等;事项是指没有实际发生货币交换的经济业务,如产品完工入库、生产部门领用原材料等。

#### 1. 资产的特征

根据资产的定义,资产具有以下特征:

(1) 资产是由过去的交易或事项形成的。资产强调"过去",即已经发生,是现实的而不是预期的资产。资产所指的企业过去的交易或事项包括购买、生产、建造行为或其他交易或者事项,即只有过去的交易或事项才能形成资产,预期在未来发生的交易或事项不形成资产。比如:企业完成采购获得的物资、通过建造形成的厂房、销售产品取得的货款和应收款项等,可以确认为企业的资产;但对企业购买物资、设备的意愿或者计划、合同,因购买行为尚未发生,不符合资产的定义,不能确认为企业的资产。

(2) 资产是由企业拥有或者控制的资源。"拥有"是指企业拥有资源的所有权;"控制"是指企业虽然不拥有资源的所有权,但控制着资源的使用权,即资源能被企业所控制。

确认资产时,所有权是首要考虑的因素,因为企业拥有资产所有权时,就能够排他性地从资源中获得经济利益。但有时企业虽然并不拥有资产所有权,但企业能控制这些资产,同样表明企业能够从资产中获取经济利益,符合会计上对资产的定义,也应作为资产确认。比如:企业以融资租赁方式租入的固定资产,尽管企业并不拥有其所有权,但是如果租赁合同规定的租赁期相当长,接近于该资产的使用寿命,租赁期结束时承租企业有优先购买该资产的选择权,在租赁期内承租企业拥有资产使用权表明企业控制了该资产的使用及其所能带来的经济利益,按照实质重于形式的要求,应当将其作为资产予以确认、计量、记录和报告。

(3) 资产预期能够给企业带来经济利益。资产预期会给企业带来经济利益,是指资产直接或间接导致现金和现金等价物流入企业的潜力。这种潜力可以来自企业日常的生产经营活动,也可以来自非日常活动;带来经济利益的形式可以是现金或现金等价物的形式,也可以是能转化为现金或现金等价物的形式,还可以是减少现金或现金等价物流出的形式。

资产预期能否为企业带来经济利益是资产的重要特征。首先,作为企业的资产,无论厂房、设备、存货还是债权,都应能直接的(通过销售手段)或间接的(通过成本价值的转移)给企业带来"经济利益"。比如:企业采购材料物资、购置的机器设备等可以用于生产经营活动,制造出产品或提供劳务,然后通过对外出售产品或提供劳务可以获得收入,为企业带来经济利益的流入。另外,那些长期无法收回的款项、严重损坏而无法使用的设备等,不能为企业带来经济利益的,就不能再作为资产列支。

## 2. 资产的确认条件

企业将某一项资源确认为资产，必须在符合资产定义的同时，符合以下两个条件：

（1）与该资源有关的经济利益很可能流入企业。资产的定义强调，能否带来经济利益是资产的一个重要特征，但由于经济环境瞬息万变，与资源相关的经济利益能否流入企业或能够流入企业多少具有不确定性。为此，资产的确认必须与经济利益能否流入企业的不确定程度判断相结合，若编制财务报告时所取得的证据足以说明与资源有关的经济利益很可能流入企业，就必须将其确认为资产，反之则不能确认为资产。

（2）该资源的成本或者价值能够可靠计量。可计量性是会计要素确认的重要前提。相关资源的成本或价值能够可靠计量时，才能确认为资产。会计实务中，企业取得的资产大多数都是发生了实际成本的，如企业购入材料物资和机器设备、建造房屋等，取得时发生的实际成本都是能够可靠计量的，符合资产确认的可计量条件。

符合资产定义和资产确认条件的项目，应当列入资产负债表；符合资产定义但不符合资产确认条件的项目，不应当列入资产负债表。

## 3. 资产的分类

资产在财务报表中的呈现方式通常按其流动性划分为流动资产和非流动资产。

（1）流动资产。流动资产是指预计在一年内（含一年）或超过一年的一个营业周期中变现、出售或耗用的资产，主要包括货币资金、交易性金融资产、应收及预付款项、存货等。

需注意：营业周期是指企业从购买用于加工的资产起至收回现金或现金等价物的期间。绝大部分企业以一个会计年度作为报告期，但某些行业的特征决定了其一个营业周期大于一年。例如：房地产企业的主要业务为开发用于出售及出租的房地产产品，其营业周期通常是从购买土地起，到建成开发产品并出售或出租且收回现金或现金等价物为止的期间，该营业周期通常大于一年。这类企业按一个营业周期来划分流动资产与非流动资产。

货币资金，是指企业生产经营过程中处于货币性态、可以随时用作购买和支付手段的资金，一般包括库存现金、银行存款和其他货币资金，属于企业的一种金融资产。

交易性金融资产，是指以公允价值计量且其变动计入当期损益的金融资产。它是企业为了近期出售而持有的金融资产，如企业以赚取差价为目的从二级市场购入的股票、债券、基金等。

应收及预付款项，是指企业在日常生产经营过程中形成的各项债权，包括应收款项（应收票据、应收账款、其他应收款等）和预付账款等。应收票据是指企业在生产经营过程中由于销售商品或者提供劳务等原因收到的商业汇票，包括银行承兑汇票和商业承兑汇票；应收账款是指企业以赊销方式进行商品销售或者劳务提供而形成的暂时未收回的债权；预付账款是指企业按照合同规定预先向供货单位支付的货款；其他应收款是指除以上款项以外的其他暂付或应收款项。

存货，是指企业在日常生产经营活动中持有以备出售的产成品或商品、处在生产过程中的在产品、在生产过程或提供劳务过程中将耗用的材料和物料等，包括原材料、在产品、半成品、产成品或库存商品、周转材料（包装物和低值易耗品）等。

（2）非流动资产。非流动资产是指流动资产以外的资产，这些资产不能在一年或者超过一年的一个营业周期内变现或者耗用，主要包括长期股权投资、固定资产、在建工程、无形资产、投资性房地产、债权投资等。

固定资产，是指为生产商品、提供劳务、出租或经营管理而持有的，且使用寿命超过一个会计年度的有形资产。固定资产一般在使用过程中不改变实物形态，且使用年限较长、单位价值较高，如机器设备、房屋建筑物、运输工具等。

在建工程，是指企业资产的新建、改建、扩建，或技术改造、设备更新和大修理工程等尚未达到预定可使用状态的工程。

无形资产，是指企业拥有或控制的、没有实物形态的可辨认非货币性资产，包括专利权、非专利技术、商标权、著作权、土地使用权、特许经营权等。

此外，企业的资产还可按照有无实物形态划分为有形资产和无形资产；按照表现形式划分为货币资产和非货币资产；按照企业管理的需要还可以划分为经营性资产和非经营性资产。

### （二）负　债

负债是指企业过去的交易或者事项形成的、预期会导致经济利益流出企业的现时义务。如果把资产理解为企业的权利，那么负债就可以理解为企业所承担的义务。

#### 1. 负债的特征

根据负债的定义，负债具有以下特征：

（1）负债是由企业过去的交易或事项形成的。负债应当由企业过去的交易或者事项形成，即只有过去的交易或事项才能形成负债。比如：赊购材料物资时产生的应付款项、从银行已借入的借款等所产生的现实义务，才能确认为负债。企业在未来发生的承诺、签订的合同等交易或事项，不能确认为负债。

（2）负债是企业承担的现时义务。负债必须是企业承担的现时义务，这是负债的一个基本特征。其中，现时义务是指由过去已经发生的交易或事项形成的、企业在现行条件下已承担的义务，未来发生的交易或事项形成的义务，不属于现时义务，不应当确认为负债。

这里所指的义务可以是法定义务，也可以是推定义务。法定义务是指具有约束力的合同或法律法规规定的义务，义务在法律上可能是强制执行的，如按合同收到材料物资或接受劳务而形成的应付款项，属于法定义务；推定义务是企业管理中的习惯做法、公开的承诺或政策导致企业承担的义务，如产品的售后服务、农村农忙时的换工等。

（3）负债的清偿预期会导致经济利益流出企业。预期会导致经济利益流出企业也是负债的一个本质特征。只有企业履行现时义务会导致经济利益流出企业时，才符合负债的定义；不会导致经济利益流出企业的，不符合负债的定义。在履行现时义务清偿负债时，可以现金或实物资产偿还、以提供劳务偿还、以负债转为资本等多种形式偿还。

#### 2. 负债的确认条件

企业将一项债务确认为负债，必须在符合负债定义的同时，符合以下两个条件：

（1）与该义务有关的经济利益很可能流出企业。会计实务中，履行现时义务导致流出的经济利益有不确定性，特别是与推定义务相关的经济利益在很大程度上依赖经验估计。因此，负债的确认应当与经济利益流出企业的不确定性程度相结合进行判断，若有确凿证据证明，与现时义务有关的经济利益很可能流出企业时，必须将其确认为负债；若企业承担了现时义务，但导致经济利益流出企业的可能性已消失，则不符合负债的定义，不确认为负债。

（2）未来流出的经济利益的金额能够可靠计量。负债的确认在考虑经济利益流出企业的同时，对未来流出的经济利益的金额应当能够可靠计量。对于与推定义务相关的经济利益的流出额，企业应当根据履行现时义务所需要支付的最佳估计数进行估计，并综合考虑有关货币时间价值、风险等因素的影响。

### 3. 负债的分类

负债在财务报表中的呈现方式通常按流动性（偿还期限的长短），分为流动负债和非流动负债。与流动资产按流动性划分为流动资产和非流动资产相对应，可以进一步分析企业资产结构与融资结构的关系。

（1）流动负债。流动负债是指预计将在一年内（含一年）或超过一年的一个营业周期内清偿的负债，主要包括短期借款、应付及预收款项等。

短期借款，是指企业从银行或其他金融机构借入的期限在一年（含一年）以下的各种借款，如企业从银行取得的、用以补充流动资金不足的临时性借款。

应付及预收款项，是指企业在日常生产经营过程中发生的各项债务，主要包括应付款项（应付票据、应付账款、其他应付款、应付职工薪酬、应交税费等）和预收账款等。应付票据是指企业在生产经营过程中由于购买商品或者接受劳务等原因承担债务而对外开出、承兑的商业汇票，包括银行承兑汇票和商业承兑汇票；应付账款是指企业以赊购方式购买商品或接受劳务等经营活动中承担的债务；应付职工薪酬是指企业在一定时期因获得职工提供的劳务而应支付给职工的各种劳务报酬，包括工资、奖金、津贴、补贴、职工福利费、非货币性福利等；应交税费是指企业按照税法等规定计算确定的应向税务机关缴纳的各种税费；预收账款是指企业按照合同规定预先向购货单位收取的货款；其他应付款是指除以上款项以外的其他暂收或应付的款项。

（2）非流动负债。非流动负债是指流动负债以外的负债，是指偿还期在一年或者超过一年的一个营业周期以上的债务，主要包括长期借款、应付债券和长期应付款等。

此外，负债还可以按照偿付的方式分为货币性负债和非货币性负债。货币性负债是指那些需要在未来某一时点支付一定数额货币的现时义务；非货币性负债是指那些需要在未来某一时点提供一定数量和质量的商品或劳务的现时义务。

### （三）所有者权益

所有者权益是指企业资产扣除负债后由所有者享有的剩余权益，公司的所有者权益又称股东权益。可见，所有者权益是所有者（投资人）对企业资产的剩余索取权，它是企业资产中扣除债权人权益后应由所有者享有的部分，既反映了所有者投入资本的保值增值情况，又体现了保护债权人权益的理念。所有者权益的计量取决于资产和负债的计量。

### 1. 所有者权益的特征

根据所有者权益的定义，所有者权益具有以下特征：

（1）所有者权益是一项永久性投资。与企业负债不同，除非发生减资或清算，否则企业无须偿还，可作为企业长期资金保留在企业周转使用。

（2）所有者权益因投资人的投资行为和企业盈利而产生。其中，投资人的投资行为形成企业的实收资本（或股本）和资本公积（资本溢价）；企业盈利形成盈余公积和未分配利润。

（3）所有者权益是一种剩余权益。所有者仅对企业的净资产享有所有权。企业清算时，需要清偿所有负债后，所有者权益才返还投资人。

（4）所有者权益最初由投资人投入。投资人凭借所有者权益参与企业利润分配，而债权人无权参与企业利润的分配。

### 2. 所有者权益的确认条件

所有者权益是企业进行生产经营活动的"本钱"，来自企业投资者的投资及增值，它不是一个独立要素，其确认与计量取决于资产、负债的确认和计量，在数量上体现为企业资产减去负债后的净额，即企业的净资产，反映所有者（股东）在企业净资产中享有的经济利益。

### 3. 所有者权益的分类

所有者权益的来源包括所有者投入的资本、直接计入所有者权益的利得或者损失、留存收益等，主要包括实收资本（或股本）、资本公积、盈余公积和未分配利润。其中，盈余公积和未分配利润合称留存收益。

首先，所有者投入的资本既包括构成企业注册资本或者股本的金额，也包括投入资本超过注册资本或股本部分的金额，即资本溢价或股本溢价。其次，企业实现的净利润留存于企业的部分，称为留存收益，包括盈余公积和未分配利润两部分。

（1）实收资本，是指投资者按照企业章程或合同、协议的约定实际投入企业的资本。股本是股份有限公司按照股份面值计价的投入资本，是企业注册成立的基本条件之一，也是企业承担民事责任的财力保证。

（2）资本公积，也称准资本，是企业所有者共有的资本，主要来源于投资人出资额超出其在注册资本（或股本）中所占份额的部分（资本溢价或股本溢价）以及其他资本公积。资本公积的主要用途是转增资本。

（3）盈余公积，是指企业按照有关规定从税后净利润中提取的留存利润，包括法定盈余公积与任意盈余公积。法定盈余公积是企业按照《中华人民共和国公司法》规定的比例从净利润中提取的盈余公积金；任意盈余公积是指经股东大会表决后，按照一定的比例进一步从净利润中提取的盈余公积金。盈余公积的主要用途是弥补亏损和转增资本。

（4）未分配利润，是指未限定用途、留待企业以后年度分配或待分配的利润。

（5）利得或损失。利得是指由企业非日常活动所形成的、会导致所有者权益增加的、与所有者投入资本无关的经济利益的流入；损失是指由企业非日常活动所形成的、会导致所有者权益减少的、与向所有者分配利润无关的经济利益的流出。

### 4. 所有者权益与负债的区别

负债和所有者权益统称权益，即对一个企业资产可以提出的权利，都体现为企业的资金来源，但两者之间却有着本质的不同。负债是债权人对企业资产的要求权，称为债权人权益；所有者权益是投资人对企业净资产的要求权。两者的具体区别为：

（1）负债是企业对债权人所承担的经济责任，企业负有到期偿还的义务；而所有者权益则是企业对投资者所承担的经济责任，企业负有保值增值的责任，一般情况下不需要归还给投资者。

（2）债权人只享有按期收回债务利息和本金的权利，无权参与企业的利润分配和经营管理；投资者既可以参与企业的利润分配，也可以参与企业的经营管理。

（3）企业在清算时，负债拥有优先求偿权，而所有者权益则只能在企业清偿了所有债务之后，才能按比例返还投资者。

### （四）收 入

收入是指企业在日常活动中形成的、会导致所有者权益增加的、与所有者投入资本无关的经济利益的总流入。

收入的实质是企业经济活动的产出过程，即企业生产经营活动的结果。会计上的收入有广义和狭义之分，《企业会计准则——基本准则》规定的收入属于狭义的收入，仅指营业收入，包括主营业务收入、其他业务收入等；广义的收入还包括直接计入当期损益的利得，即营业外收入。

#### 1. 收入的特征

根据收入的定义，收入具有以下特征：

（1）收入是企业在日常活动中形成的。日常活动是指企业为完成其经营目标所从事的经常性活动以及与之相关的活动。比如：制造企业从事的采购、生产和销售活动，商品流通企业从事的商品购进与销售活动，咨询公司提供咨询服务，安装公司提供安装服务，商业银行提供贷款等，均属于企业为完成其经营目标所从事的经常性活动，由此产生的经济利益的总流入构成收入。另外，制造企业转让无形资产使用权、出售原材料、对外投资（收取的利息、现金股利）等，属于与经常性活动相关的活动，由此产生的经济利益的总流入也构成收入。反之，非日常活动（偶发事项）所形成的经济利益的流入不能确认为收入，应当计入利得。

（2）收入会导致经济利益的流入。收入可能表现为资产的增加，如收入会增加货币资金、应收账款等资产；也可能表现为负债的减少，如以预收货款方式销售商品或提供劳务，发出商品或提供劳务确认收入时减少负债；收入还可能同时导致资产增加和负债减少，如销售商品应收取的货款，一部分收取货币资金，一部分抵偿债务。

（3）收入最终导致所有者权益的增加。收入可能表现为资产的增加，也可能表现为负债的减少，或者两者兼而有之，但最终都导致所有者权益增加，不会导致所有者权益增加的经济利益的流入不符合收入的定义，不能确认为收入。比如：向客户预收货款，尽管也导致了经济利益的流入，但该流入并不导致所有者权益的增加，而让企业承担了一项现时义务，不应将其确认为收入，而应确认为负债。

（4）收入是与所有者投入资本无关的经济利益的总流入。企业接受投资人投入资本，一方面会增加企业的实收资本（或股本），另一方面会增加企业资产或减少负债，此时产生的权益属于所有者权益，且筹资活动不属于企业日常活动，所以增加的资产不能确认为收入。

同理，企业向银行借入款项的筹资活动，虽然也导致了经济利益的流入，但该流入并不导致所有者权益的增加，不应确认为收入，而应确认为企业负债。

#### 2. 收入的确认

《企业会计准则——基本准则》规定："收入只有在经济利益很可能流入且经济利益的流入额能够可靠计量时才能予以确认。"

### 3. 收入的分类

收入通常按企业经营业务的主次分类，分为主营业务收入和其他业务收入。这里的收入是指狭义的收入，它是营业性收入的同义语。

（1）主营业务收入是企业从主要经济活动（主营业务）中获得的收入，如制造企业和商品流通企业销售商品取得的收入，餐饮、旅游、软件开发、安装等企业提供劳务取得的收入等。

（2）其他业务收入是企业从其他经济活动（兼营业务）中获得的收入，如制造企业出售原材料、让渡资产使用权（出租固定资产、出租无形资产、出租包装物）所取得的收入。

需注意：就业务本身的性质而言，主营业务收入与其他业务收入的划分是相对的。同样是出租资产取得的收入，对主营产品生产和销售的企业而言，属于其他业务收入；而对租赁公司来说，则是主营业务收入。同样是运输收入，对运输企业而言，属于主营业务收入；而对于其他企业来说，则是其他业务收入。区分主营业务收入与其他业务收入的目的，是按照重要性原则向会计信息使用者提供更有价值的信息，同时也是为了内部管理的需要。

## （五）费 用

费用是指企业在日常活动中发生的、会导致所有者权益减少的、与向所有者分配利润无关的经济利益的总流出。费用与收入是相对应的，它是企业在生产经营活动中发生的各种耗费的货币表现。与收入要素相同，费用也有广义和狭义之分，《企业会计准则——基本准则》规定的费用属于狭义的费用，仅指营业成本、期间费用和相关税费。广义的费用还包括直接计入当期损益的损失，即营业外支出。

### 1. 费用的特征

根据费用的定义，费用具有以下特征：

（1）费用是企业在日常活动中形成的。费用必须是企业在其日常活动中所形成的，这些日常活动的界定与收入定义中涉及的日常活动的界定一致。因日常活动所产生的费用通常包括营业成本、期间费用和相关税费。将费用界定为日常活动所形成的，目的是将其与损失相区分，企业非日常活动所形成的经济利益的流出不能确认为费用，而应当确认为损失。

（2）费用会导致经济利益的流出。费用的发生可能表现为资产的减少，如生产产品领用材料、支付广告费、缴纳税费等；也可能表现为负债的增加，如预提借款的利息和房屋租金、计算的相关税费等；或者两者兼而有之，如对发生的某项费用，部分已经支付，部分暂欠形成债务等。3 种情况都会导致经济利益的流出（最终都导致资产的减少）。

需注意：费用与支出是两个不同的概念，后者的内容更宽泛。凡是付出资产的，统称为支出。但支出中有些形成了费用，如购买设备或原材料的支出、差旅费支出等；有些则并不形成费用，如偿还银行贷款、支付前欠的货款，只是一项资产与一项负债等额的减少，对所有者权益没有影响。

（3）费用会导致所有者权益的减少。企业利润是收入与费用的配比结果，费用是利润的扣除项目，与费用相关的经济利益的流出会减少企业的利润，从而导致所有者权益减少，不会导致所有者权益减少的经济利益的流出不符合费用的定义，不应确认为费用。因此，费用最终都导致所有者权益的减少。

（4）费用是与向所有者分配利润无关的经济利益的总流出。企业向所有者分配利润也会导致经济利益的流出，但该经济利益的流出属于对投资者投资回报的分配，如向股东发放现金股利等不确认为费用，而是所有者权益的抵减项目。

### 2. 费用的确认条件

《企业会计准则——基本准则》规定："费用只有在经济利益很可能流出从而导致企业资产减少或者负债增加，且经济利益的流出额能够可靠计量时才予以确认。"

### 3. 费用的分类

费用按照其性质或用途通常划分为营业成本、期间费用、税金及附加、所得税费用等。

（1）营业成本，包括主营业务成本和其他业务成本，是指与企业生产产品、提供劳务等日常生产经营活动有关的费用（生产费用），按其经济用途可分为直接材料、直接人工和制造费用等成本项目。生产费用应按其实际发生额直接或间接计入产品生产成本或劳务成本，在产品销售或劳务提供后，结转为主营业务成本和其他业务成本。

（2）期间费用，是指企业为组织和管理生产经营活动而于本期发生的、不能直接或间接计入产品生产成本，而应直接计入当期损益的各项费用，包括管理费用、销售费用和财务费用。

## （六）利　润

利润是指企业在一定会计期间的经营成果，包括企业在一定会计期间的收入减去费用后的净额、直接计入当期损益的利得和损失等。利润是评价企业管理层业绩的指标之一，也是财务报告使用者进行决策时的重要参考依据。

从事生产经营活动会给企业带来收入，同时也必然发生费用，费用需要由收入来弥补。当然，企业经营的目的不只是补偿费用，而是获得补偿后的剩余，即利润，利润也是企业价值增值的基础。尽管作为会计要素的收入和费用是狭义的，但由于企业发生的一切经济利益流入与流出，包括营业外收支，都是影响利润总额的因素。所以，作为利润构成要素的收入与费用是广义的，即利润的确定包含所有的收入和费用，包括直接计入当期损益的利得和损失等。

### 1. 利润的特征

根据利润的定义，利润具有以下特征：

（1）利润是企业在一定会计期间的经营成果。利润是企业在一定期间所有收入与所有费用之间的差额。企业在一定期间的经营成果可能表现为盈利，说明企业的所有者权益将增加，业绩得到了提升；也可能表现为亏损（即利润为负数），说明企业的所有者权益将减少，业绩下滑。

（2）利润包括日常活动产生的利润和非日常活动产生的利润。日常活动产生的利润即营业收入减去营业成本及各项费用后的净额，是通过收入与相关成本费用的配比核算得出的；日常活动产生的利润则表现为直接计入当期损益的利得（营业外收入）和损失（营业外支出）。利得与损失之间没有因果关系，因此无须配比，取得利得直接计入当期损益，发生损失则直接抵减当期损益。

### 2. 利润的确认条件

利润的确认主要取决于企业在一定会计期间内实现的收入、费用以及直接计入当期损益的利得和损失的确认，因此，利润不单独计量，其金额的确定也主要取决于收入、费用、利得和损失金额的计量。其公式：

$$利润 = 收入 - 费用 + （利得 - 损失）$$

需注意：企业会计的确认基础是权责发生制，因此企业本期实现的利润并不等于本期收取的货币资金，从而使现金流量表的编制成为必然。

### 3. 利润的构成

利润是一个综合性指标，其在利润表中的体现较为复杂，本书仅按利润构成层次，将其分为营业利润、利润总额、净利润。

（1）营业利润。营业利润包括企业日常活动产生的利润和投资活动产生的投资收益。日常活动产生的利润主要是指销售商品、提供劳务获取的利润；投资活动产生的投资收益是投资产生的收益与损失的净额。此外，利润表还将公允价值变动损益、信用减值损失、资产减值损失、资产处置损益、其他收益等也列入营业利润，有关这些项目将在后期专业课学习中介绍。

（2）利润总额。利润总额是营业利润加减非日常活动的利得（营业外收入）和损失（营业外支出）后的金额。

（3）净利润。净利润是企业利润总额减去所得税费用后的余额。

## 三、会计等式

会计等式是表明各会计要素之间基本关系的等式。会计对象可以概括为资金运动，具体表现为6个会计要素。每发生一笔经济业务，都是资金运动的一个具体过程，每一个资金运动过程都涉及相应的会计要素，从而使全部资金运动所涉及的会计要素存在一定的相互联系。会计要素之间的这种内在关系，可以通过数学表达式予以描述。这种表达会计要素之间基本关系的数学表达式就称为会计等式。

### （一）基本会计等式

企业开展生产经营活动需要一定的资金。企业从不同渠道获得资金，并将资金运用于生产经营活动所需的各种经济资源上，这些经济资源在会计上表现为资产，而资金提供者拥有对这些经济资源的要求权则称为权益。

资产和权益是同一个事物的两个方面，没有权益就不可能有资产，没有资产就无所谓权益，两者互相依存，互为条件。资产表明企业拥有或控制什么样的经济资源和经济资源的价值；权益表明企业拥有或控制的经济资源由谁提供，谁对这些资源享有要求权和要求权的价值。资产和权益的这种依存关系构成基本会计等式：

$$资产 = 权益$$

权益由投资人权益（所有者权益）和债权人权益（负债）构成。企业一般从两个渠道获得生产经营活动所需的资金：所有者投入和企业举债。前者形成所有者对企业的要求权，即所有者权益；后者形成债权人对企业的要求权，即债权人权益（负债）。因此，基本会计等式又可表示为：

$$资产 = 负债 + 所有者权益$$

### 1. 会计基本等式的含义

由于在各个时点上等式关系都成立，所以会计基本等式又称会计恒等式、会计平衡公式、静态会计等式、财务状况等式。这一平衡关系表示：

（1）企业资产来源于企业的投资者和债权人；

（2）资产与权益在数量上是相等的，在关系上是相互依存的；

（3）这一平衡关系是复式记账、账户试算平衡和编制资产负债表的理论依据；

（4）反映企业在某一特定时点的财务状况，是静态平衡公式。

### 2. 经济业务对基本会计等式的影响

企业在生产经营活动中发生纷繁复杂的经济业务，经济业务的发生会导致资产、负债和所有者权益的增减变动，进而影响会计等式。经济业务对基本会计等式的影响主要包括以下几种：

（1）对"资产 = 权益"等式的影响。经济业务的变化虽然复杂，但仍有规律可循，其变化可归纳为四种类型，如图 2-4 所示。

① 资产与权益同增，等式两边的总额同增；

② 资产与权益同减，等式两边的总额同减；

③ 资产内部有增有减，等式两边的总额不变；

④ 权益内部有增有减，等式两边的总额不变。

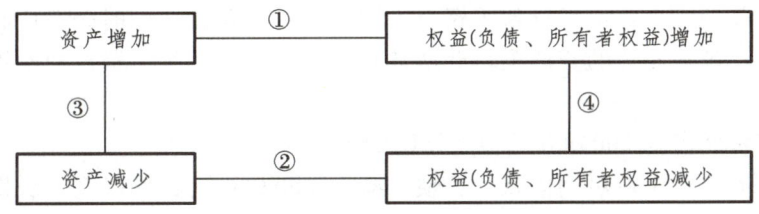

图 2-4　基本会计等式变化规律

（2）对"资产 = 负债 + 所有者权益"等式的影响。权益包括负债和所有者权益，所以 4 种变化情况可具体化为 9 种变化：

① 资产与负债同增，等式两边的总额同增；

② 资产与所有者权益同增，等式两边的总额同增；

③ 资产与负债同减，等式两边的总额同减；

④ 资产与所有者权益同减，等式两边的总额同减；

⑤ 资产内部有增有减，等式两边的总额不变；

⑥ 负债内部有增有减，等式两边的总额不变；

⑦ 所有者权益内部有增有减，等式两边的总额不变；
⑧ 负债增加、所有者权益减少，等式两边的总额不变；
⑨ 负债减少、所有者权益增加，等式两边的总额不变。

### 3. 举例说明经济业务对基本会计等式的影响

假设甲企业2024年8月31日有关资产、负债和所有者权益的金额如表2-2所示。

表2-2　甲企业资产、负债和所有者权益金额

2024年8月31日　　　　　　　　　　　　　　　　　　单位：元

| 资产 | 金额 | 负债和所有者权益 | 金额 |
| --- | --- | --- | --- |
| 库存现金 | 4 000 | 短期借款 | 200 000 |
| 银行存款 | 2 300 000 | 应付账款 | 300 000 |
| 应收账款 | 860 000 | 应付股利 | 330 000 |
| 预付账款 | 150 000 | 长期借款 | 1 300 000 |
| 原材料 | 63 000 | 负债小计 | 2 130 000 |
| 固定资产 | 990 000 | 实收资本 | 1 700 000 |
|  |  | 资本公积 | 137 000 |
|  |  | 未分配利润 | 400 000 |
|  |  | 所有者权益小计 | 2 237 000 |
| 资产合计 | 4 367 000 | 负债和所有者权益合计 | 4 367 000 |

甲企业2024年9月发生如下经济业务：

（1）企业收到某公司所欠货款100 000元，存入开户银行。

该笔经济业务导致企业银行存款（资产）增加100 000元，同时企业应收账款（资产）减少100 000元。等式左边的资产项目此增彼减，增减金额相等，资产总额不变，等式仍然平衡。

（2）企业将短期借款200 000元转为长期借款。

该笔经济业务导致企业短期借款（负债）减少200 000元，同时企业长期借款（负债）增加200 000元。等式右边的负债项目此增彼减，增减金额相等，负债总额不变，等式仍然平衡。

（3）企业经批准将资本公积100 000元转增资本。

该笔经济业务导致企业资本公积（所有者权益）减少100 000元，同时企业实收资本（所有者权益）增加100 000元。等式右边的所有者权益项目此增彼减，增减金额相等，所有者权益总额不变，等式仍然平衡。

（4）企业宣告发放投资者现金股利180 000元。

该笔经济业务导致企业应付股利（负债）增加180 000元，同时使企业未分配利润（所有者权益）减少180 000元。等式右边的负债和所有者权益项目一增一减，增减金额相等，权益总额不变，等式仍然平衡。

（5）企业将前欠外单位的货款 300 000 元转为对方对本单位的投资。

该笔经济业务导致企业应付账款（负债）减少 300 000 元，同时使企业实收资本（所有者权益）增加 300 000 元。等式右边的负债和所有者权益项目一减一增，增减金额相等，权益总额不变，等式仍然平衡。

（6）企业购入并验收入库原材料一批，款项 220 000 元尚未支付。

该笔经济业务导致企业原材料（资产）增加 220 000 元，同时使企业应付账款（负债）增加 220 000 元。等式左右两边同时增加，增加金额相等，等式仍然平衡。

（7）企业以银行存款 330 000 元支付现金股利。

该笔经济业务导致企业银行存款（资产）减少 330 000 元，同时使企业应付股利（负债）减少 330 000 元。等式左右两边同时减少，减少金额相等，等式仍然平衡。

（8）企业接受投资者投入的固定资产，价值 600 000 元，当即投入使用。

该笔经济业务导致企业固定资产（资产）增加 600 000 元，同时使企业实收资本（所有者权益）增加 600 000 元。等式左右两边同时增加，增加金额相等，等式仍然平衡。

（9）企业以银行存款返还投资者投资 200 000 元。

该笔经济业务导致企业银行存款（资产）减少 200 000 元，同时使企业实收资本（所有者权益）减少 200 000 元。等式左右两边同时减少，减少金额相等，等式仍然平衡。

甲企业 2024 年 9 月末有关资产负债变动表如表 2-3 所示。

表 2-3　甲企业资产负债变动表

2024 年 9 月 30 日　　　　　　　　　　　　　　　　　　单位：元

| 资产 | 期初余额 | 本期发生额 | 期末余额 | 负债和所有者权益 | 期初余额 | 本期发生额 | 期末余额 |
| --- | --- | --- | --- | --- | --- | --- | --- |
| 库存现金 | 4 000 | — | 4 000 | 短期借款 | 200 000 | －200 000（2） | 0 |
| 银行存款 | 2 300 000 | ＋100 000（1）－330 000（7）－200 000（9） | 1 870 000 | 应付账款 | 300 000 | －300 000（5）＋220 000（6） | 220 000 |
| 应收账款 | 860 000 | －100 000（1） | 760 000 | 应付股利 | 330 000 | ＋180 000（4）－330 000（7） | 180 000 |
| 预付账款 | 150 000 | — | 150 000 | 长期借款 | 1 300 000 | ＋200 000（2） | 1 500 000 |
| 原材料 | 63 000 | ＋220 000（6） | 283 000 | 负债合计 | 2 130 000 |  | 1 900 000 |
| 固定资产 | 990 000 | ＋600 000（8） | 1 590 000 | 实收资本 | 1 700 000 | ＋100 000（3）＋300 000（5）＋600 000（8）－200 000（9） | 2 500 000 |
|  |  |  |  | 资本公积 | 137 000 | －100 000（3） | 37 000 |
|  |  |  |  | 未分配利润 | 400 000 | －180 000（4） | 220 000 |
|  |  |  |  | 所有者权益小计 | 2 237 000 |  | 2 757 000 |
| 资产合计 | 4 367 000 | — | 4 657 000 | 权益合计 | 4 367 000 |  | 4 657 000 |

从案例分析中可知：每一项经济业务的发生，都必然导致基本会计等式的一边或等式两边有关项目相互联系地发生等量变化。

（1）经济业务的发生，引起等式两边同时增加且增加的金额相等，此时等式两边的总额也同时增加，等式保持平衡。[业务（6）和（8）]

（2）经济业务的发生，引起等式两边同时减少且减少的金额相等，此时等式两边的总额也同时减少，等式保持平衡。[业务（7）和（9）]

（3）经济业务的发生，只引起等式的左边（资产）内部项目一增一减，且增减的金额相等，此时等式两边的总额不变，等式保持平衡。[业务（1）]

（4）经济业务的发生，只引起等式的右边（权益）内部项目一增一减，且增减的金额相等，此时等式两边的总额不变，等式保持平衡。[业务（2）、（3）、（4）、（5）]

可见，经济业务的发生始终不会破坏基本会计等式，以此为基础，设置账户并进行复式记账（相等的金额在两个或两个以上相关账户中做等额的双重记录），才能全面反映经济活动存在的这种相互依存的内在联系。

### （二）动态会计等式

企业在每一个会计期间的经营活动中，既取得收入同时又要发生相应的费用，将一定会计期间内实现的收入和发生的费用进行配比，就能确定该期间的经营成果。在不考虑利得和损失的情况下，当收入大于费用时，表明企业实现利润；当收入小于费用时，表明企业发生亏损，用等式表示为：

$$收入 - 费用 = 利润$$

经营成果等式的含义：这一等式反映了收入、费用和利润3个会计要素之间的基本关系，称为经营成果等式或动态会计等式。这一等式表示：

（1）资金运动3个动态要素之间的数量关系；

（2）企业在某一会计期间的经营成果和利润形成过程；

（3）是编制利润表的理论依据。

### （三）扩展的会计等式

随着企业生产经营活动的进行，在每一个会计期间内，企业取得收入会导致资产的增加或者负债的减少，最终导致所有者权益的增加；企业发生费用会导致资产的减少或者负债的增加，最终导致所有者权益的减少。因此，收入与费用其实就是所有者权益的组成部分，如果考虑收入、费用和利润这3个会计要素，则基本会计等式演变为：

$$资产 = 负债 + 所有者权益 + （收入 - 费用）$$
$$= 负债 + 所有者权益 + 利润$$

#### 1. 扩展的会计等式的含义

这一等式被称为扩展的会计等式，等式把企业财务状况和经营成果相联系，反映了企业在会计期间内任一时刻（未结算之前）的财务状况和经营情况，说明企业经营成果对资产和所有者权益产生的影响。

#### 2. 经济业务对扩展会计等式的影响

（1）企业取得收入，表现为资产和收入同时等额增加，或表现为收入增加和负债同时等额减少，等式仍然平衡。

（2）企业发生费用，表现为负债和费用同时等额增加，或表现为费用增加和资产同时等额减少，等式仍然平衡。

（3）会计期末，将收入与费用配比，计算利润（或亏损），按规定程序进行分配，使所有者权益和资产增加（或减少）。这样，在会计期末结账后，等式又恢复到会计期初的形式：资产＝负债＋所有者权益。

以上分析说明，资产、负债、所有者权益、收入、费用和利润6大会计要素之间存在着一种恒等关系，6个会计要素无论如何变化，最终都要回到资产、负债、所有者权益之间的平衡关系上来，会计等式就反映了这种平衡关系。因此，会计基本等式是指"资产＝负债＋所有者权益"这一等式。

## 思考与实训练习

### 一、简答题

1. 什么是会计假设？为什么要确定会计假设？
2. 会计假设有哪些内容？各自的含义是什么？
3. 会计主体与法律主体的关系是什么？
4. 我国会计准则中如何划分会计期间？
5. 权责发生制和收付实现制在收入与费用的确认与计量方面有何区别？
6. 什么是会计信息质量要求？包括哪些内容？
7. 会计对象是什么？什么是资金的循环周转？制造企业资金循环周转过程包括哪些？
8. 什么是会计要素？我国如何划分会计要素？如何理解6个会计要素的定义、特征、确认条件和内容？
9. 负债与所有者权益的异同是什么？为什么说所有者权益是一种剩余权益？
10. 收入和费用的发生对所有者权益有何影响？
11. 什么是会计等式？会计等式有哪几种形式？不同形式的会计等式之间存在什么关系？
12. 经济业务的发生会对会计等式产生怎样的影响？如何理解基本会计等式的"恒等"？

### 二、单项选择题

1. 下列各项假设中，作为会计分期基础的是（　　）。
   A. 会计主体　　　　　　　　B. 持续经营
   C. 会计要素　　　　　　　　D. 货币计量
2. 在我国，会计期间分为年度、半年度、季度和月度，它们均按（　　）确定。
   A. 公历起讫日期　　　　　　B. 农历起讫日期
   C. 7月制起讫日期　　　　　 D. 4月制起讫日期
3. 会计分期假设为会计工作规定了（　　）。
   A. 时间范围　　　　　　　　B. 核算方法
   C. 空间范围　　　　　　　　D. 计量方法

4. 下列有关会计主体的表述中，不正确的是（　　）。
   A. 会计主体是指会计所核算和监督的特定单位及组织
   B. 会计主体就是法律主体
   C. 由若干具有法人资格的企业组成的企业集团也是会计主体
   D. 会计主体界定了从事会计工作和提供会计信息的空间范围
5. 货币计量假设的隐含假设是（　　）。
   A. 会计主体　　　　　　　　B. 持续经营
   C. 币值稳定　　　　　　　　D. 会计分期
6. 企业进行会计确认、计量、记录和报告的基础是（　　）。
   A. 权责发生制　　　　　　　B. 收付实现制
   C. 永续盘存制　　　　　　　D. 实地盘存制
7. 在会计核算过程中，会计处理方法前后各期（　　）
   A. 应当一致，不得随意变更　　B. 可以变动，但须经过批准
   C. 可以任意变动　　　　　　　D. 应当一致，不得变动
8. 按会计信息质量的要求，企业对交易或事项进行会计确认、计量、记录和报告时，正确的做法是（　　）。
   A. 不应高估资产或负债　　　B. 不应高估资产和费用
   C. 不应高估资产和收益　　　D. 不应低估资产或负债
9. 会计核算要求以实际发生的交易或事项为依据进行会计确认、计量、记录和报告，体现的会计信息质量要求是（　　）。
   A. 可靠性　　B. 相关性　　C. 可比性　　D. 谨慎性
10. 不同企业发生的相同或相似的交易或者事项，应采用统一的会计政策，以确保会计信息口径一致，这体现了（　　）的要求。
    A. 可靠性　　B. 重要性　　C. 可理解性　　D. 可比性
11. 实质重于形式原则中的"实质"是指（　　）。
    A. 经济活动遵循的法律　　　B. 交易或事项的本质
    C. 会计核算的法律依据　　　D. 会计核算的一般规律
12. 企业将融资租入固定资产视同自有固定资产核算，体现的会计信息质量要求是（　　）。
    A. 可靠性　　B. 可比性　　C. 及时性　　D. 实质重于形式
13. 企业对可能发生的各项资产损失计提资产减值或跌价准备，充分体现了（　　）的要求。
    A. 可靠性　　B. 重要性　　C. 谨慎性　　D. 实质重于形式
14. 对于重要的会计事项，应单独核算、分项反映，体现了（　　）原则。
    A. 可比性　　B. 谨慎性　　C. 及时性　　D. 重要性
15. 下列经济活动属于制造企业经营活动的是（　　）。
    A. 借款　　B. 购买原材料　　C. 购买债券　　D. 购买股票
16. 会计的对象是社会再生产过程中的（　　）。
    A. 经济活动　　B. 财产物资　　C. 资金运动　　D. 货币资金

17. 企业日常活动中形成的、会导致所有者权益增加的、与所有者投入资本无关的经济利益的总流入称为（    ）。

   A. 收入　　　　B. 资产　　　　C. 利得　　　　D. 利润

18. 企业日常活动中发生的、会导致所有者权益减少的、与向所有者分配利润无关的经济利益的总流出称为（    ）。

   A. 损失　　　　B. 负债　　　　C. 费用　　　　D. 成本

19. 企业的原材料属于会计要素中的（    ）。

   A. 负债　　　　B. 资产　　　　C. 成本　　　　D. 所有者权益

20. 一个企业的资产总额与权益总额（    ）。

   A. 不会相等　　B. 有时相等　　C. 期末时相等　　D. 必然相等

21. 下列费用中，不属于期间费用的是（    ）。

   A. 制造费用　　B. 财务费用　　C. 管理费用　　D. 销售费用

22. 税后利润是指企业利润总额扣除（    ）之后的净利润。

   A. 所得税费用　B. 消费税　　　C. 增值税　　　D. 税金及附加

23. 投资者出资额超出其在注册资本中所享有份额的部分，计入（    ）。

   A. 实收资本　　B. 资本公积　　C. 盈余公积　　D. 未分配利润

24. 下列引起资产和负债同时减少的经济业务是（    ）。

   A. 将库存现金存入银行　　　　B. 赊购商品一批
   C. 用银行存款归还银行贷款　　D. 收到应收款项

25. 若经济业务只涉及资产要素变动时，必然引起资产要素中某些项目发生（    ）。

   A. 同增变动　　　　　　　　　B. 同减变动
   C. 此增彼减变动　　　　　　　D. 不变动

26. 所有者权益在数量上等于（    ）。

   A. 所有者的投资　　　　　　　B. 全部资产减去全部负债后的净额
   C. 实收资本和资本公积之和　　D. 全部资产减去流动负债后的净额

27. 某企业月初权益总额为 90 万元，本月取得银行借款 10 万元存入企业存款户，则月末企业资产总额为（    ）万元。

   A. 100　　　　　B. 80　　　　　C. 90　　　　　D. 110

28. 下列关于会计要素增减变化的表述，不正确的是（    ）。

   A. 如果负债不变，资产增加，所有者权益增加，会计等式成立
   B. 如果资产不变，负债减少，所有者权益增加，会计等式成立
   C. 如果资产不变，负债增加，所有者权益减少，会计等式成立
   D. 如果资产减少，负债不变，所有者权益增加，会计等式成立

29. 基本会计等式是（    ）。

   A. 收入 – 费用 = 利润　　　　　B. 资产 = 所有者权益 + 负债
   C. 资产 = 负债 + 所有者权益　　D. 资产 = 负债 + 所有者权益 +（收入 – 费用）

30. 下列项目中，不属于收入要素内容的是（　　）。
    A. 商品销售收入　　　　　　　　B. 提供劳务收入
    C. 捐赠收入　　　　　　　　　　D. 转让资产使用权收入
31. 下列项目中，属于所有者权益的是（　　）。
    A. 实收资本　　B. 银行存款　　C. 短期借款　　D. 应收账款
32. 收到客户上月的欠款存入银行，该笔经济业务引起会计基本等式（　　）。
    A. 等式两边同增　　　　　　　　B. 等式两边同减
    C. 等式左边一增一减　　　　　　D. 等式右边一增一减

### 三、多项选择题

1. 会计假设包括（　　）。
    A. 会计主体　　B. 货币计量　　C. 会计分期　　D. 持续经营
2. 可以作为一个会计主体进行核算的是（　　）。
    A. 母公司　　　B. 分公司　　　C. 企业集团　　D. 学校
3. 有关会计主体假设，下列表述正确的是（　　）。
    A. 会计主体可以是一个法人企业，也可以是集团公司
    B. 合伙企业属于非法人企业，不是会计主体
    C. 法律主体必然是会计主体，但会计主体不一定是法律主体
    D. 会计核算的范围包括企业所有者本人的经济活动
4. 下列说法正确的是（　　）。
    A. 会计核算过程中，采用货币为统一的计量单位
    B. 我国企业的会计核算只能以人民币为记账本位币
    C. 境内业务收支以外币为主的单位可以选择某种外币作为记账本位币
    D. 在境外设立的中国企业向国内报送的财务报告，应当折算为人民币反映
5. 下列属于会计期间中期的是（　　）。
    A. 月度　　　　B. 季度　　　　C. 年度　　　　D. 半年度
6. 为正确确定收入和费用的归属期间，在会计上形成的核算基础是（　　）。
    A. 权责发生制　B. 收付实现制　C. 永续盘存制　D. 实地盘存制
7. 下列会计信息质量要求中，体现可比性要求的是（　　）。
    A. 不得随意变更会计政策　　　　B. 满足会计信息使用者的需求
    C. 采用一致的会计政策　　　　　D. 会计信息的口径一致
8. 权责发生制原则的要求有（　　）。
    A. 本期已经实现的收入无论款项是否收到，都作为本期收入处理
    B. 凡是在本期收到和付出的款项，都作为本期收入和费用处理
    C. 本期已经发生或应当负担的费用，无论款项是否实际支付，都作为本期费用处理
    D. 以收入或费用的权利或责任发生与否确定本期收入或费用
9. 本月收到上月销售产品的货款存入银行，以下表述正确的有（　　）。
    A. 收付实现制下，应作为本月收入　B. 权责发生制下，应作为上月收入
    C. 收付实现制下，应作为上月收入　D. 权责发生制下，应作为本月收入

10. 根据权责发生制原则，应计入本期收入或费用的有（　　）。
    A. 本期收到的前期提供劳务的款项　　B. 本期销售商品一批，尚未收款
    C. 本期耗用的水电费，尚未支付　　D. 本期预付下一年的报刊费
11. 下列项目中，属于资产负债表要素的是（　　）。
    A. 费用　　　　B. 资产　　　　C. 负债　　　　D. 所有者权益
12. （　　）属于流动资产的内容。
    A. 存放在银行的存款　　　　B. 仓库存放的产成品
    C. 企业的办公楼　　　　　　D. 车间的机器设备
13. 制造企业资金运动的过程可分为（　　）。
    A. 资金汇总　　B. 资金投入　　C. 资金循环和周转　　D. 资金退出
14. 下列项目中，属于留存收益的是（　　）。
    A. 盈余公积　　B. 实收资本　　C. 资本公积　　D. 未分配利润
15. （　　）是正确的会计等式。
    A. 资产 = 权益　　　　　　　　B. 资产 = 负债 + 所有者权益
    C. 收入 – 费用 = 利润　　　　D. 资产 = 所有者权益 + 负债 +（收入 – 费用）
16. 根据会计恒等式的原理，下列表述中正确的有（　　）。
    A. 资产增加，负债减少，所有者权益不变
    B. 资产不变，负债增加，所有者权益增加
    C. 负债增加，所有者权益减少，资产不变
    D. 资产有增有减，权益不变
17. 下列属于资产基本特征的是（　　）。
    A. 必须是有形资产　　　　　B. 预期能给企业带来经济利益
    C. 由企业拥有或控制　　　　D. 过去的交易或事项形成的
18. 下列能引起资产和负债同时增加的是（　　）。
    A. 企业赊购材料　　　　　　B. 从银行取得借款存入企业存款户
    C. 收到投资者的投资款存入银行　　D. 以银行存款偿还前欠货款
19. 下列属于负债要素的是（　　）。
    A. 长期借款　　B. 应交税费　　C. 预收款项　　D. 预付账款
20. 企业的收入可能表现为一定会计期间的（　　）。
    A. 库存现金的增加　　　　　B. 银行存款的增加
    C. 企业其他资产的增加　　　D. 企业负债的减少
21. 下列各项反映企业经营成果的会计要素是（　　）。
    A. 收入　　　　B. 费用　　　　C. 利润　　　　D. 利得
22. 引起资产一增一减的经济业务是（　　）。
    A. 以银行存款购进机器设备　　B. 从银行提取现金
    C. 以银行存款购进原材料　　　D. 以银行存款支付前欠货款
23. 下列项目中，影响利润金额计算的是（　　）。
    A. 资产　　　　　　　　　　B. 收入
    C. 费用　　　　　　　　　　D. 直接计入当期损益的利得

24. 下列项目中，属于费用要素特点的是（　　）。
    A. 企业日常活动中发生的经济利益的总流出
    B. 会导致所有者权益减少
    C. 会导致所有者权益增加
    D. 与向所有者分配利润无关
25. 企业接受股东的投资，将导致（　　）。
    A. 所有者权益增加　　　　　　　B. 资产增加
    C. 收入增加　　　　　　　　　　D. 费用增加

### 四、判断题

1. 企业应当以权责发生制为基础进行会计确认、计量、记录和报告。（　）
2. 凡是会计主体都应进行独立核算。（　）
3. 会计主体一定是法律主体，法律主体大于会计主体。（　）
4. 在我国境内设立的企业，其会计核算都必须以人民币作为记账本位币。（　）
5. 持续经营假设并不意味着企业将永远存续下去，如果遇到破产清算则改用清算假设。（　）
6. 会计核算必须以实际发生的经济业务为依据，表明应当遵循可靠性的信息质量要求。（　）
7. 权责发生制下，凡是本期收到和付出的款项，都确认为本期的收入和费用。（　）
8. 资金的投入既可以表现为货币资金也可以表现为非货币资金。（　）
9. 所有经济业务的发生都会引起会计等式两边发生变化。（　）
10. 企业拥有所有权的财产物资均属于企业的资产。（　）
11. 企业收到的投资者投入资本，超过其在注册资本中所享有份额的部分，应确认为企业的实收资本或股本。（　）
12. 资产包括流动资产和固定资产。（　）
13. "收入－费用＝利润"这一会计等式是编制利润表的基础。（　）
14. 所有者权益是企业投资人对企业全部资产的所有权。（　）
15. 无论发生任何经济业务，会计恒等式两边的数额始终保持不变。（　）
16. 企业取得收入就意味着会形成利润。（　）
17. "资产＝负债＋所有者权益"是暂时的，有些经济业务的发生会打破平衡关系。（　）
18. 负债都是需要在一年或超过一年的一个营业周期内偿还的债务。（　）
19. 利得和损失是偶发的，不属于企业的日常活动。（　）
20. 企业与供应商签订明年引入新生产线一条的合同，该生产线预期能为企业带来经济利益的流入，此时应将该生产线确认为资产。（　）
21. 会计基本等式在任何时点都是平衡的。（　）
22. 未来发生的交易或事项形成的义务，预期会导致经济利益流出企业，应确认为负债。（　）

## 五、实训题

### 实训一

[目的]掌握权责发生制和收付实现制。

[资料]某企业 2024 年 7 月发生以下经济业务：

1. 销售产品 90 000 元，收到货款存入银行。
2. 销售产品 60 000 元，货款尚未收到。
3. 预付 7—12 月的仓库租金 60 000 元。
4. 收到上月应收的销货款 50 000 元。
5. 收到客户预付的货款 30 000 元，下月交货。
6. 本月应付水电费 3 000 元，下月支付。

[要求]根据经济业务内容，分别按照权责发生制和收付实现制计算 7 月的收入和费用并填入表 2-4 中。

表 2-4  2024 年 7 月收入与费用    单位：元

| 业务序号 | 权责发生制 | | 收付实现制 | |
| --- | --- | --- | --- | --- |
| | 收入 | 费用 | 收入 | 费用 |
| 1 | | | | |
| 2 | | | | |
| 3 | | | | |
| 4 | | | | |
| 5 | | | | |
| 6 | | | | |
| 合计 | | | | |

### 实训二

[目的]练习对会计要素进行分类，并掌握它们之间的关系。

[资料]某企业 2024 年 12 月 31 日的资产、负债、所有者权益如表 2-5 所示。

[要求]指出项目中资产、负债、所有者权益分别是哪些？并通过金额计算验证会计等式。

表 2-5  资产、负债与所有者权益

| 内容 | 金额（元） | 资产 | 负债 | 所有者权益 |
| --- | --- | --- | --- | --- |
| 厂房一栋 | 100 000 | | | |
| 企业存入银行的存款 | 12 000 | | | |
| 出纳保管的现金 | 2 000 | | | |
| 暂欠购进材料的货款 | 16 000 | | | |

续表

| 内　　容 | 金　额（元） | 资　产 | 负　债 | 所有者权益 |
|---|---|---|---|---|
| 投资者的投资款 | 210 000 | | | |
| 2年后到期的银行借款 | 50 000 | | | |
| 库存的原材料 | 25 000 | | | |
| 未到期的应付票据 | 32 620 | | | |
| 尚未收回的货款 | 13 000 | | | |
| 预收购货方的货款 | 9 000 | | | |
| 产品生产专利 | 15 000 | | | |
| 完工验收入库的产品 | 40 860 | | | |
| 销售商品未收的款项 | 36 000 | | | |
| 应交未交的税费 | 5 000 | | | |
| 经营中形成的盈余公积金 | 25 000 | | | |
| 3个月后需要偿还的借款 | 20 000 | | | |
| 未完工的在产品 | 5 000 | | | |
| 交易性金融资产 | 11 000 | | | |
| 机器设备 | 120 000 | | | |
| 应付银行借款利息 | 1 800 | | | |
| 资本溢价 | 10 440 | | | |
| 总　　额 | | | | |

**实训三**

[目的]熟悉经济业务发生对会计等式的影响。

[资料]某企业2024年12月初资产总额为200万元，负债为50万元，所有者权益为150万元。2024年12月发生下列经济业务：

1. 从银行提取现金30 000元备用。
2. 从银行取得为期5个月的借款，用于偿还前欠货款50 000元。
3. 用资本公积转增资本120 000元。
4. 向银行借入为期3个月的借款20 000元，存入银行存款户。
5. 以银行存款偿还银行短期借款300 000元。
6. 收到甲企业投入的机器一台，价值50 000元，当即投入使用。
7. 乙企业收回投资400 000元，以银行存款支付。

[要求]计算经济业务变动对资产、负债、所有者权益变动的影响，填写表2-6，并分析变动类型。

表 2-6　资产、负债及所有者权益增减变动表

| 内　容 | 资　产 | | 负债及所有者权益 | |
|---|---|---|---|---|
| | 项　目 | 金　额 | 项　目 | 金　额 |
| 年　初 | | 2 000 000 | | 2 000 000 |
| 业务 1 | | | | |
| | | | | |
| 业务 2 | | | | |
| | | | | |
| 业务 3 | | | | |
| | | | | |
| 业务 4 | | | | |
| 业务 5 | | | | |
| 业务 6 | | | | |
| | | | | |
| 业务 7 | | | | |
| 年　末 | | | | |

# 第三章 账户与复式记账
PART THREE

> **学习目标**：了解设置账户的意义和账户的对应关系；理解会计科目与账户的概念、区别与联系，理解复式记账法的优越性；掌握借贷记账法下账户的结构、记账规则、会计分录编制、试算平衡、平行登记等内容。
> **学习重点**：会计科目、账户、借贷记账法的原理。
> **学习难点**：账户结构、会计分录、试算平衡。
> **思政目标**：规则意识培育、遵规守纪理念养成。

## 第一节 会计科目与账户

会计要素是对会计对象的第一次分类，也是最基本的分类。通过会计要素，会计信息使用者可以了解企业拥有或控制着多少经济资源，承担着多少债务，投资人权益有多少，一定会计期间获得多少收入、发生多少耗费并实现多少利润等会计信息，满足有关信息使用者的需要。然而，这些信息并不能满足会计信息使用者的决策需要，因为各要素中包含了很多性质相同、内容各异的项目，信息使用者需要更为详细的资料。

### 一、会计科目

会计科目，简称科目，是对会计对象的具体内容进行分类核算的项目，即是对会计要素的具体内容所做的进一步分类。

会计科目的设置在会计核算方法体系中占有很重要的地位，它是进行会计核算和监督、会计账户开设、财务报告结构设计的基础，整个会计核算过程都离不开会计科目。

### (一）设置会计科目的意义

企业在生产经营活动中所发生的各项经济业务，都必然引起会计要素发生增减变动，为全面、系统、连续、分类地核算和监督各项经济业务事项的发生情况及由此引起的会计要素的增减变动过程和结果，企业需要在对会计对象做出基本分类的基础上进一步分类，即设置会计科目。

#### 1. 设置会计科目是会计核算的基础

以会计要素进行会计核算不能反映出其内部结构的变动情况和具体的经济活动内容，以此为基础提供的会计信息不能全面、具体、综合地反映企业生产经营活动及财务状况，也不能满足会计信息使用者的需要。比如：企业的资产中有多少流动资产、其构成如何，有多少非流动资产、其构成如何；企业的负债构成如何，所有者权益的组成情况等。因此，需要按经济业务的内容、特点和会计信息使用者的要求对会计要素做进一步分类和汇总。设置会计科目作为会计核算方法之一，是会计核算的基础和前提。

#### 2. 科学分类经济业务

企业在生产经营活动中，会发生种类繁多的经济业务，对于涉及同一会计要素的经济业务，往往也具有不同的内容。所以，会计对象仅按6个会计要素分类还不能完整、连续、系统、分类地对经济业务进行核算和监督，必须对会计要素的具体内容再进行科学的分类，分门别类地设置会计科目，使每一个会计科目都反映一个特定的经济内容。这样无论企业发生何种经济业务，均可按其内容、特点和有关要求归入相应会计科目进行核算。对企业的各项经济业务分门别类地进行会计核算和监督，才能分门别类地为经济管理提供决策有用的会计信息。比如：机器设备、房屋建筑物、运输工具等是企业的主要劳动资料，应归属为固定资产类；大米、面粉、白糖等是食品加工企业的劳动对象，构成产品实体，应归属为原材料类。而原材料和固定资产都属于资产类，但它们的经济内容、周转方式和作用不同，因此对其增减变动情况，在会计上分别设置了固定资产和原材料科目进行核算和监督。又如：企业欠销货方的货款和向银行的借款都属于负债，但因经济内容不同、来源渠道不同，应分别设置应付账款、短期借款或长期借款科目进行核算和监督。各个会计科目所涵盖的经济内容的界限，绝不能相互混淆。

#### 3. 适应企业管理的需要

从管理学角度看，分类是一种管理工具，是将经济信息转换为会计信息的第一步。比如：企业支付员工的薪酬，对企业而言是一项费用，但费用的种类有很多，记入什么费用将体现企业的管理思想和理念。会计人员需要根据企业管理需要，将职工薪酬按员工的岗位划分，分别记入管理费用、生产成本、销售费用等账户，并计算出每个岗位的单位平均工资以满足分类管理的需要，进而用以比较在同行业中的薪酬水平，思考企业目前的员工薪酬，能否吸引优秀的管理人才和技术人才、有没有降低人工成本的可能等。

会计对象、会计要素与会计科目之间的关系如图3-1所示。

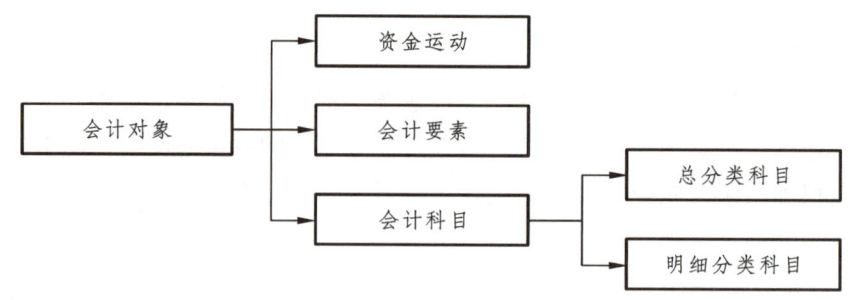

图 3-1　会计对象的构成层次

## （二）设置会计科目的原则

会计对象具体分为 6 大会计要素，会计要素进一步细分为会计科目。分类是会计的特点，分类的正确与否决定着会计信息的科学性。因此，科学而合理地设置会计科目是正确进行会计核算、提供会计信息的前提。各会计主体经济业务活动的具体内容、规模大小与业务繁简程度等不尽相同，在设置会计科目时，应考虑其自身的特点和管理需要，一般应遵循以下原则：

### 1. 全面性原则

会计科目作为会计要素进行分类核算的项目，其设置应能保证全面、系统地反映会计要素的全部内容，能够根据不同行业、各经济组织的特点和经济业务的内容确定设置哪些会计科目。不能有任何遗漏和混淆，即任何一项经济业务都必须能够纳入相应的会计科目。各科目之间既相互区别、界限分明，又彼此联系，共同构成一个完整的体系。

### 2. 统一性原则

会计科目应按照《企业会计准则》的统一规定设置，以保证会计核算指标在同一个部门，甚至全国范围内都能综合汇总、分析利用，便于国家的宏观经济管理。我国的会计科目由财政部统一制定，对每个会计科目的名称、编号和核算内容做了统一规定，并保持一定的稳定性，不能经常变动。

### 3. 实用性原则

由于行业差异以及企业业务的不断创新，一些特殊业务和创新业务在会计科目的设置上亦应有所不同。为此，会计主体可根据自身的特点和经济管理要求，在不影响会计核算要求、保证提供统一会计核算指标的前提下，自行增设、减少或合并某些会计科目，体现行业和企业的特点，增加会计科目的实用性。

### 4. 相关性原则

会计科目的设置应充分考虑有关各方对会计信息的需求，同时满足国家宏观经济管理、会计主体内部经营管理、投资者及债权人等各有关方对会计信息的需要，有利于各有关方根据会计信息进行经济决策。

### 5. 简要性原则

各会计主体在财政部制定的会计科目表的基础上自行设置会计科目时，要使会计科目名称含义准确、界限清楚、简明扼要、通俗易懂，避免重复烦琐，要便于记账、查账，并满足会计核算技术的现代化要求。

### （三）会计科目的分类

每个会计科目都核算某一特定的经济内容，每个会计科目之间既有联系又有区别，相互补充构成了完整的会计科目体系，用于全面、系统地核算和监督会计对象的具体内容，提供经济管理所需要的一系列指标。为了正确设置和运用会计科目，应对会计科目进行合理的分类。会计科目通常按反映的经济内容和所提供核算指标的详细程度两个标准分类。

#### 1. 会计科目按其反映的经济内容分类

根据会计核算和加强资金管理的需要，对会计科目按反映的经济内容分类是会计科目主要的、基本的分类。《企业会计准则》将会计科目按其反映的经济内容不同，分为资产类、负债类、共同类、所有者权益类、成本类和损益类 6 大类。这种分类便于明确会计主体应当设置哪些会计科目来核算和监督经济活动，也便于取得编制财务报告所需要的综合会计核算资料。

（1）资产类科目。按照资产的流动性和经营管理核算的需要，又分为反映流动资产的科目和反映非流动资产的科目。

（2）负债类科目。按照负债的流动性（偿还期限）划分，又分为反映流动负债的科目和反映非流动负债的科目。

（3）共同类科目。多为金融、保险、投资、基金等公司使用。目前《企业会计准则》规定的"共同类"有 5 个科目：清算资金往来、外汇买卖、衍生工具、套期工具、被套期项目。

（4）所有者权益类科目。按照所有者权益的来源划分，又分为反映投入资本的科目、反映从利润中提取资金的科目和反映未分配利润的科目。

（5）成本类科目。按照企业生产产品、提供劳务的成本进行归集的科目。

（6）损益类科目。按照利润的形成来源或者构成情况，又分为反映经营损益的科目、反映期间费用的科目、反映利得和损失的科目。

#### 2. 会计科目按其提供核算指标（会计信息）的详略程度分类

按其提供核算指标的详略程度及其统驭关系，会计科目分为总分类科目和明细分类科目。

（1）总分类科目。总分类科目又称总账科目或一级科目，是对会计要素具体内容进行总括分类、提供总括性核算指标的科目，如应收账款、原材料、实收资本等。

总分类科目是对外提供会计信息的基础。外界会计信息使用者为了作出经济决策，需要对不同企业之间的会计信息进行合理的比较，所以不同企业提供的会计信息必须具备可比性。为此，总分类科目的设置应该遵循企业会计准则的规定，企业不能随意更改。即使企业根据需要增设、删减或合并会计科目，也不应违背国家的统一规定，不能影响对外提供会计信息的内容和口径。

（2）明细分类科目。明细分类科目又称明细科目，是对总分类科目的进一步分类、提供更详细更具体会计信息的科目，是对总分类科目的具体化和详细说明，如应收账款、应付账款科目下分别按不同债权人和债务人开设明细科目。

明细分类科目按其分类的详细程度不同，又可分为二级明细科目（子目）和三级明细科目（细目）。二级明细科目是对总分类科目的进一步分类，三级明细科目是对二级明细科目的进一步分类。比如：原材料科目下先按原料及主要材料、辅助材料、燃料等开设二级明细科目，在二级明细科目下再按不同的材料品种、规格和型号等分设三级明细科目，反映各种材料的具体构成内容，关系如表3-1所示。

表 3-1　原材料一级科目与明细科目之间的关系

| 一级科目<br>（总分类科目、总分类账科目） | 明细科目 | |
|---|---|---|
| | 二级明细科目（子目） | 三级明细科目（细目） |
| 原材料 | 原料及主要材料 | 角钢 |
| | | 方钢 |
| | | 元钢 |
| | 辅助材料 | 润滑油 |
| | | 添加剂 |
| | | 油漆 |
| | 燃　料 | 汽油 |
| | | 柴油 |

需注意：并非所有的总分类科目都需要设置明细科目，对于核算内容比较复杂、需要分层次反映的总分类科目才开设明细科目。明细科目一般由企业根据管理需要自行设置。

（3）总分类科目与明细分类科目的关系。总分类科目总括反映会计对象的具体内容，而明细分类科目详细反映会计对象的具体内容；总分类科目对明细科目具有统驭控制作用，明细分类科目是对总分类科目的补充和说明。

### 3. 会计科目表

会计科目的设置如表3-2所示。

为适应会计信息化的需要，便于编制凭证、登记簿账、查对账目，提高会计信息化的效率，每个会计科目都有一个固定编号。我国采用"四位数码"编号法。如：1001库存现金、2202应付账款、4001实收资本、5001生产成本、6001主营业务收入等。每一个编号的含义是：从左至右第一位数（千位数）表示会计科目的大类（性质），如"1"代表资产类科目，"2"代表负债类科目，"4"代表所有者权益类科目，"5"代表成本类科目，"6"代表损益类科目；第二位数（百位数）表示会计科目所属的小类，"1401"的"4"代表存货；第三位数和第四位数（十位数和个位数）表示会计科目在相应类别中的顺序号，在某些小类会计科目编号之间一般留有空号，以便增补新的会计科目。

表 3-2　会计科目表（简表）

| 编号 | 会计科目名称 | 编号 | 会计科目名称 |
|---|---|---|---|
| 一、资产类 | | 二、负债类 | |
| 1001 | 库存现金 | 2001 | 短期借款 |
| 1002 | 银行存款 | 2201 | 应付票据 |
| 1012 | 其他货币资金 | 2202 | 应付账款 |
| 1101 | 交易性金融资产 | 2203 | 预收账款 |
| 1121 | 应收票据 | 2211 | 应付职工薪酬 |
| 1122 | 应收账款 | 2221 | 应交税费 |
| 1123 | 预付账款 | 2231 | 应付利息 |
| 1131 | 应收股利 | 2232 | 应付股利 |
| 1132 | 应收利息 | 2241 | 其他应付款 |
| 1221 | 其他应收款 | 2501 | 长期借款 |
| 1231 | 坏账准备 | 2502 | 应付债券 |
| 1401 | 材料采购 | 2701 | 长期应付款 |
| 1402 | 在途物资 | 2801 | 预计负债 |
| 1403 | 原材料 | 2901 | 递延所得税负债 |
| 1404 | 材料成本差异 | 三、共同类（略） | |
| 1405 | 库存商品 | 四、所有者权益类 | |
| 1406 | 发出商品 | 4001 | 实收资本 |
| 1407 | 商品进销差价 | 4002 | 资本公积 |
| 1408 | 委托加工物资 | 4101 | 盈余公积 |
| 1411 | 周转材料 | 4103 | 本年利润 |
| 1471 | 存货跌价准备 | 4104 | 利润分配 |
| 1501 | 持有至到期投资 | 五、成本类 | |
| 1502 | 持有至到期投资减值准备 | 5001 | 生产成本 |
| 1503 | 可供出售金融资产 | 5101 | 制造费用 |
| 1511 | 长期股权投资 | 六、损益类 | |
| 1512 | 长期股权投资减值准备 | 6001 | 主营业务收入 |
| 1521 | 投资性房地产 | 6051 | 其他业务收入 |
| 1601 | 固定资产 | 6101 | 公允价值变动损益 |
| 1602 | 累计折旧 | 6111 | 投资收益 |
| 1603 | 固定资产减值准备 | 6301 | 营业外收入 |
| 1604 | 在建工程 | 6401 | 主营业务成本 |
| 1605 | 工程物资 | 6402 | 其他业务成本 |
| 1606 | 固定资产清理 | 6403 | 税金及附加 |
| 1701 | 无形资产 | 6601 | 销售费用 |
| 1702 | 累计摊销 | 6602 | 管理费用 |
| 1703 | 无形资产减值准备 | 6603 | 财务费用 |
| 1711 | 商誉 | 6701 | 资产减值损失 |
| 1801 | 长期待摊费用 | 6711 | 营业外支出 |
| 1811 | 递延所得税资产 | 6801 | 所得税费用 |
| 1901 | 待处理财产损溢 | 6901 | 以前年度损益调整 |

## 二、账　户

会计科目只是对会计要素具体内容进行分类的项目，不具有特定的结构和格式，不能进行具体的会计核算。因此，为了系统、连续地把各种经济业务情况、由此引起的各项资金变化情况分门别类地进行核算和监督，还必须根据规定的会计科目在账簿中开设账户，以便为企业的经营管理和有关各方提供会计信息。

### （一）账户的概念

账户是根据会计科目开设的，具有一定结构和格式，用于分类反映会计要素增减变动情况及其结果的载体。设置账户是会计核算的重要方法之一，通过设置账户，可以对大量复杂的经济业务进行分类核算，从而提供不同性质和内容的会计信息。

每一个账户都有一个名称，用以说明该账户核算的经济内容。比如：通过"库存商品"账户，可以了解产成品的收入、发出及结存情况，随时掌握企业产成品的增减变动及其结果，为企业的生产管理和销售管理等提供依据。账户是根据会计科目开设的，因此，账户的名称必须与会计科目的名称相一致。

### （二）会计科目与账户的关系

会计科目与账户既有联系又有区别。只有将会计科目与账户结合起来，每一个会计科目都在账簿中开立一个账户，才能完成会计核算工作。

#### 1. 两者的联系

两者都是对会计对象具体内容的科学分类，两者反映的经济内容口径一致，性质相同。账户是根据会计科目开设的，会计科目的名称就是账户的名称，账户是会计科目的具体运用。

#### 2. 两者的区别

会计科目只是会计账户的名称，表明某类经济业务的内容，不存在结构，本身并不能记录和反映经济业务的增减变化情况；而账户既有名称又有结构，能分类、连续、系统地记录和反映经济业务的增减变动及其结果，且不同性质的账户具有不同的结构。

### （三）账户的分类

账户是根据会计科目开设的，有一个会计科目就有一个同名称的账户。账户之间既有区别又有内在的联系，既有各自的核算内容又相互联系构成一个完整的账户体系。因此，为充分认识每一个账户的性质和具体内容，揭示账户之间的共同规律，以便熟练地掌握和应用账户，应按一定标准对账户进行分类。

#### 1. 按反映的经济内容分类

账户按反映的经济内容不同，分为资产类账户、负债类账户、所有者权益类账户、成本类账户和损益类账户等。

（1）资产类：反映和监督各种资产增减变动和结果的账户，如库存现金、银行存款、应收账款、原材料、固定资产、库存商品等账户。

（2）负债类：反映和监督各项负债增减变动和结果的账户，如短期借款、应付职工薪酬、应付账款、长期借款、应交税费等账户。

（3）所有者权益类：反映和监督所有者权益增减变动和结果的账户，如实收资本（或股本）、资本公积、盈余公积、本年利润、利润分配等账户。

（4）成本类：用以反映和监督企业生产经营过程中所发生的各项生产成本的账户，如生产成本、制造费用、劳务成本等账户。

（5）损益类：分为反映费用损失的损类和反映收入收益的益类。

损类：用以反映和监督企业生产经营活动中所发生的各种耗费的账户，如主营业务成本、其他业务成本、税金及附加、管理费用、财务费用、销售费用等账户。

益类：用以反映和监督企业生产经营活动中所取得的各种收入收益的账户，如主营业务收入、其他业务收入、投资收益、营业外收入等账户。

### 2. 按提供核算指标的详细程度分类

账户按其所提供核算指标的详细程度及其统驭关系不同，分为总分类账户（简称总账）和明细分类账户（简称明细账）。

总分类账户根据总分类科目（一级会计科目）开设，提供总括核算指标，采用货币量度作为统一的计量单位；明细分类账户根据明细分类科目（二级会计科目或三级会计科目）开设，提供明细核算的指标，除采用货币计量外，还采用实物计量或劳动计量单位。

总分类账户和明细分类账户都是用来提供会计核算指标的。但从其提供指标之间的关系来看，总分类账户提供总括指标，是明细分类账户的集中和概括，而明细分类账户提供详细具体的指标，是总分类账户的补充。总分类账户对所属的明细分类账户起着统驭和控制作用，而明细分类账户对总分类账户则起着从属和辅助作用。

## （四）账户的结构和内容

每项经济业务的发生都会引起会计要素的变化，从数量方面来看无非是增加或减少两种情况。因此，用来分类记录经济业务的账户，在结构上也相应分为两个基本部分，即左方和右方，分别记录会计要素的增加或减少数额；同时，还要反映会计要素各项目增减变化后的结果，这就是结余额。

### 1. 账户的结构

反映会计要素的增加额、减少额和结余额 3 部分构成账户基本结构。

账户的格式多种多样，不同的记账方法，账户的结构不同；相同的记账方法不同性质的账户，结构也不同。但一般来说，无论采用哪一种格式，都应包含账户名称（即会计科目）、日期、摘要（简要说明经济业务内容）、增加或减少的金额、凭证号数（账户记录的来源和依据）、结存金额（增减变动的结果）。最基本的账户格式为三栏式，如表 3-3 所示。

表 3-3　账户名称（会计科目）

| 年 | | 凭证号数 | 摘要 | 左方 | 右方 | 余额 |
|---|---|---|---|---|---|---|
| 月 | 日 | | | | | |
| | | | | | | |
| | | | | | | |

在会计教学和实际工作中，对账时经常使用一种简化账户格式，称为 T 字形账户结构，如图 3-2 所示。

图 3-2　T 字形账户结构

2. 账户的内容

账户的基本结构由左右两方组成，左右两方按相反方向记录增加额和减少额。若规定左方记录增加额，则右方记录减少额；反之，若右方记录增加额，则左方记录减少额。增减数额相抵后的差额，称为账户的余额，余额可以分为期初余额和期末余额。通过账户记录的数额可提供期初余额、本期增加额、本期减少额、期末余额 4 个核算指标，其关系可用下列公式表示：

本期期末余额 = 期初余额 + 本期增加发生额 − 本期减少发生额

期初余额即上期期末余额；本期增加发生额是指在一定时期内登记在账户中的增加金额之和；本期减少发生额是指在一定时期内登记在账户中的减少金额之和；本期期末余额转入下期即为下期的期初余额。

账户的余额、本期增加发生额、本期减少发生额是在账户的左方还是右方，取决于所采用的记账方法和账户本身的性质。正常情况下余额方向与登记增加额的方向一致。

## 第二节　复式记账法

按一定原则设置会计科目，并根据会计科目开立账户后，需要运用科学的记账方法将会计要素的增减变动及结果登记在账户中。记账方法是指会计核算工作中在簿记系统登记经济业务的方法。会计发展史上的记账方法，最初是单式记账法。随着社会经济的发展和人们对会计实践的总结，单式记账法不断得以改进，从而演变为复式记账法。复式记账法已成为现代会计工作中普遍采用的记账方法。

## 一、记账方法及分类

记账方法就是指按照一定的规则、使用一定的符号，在会计账簿中登记各项经济业务的技术方法。

### （一）单式记账法

单式记账法是指发生经济业务之后所引起会计要素的增减变动情况只在一个账户中进行登记的方法。它通常对经济业务只做单方面的登记，不反映经济业务的来龙去脉，只登记库存现金、银行存款的收付和债权债务结算。比如：以银行存款购进材料，只在账户中记录"银行存款"的减少，不反映材料的增加；赊购一台机器设备，不反映增加的固定资产，只反映增加的"应付账款"。

单式记账法手续简单，但是账户设置不完整，不能反映经济业务的来龙去脉，不能全面、系统地反映经济业务，更不便于检查账户记录的正确性和完整性。所以，它是一种不严密、不完善的记账方法，不能适应经济社会发展的需要，在现代会计核算中已不再使用。

### （二）复式记账法

复式记账法可对经济业务进行相互联系的双重记录，从而了解经营活动全貌。比如：以银行存款购进材料，不仅要在账户中记录"银行存款"的减少，同时也要在账户中记录"原材料"的增加，且两个账户中登记的金额相等，两个账户之间形成对应关系；企业赊购一台机器设备，要同时记录"固定资产"的增加和"应付账款"的增加，"固定资产"账户与"应付账款"账户之间形成对应关系。

#### 1. 复式记账法的概念

复式记账法是指对于每项经济业务都要以相等的金额在两个或两个以上相互联系的账户中进行登记，全面、系统地反映会计要素增减变化的一种记账方法。

与单式记账法相比，复式记账法不仅账户设置完整，而且相互联系地形成一个系统的账户体系，能反映经济业务的来龙去脉，可利用账簿记录及账户之间的平衡关系检验会计记录的正确性，是一种比较科学、完善的记账方法。为此，现代会计核算均采用复式记账法。

#### 2. 复式记账法的分类

复式记账法按其记账符号、记账规则、账户分类和试算平衡方法的不同，可分为借贷记账法、收付记账法、增减记账法。其中，借贷记账法是世界上最早产生，也是目前世界各国通用的一种记账方法和商业语言。《企业会计准则》明确规定企业统一采用借贷记账法。

### （三）复式记账原理

复式记账法是以基本会计等式"资产＝负债＋所有者权益"作为理论依据的。根据这一平衡原理，任何一项经济业务的发生，都会引起资产和负债及所有者权益之间至少两个项目发生增减变化，而且增减金额相等。所以，一笔经济业务至少涉及两个相互联系的账户，并且经济业务的发生额要分别在至少两个相互联系的账户中登记，以全面反映资金的增减变化。可见，资金运动的内在规律性就是复式记账的原理。

1. 复式记账法的特点

从复式记账的原理可知，复式记账具有以下特点：

（1）对所有的会计要素都要设置账户，以全面反映会计对象。

（2）对所发生的每项经济业务，都要在相互联系的两个或两个以上的账户中进行登记，以反映经济业务的来龙去脉。

（3）对每项经济业务以相等的金额在两个或两个以上的账户中进行登记，根据账户之间的平衡关系可检查账户记录的正确性。

2. 复式记账法的基本内容

复式记账法的基本内容包括记账符号、账户结构、记账规则和试算平衡。

（1）记账符号：指明会计事项应记入某一账户的方向，并表明数量增减变化。

（2）账户结构：账户基本结构为增加栏、减少栏和余额栏。

（3）记账规则：又称记账法则或记账规律，是会计运用记账方法记录经济业务时应当遵守的规律，是记账方法本质特征的具体表现。

（4）试算平衡：依据会计等式或复式记账原理，对本期各账户的全部记录进行汇总测算，以检验账户记录正确性和完整性的一种专门方法。

## 二、借贷记账法

借贷记账法是运用复式记账的原理，以资产和权益的平衡关系为理论依据，以"借""贷"作为记账符号，以"有借必有贷，借贷必相等"作为记账规则，反映资产和权益的增减变动及结果的一种复式记账方法。

### （一）借贷记账法的产生和发展

借贷记账法最初产生于 13 世纪的意大利。"借""贷"两字的含义，最初是从借贷资本家的角度来解释的，即用来表示债权（应收款）和债务（应付款）的增减变动。借贷资本家对于付出的放款，记在借主的名下，表示自身的债权；对于收进的存款，记在贷主的名下，表示自身的债务。这时，"借""贷"两字表示债权、债务的变化。15 世纪，意大利数学家卢卡·帕乔利的名著《算术、几何与比例概要》在威尼斯出版发行，从理论上阐述了借贷记账法。随着商品经济的发展，经济活动的内容日趋复杂，记录的经济业务也不再仅限于货币资金的借贷业务，逐渐扩展到财产物资、经营损益和经营资本等的增减变化。为了使账簿记录保持一致，对于非货币资金借贷业务，也利用"借""贷"两字说明经济业务的增减变化情况。因此，借贷记账法中的"借""贷"两字已逐渐失去其本来含义，变成了纯粹的记账符号并广泛应用于各行各业，成为世界通行的记账方法。需要说明的是，"借""贷"两字尽管没有原来的含义，但是在借贷记账法中，"借""贷"两字可以表示账户的两个对立面，而且还可以表示会计要素的增减变化情况。我国运用借贷记账法始于 1908 年创办大清银行之时。

### (二)借贷记账法的内容

#### 1. 记账符号

记账符号是用以确定经济业务增减变动的记账方向。借贷记账法以"借""贷"为记账符号。"借""贷"已不再有字面的"借""贷"含义,只作为记账符号使用,用以标明记账的方向(账户的左方和右方),"借"(英文简写 Dr)表示记入账户的借方,"贷"(英文简写 Cr)表示记入账户的贷方。

在会计分录和账户结构中,"借""贷"总是以一对矛盾的形式同时出现。"借""贷"作为纯粹的记账符号是比较抽象的,"借""贷"在反映数量的增减变化中都有双重含义,它们各自既反映增加,又反映减少。若借方登记增加,则贷方登记减少;反之,贷方登记增加,则借方登记减少。比如:"借"在资产类账户下表示增加,"贷"表示减少;"借"在负债类账户下表示减少,"贷"表示增加。

#### 2. 账户结构

在借贷记账法下,账户的基本结构是:左方为借方,右方为贷方。每一类账户的结构是由账户的性质决定的,不同性质的账户有不同的结构。而哪一方登记增加,哪一方登记减少,则要根据账户反映的经济内容和账户的性质来决定。账户基本格式为三栏式,如表 3-4 所示,T 字形账户结构如图 3-3 所示。

表 3-4 账户名称(会计科目)

| 年 | | 凭证号数 | 摘要 | 借方 | 贷方 | 余额 |
| --- | --- | --- | --- | --- | --- | --- |
| 月 | 日 | | | | | |
| | | | | | | |
| | | | | | | |

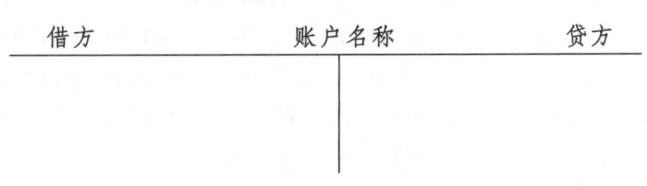

图 3-3 借贷记账法下 T 字形账户结构

借贷记账法下,资产类账户和费用成本类账户"借"表示增加,"贷"表示减少;负债、所有者权益类账户和收入收益类账户,"贷"表示增加,"借"表示减少。"借"和"贷"这一对符号各自具有"增"和"减"的双重含义,能分别概括经济业务变化的 9 种类型。

(1)资产、成本类账户。由于成本类账户的期末余额反映的是企业某种资产的结余状况,所以成本类账户的结构与资产类账户一致。借方登记增加额,贷方登记减少额,期初余额、期末余额一般在借方,具体结构如图 3-4 所示。

| 借方 | 资产、成本类账户 | | 贷方 |
|---|---|---|---|
| 期初余额 | ×××× | | |
| 本期借方发生额 | ××××（增） | 本期贷方发生额 | ××××（减） |
| 期末余额 | ×××× | | |

图 3-4　资产、成本类账户结构

成本类账户中，"生产成本"账户的期末余额表示尚未完工的在产品成本，"制造费用"账户期末通常没有余额。资产、成本类账户的期末余额计算公式：

期末借方余额 = 期初借方余额 + 本期借方发生额 − 本期贷方发生额

（2）负债及所有者权益类账户。会计等式"资产 = 负债 + 所有者权益"决定了负债及所有者权益类账户的结构与资产类账户相反，贷方登记负债及所有者权益的增加额，借方登记负债及所有者权益的减少额。具体结构如图 3-5 所示。

| 借方 | 负债及所有者权益类账户 | | 贷方 |
|---|---|---|---|
| | | 期初余额 | ×××× |
| 本期借方发生额 | ××××（减） | 本期贷方发生额 | ××××（增） |
| | | 期末余额 | ×××× |

图 3-5　负债及所有者权益类账户结构

负债及所有者权益类账户期末余额计算公式：

期末贷方余额 = 期初贷方余额 + 本期贷方发生额 − 本期借方发生额

（3）损益类账户。损益类账户按反映的具体内容不同，又可分为反映各项费用损失的损类账户和反映各项收入收益类的益类账户。

费用损失的发生会导致所有者权益的减少，所以，其记账方向与所有者权益增加的记账方向相反，因此，损类账户的结构与资产类账户的结构基本相同；而收入收益的发生会导致所有者权益的增加，所以，其记账方向与所有者权益增加的记账方向相同，因此，益类账户的结构与所有者权益类账户的结构基本相同。为了确定一定时期的利润，损类账户贷方减少额和益类账户借方减少额通常是期末的转出额（转入"本年利润"账户），因此，期末结账后损益类账户通常没有余额，具体结构如图 3-6 和 3-7 所示。

| 借方 | 损类 | | 贷方 |
|---|---|---|---|
| 本期借方发生额 | ××××（增） | 本期贷方发生额 | ××××（减） |

图 3-6　费用损失类账户结构

| 借方 | 益类 | | 贷方 |
|---|---|---|---|
| 本期借方发生额 | ××××（减） | 本期贷方发生额 | ××××（增） |

图 3-7　收入收益类账户结构

（4）双重性质账户。这类账户既有资产类账户的性质，又有负债类账户的性质。借方余额表现为资产类账户，贷方余额表现为负债类账户，具体结构如图 3-8 所示。

| 借方 | 账户名称 | 贷方 |
|---|---|---|
| 期初余额（未收债权） | | 期初余额（未偿债务） |
| 本期借方发生额<br>债权增加额　××××<br>债务减少额　×××× | | 本期贷方发生额<br>债权减少额　××××<br>债务增加额　×××× |
| 期末余额（表示债权） | | 期末余额（表示债务） |

图 3-8　双重性质账户结构

借贷记账法下可设双重性质的账户，即在一个账户中既反映资产又反映负债，如"应收（付）账款""预收（付）账款"账户。

为便于了解借贷记账法下的账户结构，现将各类账户的结构总结如表 3-5 所示。

表 3-5　借贷记账法下账户结构总结

| 账户名称 | 借方 | 贷方 | 余额方向 |
|---|---|---|---|
| 资产类 | 增加 | 减少 | 借方 |
| 成本类 | 增加 | 减少 | 借方 |
| （损益类）损类 | 增加 | 减少 | 期末结转后无余额 |
| 负债类 | 减少 | 增加 | 贷方 |
| 所有者权益类 | 减少 | 增加 | 贷方 |
| （损益类）益类 | 减少 | 增加 | 期末结转后无余额 |

上述账户结构的规律也可结合扩展的会计等式"资产 = 负债 + 所有者权益 +（收入 – 费用）"进行理解：

$$资产 + 费用 = 负债 + 所有者权益 + 收入$$

左边的资产、费用类账户借方登记增加额，贷方登记减少额，余额一般在借方；右边的负债、所有者权益、收入贷方登记增加额，借方登记减少额，余额一般在贷方。

3. 记账规则

记账规则是指采用某种记账方法登记经济业务时应遵循的规律。借贷记账法的记账规则是：有借必有贷，借贷必相等。

按照"有借必有贷，借贷必相等"的记账规则，无论发生何种类型的经济业务，都必须同时在两个或两个以上相互联系的账户中以借方和贷方相等的金额进行登记。即在一个账户记借方，必须同时在另一个或几个账户记贷方，或者在一个账户记贷方，必须同时在另一个或几个账户记借方，记入借方的金额与记入贷方的金额必须相等，如图 3-9 所示。

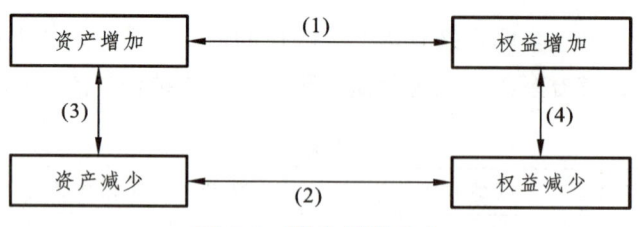

图 3-9　账户记账方向

任何经济业务的发生都会既涉及借方又涉及贷方，因"资产 = 负债 + 所有者权益"的恒等关系，借方金额合计与贷方金额合计必然相等，任何经济业务类型都不会违背这一记账规则。下面仍以甲企业 2024 年 9 月发生的经济业务为例说明记账规则。

【例 3-1】企业收到某公司所欠货款 100 000 元，存入开户银行。

该笔经济业务导致企业银行存款（资产）增加 100 000 元，应记入"银行存款"账户借方；同时企业应收账款（资产）减少 100 000 元，应记入"应收账款"账户贷方，如图 3-10 所示。

图 3-10　账户结构①

【例 3-2】企业将短期借款 200 000 元转为长期借款。

该笔经济业务导致企业短期借款（负债）减少 200 000 元，应记入"短期借款"账户借方；同时企业长期借款（负债）增加 200 000 元，应记入"长期借款"账户贷方，如图 3-11 所示。

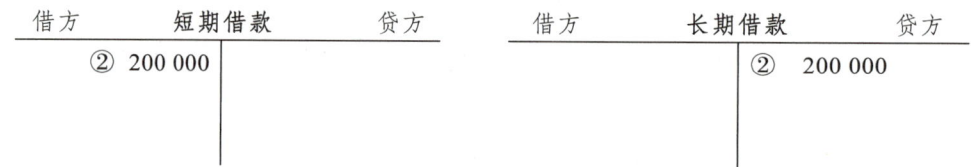

图 3-11　账户结构②

【例 3-3】企业经批准将资本公积 100 000 元转增资本。

该笔经济业务导致企业资本公积（所有者权益）减少 100 000 元，应记入"资本公积"账户借方；同时企业实收资本（所有者权益）增加 100 000 元，应记入"实收资本"账户贷方，如图 3-12 所示。

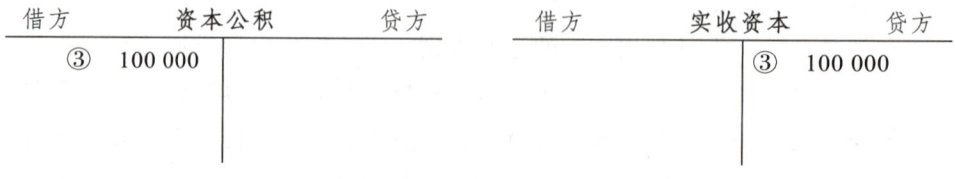

图 3-12　账户结构③

【例 3-4】企业宣告发放投资者现金股利 180 000 元。

该笔经济业务导致企业应付股利（负债）增加 180 000 元，应记入"应付股利"账户贷方；同时使企业未分配利润（所有者权益）减少 180 000 元，应记入"利润分配"账户借方，如图 3-13 所示。

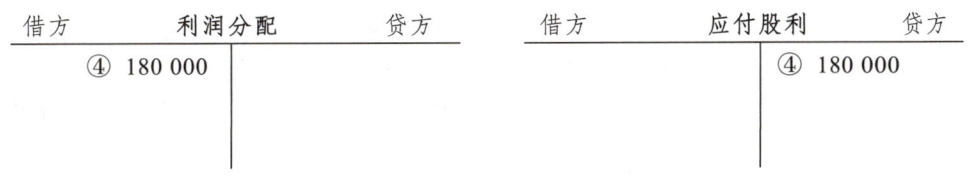

图 3-13　账户结构④

【例 3-5】企业将前欠外单位的货款 300 000 元转为对方对本单位的投资。

该笔经济业务导致企业应付账款（负债）减少 300 000 元，应记入"应付账款"账户借方；同时使企业实收资本（所有者权益）增加 300 000 元，应记入"实收资本"账户贷方，如图 3-14 所示。

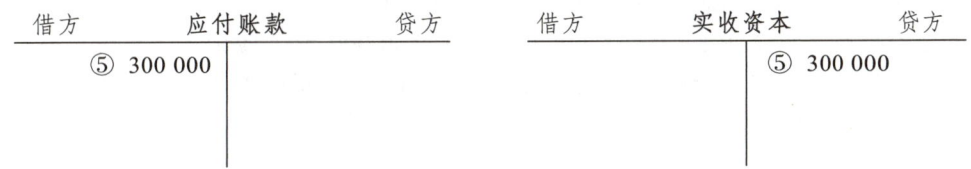

图 3-14　账户结构⑤

【例 3-6】企业购入并验收入库原材料一批，款项 220 000 元尚未支付。

该笔经济业务导致企业原材料（资产）增加 220 000 元，应记入"原材料"账户借方；同时使企业应付账款（负债）增加 220 000 元，应记入"应付账款"账户贷方，如图 3-15 所示。

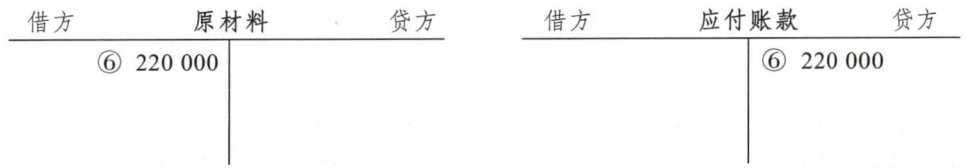

图 3-15　账户结构⑥

【例 3-7】企业以银行存款 330 000 元支付现金股利。

该笔经济业务导致企业银行存款（资产）减少 330 000 元，应记入"银行存款"账户贷方；同时使企业应付股利（负债）减少 330 000 元，应记入"应付股利"账户借方，如图 3-16 所示。

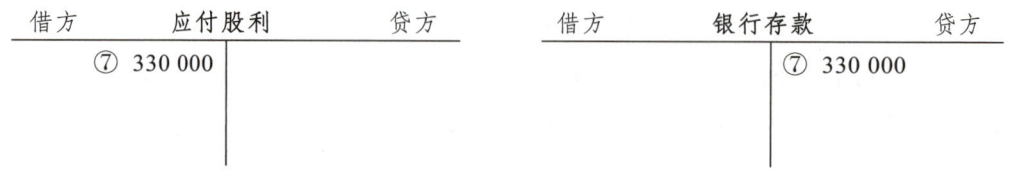

图 3-16 账户结构⑦

【例 3-8】企业接受投资者投入的固定资产,价值 600 000 元,当即投入使用。

该笔经济业务导致企业固定资产(资产)增加 600 000 元,应记入"固定资产"账户借方;同时使企业实收资本(所有者权益)增加 600 000 元,应记入"实收资本"账户贷方,如图 3-17 所示。

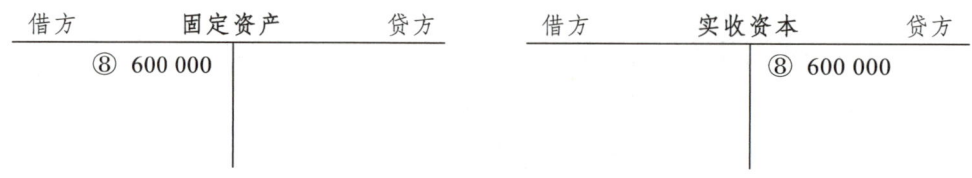

图 3-17 账户结构⑧

【例 3-9】企业以银行存款返还投资者投资 200 000 元。

该笔经济业务导致企业银行存款(资产)减少 200 000 元,应记入"银行存款"账户贷方;同时使企业实收资本(所有者权益)减少 200 000 元,应记入"实收资本"账户借方,如图 3-18 所示。

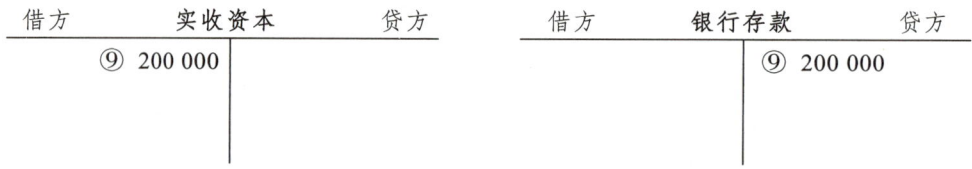

图 3-18 账户结构⑨

以上每笔经济业务发生后的记录都符合"有借必有贷,借贷必相等"的记账规则。所以,掌握记账规则是学习借贷记账法的基础。

4. 账户的对应关系

根据复式记账原理,每一项经济业务的发生,都要在两个或两个以上相互联系的账户中进行登记,这使账户之间形成了一种相互对应的关系。借贷记账法下,有关账户之间存在的相互依存的应借、应贷关系,称为账户对应关系;存在对应关系的账户,称为对应账户。

通过账户对应关系,可了解经济业务的内容。比如:从银行提取现金 15 000 元备用。该笔业务应记入"库存现金"账户借方 15 000 元和"银行存款"账户贷方 15 000 元。"库存现金"和"银行存款"两个账户之间形成对应关系,两个账户互为对应账户。从两个账户的对应关系可知:库存现金的增加,是因为银行存款减少;银行存款的减少,是因为库存现金增加。两者对照就能证明企业确实从银行提取了现金。

通过账户对应关系，还可检查经济业务的处理是否合理、合法。比如：记入"应付账款——某公司"账户借方 100 000 元和"库存现金"账户贷方 100 000 元。两个账户的对应关系说明：该笔业务是以库存现金偿付欠某公司的应付账款，账务处理无误，但该经济业务却违反了现金管理制度的规定。因为单位之间偿付大额货款必须通过银行转账结算，不得直接以现金支付。

#### 5. 会计分录

为了清晰反映账户之间的对应关系，保证账户记录的正确性，每一项经济业务在登记入账前，首先应根据经济业务的有关凭证（原始凭证或原始凭证汇总表）编制会计分录。

（1）会计分录的含义。会计分录，简称分录，是指运用复式记账原理，指明每项经济业务应记入账户的名称、记账方向和记账金额的一种记录形式。记账方向、账户的名称（会计科目）、金额称为会计分录的三要素。会计分录能完整、客观地反映经济业务的内容，便于事后检查经济业务的发生情况。在我国，会计分录记载于记账凭证之中。

以本节【例 3-1】至【例 3-9】9 笔经济业务为例，编制如下会计分录：

① 借：银行存款　　　　　　　　　　　　　　　　100 000
　　　贷：应收账款　　　　　　　　　　　　　　　　　　100 000
② 借：短期借款　　　　　　　　　　　　　　　　200 000
　　　贷：长期借款　　　　　　　　　　　　　　　　　　200 000
③ 借：资本公积　　　　　　　　　　　　　　　　100 000
　　　贷：实收资本　　　　　　　　　　　　　　　　　　100 000
④ 借：利润分配　　　　　　　　　　　　　　　　180 000
　　　贷：应付股利　　　　　　　　　　　　　　　　　　180 000
⑤ 借：应付账款　　　　　　　　　　　　　　　　300 000
　　　贷：实收资本　　　　　　　　　　　　　　　　　　300 000
⑥ 借：原材料　　　　　　　　　　　　　　　　　220 000
　　　贷：应付账款　　　　　　　　　　　　　　　　　　220 000
⑦ 借：应付股利　　　　　　　　　　　　　　　　330 000
　　　贷：银行存款　　　　　　　　　　　　　　　　　　330 000
⑧ 借：固定资产　　　　　　　　　　　　　　　　600 000
　　　贷：实收资本　　　　　　　　　　　　　　　　　　600 000
⑨ 借：实收资本　　　　　　　　　　　　　　　　200 000
　　　贷：银行存款　　　　　　　　　　　　　　　　　　200 000

（2）会计分录的分类。会计分录按经济业务所涉及的账户多少，分为简单会计分录和复合会计分录。简单会计分录是指一个账户借方只同另一个账户贷方发生对应关系的会计分录，即一借一贷的会计分录；复合会计分录是指一个账户借方同几个账户贷方，或一个账户贷方同几个账户借方，或多个账户借方与多个账户贷方发生对应关系的会计分录，即一借多贷、一贷多借、多借多贷的会计分录。

以上①~⑨笔会计分录都是简单会计分录。现举例说明复合会计分录。

【例3-10】企业以银行存款偿还应付材料款 5 000 元，偿还其他应付款 1 000 元。

  借：应付账款                 5 000

    其他应付款               1 000

    贷：银行存款               6 000

【例3-11】企业购入原材料一批，价款 20 000 元，以银行存款支付 14 000 元，其余暂欠。材料验收入库。

  借：原材料                  20 000

    贷：银行存款              14 000

      应付账款              6 000

复合会计分录实际上是由几个简单会计分录复合而成的。一般而言，复合会计分录可以分解为若干简单会计分录。如【例3-10】就可分解为两个简单会计分录。

  借：应付账款                 5 000

    贷：银行存款               5 000

  借：其他应付款               1 000

    贷：银行存款               1 000

复合会计分录可以集中反映经济业务的全貌，简化记账手续，但一般只采用一借多贷或一贷多借的形式，原则上不采用多借多贷的形式。只有在能够清晰反映经济业务的内容时才编制多借多贷的会计分录，否则应将其分解成简单会计分录。

（3）会计分录的编制步骤。编制会计分录是会计工作的一个难点，应按以下步骤进行：

① 分析经济业务的内容，确定它所涉及的账户及账户的性质；

② 确定所涉及账户的增减变化情况；

③ 确定所涉及账户的记账方向（借方或贷方）及金额；

④ 按规范的格式编制会计分录，并根据记账规则检查会计分录的正确性。

（4）会计分录的书写格式。会计分录书写格式的基本要求是：上借下贷、借贷错开；在复合会计分录中，借方或贷方的文字及金额都要对齐；借、贷后面加冒号，金额后面不加"元"；需要列示明细科目时，应按科目级次由高到低从左至右列示，二级科目前加破折号，三级科目则用小括号表示。

【例3-12】企业向 HX 公司销售 M 产品一批，价款 100 000 元，增值税销项税额 13 000 元，收到款项 63 000 元，其余对方暂欠。会计分录为：

  借：银行存款                 63 000

    应收账款——HX 公司          50 000

    贷：主营业务收入——M 产品       100 000

      应交税费——应交增值税（销项税额）  13 000

### 6. 试算平衡

试算平衡是指根据资产与权益（负债及所有者权益）的恒等关系以及借贷记账法的记账规则，对本期各账户的全部记录进行汇总和测算，以检查账户记录的正确性和完整性的一种方法。

（1）试算平衡的种类和方法。在借贷记账法下，由于每项经济业务都按照"有借必有贷，借贷必相等"的记账规则记入各有关账户，所以不仅每一笔会计分录的借贷发生额相等，在一定会计期间的全部经济业务都记入相关账户后，所有账户的借方发生额合计数与贷方发生额合计数也必然相等；而在期末结账后，因为"资产＝负债＋所有者权益"，所有账户的借方余额合计数与贷方余额合计数也必然相等。所以，无论是每项经济业务的发生额，还是全部经济业务在一定期间的累计发生额、账户的期初余额和期末余额，借贷双方都能保持平衡。

① 发生额试算平衡。发生额试算平衡的依据是记账规则。它是根据本期所有账户借方发生额合计与贷方发生额合计的恒等关系，检验本期发生额记录是否正确的方法。其公式为：

全部账户本期借方发生额合计＝全部账户本期贷方发生额合计

② 余额试算平衡。余额试算平衡的依据是会计基本等式。它是根据本期所有账户借方余额合计与贷方余额合计的恒等关系，检验本期账户记录是否正确的方法。

根据余额时间不同，又可分为期初余额平衡和期末余额平衡。

全部账户的借方期初余额合计＝全部账户的贷方期初余额合计

全部账户的借方期末余额合计＝全部账户的贷方期末余额合计

试算平衡工作，通常是在月末结出各个账户的本月发生额和月末余额后，通过编制试算平衡表进行的。

仍以甲企业为例，根据【例 3-1】至【例 3-11】的会计分录在有关账户中登记后，依据各账户的期初余额、本期发生额和期末余额，编制总分类账户本期发生额和余额的试算平衡表，如表 3-6 所示。

表 3-6　试算平衡表

2024 年 9 月　　　　　　　　　　　　　　　　　　　单位：元

| 会计科目 | 期初余额 | | 本期发生额 | | 期末余额 | |
| --- | --- | --- | --- | --- | --- | --- |
| | 借方 | 贷方 | 借方 | 贷方 | 借方 | 贷方 |
| 库存现金 | 4 000 | | | | 4 000 | |
| 银行存款 | 2 300 000 | | 100 000 | 550 000 | 1 850 000 | |
| 应收账款 | 860 000 | | | 100 000 | 760 000 | |
| 预付账款 | 150 000 | | | | 150 000 | |
| 其他应付款 | | | | 1 000 | | 1 000 |
| 原材料 | 63 000 | | 240 000 | | 303 000 | |
| 固定资产 | 990 000 | | 600 000 | | 1 590 000 | |
| 短期借款 | | 200 000 | 200 000 | | | |
| 应付账款 | | 300 000 | 305 000 | 226 000 | | 221 000 |
| 应付股利 | | 330 000 | 330 000 | 180 000 | | 180 000 |
| 长期借款 | | 1 300 000 | | 200 000 | | 1 500 000 |
| 实收资本 | | 1 700 000 | 200 000 | 1 000 000 | | 2 500 000 |
| 资本公积 | | 137 000 | 100 000 | | | 37 000 |
| 利润分配 | | 400 000 | 180 000 | | | 220 000 |
| 合　计 | 4 367 000 | 4 367 000 | 2 256 000 | 2 256 000 | 4 658 000 | 4 658 000 |

（2）试算平衡的局限性。编制试算平衡表必须保证所有账户的发生额及余额均已记入试算平衡表；若试算平衡表借贷不相等，肯定账户记录有错误，应认真查找，直到实现平衡为止；即使实现了有关三栏的平衡关系，并不能说明账户记录绝对正确，因为有些错误并不影响借贷双方的平衡关系。

试算平衡表无法查出的错误：漏记某项经济业务；重记某项经济业务；记错某项经济业务的账户；颠倒了账户的记账方向；偶然发生多记少记并相互抵消；记入有关账户的借贷金额同时多记或少记等。在这些情况下，借贷仍然平衡。为纠正账簿记录的以上错误，必须辅以其他会计检查方法进行检查。

## 第三节 平行登记

总分类账户和所属明细分类账户核算时使用的原始依据相同、核算内容相同，只是反映核算指标的详略程度不同，它们所提供的核算指标相互补充，既总括又详细地说明经济业务。两者之间的这种相互关系，决定了总分类账户和明细分类账户应该平行登记。

### 一、总分类账与明细分类账平行登记的要点

平行登记是指对于发生的每一项经济业务，依据原始凭证或原始凭证汇总表和记账凭证分别在总分类账及所属明细分类账进行登记的方法。其要点是：同时、同向、等额、同依据。

#### （一）同　时

同时是指同一会计期间，即对发生的每项经济业务，要在同一会计期间记入有关总分类账及其所属的明细分类账。

#### （二）同　向

同向是指相同记账方向，即对发生的每项经济业务，记入总分类账及其所属明细分类账的方向必须相同。总分类账记入借方，所属明细分类账也记入借方；总分类账记入贷方，所属明细分类账也记入贷方。

#### （三）等　额

等额是指以同等金额入账，即对发生的每项经济业务，记入总分类账的金额与记入其所属明细分类账金额之和应当相等。

#### （四）同依据

同依据是指相同记账依据，即对发生的每项经济业务，根据相同的会计凭证记入总分类账及其所属明细分类账。

## 二、总分类账与明细分类账平行登记的运用

现以原材料和应付账款为例说明总分类账与明细分类账的平行登记。

【例 3-13】甲企业 2024 年 8 月"原材料""应付账款"账户期初余额如表 3-7 所示。8 月份该公司发生下列经济业务（不考虑增值税）：

（1）8 月 3 日，向丙企业购入 A 材料 1 000 千克，单价 20 元，材料验收入库，货款尚未支付。

（2）8 月 10 日，开出支票归还前欠丁企业 30 000 元货款。

（3）8 月 15 日，向丁企业购入 B 材料 500 千克，单价 10 元，材料验收入库，货款尚未支付。

（4）8 月 17 日，生产产品领用 A 材料 1 000 千克，单位成本 20 元；领用 B 材料 1 500 千克，单位成本 10 元。

表 3-7 期初余额资料

| 总分类账户 | 明细分类账户 | 数量（千克） | 单价（元） | 期初金额（元） |
|---|---|---|---|---|
| 原材料 | A 材料 | 2 000 | 20 | 40 000 |
| | B 材料 | 3 000 | 10 | 30 000 |
| | 合　计 | 8 000 | | 70 000 |
| 应付账款 | 丙企业 | | | 20 000 |
| | 丁企业 | | | 30 000 |
| | 合　计 | | | 50 000 |

要求：根据上述资料，用平行登记方法分别登记"原材料"和"应付账款"总分类账及所属明细分类账。具体做法如下：

（1）登记"原材料"和"应付账款"总分类账及所属明细分类账 8 月份的期初余额，如表 3-8 至表 3-13 所示。

（2）根据 8 月份发生的经济业务编制会计分录：

① 借：原材料——A 材料　　　　　　　　　　　　20 000
　　　贷：应付账款——丙企业　　　　　　　　　　　　　20 000

② 借：应付账款——丁企业　　　　　　　　　　　30 000
　　　贷：银行存款　　　　　　　　　　　　　　　　　　30 000

③ 借：原材料——B 材料　　　　　　　　　　　　 5 000
　　　贷：应付账款——丁企业　　　　　　　　　　　　　 5 000

④ 借：生产成本——XX 产品　　　　　　　　　　35 000
　　　贷：原材料——A 材料　　　　　　　　　　　　　 20 000
　　　　　　　——B 材料　　　　　　　　　　　　　 15 000

（3）根据上述分录，平行登记"原材料"和"应付账款"总分类账及其所属明细分类账，并分别计算各账户的本期发生额和期末余额。登记结果如表3-8至表3-13所示。

表3-8 总分类账

账户名称：原材料　　　　　　　　　　　　　　　　　　　　　　　　　　　　　　　第　页

| 2024年 | | 凭证字号 | 摘要 | 借方 | 贷方 | 借或贷 | 余额 |
|---|---|---|---|---|---|---|---|
| 月 | 日 | | | | | | |
| 8 | 1 | 略 | 期初余额 | | | 借 | 70 000 |
| | 3 | | 购入A材料 | 20 000 | | 借 | 90 000 |
| | 15 | | 购入B材料 | 5 000 | | 借 | 95 000 |
| | 17 | | 生产领料 | | 35 000 | 借 | 60 000 |
| | 30 | | 本月合计 | 25 000 | 35 000 | 借 | 60 000 |

表3-9 原材料明细分类账

材料名称：A材料　　　　　　　　　　　　　　　　　　　　　　　　　　　　　　　第　页

| 2024年 | | 凭证字号 | 摘要 | 收入（借方） | | | 发出（借方） | | | 结余 | | |
|---|---|---|---|---|---|---|---|---|---|---|---|---|
| 月 | 日 | | | 数量 | 单价 | 金额 | 数量 | 单价 | 金额 | 数量 | 单价 | 金额 |
| 8 | 1 | 略 | 期初余额 | | | | | | | 2 000 | 20 | 40 000 |
| | 3 | | 购入材料 | 1 000 | 20 | 20 000 | | | | 3 000 | 20 | 60 000 |
| | 17 | | 生产领料 | | | | 1 000 | 20 | 20 000 | 2 000 | 20 | 40 000 |
| | 30 | | 本月合计 | 1 000 | 20 | 20 000 | 1 000 | 20 | 20 000 | 2 000 | 20 | 40 000 |

表3-10 原材料明细分类账

材料名称：B材料　　　　　　　　　　　　　　　　　　　　　　　　　　　　　　　第　页

| 2024年 | | 凭证字号 | 摘要 | 收入（借方） | | | 发出（借方） | | | 结余 | | |
|---|---|---|---|---|---|---|---|---|---|---|---|---|
| 月 | 日 | | | 数量 | 单价 | 金额 | 数量 | 单价 | 金额 | 数量 | 单价 | 金额 |
| 8 | 1 | 略 | 期初余额 | | | | | | | 3 000 | 10 | 30 000 |
| | 15 | | 购入材料 | 500 | 10 | 5 000 | | | | 3 500 | 10 | 35 000 |
| | 17 | | 生产领料 | | | | 1 500 | 10 | 15 000 | 2 000 | 10 | 20 000 |
| | 30 | | 本月合计 | 500 | 10 | 5 000 | 1 500 | 10 | 15 000 | 2 000 | 10 | 20 000 |

表 3-11　总分类账

账户名称：应付账款　　　　　　　　　　　　　　　　　　　　　　　　　　　　　　　　　第　　页

| 2024 年 | | 凭证号数 | 摘　　要 | 借方 | 贷方 | 借或贷 | 余额 |
|---|---|---|---|---|---|---|---|
| 月 | 日 | | | | | | |
| 8 | 1 | 略 | 期初余额 | | | 贷 | 50 000 |
| | 3 | | 购入 A 材料 | | 20 000 | 贷 | 70 000 |
| | 10 | | 付前欠货款 | 30 000 | | 贷 | 40 000 |
| | 15 | | 购入 B 材料 | | 5 000 | 贷 | 45 000 |
| | 30 | | 本月合计 | 30 000 | 25 000 | 贷 | 45 000 |
| | | | | | | | |

表 3-12　应付账款明细分类账

明细分类账户名称：丙企业　　　　　　　　　　　　　　　　　　　　　　　　　　　　　　第　　页

| 2024 年 | | 凭证号数 | 摘　　要 | 借方 | 贷方 | 借或贷 | 余额 |
|---|---|---|---|---|---|---|---|
| 月 | 日 | | | | | | |
| 8 | 1 | 略 | 期初余额 | | | 贷 | 20 000 |
| | 3 | | 购入 A 材料 | | 20 000 | 贷 | 40 000 |
| | 30 | | 本月合计 | | 20 000 | 贷 | 40 000 |
| | | | | | | | |

表 3-13　应付账款明细分类账

明细分类账户名称：丁企业　　　　　　　　　　　　　　　　　　　　　　　　　　　　　　第　　页

| 2024 年 | | 凭证号数 | 摘　　要 | 借方 | 贷方 | 借或贷 | 余额 |
|---|---|---|---|---|---|---|---|
| 月 | 日 | | | | | | |
| 8 | 1 | 略 | 期初余额 | | | 贷 | 30 000 |
| | 10 | | 付前欠货款 | 30 000 | | 贷 | 0 |
| | 15 | | 购入 B 材料 | | 5 000 | 贷 | 5 000 |
| | 30 | | 本月合计 | 30 000 | 5 000 | 贷 | 5 000 |
| | | | | | | | |

## 三、总分类账与明细分类账的核对

从平行登记的结果可知：总分类账与其所属明细分类账之间必然形成相互核对的数量关系，即总分类账及其所属明细分类账的本期发生额及余额必然相等，用公式表示为：

总分类账账户期初借（或贷）方余额＝所属明细分类账户期初借（或贷）方余额合计

总分类账账户本期借（或贷）方发生额＝所属明细分类账户本期借（或贷）方发生额合计

总分类账账户期末借（或贷）方余额 = 所属明细分类账户期末借（或贷）方余额合计

利用总分类账与其所属明细分类账平行登记所形成的有关数字必然相等的关系，可以通过定期核对双方有关数字，检查账户的记录是否正确和完整。若上述3个等式的数量关系核对相符，说明记账基本正确；若不相符，则说明记账肯定有错误，应及时查找并更正错误。实际工作中，可以定期编制总分类账所属明细分类账本期发生额和余额对照表进行核对，检验账簿记录的正确性。

仍以前例"原材料"和"应付账款"总分类账及其所属明细分类账平行登记的结果，说明总分类账与明细分类账相互核对的方法，如表3-14和表3-15所示。

表3-14 原材料明细分类账本期发生额及余额对照表　　　　　　　单位：元

| 明细分类账户 | 计量单位 | 单价 | 期初余额 | | 本期发生额 | | | | 期末结余 | |
| --- | --- | --- | --- | --- | --- | --- | --- | --- | --- | --- |
| | | | | | 收入 | | 发出 | | | |
| | | | 数量 | 金额 | 数量 | 金额 | 数量 | 金额 | 数量 | 金额 |
| A材料 | 千克 | 20 | 2 000 | 40 000 | 1 000 | 20 000 | 1 000 | 20 000 | 2 000 | 40 000 |
| B材料 | 千克 | 10 | 3 000 | 30 000 | 500 | 5 000 | 1 500 | 15 000 | 2 000 | 20 000 |
| 合　计 | | | | 70 000 | | 25 000 | | 35 000 | | 60 000 |

表3-15 应付账款明细分类账本期发生额及余额对照表　　　　　　　单位：元

| 明细分类账户 | 期初余额 | | 本期发生额 | | 期末余额 | |
| --- | --- | --- | --- | --- | --- | --- |
| | 借方 | 贷方 | 借方 | 贷方 | 借方 | 贷方 |
| 丙企业 | | 20 000 | | 20 000 | | 40 000 |
| 丁企业 | | 30 000 | 30 000 | 5 000 | | 5 000 |
| 合　计 | | 50 000 | 30 000 | 25 000 | | 45 000 |

从表3-14、3-15可知："原材料""应付账款"各明细分类账的期初余额、本期发生额和期末余额合计数分别与"原材料""应付账款"总分类账的期初余额、本期发生额和期末余额相等，说明总分类账与明细分类账的登记基本正确。

## 思考与实训练习

### 一、简答题

1. 什么是会计科目？为什么要设置会计科目？设置的原则有哪些？
2. 什么是账户？账户的作用是什么？账户与会计科目有何异同？
3. 账户的基本结构是什么？账户所提供的4个核算指标之间的关系是什么？
4. 什么是复式记账法？理论依据是什么？
5. 什么是借贷记账法？如何理解"借"和"贷"的含义？
6. 如何理解借贷记账法下账户的结构？能否对结构相同的账户做出总结？

7. 如何理解借贷记账法的记账规则？
8. 会计分录的三要素是什么？如何正确编制会计分录？
9. 举例说明账户对应关系？
10. 为什么复合会计分录尽量不采用多借多贷的账户对应关系？
11. 什么是试算平衡？如何进行试算平衡？
12. 总分类账与明细分类账的关系如何？如何进行两者的平行登记？

## 二、单项选择题

1. 会计科目是对（    ）的具体内容进行分类核算的项目。
   A. 会计对象    B. 会计要素    C. 资金运动    D. 会计账户
2. 会计账户是根据（    ）开设的。
   A. 会计对象    B. 会计要素    C. 会计科目    D. 会计等式
3. 设置账户是（    ）的重要方法之一。
   A. 会计监督    B. 会计决策    C. 会计分析    D. 会计核算
4. 关于账户与会计科目的联系和区别，下列表述中不正确的是（    ）。
   A. 没有会计科目，账户就缺少了设置的依据
   B. 会计科目与账户两者口径一致，性质相同
   C. 账户是会计科目的具体运用
   D. 会计科目可以记录经济业务的增减变化及其结果
5. 账户的基本结构是指（    ）。
   A. 账户登记的日期            B. 账户登记的增、减、余金额
   C. 账户登记的经济内容        D. 账户的具体格式
6. 账户分为左、右两方，当某一账户左方登记增加时，则该账户的右方（    ）。
   A. 登记增加数                B. 登记减少数
   C. 登记增加数或减少数        D. 不登记任何数
7. 若某一账户正常的余额在借方，则该账户属于（    ）。
   A. 所有者权益类              B. 资产类
   C. 负债类                    D. 损益类
8. 下列属于流动资产科目的是（    ）。
   A. 应收账款    B. 应付账款    C. 资本公积    D. 销售费用
9. 下列账户中借方表示减少的是（    ）。
   A. 资产类账户  B. 负债类账户  C. 成本类账户  D. 损益类的损类
10. 下列属于损益类科目的是（    ）。
    A. 实收资本   B. 管理费用    C. 制造费用    D. 库存商品
11. 账户的"期末余额"一般在（    ）。
    A. 账户的左方                B. 账户的右方
    C. 账户增加方                D. 账户减少方

12. 投资者投入企业的资本属于（　　）要素。
    A. 利润　　　　　　B. 负债　　　　　　C. 资产　　　　　　D. 所有者权益
13. 借贷记账法下，资产类账户的期末余额计算公式正确的是（　　）。
    A. 期末借方余额 = 期初借方余额 + 本期贷方发生额 – 本期借方发生额
    B. 期末借方余额 = 期初借方余额 + 本期借方发生额 – 本期贷方发生额
    C. 期末贷方余额 = 期初贷方余额 + 本期借方发生额 – 本期贷方发生额
    D. 期末贷方余额 = 期初贷方余额 + 本期贷方发生额 – 本期借方发生额
14. 下列不属于总账科目的是（　　）。
    A. 银行存款　　　B. 甲材料　　　　C. 生产成本　　　　D. 主营业务收入
15. 假设某账户本期增加发生额为 1 300 元，减少发生额为 1 500 元，期末余额为 1 200 元，则该账户本期期初余额为（　　）元。
    A. 1 400　　　　B. 1 600　　　　　C. 1 000　　　　　　D. 1 500
16. 总分类账户与明细分类账户的相互关系是（　　）。
    A. 对立　　　　B. 统驭和从属　　　C. 相反　　　　　　D. 无关
17. 月末一般无余额的账户是（　　）。
    A. 资产类　　　B. 负债类　　　　　C. 损益类　　　　　D. 所有者权益类
18. 预付账款科目属于（　　）。
    A. 资产类　　　B. 负债类　　　　　C. 费用类　　　　　D. 利润类
19. 某负债类账户期初贷方余额为 9 000 元，本期借方发生额为 10 000 元，期末贷方余额为 7 000 元，则贷方发生额为（　　）元。
    A. 7 000　　　　B. 9 000　　　　　C. 12 000　　　　　D. 8 000
20. 复式记账法是对每项经济业务都必须以相等的金额，在（　　）相互联系的账户中同时进行登记的记账方法。
    A. 一个　　　　B. 两个　　　　　　C. 两个以上　　　　D. 两个或两个以上
21. 借贷记账法的理论依据是（　　）。
    A. 会计恒等式　B. 记账规则　　　　C. 账户对应关系　　D. 平行登记
22. 非日常活动导致的直接计入当期损益的利得通过（　　）账户核算。
    A. 营业外收入　B. 营业外支出　　　C. 主营业务收入　　D. 其他业务收入
23. 企业以银行存款支付应付账款，表现为（　　）。
    A. 一项资产增加，另一项资产的减少
    B. 一项资产减少，一项负债增加
    C. 一项资产减少，一项负债减少
    D. 一项负债减少，另一项负债增加
24. 借贷记账法起源于 12 世纪的（　　）。
    A. 德国　　　　B. 意大利　　　　　C. 法国　　　　　　D. 英国
25. 《企业会计准则》规定采用的记账方法是（　　）。
    A. 借贷记账法　B. 收付记账法　　　C. 增减记账法　　　D. 四柱记账法
26. 存在对应关系的账户称为（　　）。
    A. 总分类账户　B. 一级账户　　　　C. 对应账户　　　　D. 明细分类账户

27. 下列通过试算平衡可以查出的错误有（　　）。
    A. 应借应贷账户的方向颠倒　　　　B. 重复登记某项经济业务
    C. 应借应贷账户的借贷金额不等　　D. 漏记某项经济业务
28. 期末余额一般在贷方的账户是（　　）。
    A. 原材料　　　B. 生产成本　　　C. 财务费用　　　D. 短期借款

### 三、多项选择题

1. 设置会计科目的原则是（　　）。
    A. 实用性　　　B. 全面性　　　C. 统一性　　　D. 强制性
2. 账户的基本结构包括反映会计要素的（　　）。
    A. 增加额　　　B. 减少额　　　C. 结余额　　　D. 日期和摘要
3. 下列属于会计科目的是（　　）。
    A. 库存现金　　B. 盈余公积　　C. 应交税费　　D. 机器设备
4. 复式记账法与单式记账法相比，具有的优点是（　　）。
    A. 能够全面反映经济业务　　　　B. 能够反映资金运动的来龙去脉
    C. 能够试算平衡，便于查账和对账　D. 记账手续简单
5. 下列会计科目中，属于负债类的是（　　）。
    A. 应付账款　　B. 应交税费　　C. 预付账款　　D. 应付职工薪酬
6. 下列会计科目中，属于资产类的是（　　）。
    A. 原材料　　　B. 应收账款　　C. 预收账款　　D. 其他应收款
7. 与资产类账户结构相反的账户是（　　）。
    A. 收益类　　　B. 负债类　　　C. 成本类　　　D. 所有者权益类
8. 下列会计科目中，属于所有者权益类的是（　　）。
    A. 本年利润　　B. 利润分配　　C. 实收资本　　D. 固定资产
9. 下列会计科目中，属于成本类的是（　　）。
    A. 生产成本　　B. 管理费用　　C. 制造费用　　D. 营业外支出
10. 下列反映流动资产的账户有（　　）。
    A. 银行存款　　B. 固定资产　　C. 预收账款　　D. 库存商品
11. 账户中各项金额的关系可用（　　）表示。
    A. 本期期末余额＝期初余额＋本期增加发生额－本期减少发生额
    B. 本期期末余额＝下期期初余额
    C. 本期期末余额＝期初余额＋本期减少发生额－本期增加发生额
    D. 本期期末余额＋本期减少发生额＝期初余额＋本期增加发生额
12. 下列说法正确的是（　　）。
    A. 账户的期末余额等于期初余额　　B. 账户的借方发生额等于贷方发生额
    C. 账户是会计科目的具体运用　　　D. 余额一般与增加额在同一方向

13. 以下会计科目中，期末一般将余额全部转出的有（　　）。
    A. 管理费用　　　B. 实收资本　　　C. 生产成本　　　D. 主营业务收入
14. 复式记账法按照记账符号的不同，可分为（　　）。
    A. 借贷记账法　　B. 单一记账法　　C. 收付记账法　　D. 增减记账法
15. 借贷记账法的基本内容包括（　　）。
    A. 记账规则　　　B. 账户结构　　　C. 试算平衡　　　D. 记账符号
16. 在借贷记账法下，账户借方登记的内容是（　　）。
    A. 资产增加　　　B. 成本增加　　　C. 负债减少　　　D. 所有者权益增加
17. 在借贷记账法下，账户贷方登记的内容是（　　）。
    A. 资产增加　　　B. 成本增加　　　C. 负债增加　　　D. 所有者权益增加
18. 下列各项中，与"无形资产"账户具有相同账户结构的有（　　）。
    A. 累计摊销　　　B. 固定资产　　　C. 累计折旧　　　D. 应收票据
19. 会计分录的三要素是（　　）。
    A. 账户名称　　　B. 记账方向　　　C. 应记金额　　　D. 记账时间
20. 借贷记账方法下的试算平衡方法有（　　）。
    A. 发生额试算平衡法　　　　　　　B. 总额试算平衡法
    C. 差额试算平衡法　　　　　　　　D. 余额试算平衡法
21. 以下会计分录中，属于复合会计分录的有（　　）。
    A. 借：原材料　　　　　　　　　　　　　　　20 000
    　　　贷：银行存款　　　　　　　　　　　　　　　10 000
    　　　　　应付账款　　　　　　　　　　　　　　　10 000
    B. 借：银行存款　　　　　　　　　　　　　　1 000
    　　　贷：库存现金　　　　　　　　　　　　　　　1 000
    C. 借：生产成本　　　　　　　　　　　　　　5 000
    　　　　制造费用　　　　　　　　　　　　　　1 500
    　　　贷：原材料　　　　　　　　　　　　　　　　6 500
    D. 借：银行存款　　　　　　　　　　　　　　12 600
    　　　　应收账款　　　　　　　　　　　　　　10 000
    　　　贷：主营业务收入　　　　　　　　　　　　　20 000
    　　　　　应交税费——应交增值税（销项税额）　　2 600
22. 在发生（　　）的情况下，试算平衡表依然是平衡的。
    A. 少记某账户发生额　　　　　　　B. 整笔经济业务漏记
    C. 整笔经济业务重记　　　　　　　D. 某一账户的金额记错
23. 下列金额指标中，可通过账户记录获取的是（　　）。
    A. 期初余额　　　　　　　　　　　B. 期末余额
    C. 本期减少发生额　　　　　　　　D. 本期增加发生额
24. 下列属于期间费用账户的是（　　）。
    A. 制造费用　　　B. 财务费用　　　C. 管理费用　　　D. 销售费用

25. 下列符合借方增加，贷方减少的账户是（　　）。
    A. 生产成本　　B. 短期借款　　C. 制造费用　　D. 实收资本
26. 下列表述符合借贷记账法记账规则的是（　　）。
    A. 一项资产增加，另一项资产减少　　B. 一项负债增加，另一项负债减少
    C. 一项资产增加，另一项负债减少　　D. 一项负债增加，另一项所有者权益增加
27. 复合会计分录是指（　　）。
    A. 一借一贷的会计分录　　B. 一借多贷的会计分录
    C. 多借多贷的会计分录　　D. 一贷多借的会计分录
28. 企业用银行存款偿还短期借款，引起变化的会计要素是（　　）。
    A. 资产增加　　B. 资产减少　　C. 负债减少　　D. 收入减少
29. 试算平衡通过汇总计算（　　）以检查账户记录的正确性。
    A. 所有性质相同账户的发生额　　B. 所有账户的期初余额
    C. 所有账户的本期发生额　　D. 所有账户的期末余额
30. 下列一般没有期末余额的账户是（　　）。
    A. 资产类　　B. 费用类　　C. 收入类　　D. 负债类

## 四、判断题

1. 负债和所有者权益都表示对资产的一种关系，两者形式不同，性质一样。（　）
2. 账户的设置和分类与会计科目的设置和分类相一致。（　）
3. 总分类账户提供的核算指标比明细账户提供的核算指标更详细。（　）
4. 账户按所反映的经济业务内容分类，可分为总分类账户和明细分类账户。（　）
5. 会计科目是会计账户的名称，也是设置会计账户的依据。（　）
6. 预付账款和预收账款均属于企业的资产。（　）
7. 在所有账户中，左方都登记增加，右方都登记减少。（　）
8. T字形账户广泛应用于实际工作中。（　）
9. 所有总分类账户都需要开设明细账户，进行明细核算。（　）
10. 总分类账户期末余额应与所属明细分类账户期末余额之和相等。（　）
11. 《企业会计准则》规定企业应采用单式记账法。（　）
12. 复式记账法下，任何一笔经济业务至少登记在一个账户中。（　）
13. 平行登记中，"同内容"是指相同的经济内容。（　）
14. 会计账户既有名称又有结构，可以连续系统地反映经济业务的增减变化。（　）
15. 账户的余额一般与记录的增加额在同一方。（　）
16. 当企业所有者权益增加时，必然表现为企业资产的增加。（　）
17. 账户对应关系不清楚，因此企业应禁止编制多借多贷的会计分录。（　）
18. 平行登记是为了完整反映资产、负债和所有者权益之间的关系。（　）
19. 借贷记账法下，"借""贷"仅作为记账符号表明记账方向，无字面含义。（　）
20. 借贷记账法下，借方表示资产和费用增加、负债和所有者权益的减少。（　）
21. 资产与权益在数量上始终是相等的。（　）
22. 账户的对应关系是指总账与明细账之间的关系。（　）
23. 损益类账户在期末结转后，一般无余额。（　）

24. 复合会计分录实际上是由若干简单会计分录复合而成的。　　　　　(　　)
25. 试算平衡也就意味着账户记录完全正确。　　　　　　　　　　　　(　　)
26. 双重性质的账户一般是指既能反映资产又能反映负债的账户。　　　(　　)

### 五、实训题

#### 实训一

[目的]分析会计科目并按经济内容分类。

[资料]某企业会计要素具体内容如下：

1. 存放在出纳处的现金 3 500 元。
2. 存放在银行的资金 181 500 元。
3. 向银行借入 3 个月期限的借款 600 000 元。
4. 仓库中存放的材料 380 000 元。
5. 仓库中存放的已完工产品 60 000 元。
6. 正在加工的在产品 75 000 元。
7. 向银行借入的 3 年期限的借款 1 450 000 元。
8. 房屋及建筑物 2 400 000 元。
9. 所有者投入的资本 2 000 000 元。
10. 机器设备 750 000 元。
11. 应付外单位的货款 140 000 元。
12. 应收外单位的材料款 120 000 元。
13. 以前年度积累的未分配利润 380 000 元。

[要求]分析以上内容，填列表 3-16 说明每一项资金内容应属于 3 个会计要素中的哪一类，具体应归属于哪一个会计科目。

表 3-16　会计科目分类

| 序号 | 会计科目 | 资产 | 负债 | 所有者权益 |
| --- | --- | --- | --- | --- |
| 1 |  |  |  |  |
| 2 |  |  |  |  |
| 3 |  |  |  |  |
| 4 |  |  |  |  |
| 5 |  |  |  |  |
| 6 |  |  |  |  |
| 7 |  |  |  |  |
| 8 |  |  |  |  |
| 9 |  |  |  |  |
| 10 |  |  |  |  |
| 11 |  |  |  |  |
| 12 |  |  |  |  |
| 13 |  |  |  |  |

**实训二**

[目的]分析会计科目并按隶属关系分类。

[资料]某企业现有部分一级科目、二级科目和三级科目如下：

1. 原材料 2. 短期借款 3. B 产品生产成本 4. 应收 C 公司货款 5. 主要材料 6. 辅助材料 7. 应付丁工厂货款 8. 应付账款 9. 临时借款 10. 固定资产 11. 甲材料 12. 乙材料 13. 生产成本 14. 基本生产成本 15. 润滑油 16. 运输工具 17. 生产用房 18. A 产品生产成本 19. 机器设备 20. 应收账款 21. 辅助生产成本 22. 应收 D 公司货款 23. 应收 E 公司货款

[要求]按隶属关系分析一级科目、二级科目、三级科目分别是哪些，并填入表 3-17 中。

表 3-17 会计科目隶属关系分类

| 一级总账科目 | 二级子目 | 三级细目 |
| --- | --- | --- |
| | | |
| | | |
| | | |
| | | |
| | | |
| | | |
| | | |
| | | |
| | | |
| | | |
| | | |
| | | |

**实训三**

[目的]熟悉账户基本结构。

[资料]下列账户有关数据如表 3-18 所示。

[要求]根据各账户有关数据计算每个账户中的未知数并填入表 3-18 中。

表 3-18 账户数据

| 账户名称 | 期初余额 | 本期借方发生额 | 本期贷方发生额 | 期末余额 |
| --- | --- | --- | --- | --- |
| 银行存款 | 430 000 | 1 985 000 | 2 040 000 | |
| 固定资产 | 2 400 000 | | 496 000 | 1 920 000 |
| 短期借款 | | 160 000 | 260 000 | 300 000 |
| 应付账款 | 230 000 | | 200 000 | 55 000 |
| 实收资本 | 6 000 000 | | 300 000 | 6 300 000 |

**实训四**

[目的]练习借贷记账法的运用。

[资料]某企业 2024 年 5 月发生下列经济业务：

1. 经批准，将资本公积 400 000 元转增资本。
2. 从银行提取现金 2 000 元备用。
3. 用银行存款偿付前欠供应单位货款 24 000 元。
4. 收到丁企业的投资款 180 000 元存入银行。
5. 以银行存款购入汽车一辆，价值 160 000 元。
6. 以库存现金支付办公费用 300 元。
7. 以银行存款 90 000 元归还短期借款。
8. 收到购货单位前欠货款 16 000 元送存银行。
9. 采购员预借差旅费 2 000 元，以现金支付。
10. 生产车间领用材料 10 000 元投入产品生产。

[要求]根据经济业务编制会计分录。

**实训五**

[目的]进一步练习借贷记账法的具体运用。

[资料]

1. 某企业 2024 年 1 月 1 日有关账户期初余额如表 3-19 所示。

表 3-19　期初余额

| 资产 | | 负债及所有者权益 | |
| --- | --- | --- | --- |
| 账　户 | 借方金额 | 账　户 | 贷方金额 |
| 库存现金 | 3 000 | 短期借款 | 215 000 |
| 银行存款 | 260 000 | 应付账款 | 23 000 |
| 应收账款 | 80 000 | 应交税费 | 15 000 |
| 库存商品 | 40 000 | 应付职工薪酬 | 25 000 |
| 原材料 | 65 000 | 实收资本 | 770 000 |
| 固定资产 | 600 000 | | |
| 合　计 | 1 048 000 | 合　计 | 1 048 000 |

2. 企业本月发生以下经济业务：

（1）向银行借入为期 8 个月的借款 100 000 元，存入银行。

（2）收到购货方前欠货款 27 000 元存入银行。

（3）以银行存款支付生产工人工资 25 000 元。

（4）从银行提取现金 5 000 元。

（5）企业从银行取得短期借款 20 000 元，直接归还前欠材料款。

（6）外单位以一台价值 220 000 元的机器设备向本企业投资。

（7）生产车间领用材料 40 000 元投入产品生产。

（8）将生产工人工资 26 000 元计入产品生产成本。

（9）以银行存款支付应交税费 15 000 元。

（10）本月完工产品验收入库 1 000 件，成本 50 000 元。

[要求]根据经济业务编制会计分录、登记 T 字形账户、编制试算平衡表（见表 3-20）。

表 3-20　总分类账户本期发生额及期末余额试算平衡表

| 账 户 名 称 | 期 初 余 额 | | 本 期 发 生 额 | | 期 末 余 额 | |
|---|---|---|---|---|---|---|
| | 借 方 | 贷 方 | 借 方 | 贷 方 | 借 方 | 贷 方 |
| 库存现金 | | | | | | |
| 银行存款 | | | | | | |
| 应收账款 | | | | | | |
| 库存商品 | | | | | | |
| 原材料 | | | | | | |
| 生产成本 | | | | | | |
| 固定资产 | | | | | | |
| 短期借款 | | | | | | |
| 应付账款 | | | | | | |
| 应付职工薪酬 | | | | | | |
| 应交税费 | | | | | | |
| 实收资本 | | | | | | |
| 合　计 | | | | | | |

**实训六**

[目的]练习总分类账和明细分类账的平行登记。

[资料]

1. 某企业2024年7月部分总分类账户及所属明细分类账户的期初余额如下：

（1）"原材料"账户借方余额31 000元，其中，A材料500千克，单价20元；B材料700千克，单价30元。

（2）"应付账款"账户贷方余额20 000元，其中，甲公司11 000元；乙公司9 000元。

2. 企业当月发生有关经济业务如下（假设不考虑增值税）：

（1）以银行存款支付所欠乙公司的材料款9 000元。

（2）向甲公司采购B材料250千克，单价30元，价款7 500元，材料验收入库，款未付。

（3）向乙公司采购A材料400千克，单价20元，价款8 000元，材料验收入库，款未付。

（4）生产产品领用A材料750千克，单价20元，共计15 000元。

（5）向乙公司采购A材料200千克，单价20元，价款4 000元，材料验收入库，款未付。

（6）领用B材料800千克，单价30元，共计24 000元，其中，生产产品用20 000元，行政管理部门用4 000元。

（7）以银行存款11 000元支付所欠甲公司的材料款。

（8）以银行存款12 000元支付所欠乙公司的材料款。

[要求]根据经济业务编制会计分录，并以 T 字形账开设"原材料""应付账款"总账和明细账，登记期初余额，平行登记本期发生额，结出各账户的期末余额并进行总账与明细账的核对。

# 第二篇

# 会计基本业务

# 企业主要经济业务的核算

**学习目标：** 了解企业主要生产经营过程；熟悉企业主要经济业务及资金的循环与周转，采购成本、生产成本和销售成本的计算与结转；掌握企业生产经营过程所涉及账户的性质、用途和结构，正确理解并掌握借贷记账法的具体运用。

**学习重点：** 企业主要经济业务的账务处理。

**学习难点：** 增值税的理解、会计分录的编制。

**课程思政：** 纳税意识培养、爱国爱企理念养成。

## 第一节 企业经济业务

企业是一种具有不同规模的经济组织，这个组织的存在主要通过对各种资源的组合和处理，向其他单位或个人（企业的顾客）提供所需要的产品和服务。企业能将最原始的投入转变为顾客所需要的商品或服务，这个转变不仅需要自然资源、人力资源，而且还需要资本。不同性质的企业，如制造企业、商品流通企业、交通运输企业、餐饮服务企业等，其生产经营活动流程不尽相同，资金的循环与周转方式也就有所区别，企业主要经济业务内容与性质也就不同。下面主要以制造企业为例，介绍其生产经营过程和资金的循环与周转，说明其主要经济业务的核算方法。

### 一、企业经济业务概述

作为一种重要的企业组织类型，现代企业制度下的产品制造企业，不仅要将原始材料转换为可以销售给单位或个人消费者的商品，而且要在市场经济的竞争中不断谋求发展，使其拥有的资本和财产实现保值增值。这就决定了企业管理的复杂性，提出了企业管理的高标准要求。对过去的交易或事项结果进行分析评价，并对未来的经营可能做出预测是管理职能的精髓所在，而企业会计作为一个为其内部、外部利益相关者提供信息的职能部门，通过对企业经营活动过程进行核算，必定有助于达成企业的高标准管理要求。

制造企业是产品的生产单位，其完整的生产经营过程由供应过程、生产过程和销售过程构成。企业进行生产经营活动，必须拥有一定数量的经营资金，才能购建厂房和设备、购买材料物资、支付职工薪酬等，从而进行产品生产，并通过产品的销售实现资本的保值增值、偿还到期债务等。企业从不同渠道取得的经营资金，在生产经营过程中被具体运用时表现为不同的占用形态，一般可分为货币资金、固定资金、储备资金、生产资金、成品资金等形态。随着生产经营过程的不断进行，这些资金形态不断转化。会计上把经济业务发生引起的资金价值形态的不断转化和数量上的增减变化，称为资金的循环与周转，即资金的循环与周转必然伴随不同经济业务的发生或完成。

## 二、企业主要经济业务

基于会计的特点，会计对象并不是企业发生的所有活动，只有能够通过货币计量的活动，才是会计对象。企业的经济活动内容繁杂、形式多样，但按照不同阶段，可以归纳为6个阶段的经济业务。

### （一）资金筹集阶段的主要经济业务

资金筹集是企业进行生产经营活动的前提条件，是资金运动全过程的起点。目前企业资金来源渠道主要有企业所有者投入和银行等金融机构借入，前者称为权益性筹资（融资），形成企业资本金，即所有者权益的基本组成部分；后者称为债务性筹资（融资），形成企业负债资金。这个阶段的主要经济业务是接受投资、借入款项，所筹集的资金主要以货币资金形态存在，并首先进入供应过程。

### （二）供应阶段的主要经济业务

供应阶段亦称储备阶段，它是制造企业生产经营过程的第一个阶段，即生产的准备阶段。企业筹集的资金用于购买机器设备、建造厂房等劳动资料而形成固定资金，用于购买原材料、周转材料等劳动对象而形成储备资金，从而为生产经营创造必要的物质条件，做好生产准备。此时，货币资金形态转化为固定资金和储备资金形态。劳动资料大多是固定资产，一旦购建完成将长期供企业使用，因而供应阶段的主要经济业务是材料采购业务，包括支付材料价款和税款、发生采购费用、计算采购成本、材料验收入库等。

### （三）生产阶段的主要经济业务

生产阶段是制造企业生产经营过程的第二个阶段，即产品的形成阶段，是企业的中心环节。生产过程是劳动者利用固定资产等劳动资料对原材料等劳动对象进行加工，生产出各种适销对路的产品，以满足社会需要的过程。生产过程既是产品的制造过程，也是物化劳动和活劳动的耗费过程，即费用、成本的发生过程。从消耗或加工对象的实物形态及其变化过程看，原材料等劳动对象通过加工形成在产品或半成品，随着生产过程的不断进行，最终生产出可供出售的产成品（库存商品）；从价值形态看，生产过程中发生的各种耗费形成企业的生产费用，其中，为生产产品耗费的材料形成材料费用、耗费的活劳动形成职工薪酬等人工费用，使用厂房、机器设备等劳动资料形成折旧费用等。生产过程中发生的这些生产费用总和构成产品的生产成本（制造成本），其资金形态从固定资金、储备资金和一部分货币资金转化为生产资金形态，随着生产过程的不断进行，产品生产完工验收入库时，其资金形态从生产资金转化为成品资金形态。因此，生产过程的主要经济业务是生产费用（直接材料、直接人工和制造费用等）的发生、归集和分配，以及完工产品生产成本的计算结转等。

### （四）销售阶段的主要经济业务

销售阶段是制造企业生产经营过程的第三个阶段，是销售产成品、实现其价值和使用价值的过程，也是企业利润的实现过程。在销售过程中，企业按照销售价格销售产品，与购货方办理各种款项的结算，收回货款实现销售收入，从而使资金形态从成品资金转化为货币资金形态，回到了资金运动的起点状态，完成一次资金循环。销售阶段的主要经济业务是销售产品、货款结算、销售费用发生、各种税费的计算和缴纳、产品销售成本的计算结转等。

作为制造企业生产经营活动中最重要的 3 个阶段，在供应阶段、生产阶段和销售阶段，企业需要计算材料采购、产品生产、产品销售等成本，需要归集管理费用、销售费用、财务费用等期间费用。

销售阶段的完成，标志着制造企业一个经营周期的结束，随之而来的是新一轮经营周期，具体过程如图 4-1 所示。

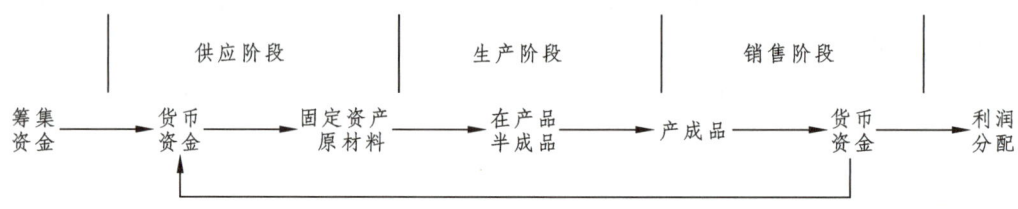

图 4-1　制造企业的经营周期

### （五）财务成果核算阶段的主要经济业务

财务成果是企业在一定会计期间的经营成果，即利润或亏损。对制造企业而言，生产并销售产品是其主要的经营业务，即主营业务；在生产业务之外，企业还会发生一些诸如销售材料、出租固定资产和包装物等兼营业务以及对外投资业务；主营业务、兼营业务和投资业务构成企业的全部经营业务。在经营业务之外，企业还会发生非经营业务，获得营业外收入和发生营业外支出。企业在生产经营过程所获得的各项收入收益在权责发生制下，遵循配比原则抵减各项成本、费用和支出之后的差额，形成企业的利润或亏损。

企业实现的利润，必须按税法规定计算缴纳所得税，以形成国家的财政收入，税后利润才能按利润分配顺序进行合理分配。分配给投资者的利润，资金会退出企业；剩余利润则以盈余公积和未分配利润的形式继续参与企业的资金周转。如果发生了亏损，还要按规定的程序进行弥补。财务成果核算阶段的主要经济业务是营业利润、利润总额、净利润的形成和分配。

### （六）资金退出阶段的主要经济业务

资金退出是企业资金运动的终点。销售过程完成后，一部分货币资金回到起点，继续参与企业生产经营活动；另一部分资金则会退出企业，不再参与企业的资金循环和周转。这一阶段的主要经济业务是归还负债、上缴税费、向投资者分配股利或利润、减资等。

制造企业主要经济业务内容，如图4-2所示。

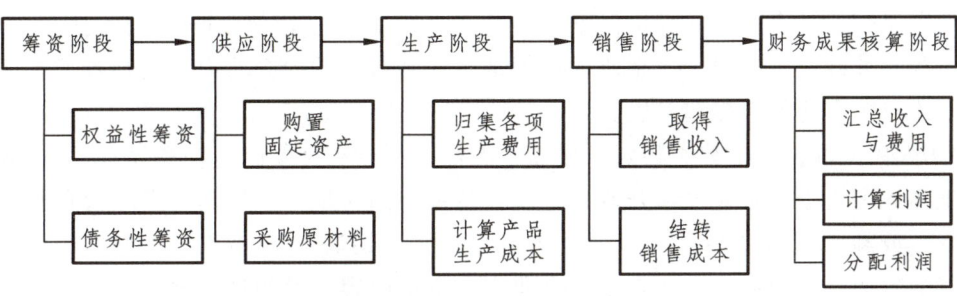

图4-2　制造企业主要经济业务

## 第二节　筹资业务的核算

企业的生存和发展，离不开资产要素。资产是企业进行生产经营活动的物质基础，而企业形成其资产的资金来源，如前所述主要是权益性筹资（融资）和债务性筹资（融资）两条渠道，前者形成所有者权益，后者形成债权人权益。因此，企业的筹资业务按其来源分为权益性筹资和债务性筹资。

投资者将资金投入企业，进而对企业资产所形成的要求权称为企业的所有者权益，它是企业资产扣除负债后由所有者享有的剩余权益，即权益资本。这部分资本的所有者既享有企业的经营收益，也承担企业的经营风险。公司的所有者权益又称股东权益。债权人将资金借给企业，进而对企业资产所形成的要求权称为企业负债，即债务资本。这部分资本的所有者享有按约定收回本金和利息的权利。会计上虽然将投资人的要求权和债权人的要求权统称为权益，但由于两者存在本质上的区别，所以这两种权益的会计核算也有显著的差异。

### 一、权益性筹资的核算

来自投资者的资金形成企业所有者权益的重要组成部分。企业所有者权益的来源包括所有者投入的资本、直接计入所有者权益的利得和损失、留存收益等。所有者投入的资本包括实收资本（或股本）和资本公积；直接计入所有者权益的利得和损失是指不应计入当期损益的、会导致所有者权益发生增减变动的、与所有者投入资本或者与向投资者分配利润无关的利得或损失；留存收益是企业在经营过程中所实现的利润留存于企业的部分，包括盈余公积和未分配利润。本节主要介绍实收资本和资本公积的核算，其他内容将在后期的学习中介绍。

### (一) 实收资本概述

#### 1. 实收资本的含义

实收资本（或股本）是指企业投资者按照企业章程或合同、协议的约定，实际投入企业的资本金以及按照有关规定由资本公积、盈余公积等转增资本的资金。实收资本代表企业的实力，是创办企业的"本钱"，也是一个企业维持正常的经营活动、以本求利、以本负亏最基本的条件和保障，是企业独立承担民事责任的资金保证。它反映了企业的不同所有者通过投资投入企业的外部资金来源，是企业进行正常生产经营活动的原动力，正是有了这部分资金的投入，才有了企业的生存和发展。

《中华人民共和国民法典》规定，设立企业法人必须有必要的财产和经费。《企业法人登记管理条例》也规定，企业申请开业，必须具备符合国家规定并与其生产经营和服务规模相适应的资金数额。《中华人民共和国公司法》（简称《公司法》）也对不同类型的企业组织形式的最低资金数额做了限制。这些都是对企业实收资本内容所做的具体规定。

需注意：注册资本与实收资本是两个不同的概念。注册资本是公司的法定资本，应与股本总额相等；实收资本是指公司已收缴入账的资本。《公司法》规定注册资本采用认缴制，即投资者认缴的资本可以在公司章程约定的时间内分期缴纳。为此，注册资本在缴足前不等于实收资本，只有足额缴入后，实收资本才会等于注册资本。

#### 2. 实收资本的分类

所有者向企业投入资本，即形成企业的资本金。企业的资本金按照投资主体的不同，可分为：

国家资本金：企业接受国家的投资而形成的资本金。

法人资本金：企业接受其他企业或单位的投资而形成的资本金。

个人资本金：企业接受个人包括内部职工的投资而形成的资本金。

外商资本金：企业接受外国投资者的投资而形成的资本金。

企业的资本金按照投资者投入资本的不同形态，分为货币投资、实物投资和无形资产投资等。

我国目前实行的是注册资本认缴登记制度，要求认缴期满时企业的实收资本应与注册资本相一致。企业接受各方投资者投入的资本金应遵守资本保全（或称资本维持）制度的要求，除法律、法规另有规定外，不得随意抽回。企业在经营过程中实现的收入、发生的费用，以及在财产清查中发现的盘盈、盘亏等都不得直接增减投入资本。

#### 3. 实收资本入账价值的确定

企业收到各方投资者投入资本金的入账价值确定是实收资本核算中的一个重要问题。总体来说，投入资本是按照实际收到的出资额入账的。其中，对于收到的货币资金投资，应以实际收到的货币资金额入账；对于收到的实物等其他形式投资，应按投资合同或协议约定的价值（不公允的除外）入账；对于实际收到的货币资金额或投资双方确认的资产价值超过其在注册资本中所享有份额的部分，应作为超额缴入资本，计入资本公积。

### （二）资本公积概述

#### 1. 资本公积的含义

资本公积是企业收到投资者投入的超过其在注册资本中所占份额的投资，以及直接计入所有者权益的利得和损失等，包括资本溢价（或股本溢价）和其他资本公积。资本公积作为所有者权益的重要组成部分，其实质是一种准资本，是资本的一种储备形式。由于资本公积通常会直接导致企业净资产的增减变化，所以，资本公积信息对于投资者和债权人等会计信息使用者作出正确的决策非常重要。

一般情况下，投资者投入企业的资本金与企业实际收到的资本金数额是相同的。但在一些特殊情况下，如溢价发行股票、投资者超额缴入资本等情况下，投资者投入企业的资本金数额就会大于其在注册资本中所享有的份额。

#### 2. 资本公积的用途

企业在经营过程中出于提高资本的流动性、改变企业所有者投入资本的结构、体现企业持续发展潜力等多种考虑，会将形成的资本公积按规定用途予以使用。资本公积的主要用途是用于转增资本，即在办理增资手续后将资本公积转增实收资本，按所有者的投资比例增加投资者的投入资本。

### （三）权益性筹资的账户设置

为核算和监督权益性筹资业务的增减变化情况和结果，应设置以下账户：

#### 1. 设置"实收资本"（"股本"）账户

所有者权益类账户，用以核算和监督企业实际收到投资者投入的资本金增减变化过程及结果。借方登记企业按照法定程序报经批准减少的注册资本额，贷方登记企业收到投资者符合注册资本的出资额，期末贷方余额表示企业实有的资本额。该账户按投资者设置明细账进行明细分类核算，其结构如图 4-3 所示。

**实收资本**

|  |  |
|---|---|
|  | 期初余额：企业实有资本额 |
| 发生额：减资（减少额） | 发生额：接受投资（增加额） |
|  | 期末余额：企业实有资本额 |

图 4-3　实收资本账户的结构

#### 2. 设置"资本公积"账户

所有者权益类账户，用以核算和监督企业收到投资者投入的超过其在注册资本中所享有份额的投资，以及直接计入所有者权益的利得和损失等。借方登记资本公积转增资本时的减少额，贷方登记资本公积的增加额，期末贷方余额表示资本公积的结余数。该账户按资本公积的来源设置"资本溢价"或"股本溢价""其他资本公积"等明细账进行明细分类核算，其结构如图 4-4 所示。

| 资本公积 | |
|---|---|
| | 期初余额：资本公积结存额 |
| 发生额：使用资本公积（减少额） | 发生额：取得资本公积（增加额） |
| | 期末余额：资本公积结余额 |

图 4-4　资本公积账户的结构

### （四）权益性筹资的账务处理

企业收到投资时，借记"银行存款""原材料""固定资产""无形资产"等科目，按投资人在注册资本中享有的份额，贷记"实收资本"（"股本"）科目，按其差额贷记"资本公积"科目。

#### 1. 接受现金资产的投资

收到现金资产投资时，以实际收到的现金数额入账。实际收到的现金资产数额超过其在注册资本中所享有的份额，作为资本公积处理。

【例 4-1】2024 年 9 月 5 日，企业收到国家投入的货币资金 2 000 000 元，款项已存入银行。

　　借：银行存款　　　　　　　　　　　　　　　　　　　2 000 000
　　　　贷：实收资本——国家资本　　　　　　　　　　　　　　　2 000 000

【例 4-2】2024 年 9 月 8 日，企业收到甲公司投入的货币资金 1 200 000 元，款项已存入银行。按投资协议规定，甲公司在注册资本中享有的份额是 1 000 000 元。

　　借：银行存款　　　　　　　　　　　　　　　　　　　1 200 000
　　　　贷：实收资本——法人资本　　　　　　　　　　　　　　　1 000 000
　　　　　　资本公积——资本溢价　　　　　　　　　　　　　　　　200 000

#### 2. 接受非现金资产的投资

收到非现金资产投资时，应按投资合同或协议约定价值（不公允的除外）和在注册资本中所享有的份额入账；实际收到的投资各方确认的非现金资产价值超过其在注册资本中所享有的份额，作为资本公积处理。

【例 4-3】2024 年 9 月 12 日，企业收到乙公司投入的设备一套，投资双方合同约定价值为 600 000 元。

　　借：固定资产　　　　　　　　　　　　　　　　　　　　600 000
　　　　贷：实收资本——法人资本　　　　　　　　　　　　　　　　600 000

【例 4-4】2024 年 9 月 15 日，企业收到王×投入的一项专利技术，投资合同约定价值为 800 000 元。王×在注册资本中享有的份额是 750 000 元。

　　借：无形资产——专利权　　　　　　　　　　　　　　　800 000
　　　　贷：实收资本——个人资本　　　　　　　　　　　　　　　　750 000
　　　　　　资本公积——资本溢价　　　　　　　　　　　　　　　　　50 000

### 3. 股份公司发行股票

股份有限公司发行股票时，可以按面值发行或溢价发行（我国目前规定不能折价发行）。股本按面值入账，溢价发行部分扣除发行股票的相关费用后计入资本公积。发行股票的相关费用无溢价抵扣或溢价不足抵扣的部分，冲减盈余公积和未分配利润。

【例4-5】某股份有限公司于2024年9月1日公开发行股票2 000万股，股票面值为1元，实际筹得资金28 000 000元，款项存入银行。公司以银行存款支付发行费用600 000元。

发行时：
借：银行存款　　　　　　　　　　　　　　　　　　　28 000 000
　　贷：股本　　　　　　　　　　　　　　　　　　　　　20 000 000
　　　　资本公积——股本溢价　　　　　　　　　　　　　　8 000 000

支付发行费用时：
借：资本公积——股本溢价　　　　　　　　　　　　　　　600 000
　　贷：银行存款　　　　　　　　　　　　　　　　　　　　600 000

### 4. 资本公积转增资本

经股东大会或类似权力机构决议，用资本公积转增资本时，应冲减资本公积，同时按转增资本前的实收资本（或股本）结构比例，将转增的资本计入"实收资本"（"股本"）账户下所有者的明细账。

【例4-6】企业经批准后将资本公积1 000 000元转增资本，甲公司、乙公司、丙公司、丁公司在企业注册资本中所占的比例分别为50%、20%、20%、10%。

借：资本公积　　　　　　　　　　　　　　　　　　　1 000 000
　　贷：实收资本——甲公司　　　　　　　　　　　　　　500 000
　　　　　　　——乙公司　　　　　　　　　　　　　　200 000
　　　　　　　——丙公司　　　　　　　　　　　　　　200 000
　　　　　　　——丁公司　　　　　　　　　　　　　　100 000

### 5. 实收资本减少

企业实收资本的减少，一般是因为投资合同或协议规定、资本过剩或发生重大亏损。企业按法定程序报经批准减少注册资本时，应按返还投资者的数额入账。

【例4-7】经股东会议决议，企业将丁公司3年前的投资300 000元返还投资者，退资手续已办妥，款项以银行存款支付。

借：实收资本——丁公司　　　　　　　　　　　　　　　300 000
　　贷：银行存款　　　　　　　　　　　　　　　　　　　300 000

## 二、债务性筹资的核算

企业从债权人那里筹集到的资金形成企业的负债，它表示企业的债权人对企业资产的要求权，即债权人权益。债务性筹资不仅包括借款、发行债券，还包括租赁、商业信用等筹资方式。本节只介绍短期借款业务的核算，其他业务在后期专业课程中学习。

负债到期必须还本付息是负债不同于所有者权益的一个明显特征，因此，负债必须有明确的债权人、到期日和偿还金额。

## （一）短期借款概述

### 1. 短期借款的含义

短期借款是指企业向银行或其他金融机构借入的、偿还期不超过一年（含一年）的借款，借款目的主要是满足生产经营过程中的临时性资金周转需要。企业申请短期借款时，应遵守银行或其他金融机构的有关规定，根据企业借款计划及确定的担保形式，经贷款单位审核批准并签订借款合同后方可取得借款，借款取得时根据借款合同上所确定的金额入账。

### 2. 短期借款利息的确认

短期借款必须按期归还本金并按时支付利息。短期借款的利息支出属于企业为筹集资金过程中发生的耗费，会计核算中将其作为期间费用（财务费用）加以确认。由于短期借款利息的支付方式和支付时间不同，会计处理方法也有所区别。

（1）如果贷款人对企业的短期借款按月计收利息，或者虽然在借款到期时一并收回本息，但利息数额不大，企业可以在收到贷款人计息通知或在实际支付利息时，直接将发生的利息费用计入财务费用。

（2）如果贷款人对企业的短期借款采取按季或半年等较长期间计收利息，或者在借款到期时一并收回本息且利息数额较大，为了正确计算各期损益，保持各期损益的均衡性，企业通常按权责发生制的要求，采用预提方法按月预提借款利息，计入预提当月的财务费用，同时确认应付利息这项负债，待按季或半年结息日实际支付利息时，再冲销应付利息。

利息计算公式为：

$$借款利息 = 借款本金 \times 利率 \times 时间$$

按权责发生制的要求，企业应于每月月末确认当月的利息费用，因而这里的"时间"是一个月。但利率通常是指年利率，所以应将年利率转换为月利率。如果是在月内的某天取得借款，则该日作为计息的起始时间，对于借款当月和还款月应按实际天数计算（不足整月），这时月利率就要转换为日利率。在利率转换中，为简化计算，一个月通常按 30 天计算，一年通常按 360 天计算。

## （二）长期借款概述

长期借款是企业向银行或其他金融机构借入的偿还期在一年（不含一年）以上或超过一个营业周期以上的各种借款。长期借款的目的主要是满足扩大生产经营规模的长期性资金需要，如购入机器设备、购建厂房等。企业应按照规定的利率和使用期限定期计息并确认为负债，按照贷款合同的规定按期偿还本息。

## （三）债务性筹资的账户设置

为核算和监督债务性筹资业务的增减变化情况和结果，应设置以下账户：

1. 设置"短期借款"账户

"短期借款"属于负债类账户,用以核算和监督企业向银行或其他金融机构借入的各种短期借款的增减变动情况及结果。借方登记归还的本金,贷方登记借入的本金,期末贷方余额表示尚未归还的短期借款本金。该账户按债权人和借款种类设置明细账,其结构如图4-5所示。

| 短期借款 | |
|---|---|
| | 期初余额:短期借款结存额 |
| 发生额:偿还短期借款(减少额) | 发生额:取得短期借款(增加额) |
| | 期末余额:短期借款结余额 |

图4-5 短期借款账户的结构

2. 设置"应付利息"账户

"应付利息"属于负债类账户,用以核算和监督企业已经发生但尚未实际支付的利息费用。借方登记实际支付的利息费用,贷方登记预先按规定计算确定的应由本期负担但尚未支付的利息费用,期末贷方余额表示企业应付未付利息。该账户按债权人设置明细账,其结构如图4-6所示。

| 应付利息 | |
|---|---|
| | 期初余额:应付未付利息费用 |
| 发生额:实际支付的利息费用(减少额) | 发生额:预提的利息费用(增加额) |
| | 期末余额:应付未付利息费用 |

图4-6 应付利息账户的结构

3. 设置"财务费用"账户

"财务费用"属于损益(损)类账户,用以核算和监督企业为筹资生产经营所需资金而发生的各种筹资费用,包括借款利息支出(减利息收入)、借款手续费、汇兑损失(减汇兑收益)等。借方登记费用的发生额,贷方登记应冲减财务费用的利息收入、汇兑收益和期末转入"本年利润"账户的费用净额(即财务费用支出大于收入的差额。若收入大于支出则反方向结转),期末结账后无余额。该账户按费用项目设置明细账,其结构如图4-7所示。

| 财务费用 | |
|---|---|
| 发生额:本期发生的借款利息、借款手续费、汇兑损失等(增加额) | 发生额:本期发生的利息收入、汇兑收益 期末转入"本年利润"的费用净额(减少额) |

图4-7 财务费用账户的结构

目前银行按季结息,所以企业应于每月末确认当月应承担的利息,于每季末实际支付。

### （四）债务性筹资的账务处理

#### 1. 短期借款的账务处理

企业取得短期借款时，借记"银行存款"科目，贷记"短期借款"科目；按权责发生制的要求，按月预提短期借款利息时，借记"财务费用"科目，贷记"银行存款"或"应付利息"科目；每季末实际支付利息时，借记"财务费用"科目（第3个月应负担的利息）、"应付利息"科目（前2个月已预提的利息），贷记"银行存款"科目；借款到期偿还本金时，借记"短期借款"科目，贷记"银行存款"科目。

【例4-8】2024年9月1日，企业向银行借入年利率6%、为期3个月的借款200 000元，款项收妥存入银行。

  借：银行存款　　　　　　　　　　　　　　　　200 000
    贷：短期借款　　　　　　　　　　　　　　　　　200 000

【例4-9】2024年9月30日，企业预提当月该项借款利息。

9月末确认利息的账务处理为：

  借：财务费用——利息　　　　　　　　　　　　　1 000
    贷：应付利息　　　　　　　　　　　　　　　　　　1 000

2024年10月31日进行相同的账务处理。

【例4-10】2024年11月30日，企业按季支付利息并偿还本金。

支付利息时：

  借：财务费用　　　　　　　　　　　　　　　　　1 000
    应付利息　　　　　　　　　　　　　　　　　2 000
     贷：银行存款　　　　　　　　　　　　　　　　　　3 000

偿还本金时：

  借：短期借款　　　　　　　　　　　　　　　　200 000
    贷：银行存款　　　　　　　　　　　　　　　　　200 000

上述两组分录可合并为：

  借：短期借款　　　　　　　　　　　　　　　　200 000
    财务费用——利息　　　　　　　　　　　　　1 000
    应付利息　　　　　　　　　　　　　　　　　2 000
     贷：银行存款　　　　　　　　　　　　　　　　　203 000

#### 2. 长期借款的账务处理

长期借款的本金和借款利息偿还方式主要有到期一次还本付息、分期偿还本息和到期还本分期付息3种，其账务处理都有所不同。不同的方式下企业所使用的长期借款的时间和承担的利息费用不一样，在复利计息条件下有时差别会较大。因此，长期借款采用何种还本付息方式是企业的一项重要决策。具体内容将在后期专业课程中学习。

## 第三节 供应阶段的核算

企业从不同途径筹集资金后，要通过资金在企业内部的循环和周转，为企业带来经济利益，实现资金保值增值。资金在企业生产经营过程的不同阶段有不同的运动方式和表现形态，其核算内容也不同。供应阶段是企业资金循环周转的第一个阶段，是为生产产品做准备的过程，主要是劳动资料的准备即购建固定资产、劳动对象的准备即材料采购等。

### 一、固定资产的核算

固定资产是企业资产的重要组成部分，一定程度上代表着企业的生产能力和生产规模。

#### （一）固定资产的含义

《企业会计准则第 4 号——固定资产》规定："固定资产是指同时具有下列两个特征的有形资产：是为生产产品、提供劳务、出租或经营管理而持有的；使用寿命超过一个会计年度。"从固定资产的定义可看出，固定资产同时具有以下特征：

（1）固定资产是一种有形资产。固定资产一般表现为房屋及建筑物、机器设备、运输工具、器具等，都具有实物形态。这一特征是固定资产与无形资产的重要区别。

（2）为生产商品、提供劳务、出租或经营管理而持有。企业持有固定资产的目的是生产商品、提供劳务、出租或满足经营管理的需要，不是出售。这一特征是固定资产与存货的重要区别。

（3）使用寿命超过一个会计年度。所谓使用寿命，是指企业使用固定资产的预计期间，或者是固定资产所能生产产品或提供劳务的数量。这一特征是固定资产与周转材料的重要区别。

#### （二）固定资产的成本

固定资产一般应按取得时的实际成本入账。固定资产取得时的实际成本，是指企业购建固定资产达到预定可使用状态前所发生的一切合理的、必要的支出，包括买价、运输费、保险费、包装费、安装费以及相关税费（消费税、关税、不得抵扣的增值税等）。

"达到预定可使用状态"是指固定资产已达到购买方或建造方预定的可使用状态。符合下列情况之一即可认为所购建固定资产已达到预定可使用状态：

（1）固定资产的实体建造（含安装）工作已全部完成或实质上已全部完成；

（2）所购建固定资产已达到设计或合同要求，或与设计或合同要求相符或基本相符，即使有个别地方与设计或合同要求不符，但不足以影响其正常使用；

（3）该项固定资产购建的支出金额很少或几乎不再发生。

可见，是否"达到预定可使用状态"是衡量资产是否可作为固定资产核算和管理的标志，而不再拘泥于"竣工结算"这一标准，这也是实质重于形式要求的一个具体运用。

企业可以通过外购、自行建造、投资者投入、非货币性资产交换、债务重组、企业合并和融资租赁等方式取得固定资产。取得方式不同，固定资产成本的具体构成内容及确定方法也不尽相同。

### （三）固定资产的分类

固定资产根据管理需要和核算要求的不同，可以进行不同的分类。

（1）按经济用途分类，可分为生产经营用固定资产和非生产经营用固定资产。

（2）按固定资产使用情况分类，可分为使用中固定资产、未使用固定资产和不需用固定资产。

（3）按固定资产的所有权分类，可分为自有固定资产和租入固定资产。

### （四）固定资产的账户设置

为了核算和监督企业固定资产的增减变动情况和结果，应设置以下账户：

#### 1. 设置"固定资产"账户

"固定资产"属于资产类账户，用以核算和监督企业拥有或控制的固定资产原价的增减变动情况和结果。借方登记增加的固定资产原价，贷方登记减少的固定资产原价，期末借方余额反映企业持有的固定资产账面原价的结余额。该账户按固定资产类别和使用部门设置明细账，其结构如图4-8所示。

固定资产

| 期初余额：账面原价结存额 | |
|---|---|
| 发生额：取得固定资产（增加额） | 发生额：处置固定资产（减少额） |
| 期末余额：账面原价结余额 | |

图4-8 固定资产账户的结构

#### 2. 设置"在建工程"账户

"在建工程"属于资产类账户，用以核算和监督建造、安装、更新改造等工程所发生的各项支出，并据以计算确定工程成本。借方登记各项在建工程的实际支出，贷方登记工程达到预定可使用状态时转出的实际成本，期末借方余额反映企业尚未达到预定可使用状态的在建工程成本。该账户按工程类别设置明细账，其结构如图4-9所示。

在建工程

| 期初余额：未完工工程成本 | |
|---|---|
| 发生额：发生的工程支出（增加额） | 发生额：转出的完工工程成本（减少额） |
| 期末余额：未完工工程成本 | |

图4-9 在建工程账户的结构

#### 3. 设置"工程物资"账户

"工程物资"属于资产类账户，用以核算和监督企业为在建工程准备的各种材料物资成本。

借方登记企业购入工程物资的成本，贷方登记领用工程物资的成本，期末借方余额反映企业为在建工程准备的各种材料物资成本。该账户按工程物资类别设置明细账，其结构如图4-10所示。

工程物资

| 期初余额：工程物资结存额 | |
|---|---|
| 发生额：购入的工程物资（增加额） | 发生额：领用的工程物资（减少额） |
| 期末余额：工程物资结余额 | |

图4-10 工程物资账户的结构

### 4. 设置"累计折旧"账户

"累计折旧"属于资产类账户，是"固定资产"账户的备抵调整账户，用以核算和监督企业固定资产因磨损而减少的价值。借方登记企业因处置固定资产而转出的固定资产折旧额，贷方登记按月计提的固定资产折旧额，期末贷方余额表示企业计提的固定资产折旧累计数。

固定资产具有单位价值高、使用年限长，并多次参加生产周转而不改变原有实物形态的特点，其价值转移与实物补偿并不同步，一部分价值会随着其使用逐渐发生损耗，脱离其实物形态；另一部分价值仍依附在实物形态上。固定资产在使用过程中因磨损而减少的价值通过计提折旧的方式逐渐转移到相关的成本费用中，因此，计提固定资产折旧其实是生产费用或期间费用的增加。但因管理需要，"固定资产"账户始终反映其原价，以考核固定资产的原始投资规模，因使用而减少的价值则通过"累计折旧"账户反映，对于因出售、报废和毁损等原因转入处置的固定资产，在注销其取得成本时，还应注销已计提的折旧额。因此，"固定资产"账户借方期末余额与"累计折旧"账户贷方期末余额的差额反映了现有固定资产的净值。其结构如图4-11所示。

累计折旧

| | 期初余额：折旧累计数 |
|---|---|
| 发生额：转出累计折旧（减少额） | 发生额：计提累计折旧（增加额） |
| | 期末余额：现有折旧累计数 |

图4-11 累计折旧账户的结构

### （五）固定资产的账务处理

#### 1. 购入固定资产的账务处理

企业购入的固定资产，对于可以直接投入使用，也就是当即达到预定可使用状态的，直接计入固定资产；对于需要安装调试后才能投入使用的固定资产，先计入在建工程，待安装完毕达到预定可使用状态时再从在建工程转入固定资产。

（1）购入不需要安装的固定资产。购入不需要安装的固定资产，借记"固定资产""应交税费——应交增值税（进项税额）"等科目，按实际支付的价税款等，贷记"银行存款"或"应付账款"等科目。

【例 4-11】2024 年 7 月 1 日，企业购入一台不需安装的生产设备，销货增值税专用发票列明买价 40 000 元，增值税额 5 200 元；货物运输业销货增值税专用发票列明运费 1 200 元，增值税额 108 元，款项已通过银行存款支付。

  借：固定资产                  41 200
    应交税费——应交增值税（进项税额）     5 308
    贷：银行存款                 46 508

（2）购入需要安装的固定资产。企业购入需要安装的固定资产，借记"在建工程""应交税费——应交增值税（进项税额）"等科目，按实际支付的价税款等，贷记"银行存款"或"应付账款"等科目；待安装完毕达到预定可使用状态时，借记"固定资产"科目，贷记"在建工程"科目。

【例 4-12】2024 年 7 月 2 日，企业购入一台需要安装的生产设备，销货增值税专用发票列明买价 50 000 元，增值税额 6 500 元；货物运输业销货增值税专用发票列明运费 2 000 元，增值税额 180 元。7 月 7 日，该项固定资产安装完毕，达到预定可使用状态，支付安装费 3 000 元。以上款项均已通过银行存款支付。

生产设备购入时：
  借：在建工程                  52 000
    应交税费——应交增值税（进项税额）     6 680
    贷：银行存款                 58 680

支付安装费时：
  借：在建工程                   3 000
    贷：银行存款                  3 000

固定资产达到预定可使用状态时：
  借：固定资产                  55 000
    贷：在建工程                  55 000

2. 自行建造固定资产的账务处理

企业自行建造固定资产，必须通过"在建工程"归集建造过程中发生的实际成本，包括耗用的工程物资、支付的工程款及相关费用等。

【例 4-13】2024 年 7 月 17 日，企业为建造仓库购入工程用物资一批，销货增值税专用发票列明买价 100 000 元，增值税额 13 000 元，款项通过银行存款支付；2024 年 7 月 20 日，工程物资全部用于仓库开工建设；2024 年 12 月 31 日，仓库达到预定可使用状态，支付建设工程款 50 000 元。

购入工程物资时：
  借：工程物资                  100 000
    应交税费——应交增值税（进项税额）     13 000
    贷：银行存款                 113 000

工程物资领用时：
  借：在建工程                   100 000
    贷：工程物资                  100 000

支付建设工程款时：
借：在建工程　　　　　　　　　　　　　　　　　50 000
　　贷：银行存款　　　　　　　　　　　　　　　　　　50 000
仓库达到预定可使用状态时：
借：固定资产　　　　　　　　　　　　　　　　　150 000
　　贷：在建工程　　　　　　　　　　　　　　　　　　150 000

### （六）固定资产折旧

固定资产折旧是指在其使用寿命期内，按照确定的方法对应计折旧额进行系统分摊。应计折旧额是指应当计提折旧的固定资产原价减去预计净残值后的金额，已计提减值准备的固定资产，还应当扣除已计提的固定资产减值准备；预计净残值是指预计固定资产退出使用时可收回的残料变价收入减去清理费用后的金额；预计净残值率是固定资产预计净残值占其原价的比率。企业应当根据固定资产的性质和使用情况，合理确定固定资产的预计净残值，预计净残值一经确定，不得随意变更。

影响折旧的因素主要包括：固定资产原价（固定资产的取得成本）、固定资产的预计净残值、固定资产的使用寿命。

#### 1. 固定资产计提折旧的范围

除已提足折旧仍继续使用的固定资产、持有待售的固定资产、提前报废的固定资产、单独计价入账的土地 4 种情况外，企业应对所有固定资产计提折旧。

固定资产按月计提折旧：当月增加的固定资产当月不提折旧，下月起计提；当月减少的固定资产当月照提折旧，下月不提。

#### 2. 固定资产折旧的计算方法

不同的固定资产折旧方法，将影响固定资产使用寿命期内不同时期的折旧费用。企业应当根据与固定资产有关的经济利益的预期实现方式，合理选择固定资产折旧方法。折旧方法一经确定，不得随意变更。

（1）年限平均法。年限平均法是将固定资产的应计折旧额均衡地分摊到使用寿命各期的一种方法，也叫直线法。公式为：

固定资产年折旧额 = [固定资产原价 − （预计残值 − 预计清理费用）] ÷ 预计使用年限

或 = （固定资产原价 − 预计净残值）÷ 预计使用年限

月折旧额 = 年折旧额 ÷ 12

上述公式还可表示为：

年折旧率 = 固定资产年折旧额 ÷ 固定资产原价

或 = （1 − 预计净残值率）÷ 预计使用寿命（年）× 100%

月折旧率 = 年折旧率 ÷ 12

月折旧额 = 固定资产原价 × 月折旧率

【例 4-14】企业仓库一幢,原价 300 000 元,预计可使用 20 年,使用期满预计残值 500 元,预计清理费用 200 元。

年应计折旧额 = [300 000 −(500 − 200)]÷ 20 = 14 985(元)

月折旧额 = 14 985 ÷ 12 = 1 248.75(元)

【例 4-15】企业生产用一台机器设备原价 100 000 元,预计可使用 10 年,预计净残值率 8%。

年折旧率 = [(1 − 8%)÷ 10]× 100% = 9.2%

月折旧率 = 9.2% ÷ 12 = 0.7667%

月折旧额 = 100 000 × 0.7667% = 766.7(元)

采用平均年限法计算的每期折旧额是相等的,适用于在各个会计期间使用较均衡的固定资产,如房屋及建筑物等。

(2)工作量法。工作量法是按固定资产的实际工作量计算每期应提折旧额的一种方法。公式为:

单位工作量折旧额 =(固定资产原价 − 预计净残值)÷ 预计总工作量

或 = 固定资产原价 ×(1 − 预计净残值率)÷ 预计总工作量

某项固定资产月折旧额 = 该项固定资产当月工作量 × 单位工作量折旧额

【例 4-16】企业一辆运输卡车主要用于送货业务,原价 150 000 元,预计净残值 5 000 元,预计总行驶里程 100 万千米,本月行驶 6 000 千米。

单位工作量折旧额 =(150 000 − 5 000)÷ 1 000 000 = 0.145(元/千米)

本月折旧额 = 6 000 × 0.145 = 870(元)

采用工作量法计提折旧,可将所计提的折旧与固定资产的使用程度相联系,适用于在各个会计期间使用不均衡的固定资产。

(3)加速折旧法。加速折旧法是指在固定资产使用前期多提折旧、后期少提折旧,以保证企业在较短时间内收回固定资产的成本,增强企业对固定资产的投资能力,促进固定资产的更新换代,刺激生产力水平的提高。加速折旧法有双倍余额递减法和年数总和法,将在后期专业课程中学习。

3. 固定资产折旧的账务处理

固定资产根据其用途按月计提折旧计入相关的成本或当期损益。计提时,借记"管理费用""制造费用""销售费用"等科目,贷记"累计折旧"科目。

【例 4-17】承【例 4-14】【例 4-15】【例 4-16】,每月计提折旧时的账务处理:

借:管理费用——折旧费　　　　　　　　　　　　　　　　　1 248.75
　　制造费用——折旧费　　　　　　　　　　　　　　　　　　766.70

销售费用——折旧费　　　　　　　　　　　　　　　　　870.00
　　　贷：累计折旧　　　　　　　　　　　　　　　　　　　　　2 885.45

需注意：固定资产在使用过程中，所处经济环境、技术环境以及其他环境都有可能发生变化。因此，企业至少应当于每年年度终了时，对固定资产的使用寿命、预计净残值和折旧方法进行复核。固定资产使用寿命、预计净残值和折旧方法的改变，应当作为会计估计变更。

## 二、材料采购的核算

原材料是制造企业生产产品不可缺少的物质要素。在生产阶段，材料经过加工而改变其原来的实物形态，构成产品实体的一部分，或者实物消失但有助于产品的形成。因此，产品制造企业要有计划地采购材料，既要保证及时、按质、按量地满足生产上的需要，又要避免储备过多材料而占用资金。

### （一）材料采购成本

材料采购是指企业从外单位购入本企业生产经营所需要的各种材料。材料采购过程中，企业从供货方购进材料，计算材料采购成本，同时按采购合同规定和约定的结算办法支付材料的买价及采购费用和相关税金，与供货方、运输单位等进行结算。可见，材料采购成本即外购材料的入账价值。《企业会计准则第 1 号——存货》规定："存货应该按成本进行初始计量；存货的采购成本包括购买价款、相关税费、运输费、装卸费、保险费以及其他可归属于存货采购成本的费用。"

#### 1. 材料采购成本的构成

材料采购成本由材料的买价和采购费用构成。材料买价是购货发票上所列价款。一般纳税人购入材料时取得增值税专用发票，其所支付的增值税进项税额可以抵扣销项税额，不计入材料采购成本。采购费用是企业在采购材料过程中发生的应计入材料采购成本的各项附带成本和税费，包括运输费、装卸费、保险费、运输途中发生的合理损耗以及入库前的挑选整理费、相关税费（关税、消费税、资源税及不能抵扣的增值税）等可归属于材料采购成本的费用。

#### 2. 材料采购费用的分摊

材料买价属于直接成本，直接计入各种材料的采购成本。采购费用属于间接成本，凡是能分清采购费用归属于何种材料的，直接计入该材料的采购成本；几种材料共同负担的采购费用，应按材料的重量、买价、体积等比例分摊计入各种材料的采购成本。分摊步骤如下：

（1）计算采购费用的分摊率，计算公式为：

　　采购费用分摊率 = 采购费用总额 ÷ 分摊标准之和（重量、买价、体积等）

（2）计算各种材料应分摊的采购费用，计算公式为：

　　某种材料应分摊的采购费用 = 该材料分摊标准（重量、买价、体积等）× 分摊率

材料经采购并完成验收入库后，进入储备阶段，然后根据生产和管理的需要领用。

## （二）材料采购的账户设置

为核算和监督材料采购业务，反映库存材料物资的增减变动和结存以及货款的结算等情况，应设置以下账户：

### 1. 设置"在途物资"账户

"在途物资"属于资产类账户，核算和监督企业采用实际成本进行日常核算、货款已付尚未验收入库的在途材料物资的实际成本。借方登记采购材料物资的实际成本，贷方登记入库材料的实际成本，期末借方余额表示企业在途材料物资的实际成本。该账户按材料物资的品种、类别、规格等设置明细账，其结构如图 4-12 所示。

在途物资

| 期初余额：期初在途材料实际成本 | |
|---|---|
| 发生额：采购材料的实际成本（增加额） | 发生额：入库材料实际成本（减少额） |
| 期末余额：期末在途材料实际成本 | |

图 4-12 在途物资账户的结构

### 2. 设置"材料采购"账户

"材料采购"属于资产类账户，核算和监督企业采用计划成本进行日常核算而购入的材料物资的采购成本。借方登记采购材料物资的实际成本以及材料入库时结转的节约差异，贷方登记入库材料的计划成本以及材料入库时结转的超支差异，期末借方余额反映企业在途材料的实际采购成本。该账户按材料物资的品种、类别、规格等设置明细账，其结构如图 4-13 所示。

材料采购

| 期初余额：期初在途材料实际成本 | |
|---|---|
| 发生额：采购材料的实际成本（增加额）<br>　　　　入库时结转的节约差异 | 发生额：入库材料计划成本（减少额）<br>　　　　入库时结转的超支差异 |
| 期末余额：期末在途材料实际成本 | |

图 4-13 材料采购账户的结构

### 3. 设置"原材料"账户

"原材料"属于资产类账户，核算和监督企业库存各项材料物资（原料及主要材料、辅助材料、外购半成品、备品备件等）增减变动及结存情况。借方登记验收入库的材料物资成本，贷方登记发出材料物资的成本，期末借方余额表示库存材料物资的实际成本或计划成本。该账户按材料物资的品种、类别、规格等设置明细账，其结构如图 4-14 所示。

原材料

| 期初余额：期初库存材料成本 | |
|---|---|
| 发生额：入库材料的成本（增加额） | 发生额：发出材料成本（减少额） |
| 期末余额：期末库存材料成本 | |

图 4-14 原材料账户的结构

4. 设置"材料成本差异"账户

"材料成本差异"属于资产类账户,核算和监督企业已入库各种材料的实际成本与计划成本的差异。借方登记入库材料的超支差异以及发出材料应负担的节约差异,贷方登记入库材料的节约差异以及发出材料应负担的超支差异,期末若为借方余额,反映企业库存材料的实际成本大于计划成本的差异(即超支差异);若为贷方余额,反映企业库存材料实际成本小于计划成本的差异(即节约差异)。该账户按品种、类别、规格等设置明细账,其结构如图4-15所示。

材料成本差异

| 期初余额:超支差异 | 期初余额:节约差异 |
|---|---|
| 发生额:入库时结转的超支差异<br>　　　　发出材料负担的节约差异 | 发生额:入库时结转的节约差异<br>　　　　发出材料负担的超支差异 |
| 期末余额:期末库存材料超支差异 | 期末余额:期末库存材料节约差异 |

图 4-15　材料成本差异账户的结构

5. 设置"应付账款"账户

"应付账款"属于负债类账户,核算和监督企业因采购材料物资或接受劳务等经营活动应支付的款项。借方登记实际偿还的款项,贷方登记应付而暂时未付的款项,期末余额一般在贷方,表示应付未付款项。该账户按债权人设置明细账,其结构如图4-16所示。

应付账款

| | 期初余额:应付未付款项 |
|---|---|
| 发生额:实际支付的款项(减少额) | 发生额:应付暂未付款项(增加额) |
| | 期末余额:期末应付未付款项 |

图 4-16　应付账款账户的结构

6. 设置"应付票据"账户

"应付票据"属于负债类账户,核算和监督企业因采购材料物资或接受劳务等开出、承兑的商业汇票,包括商业承兑汇票和银行承兑汇票。借方登记票据到期的面值,贷方登记企业开出、承兑的商业汇票面值,期末贷方余额反映企业尚未到期的商业汇票面值。该账户按债权人设置明细账,并设置备查簿进行登记,其结构如图4-17所示。

应付票据

| | 期初余额:未到期汇票面值 |
|---|---|
| 发生额:到期汇票面值(减少额) | 发生额:开出、承兑的汇票面值(增加额) |
| | 期末余额:期末未到期汇票面值 |

图 4-17　应付票据账户的结构

### 7. 设置"预付账款"账户

"预付账款"属于资产类账户,核算和监督企业按合同预付供货方的货款及结算情况。借方登记企业因购货而预付的款项和补付的款项,贷方登记企业收到所购材料物资时的应付款项以及退回多付的款项,期末借方余额反映企业已预付的款项,贷方余额反映企业尚未补付的款项。该账户按债务人设置明细账,其结构如图 4-18 所示。

预付账款

| 期初余额:前期已预付款项 | 期初余额:前期尚未补付的款项 |
|---|---|
| 发生额:预付和补付款项(增加额) | 发生额:应付和退回多付款项(减少额) |
| 期末余额:期末已预付的款项 | 期末余额:期末尚未补付的款项 |

图 4-18　预付账款账户的结构

对于预付款业务不多的企业,可不单独设置"预付账款"账户,而是将预付账款直接计入"应付账款"(借方)。此时,"应付账款"账户成为双重性质账户。

### 8. 设置"应交税费"账户

"应交税费"属于负债类账户,核算和监督企业按照税法等规定应交纳的各种税费及附加,包括增值税、消费税、企业所得税、资源税、土地增值税、城市维护建设税、房产税、土地使用税、车船使用税、教育费附加、矿产资源补偿费、企业代扣的个人所得税等。借方登记增值税进项税额和实际交纳的税费数额,贷方登记增值税销项税额和计算确定应交未交的税费数额,期末借方余额表示企业多交税费或尚未抵扣的进项税额,贷方余额表示企业应交未交的税费。该账户按不同税目设置明细账,其结构如图 4-19 所示。

应交税费

| 期初余额:多交或尚未抵扣进项税额 | 期初余额:前期应交未交税费 |
|---|---|
| 发生额:进项税额和实交税费(减少额) | 发生额:销项税额和应交未交税费(增加额) |
| 期末余额:多交或尚未抵扣进项税额 | 期末余额:期末应交未交税费 |

图 4-19　应交税费账户的结构

对本教材内容涉及的增值税,设"应交税费——应交增值税(进项税额、销项税额、已交税金)"总账及明细账。

### (三)增值税介绍

增值税是以商品生产、流通和劳务服务各环节的增值额为计税依据而征收的一种流转税,是一种价外税,即作为计税依据的销售额是指纳税人向购买方收取的全部价款和价外费用,不包括收取的销项税额。

#### 1. 征税范围和纳税义务人

《中华人民共和国税法》规定:"在中华人民共和国境内销售商品(货物、服务、无形资产、不动产)、提供劳务(加工、修理、修配)以及进口货物的单位和个人为增值税纳税人。"

我国根据纳税人的生产经营规模和财务健全程度，将增值税纳税人分为一般纳税人和小规模纳税人。

（1）小规模纳税人。小规模纳税人是指年销售额在规定标准以下，并且会计核算不健全，不能按规定报送有关税务资料的增值税纳税人。所称会计核算不健全是指不能正确核算增值税的销项税额、进项税额和应纳税额。

小规模纳税人，因其规模小、会计制度不健全，不能开具增值税专用发票，不能采用发票抵扣法，按一般计税方法计算，即

$$应纳税额 = 销售额 \times 税率$$

根据《增值税暂行条例实施细则》的规定，小规模纳税人的认定标准是：① 从事货物生产或提供应税劳务的纳税人，以及以从事货物生产或提供应税劳务为主，并兼营货物批发或零售的纳税人，年应税销售在 100 万元以下的；② 从事货物批发或零售的纳税人，年应税销售额在 180 万元以下的。年应税销售额超过小规模纳税人标准的个人、非企业性单位、不经常发生应税行为的企业，视同小规模纳税人纳税。

（2）一般纳税人。一般纳税人是指年应征增值税销售额（以下简称年应税销售额，包括一个公历年度内的全部应税销售额），超过增值税暂行条例实施细则规定的小规模纳税人标准的企业和企业性单位（以下简称"企业"）。

应纳税额按发票抵扣法计算，即

$$应纳税额 = 当期销项税额 - 当期进项税额$$

销项税额是纳税人销售货物或应税劳务时按不含税销售额和规定税率计算并向购买方收取的增值税税额。

$$销项税额 = 销售额 \times 税率$$

进项税额是纳税人购进货物或接受应税劳务所支付或负担的增值税税额，即从销售方取得的增值税专用发票或海关的完税凭证上注明的增值税额。

当期销项税额小于当期进项税额时，小于部分可转入下期继续抵扣。

### 2. 适用税率

目前我国有 4 种增值税税率。

（1）基本税率 13%。一般纳税人销售货物、提供劳务、有形动产租赁服务或者进口货物，除按规定适用 9% 的税率外，还适用 13% 的基本税率。

（2）低税率 9%。一般纳税人提供交通运输、邮政、基础电信、建筑、不动产租赁等服务以及对外销售不动产、转让土地使用权、销售或进口粮食等一系列与农业相关的产品，适用 9% 的低税率。

（3）低税率 6%。一般纳税人提供电信服务、金融服务、现代服务（不动产租赁除外）、生活服务以及销售无形资产（转让土地使用权除外），适用 6% 的低税率。

（4）零税率：适用于纳税人出口货物，但国务院另有规定的除外。

增值税的计税依据是以不含税的销售额为计税依据的。增值税的上缴者是销售方，税收的负担者是购买方。因此，企业增值税交多交少与本企业的经济效益没有直接联系。

本章中所举例题如无特别说明，均以一般纳税人为例，且税率定为13%的基本税率。此外，本书对增值税的计算只涉及购进货物和销售货物两个环节，所以增值税的应纳税额计算公式如下：

当期应纳税额 = 当期销项税额 − 当期进项税额

### （四）材料采购的账务处理

按企业会计准则规定，企业的材料物资可以按实际成本或计划成本计价组织收发核算，具体采用哪种方法，由企业根据自身的具体情况自行确定。本教材以实际成本法核算介绍材料采购业务。

**1. 材料物资采购与入库同步**

采购手续已完成，发票账单已到，材料物资已验收入库。完成采购验收入库时，借记"原材料""应交税费——应交增值税（进项税额）"等科目，贷记"银行存款"或"应付票据"或"应付账款"等科目。

【例4-18】2024年7月1日，企业购入A材料1吨，单价10 000元，取得销货增值税专用发票，货款10 000元，进项税额1 300元；取得货运增值税专用发票，运费500元，进项税额45元。款项通过银行支付，材料已验收入库。

借：原材料——A材料　　　　　　　　　　　　10 500
　　应交税费——应交增值税（进项税额）　　　 1 345
　贷：银行存款　　　　　　　　　　　　　　　　　　　11 845

【例4-19】2024年7月2日，企业向MH公司购入A、B两种材料，A材料4吨，单价10 000元；B材料6吨，单价90 000元；取得销货增值税专用发票，进项税额75 400元；取得货运增值税专用发票，运输费1500元，进项税额135元，运杂费共计3 000元；材料已验收入库，款项尚未支付。假定本例按材料重量比例分配采购费用，则：

采购费用分配率 = 3 000 ÷（4 + 6）= 300（元/吨）

A材料应分配的运杂费 = 4 × 300 = 1 200（元）

B材料应分配的运杂费 = 6 × 300 = 1 800（元）

A材料、B材料的实际采购成本计算如表4-1所示。

表4-1　材料采购成本计算表

| 材料名称 | 单位 | 数量 | 单价 | 买价 | 运杂费 | 总成本 | 单位成本 |
|---|---|---|---|---|---|---|---|
| A | 吨 | 4 | 10 000 | 40 000 | 1 200 | 41 200 | 10 300 |
| B | 吨 | 6 | 90 000 | 540 000 | 1 800 | 541 800 | 90 300 |
| 合计 | — | 10 | — | 580 000 | 3 000 | 583 000 | — |

借：原材料——A材料　　　　　　　　　　　　41 200
　　　　　——B材料　　　　　　　　　　　　541 800

  应交税费——应交增值税（进项税额）　　　　　　　　　75 535
    贷：应付账款——MH 公司　　　　　　　　　　　　　　　　658 535

**【例 4-20】** 2024 年 7 月 4 日，企业以银行存款支付所购 A、B 材料的款项 658 535 元。

  借：应付账款——MH 公司　　　　　　　　　　　　　　658 535
    贷：银行存款　　　　　　　　　　　　　　　　　　　　　658 535

### 2. 材料物资采购与入库不同步

（1）采购手续已完成，发票账单已到，材料物资尚未验收入库。完成采购时，借记"在途物资""应交税费——应交增值税（进项税额）"等科目，贷记"银行存款"或"应付票据"或"应付账款"等科目；验收入库时，借记"原材料"科目，贷记"在途物资"科目。

**【例 4-21】** 2024 年 7 月 5 日，企业购入 A 材料 1 吨，取得销货增值税专用发票，货款 10 000 元，进项税额 1 300 元；取得货运增值税专用发票，运输费 200 元，进项税额 18 元。款项通过银行存款支付，材料尚未验收入库。

  借：在途物资——A 材料　　　　　　　　　　　　　　　10 200
    应交税费——应交增值税（进项税额）　　　　　　　　　1 318
    贷：银行存款　　　　　　　　　　　　　　　　　　　　　11 518

**【例 4-22】** 2024 年 7 月 10 日，企业购入的 A 材料运达并验收入库。

  借：原材料——A 材料　　　　　　　　　　　　　　　　10 200
    贷：在途物资——A 材料　　　　　　　　　　　　　　　　10 200

**【例 4-23】** 2024 年 7 月 11 日，企业从 JF 公司购入 B 材料 5 吨，取得销货增值税专用发票，货款 450 000 元，进项税额 58 500 元，材料尚未验收入库，企业开出为期 3 个月的不带息商业汇票一张。

  借：在途物资——B 材料　　　　　　　　　　　　　　　450 000
    应交税费——应交增值税（进项税额）　　　　　　　　　58 500
    贷：应付票据——JF 公司　　　　　　　　　　　　　　　　508 500

**【例 4-24】** 接【例 4-23】，假设商业汇票到期，企业以银行存款支付票款 508 500 元。

  借：应付票据——JF 公司　　　　　　　　　　　　　　　508 500
    贷：银行存款　　　　　　　　　　　　　　　　　　　　　508 500

（2）采购手续已完成，材料物资已验收入库，但发票账单未到。收料时暂不进行账务处理，待收到发票账单时再进行处理。若月末发票账单仍未到，则按暂估价入账，借记"原材料"科目，贷记"应付账款"科目。下月初冲销该笔记录，继续等待发票账单。

**【例 4-25】** 2024 年 7 月 27 日，企业购入的 A 材料 2 吨运达并验收入库，但该批材料的发票账单未到。至 7 月 31 日，发票账单仍未到达。

7 月 27 日收入材料时不进行账务处理。

7 月 31 日，按暂估价 18 000 元入账：

  借：原材料——A 材料　　　　　　　　　　　　　　　　18 000
    贷：应付账款——暂估应付账款　　　　　　　　　　　　　18 000

8月1日，冲销上述记录：
　　借：应付账款——暂估应付账款　　　　　　　　　　　　　18 000
　　　　贷：原材料——A材料　　　　　　　　　　　　　　　　　　18 000

### 3. 以预付货款方式采购材料物资

企业按购销合同向供货方预付货款时，借记"预付账款"科目，贷记"银行存款"科目；企业收到所购材料物资时，按材料物资的成本及相关税费，借记"原材料""应交税费——应交增值税（进项税额）"等科目，贷记"预付账款"科目；补付不足货款时，借记"预付账款"科目，贷记"银行存款"科目；退回多付货款时，借记"银行存款"科目，贷记"预付账款"科目。

预付款业务不多的企业，可不设置"预付账款"科目，而是将预付货款通过"应付账款"科目核算。

【例4-26】2024年7月12日，企业按合同规定向MH公司预付货款30 000元。
　　借：预付账款——MH公司　　　　　　　　　　　　　　　　30 000
　　　　贷：银行存款　　　　　　　　　　　　　　　　　　　　　　30 000

【例4-27】2024年7月22日，MH公司按照合同规定发来A材料3吨，发票账单开列货款30 000元，进项税额3 900元；另代垫运杂费1 000元（取得普通发票）。共计34 900元，材料验收入库。7月25日以银行存款补付其余欠款。

7月22日的账务处理：
　　借：原材料——A材料　　　　　　　　　　　　　　　　　　31 000
　　　　应交税费——应交增值税（进项税额）　　　　　　　　　　3 900
　　　　贷：预付账款——MH公司　　　　　　　　　　　　　　　　34 900

7月25日的账务处理：
　　借：预付账款——MH公司　　　　　　　　　　　　　　　　　4 900
　　　　贷：银行存款　　　　　　　　　　　　　　　　　　　　　　4 900

## 第四节　生产阶段的核算

生产阶段是生产工人利用固定资产等劳动资料对劳动对象进行加工，完成产品生产的过程，同时也是企业消耗各种材料和动力、发生各项费用及支出的过程。它是制造企业生产经营活动的中心环节，也是资金循环周转的第二个阶段。从实物形态看，材料通过加工形成在产品，再从在产品加工成为产成品。从价值形态看，资金形态相应地由货币资金、储备资金转化为生产资金，产品完工入库，生产资金又转化为成品资金。

### 一、生产阶段的费用构成

企业在生产经营过程中的费用按其用途不同，可分为生产费用和期间费用。

## （一）生产费用

企业在生产过程中发生的、用货币表现的生产耗费称作生产费用。这些费用虽然发生在生产过程的不同环节，但最终都要归集和分配到一定种类的产品中去，形成各种产品的生产成本。

生产成本是指企业为生产一定种类和数量的产品所发生的各种经济资源的耗费，即对象化的生产费用。生产费用按其计入产品成本的方式不同，可以分为直接费用和间接费用。其中，直接费用是指产品生产过程中实际消耗的直接材料和直接人工费用；间接费用是指为生产产品而发生的各项间接支出，又称制造费用。因此，会计核算中通常将生产费用划分为直接材料、直接人工和制造费用等成本项目。

（1）直接材料，是指直接用于产品生产并构成产品实体的原料及主要材料、外购半成品以及有助于形成产品的辅助材料等。

（2）直接人工，是指直接从事产品生产的工人的职工薪酬，包括工资、奖金、津贴和补贴、职工福利费、社会保险费、职工教育经费、工会经费、住房公积金、医疗保险费等。

（3）制造费用，是指直接用于产品生产，但不便于直接计入产品成本（机器设备折旧费），以及间接用于产品生产的各种费用（机物料消耗、车间厂房折旧费用、车间管理人员薪酬等）。

## （二）期间费用

企业为组织和管理生产经营活动而发生的、不能直接或间接归属于某个特定产品成本的，但容易确定其归属期间的费用称为期间费用，在发生的当期便从当期损益中扣除，包括销售费用、管理费用、财务费用等。

（1）销售费用，是指企业在销售商品、材料、提供劳务过程中发生的各项费用，包括运输费、装卸费、保险费、包装费、保管费、展览费、广告费、商品维修费等，以及为销售本企业商品而专设的销售机构（含销售网点、售后服务网点等）的职工薪酬、业务费、折旧费等。

（2）管理费用，是指企业为组织和管理生产经营活动所发生的各项费用，包括企业在筹建期间发生的开办费、董事会和行政管理部门在企业经营管理中发生的，或由企业统一负担的公司经费（包括行政管理部门职工薪酬、修理费、物料消耗、低值易耗品摊销、办公费和差旅费等）、待业保险费、劳动保险费、董事会费、聘请中介机构费、咨询费（含顾问费）、诉讼费、业务招待费、房产税、车船使用税、土地使用税、印花税、技术转让费、矿产资源补偿费、无形资产摊销、研究与开发费、排污费、存货盘亏或盘盈（不包括应计入营业外支出的存货损失）等。

（3）财务费用，是指企业为筹集生产经营所需资金等而发生的各项筹资费用，包括费用化的利息支出（减利息收入）、汇兑支出（减汇兑收益）以及相关的手续费等。

## （三）生产费用、生产成本与期间费用的区别和联系

生产费用是企业在生产过程中发生的、用货币表现的生产耗费；生产成本是对象化的生产费用，生产成本与承担者直接相关，即成本强调"对象"，生产费用的发生过程也就是成本的形成过程；期间费用是企业在一定会计期间为了组织管理生产经营活动而发生的各项耗费，它与发生的会计期间直接相关，即期间费用强调"期间"。

## 二、生产阶段的账户设置

为核算和监督企业产品生产过程中发生的各种耗费，计算产品生产成本，应设置以下账户：

### （一）设置"生产成本"账户

"生产成本"属于成本类账户，用以核算和监督产品生产过程中所发生的各项费用、确定产品实际生产成本。借方登记计入产品生产成本的各项费用，包括直接计入产品生产成本的直接材料、直接人工等费用以及期末分配计入产品生产成本的制造费用，贷方登记完工入库产品的生产成本，期末借方余额表示尚未完工的各种在产品成本。该账户可按基本生产成本和辅助生产成本进行明细核算，基本生产成本可以根据需要再按产品品种、类别、订单等设置明细账，并按规定的成本项目设专栏；辅助生产成本可以根据需要再按不同的辅助车间等设置明细账，其结构如图4-20所示。

生产成本

| 期初余额：在产品成本 | |
|---|---|
| 发生额：料、工、费等（增加额） | 发生额：完工产品成本（减少额） |
| 期末余额：尚未完工的在产品成本 | |

图4-20 生产成本账户的结构

### （二）设置"制造费用"账户

"制造费用"属于成本类账户，用以归集和分配企业生产部门为生产产品和提供劳务而发生的各项间接费用。借方登记企业为生产产品和提供劳务而发生的各项间接费用，包括车间管理人员薪酬、机器设备和车间厂房的折旧费、车间办公费、水电费、机物料消耗、低值易耗品、劳动保护费，以及季节性、修理期间的停工损失等，贷方登记期末应转入"生产成本"账户的制造费用，月末一般无余额。该账户应按不同车间和费用项目设置明细账，其结构如图4-21所示。

制造费用

| 发生额：发生的间接费用（增加额） | 发生额：分配转入生产成本的费用（减少额） |
|---|---|

图4-21 制造费用账户的结构

### （三）设置"库存商品"账户

"库存商品"属于资产类账户，用以核算和监督企业产成品的生产成本以及库存商品增减变动和结存情况，包括库存产成品、外购商品、存放在销售部门准备出售的商品、发出展览的商品以及寄存在外的商品等。借方登记验收入库产成品的生产成本，贷方登记发出库存商品的成本，期末借方余额表示尚未销售的库存商品成本。该账户按库存商品的品种、规格等设置明细账，其结构如图4-22所示。

**库存商品**

| 期初余额：库存商品成本 | |
|---|---|
| 发生额：完工入库产品成本（增加额） | 发生额：结转的已销商品成本（减少额） |
| 期末余额：库存商品成本 | |

图 4-22　库存商品账户的结构

### （四）设置"应付职工薪酬"账户

"应付职工薪酬"属于负债类账户，用以核算和监督企业根据有关规定应付职工的各种薪酬。借方登记企业实际支付给职工的薪酬，贷方登记月末按照一定标准计算并转入有关成本费用账户的应付薪酬总额，包括各种工资、奖金、津贴和福利费等，期末余额一般在贷方，表示企业尚未发放的薪酬；若余额在借方，表示企业多付的薪酬。该账户可按"工资""职工福利""社会保险费""工会经费""职工教育经费""非货币福利""住房公积金"等设置明细账，其结构如图 4-23 所示。

**应付职工薪酬**

| 期初余额：多付的薪酬 | 期初余额：应付未付薪酬 |
|---|---|
| 发生额：实际发放的薪酬（减少额） | 发生额：当期应付薪酬（增加额） |
| 期末余额：多付的薪酬 | 期末余额：期末尚未发放的薪酬 |

图 4-23　应付职工薪酬账户的结构

### （五）设置"管理费用"账户

"管理费用"属于损益（损）类账户，用以核算和监督企业行政管理部门为组织和管理生产经营活动发生的各种费用。借方登记企业行政管理部门发生的各项管理费用，贷方登记期末转入"本年利润"账户的费用数额，期末结转后无余额。该账户按费用项目设置明细账，其结构如图 4-24 所示。

**管理费用**

| 发生额：当期发生的费用（增加额） | 发生额：期末结转的费用（减少额） |
|---|---|

图 4-24　管理费用账户的结构

## 三、生产阶段的账务处理

生产阶段的主要经济业务是生产费用（材料费用、人工费用、制造费用）的发生、归集和分配，以及其他费用的处理、完工产品成本的计算与结转等。

### （一）材料费用

制造企业在生产过程中发出材料较频繁，为简化手续，平时一般只根据领料单逐笔登记材料明细账，不登记总账。月末根据领料单按材料的用途和种类进行汇总，编制"发料凭证汇总表"，据以编制记账凭证进行总分类核算。

企业发出材料的成本，应按照发出材料的具体用途，分别转入相应的成本费用账户。对于直接用于某产品生产的材料费用，直接计入该产品的"直接材料"成本项目，对于同时用于多种产品生产的材料费用，应按一定的标准分配计入各产品的"直接材料"成本项目；对于生产车间非生产耗用的材料费用则在"制造费用"账户中归集，期末与其他间接费用一起按分配标准分配转入有关产品成本中。即企业发出材料时，借记"生产成本""制造费用""销售费用""管理费用"等科目，贷记"原材料"科目。

《企业会计准则》规定，实际成本法下，企业可以选用的存货发出的计价方法有：个别计价法、先进先出法、加权平均法等，企业可根据实际情况选用。这些方法将在专业会计中介绍。

【例4-28】2024年7月31日，根据本月领料单汇总仓库发出的材料如表4-2所示。

表4-2 发料凭证汇总表

| 用途 | A 材料 | | | B 材料 | | | 合计 |
|---|---|---|---|---|---|---|---|
| | 数量（吨）| 单价（元/吨）| 金额（元）| 数量（吨）| 单价（元/吨）| 金额（元）| |
| M产品耗用 | 4 | 10 000 | 40 000 | 8 | 90 000 | 720 000 | 760 000 |
| N产品耗用 | 3 | 10 000 | 30 000 | 6 | 90 000 | 540 000 | 570 000 |
| 车间一般耗用 | 0.11 | 10 000 | 1 100 | 0.01 | 90 000 | 900 | 2 000 |
| 管理部门耗用 | 0.02 | 10 000 | 200 | | | | 200 |
| 合计 | 7.13 | — | 71 300 | 14.01 | — | 1 260 900 | 1 332 200 |

借：生产成本——M产品　　　　　　　　　　　　　　　760 000
　　　　　　——N产品　　　　　　　　　　　　　　　570 000
　　制造费用——材料费　　　　　　　　　　　　　　　2 000
　　管理费用——材料费　　　　　　　　　　　　　　　200
　　贷：原材料——A材料　　　　　　　　　　　　　　　　　　71 300
　　　　　　——B材料　　　　　　　　　　　　　　　　　　1 260 900

### （二）人工费用

人工费用是企业应付职工的各种薪酬。在职工提供服务的会计期间，应付职工薪酬应按实际发生额确认为企业负债，按职工提供服务的受益对象不同，计入相关成本费用账户。

生产车间直接从事产品生产人员的各种薪酬，计入"生产成本"账户"直接人工"项目，多种产品共同负担的人工费用按产品产量、生产工时等进行分配；各生产车间等生产单位为组织和管理生产所发生的管理人员的各种薪酬，计入"制造费用"账户；行政管理部门人员的各种薪酬计入"管理费用"账户；在建工程人员的各种薪酬计入"在建工程"账户；专设销售机构人员的各种薪酬计入"销售费用"账户。

人工费用的归集和分配通过"工资结算汇总表"进行。企业计算应付职工薪酬时，通常涉及代扣款项的处理，包括对内部转账的各种代扣款项（企业房租、差旅费等）和受外单位委托的代扣款项（个人所得税、水电费等）。

根据"工资结算汇总表"实际发放职工薪酬时，借记"应付职工薪酬"科目，贷记"库存现金"或"银行存款"科目；代扣各种款项时，借记"应付职工薪酬"科目，贷记"其他应收款""其他应付款""应交税费"等科目；分配结转应付职工薪酬时，借记"生产成本""制造费用""管理费用""销售费用""在建工程"等科目，贷记"应付职工薪酬"科目。

【例 4-29】2024 年 7 月 10 日，企业通过银行代发本月职工工资 240 400 元。

借：应付职工薪酬——工资　　　　　　　　　　　　　240 400
　　贷：银行存款　　　　　　　　　　　　　　　　　　　　　240 400

【例 4-30】2024 年 7 月 31 日，结算本月应付职工工资 245 000 元，其中，生产 M 产品工人工资 104 000 元，生产 N 产品工人工资 96 000 元，车间管理人员工资 17 000 元，厂部管理人员工资 20 400 元，专设销售机构人员工资 7 600 元。

借：生产成本——M 产品　　　　　　　　　　　　　　104 000
　　　　　　——N 产品　　　　　　　　　　　　　　　96 000
　　制造费用——工资　　　　　　　　　　　　　　　　17 000
　　管理费用——工资　　　　　　　　　　　　　　　　20 400
　　销售费用——工资　　　　　　　　　　　　　　　　 7 600
　　贷：应付职工薪酬——工资　　　　　　　　　　　　　　245 000

【例 4-31】2024 年 7 月 31 日，根据历史经验数据和实际情况，合理预计本月职工福利费，其中，A 产品 10 400 元，B 产品 9 600 元，车间管理人员 1 700 元，厂部管理人员 2 040 元，专设销售机构人 760 元。

借：生产成本——M 产品　　　　　　　　　　　　　　 10 400
　　　　　　——N 产品　　　　　　　　　　　　　　　 9 600
　　制造费用——福利费　　　　　　　　　　　　　　　 1 700
　　管理费用——福利费　　　　　　　　　　　　　　　 2 040
　　销售费用——福利费　　　　　　　　　　　　　　　   760
　　贷：应付职工薪酬——职工福利　　　　　　　　　　　　24 500

【例 4-32】2024 年 7 月 31 日，企业以现金支付职工困难补助共计 2 000 元。

借：应付职工薪酬——职工福利　　　　　　　　　　　 2 000
　　贷：库存现金　　　　　　　　　　　　　　　　　　　　 2 000

【例 4-33】2024 年 7 月 31 日，企业根据"工资结算汇总表"，从应付职工薪酬中代扣应向职工收取的房租 1 000 元，代扣代缴个人所得税 3 600 元。

借：应付职工薪酬——工资　　　　　　　　　　　　　 4 600
　　贷：其他应收款　　　　　　　　　　　　　　　　　　　 1 000
　　　　应交税费——应交个人所得税　　　　　　　　　　　 3 600

### （三）制造费用

制造费用是指企业各生产单位（车间或分厂）为组织和管理生产活动而发生的各项间接费用。一定时期内发生的制造费用，平时通过"制造费用"账户归集，月末按照生产工人工资、生产工时、机器工时等标准进行分配，转入"生产成本"账户。分配方法：

制造费用分配率 = 费用总额÷分配标准之和（生产工人工资、生产工时、机器工时等）

某产品应分配的费用 = 该产品分配标准 × 分配率

企业发生制造费用时，借记"制造费用"科目，贷记"应付职工薪酬""原材料""累计折旧""银行存款"等科目；月末结转分配时，借记"生产成本"科目，贷记"制造费用"科目。

【例 4-34】2024 年 7 月 14 日，生产车间发生办公用品费 500 元，以现金支付。

借：制造费用——办公费　　　　　　　　　　500
　　贷：库存现金　　　　　　　　　　　　　　　500

【例 4-35】2024 年 7 月 31 日，按规定计提本月固定资产折旧 26 800 元，其中，生产车间固定资产折旧 18 800 元，厂部固定资产折旧 8 000 元。

借：制造费用——折旧费　　　　　　　　　18 800
　　管理费用——折旧费　　　　　　　　　　8 000
　　贷：累计折旧　　　　　　　　　　　　　　26 800

【例 4-36】2024 年 7 月 31 日，将本月发生的制造费用按本月发生的生产工人的工资比率分配计入 M、N 两种产品成本。

本月发生的制造费用 = 2 000 + 17 000 + 1 700 + 500 + 18 800 = 40 000（元）

制造费用分配率 = 40 000/（104 000 + 96 000）= 0.2

M 产品应分配的制造费用 = 104 000 × 0.2 = 20 800（元）

N 产品应分配的制造费用 = 96 000 × 0.2 = 19 200（元）

借：生产成本——M 产品　　　　　　　　　20 800
　　　　　　——N 产品　　　　　　　　　19 200
　　贷：制造费用　　　　　　　　　　　　　　40 000

实际工作中，某一会计期间发生的制造费用分配是通过编制"制造费用分配表"进行的。企业本月的制造费用分配表如表 4-3 所示。

表 4-3　制造费用分配表

2024 年 7 月 31 日　　　　　　　　　　单位：元

| 产品名称 | 分配标准（工资） | 分配率 | 分配金额 |
| --- | --- | --- | --- |
| M 产品 | 104 000 | 0.2 | 20 800 |
| N 产品 | 96 000 | 0.2 | 19 200 |
| 合计 | 200 000 | — | 40 000 |

### （四）其他费用

其他费用是企业在生产经营活动中，除直接材料、直接人工和制造费用等生产费用外，为组织和管理生产经营活动而发生的其他费用，包括办公费、差旅费、咨询费、修理费、报纸杂志费、水电费等。这些费用于发生时，借记"管理费用"等科目，贷记相关科目。

【例 4-37】2024 年 7 月 17 日，以现金支付行政管理部门的办公用品费 600 元、水电费 800 元。

借：管理费用——办公费　　　　　　　　　　　　　　　600
　　　　　　——水电费　　　　　　　　　　　　　　　800
　　贷：库存现金　　　　　　　　　　　　　　　　　1 400

【例 4-38】2024 年 7 月 20 日，采购员陈×因公出差预借差旅费 2 000 元，以现金付讫。

借：其他应收款——陈×　　　　　　　　　　　　　　2 000
　　贷：库存现金　　　　　　　　　　　　　　　　　2 000

【例 4-39】2024 年 7 月 27 日，陈×出差归来报销差旅费 2 100 元，以现金补付 100 元。

借：管理费用——差旅费　　　　　　　　　　　　　　2 100
　　贷：其他应收款——陈×　　　　　　　　　　　　2 000
　　　　库存现金　　　　　　　　　　　　　　　　　100

【例 4-40】2024 年 7 月 28 日，以银行存款支付车间固定资产日常修理费 1 500 元。

借：管理费用——修理费　　　　　　　　　　　　　　1 500
　　贷：银行存款　　　　　　　　　　　　　　　　　1 500

## 四、产品生产成本的计算和结转

产品生产成本一般由直接材料、直接人工和制造费用等构成。其中，直接材料费用和直接人工费用发生时直接计入"生产成本"总账和有关明细账；制造费用平时发生时计入"制造费用"账户的借方，月末将本月发生的制造费用总额，采用一定的分配标准，分配转入"生产成本"总账和有关明细账。当某一会计期间所发生的生产费用全部汇总计入"生产成本"总账和有关明细账后，即可进行产品生产成本的计算。

月末，若当月某产品全部生产完工，则归集在该产品生产成本明细账中的成本即为该种完工产品总成本，总成本除以完工产品数量，就可计算出完工产品的单位生产成本；若当月某产品全部未完工，则归集在该产品生产成本明细账中的成本即为在产品成本；若当月某产品部分完工、部分未完工，则归集在该产品生产成本明细账中的成本需要在完工产品和在产品之间分配，分别计算完工产品成本和月末在产品成本。

月初在产品成本 + 本月发生的生产成本 = 本月完工产品成本 + 月末在产品成本

根据上述资料登记生产成本明细账，如表 4-4 和表 4-5 所示，编制完工产品生产成本计算表如表 4-6 所示。

表 4-4  生产成本明细分类账

产品品种：M 产品

| 2024年 | | 凭证号数 | 摘要 | 借方 | | | | 贷方 | 借或贷 | 余额 |
|---|---|---|---|---|---|---|---|---|---|---|
| 月 | 日 | | | 直接材料 | 直接人工 | 制造费用 | 合计 | | | |
| 7 | 31 | 略 | 领用材料 | 760 000 | | | 760 000 | | 借 | 760 000 |
| 7 | 31 | | 分配工资 | | 104 000 | | 104 000 | | 借 | 864 000 |
| 7 | 31 | | 提福利费 | | 10 400 | | 10 400 | | 借 | 874 400 |
| 7 | 31 | | 分配制造费用 | | | 20 800 | 20 800 | | 借 | 895 200 |
| 7 | 31 | | 结转完工产品成本 | | | | | 895 200 | 平 | 0 |
| 7 | 31 | | 本期发生额和余额 | 760 000 | 114 400 | 20 800 | 895 200 | 895 200 | 平 | 0 |

表 4-5  生产成本明细分类账

产品品种：N 产品

| 2024年 | | 凭证号数 | 摘要 | 借方 | | | | 贷方 | 借或贷 | 余额 |
|---|---|---|---|---|---|---|---|---|---|---|
| 月 | 日 | | | 直接材料 | 直接人工 | 制造费用 | 合计 | | | |
| 7 | 31 | 略 | 领用材料 | 570 000 | | | 570 000 | | 借 | 570 000 |
| 7 | 31 | | 分配工资 | | 96 000 | | 96 000 | | 借 | 666 000 |
| 7 | 31 | | 提福利费 | | 9 600 | | 9 600 | | 借 | 675 600 |
| 7 | 31 | | 分配制造费用 | | | 19 200 | 19 200 | | 借 | 694 800 |
| 7 | 31 | | 本期发生额和余额 | 570 000 | 105 600 | 19 200 | 694 800 | | 借 | 694 800 |

表 4-6  产品生产成本计算表

2024 年 7 月 31 日　　　　　　　　　　　　　　　数量：8 000 件

| 成本项目 | M 产品 | |
|---|---|---|
| | 总成本 | 单位成本 |
| 直接材料 | 760 000 | 95.00 |
| 直接人工 | 114 400 | 14.30 |
| 制造费用 | 20 800 | 2.60 |
| 产品生产成本 | 895 200 | 111.90 |

【例 4-41】2024 年 7 月 31 日，M 产品 8 000 件全部完工，结转完工产品总成本 895 200 元，N 产品均未完工。

借：库存商品——M 产品　　　　　　　　　　　　　　895 200
　　贷：生产成本——M 产品　　　　　　　　　　　　　　　895 200

## 第五节 销售阶段的核算

销售阶段是从产品完工入库至产品实现销售收回货币资金为止的过程，是企业资金循环周转的第三个阶段，资金形态由成品资金转化为货币资金，完成一次资金循环，是企业生产经营过程的最后阶段。商品销售收入的确认应满足其确认条件，一般以产品已经发出，货款已经收到或者已取得收取价款的凭证为标志。为简化起见，本书均假设以产品发出时间作为销售收入的确认时间。

### 一、销售阶段的账户设置

为核算和监督企业销售收入的取得、销售费用的发生，正确计算产品销售成本、销售税金等，应设置以下账户：

#### （一）设置"主营业务收入"账户

"主营业务收入"属于损益（益）类账户，用以核算和监督企业销售商品、产品、提供劳务和让渡资产使用权等主营业务所获得的收入。借方登记发生销售退回和销售折让等冲减的销售收入以及期末转入"本年利润"账户的收入净额，贷方登记确认实现的销售收入，期末结转后无余额。该账户按产品品种、类别设置明细账，其结构如图 4-25 所示。

主营业务收入

| 发生额：冲减的收入及期末结转（减少额） | 发生额：当期确认的收入（增加额） |
|---|---|

图 4-25　主营业务收入账户的结构

#### （二）设置"其他业务收入"账户

"其他业务收入"属于损益（益）类账户，用以核算和监督企业确认的除主营业务活动外的其他兼营业务实现的其他收入，包括出租固定资产、出租无形资产、出租包装物、销售材料等取得的收入。借方登记期末转入"本年利润"账户的其他业务收入，贷方登记企业确认实现的各种其他业务收入，期末结转后无余额。该账户按其他业务的种类设置明细账，其结构如图 4-26 所示。

其他业务收入

| 发生额：期末结转（减少额） | 发生额：当期确认的收入（增加额） |
|---|---|

图 4-26　其他业务收入账户的结构

#### （三）设置"主营业务成本"账户

"主营业务成本"属于损益（损）类账户，用以核算和监督企业销售商品、产品、提供劳务或让渡资产使用权等主营业务所发生的成本。借方登记已销产品或已提供劳务的实际成本，贷方登记期末转入"本年利润"账户的已销产品成本或已提供劳务成本，期末结转后无余额。该账户按产品的品种、类别设置明细账，其结构如图4-27所示。

| 主营业务成本 | |
| --- | --- |
| 发生额：已销产品（或劳务）成本（增加额） | 发生额：期末结转（减少额） |

图4-27　主营业务成本账户的结构

因销售而发出的商品，其生产成本要转为主营业务成本，主营业务成本的结转应与主营业务收入在同一会计期间加以确认，且应与主营业务收入在销售数量上保持一致。

### （四）设置"其他业务成本"账户

"其他业务成本"属于损益（损）类账户，用以核算和监督企业确认的除主营业务活动外的其他兼营业务发生的支出，包括销售材料的成本、出租固定资产的折旧额、出租无形资产的摊销额、出租包装物的成本或摊销额等。借方登记其他业务实际发生的成本，贷方登记期末转入"本年利润"的其他业务成本，期末结转后无余额。该账户按其他业务的种类设置明细账，其结构如图4-28所示。

| 其他业务成本 | |
| --- | --- |
| 发生额：兼营业务发生的成本（增加额） | 发生额：期末结转（减少额） |

图4-28　其他业务成本账户的结构

### （五）设置"税金及附加"账户

"税金及附加"属于损益（损）类账户，用以核算和监督企业日常活动应负担的税金及附加（如消费税、资源税、城市维护建设税和教育费附加等）。借方登记企业本期按规定税率计算应缴纳的营业税金及附加，贷方登记期末转入"本年利润"账户的税费数额，期末结转后无余额。其结构如图4-29所示。

| 税金及附加 | |
| --- | --- |
| 发生额：计算的应缴纳税费（增加额） | 发生额：期末结转（减少额） |

图4-29　税金及附加账户的结构

### （六）设置"应收账款"账户

"应收账款"属于资产类账户，用以核算和监督企业因销售产品或提供劳务，应向购货单位或接受劳务单位收取的款项。借方登记企业在销售过程中发生的应收款项，包括应收取的价款、税款和代垫款等，贷方登记已收回的应收款项和已确认为坏账的应收款项，期末余额一般在借方，表示尚未收回的应收款项。该账户按不同的债务人设置明细账，其结构如图4-30所示。

**应收账款**

| 期初余额：尚未收回款项 | |
|---|---|
| 发生额：当期发生的应收款项（增加额） | 发生额：当期收回款项和冲减款项（减少额） |
| 期末余额：尚未收回款项 | |

图 4-30　应收账款账户的结构

### （七）设置"应收票据"账户

"应收票据"属于资产类账户，用以核算和监督企业因销售商品或提供劳务而收到的商业汇票。借方登记企业收到的商业汇票，贷方登记汇票到期企业收回的票款或冲销的票款，期末借方余额反映企业持有的尚未到期的商业汇票票款。该账户按开出、承兑商业汇票的单位设置明细账，其结构如图 4-31 所示。

**应收票据**

| 期初余额：尚未到期的商业汇票 | |
|---|---|
| 发生额：当期收到的商业汇票（增加额） | 发生额：当期到期的商业汇票（减少额） |
| 期末余额：尚未到期的商业汇票 | |

图 4-31　应收票据账户的结构

### （八）设置"预收账款"账户

"预收账款"属于负债类账户，用以核算和监督企业按合同规定预收的款项。发生预收货款，意味着企业负债的增加，计入贷方，企业用产品或劳务抵偿预收货款时，意味着企业负债的减少，计入借方，期末贷方余额表示尚未用产品或劳务偿付的预收账款；期末借方余额表示企业尚未补收的款项。该账户按购货方设置明细账，其结构如图 4-32 所示。

**预收账款**

| 期初余额：尚未补收的款项 | 期初余额：尚未偿付的款项 |
|---|---|
| 发生额：发出商品或提供劳务时（减少额） | 发生额：当期收到款项时（增加额） |
| 期末余额：期末尚未补收的款项 | 期末余额：期末尚未偿付的款项 |

图 4-32　预收账款账户的结构

对于预收款业务不多的企业，可不设置"预收账款"账户，而将预收的款项直接计入"应收账款"（贷方）账户。此时"应收账款"账户成为双重性质的账户。

### （九）设置"销售费用"账户

"销售费用"属于损益（损）类，用以核算和监督企业在销售商品或提供劳务过程中发生的各种销售费用以及专设销售机构（含销售网点、售后服务网点等）的职工薪酬、业务费、折旧费等。借方登记企业发生的各项销售费用，贷方登记期末转入"本年利润"账户的销售费用，期末结转后无余额。该账户按费用项目设置明细账，其结构如图 4-33 所示。

| 销售费用 ||
|---|---|
| 发生额：当期发生的费用（增加额） | 发生额：期末结转的费用（减少额） |

图 4-33　销售费用账户的结构

## 二、销售阶段的账务处理

销售阶段主要涉及营业收入、营业成本、销售费用和相关税费的核算以及货款结算的现销、赊销、商业汇票、预收货款等内容。

### （一）营业收入的账务处理

企业销售商品或材料、提供劳务等实现的收入，应按已收金额或确定的应收、预收金额借记"银行存款""应收账款""应收票据""预收账款"等科目，按确认的收入贷记"主营业务收入"或"其他业务收入"科目，按应收取的增值税贷记"应交税费——应交增值税（销项税额）"科目。

#### 1. 现销的账务处理

【例 4-42】2024 年 7 月 5 日，销售 M 产品 1 000 件，每件 200 元，开出增值税专用发票，货款 200 000 元，增值税销项税额为 26 000 元。产品已发出，款项收妥入账。

借：银行存款　　　　　　　　　　　　　　　　　226 000
　　贷：主营业务收入——M 产品　　　　　　　　　　200 000
　　　　应交税费——应交增值税（销项税额）　　　　26 000

【例 4-43】2024 年 7 月 10 日，企业出租一间仓库，收到当月租金 20 000 元存入银行。（不考虑相关税费）。

借：银行存款　　　　　　　　　　　　　　　　　20 000
　　贷：其他业务收入——租金收入　　　　　　　　　20 000

#### 2. 赊销的账务处理

【例 4-44】2024 年 7 月 15 日，向 HX 工厂销售 A 材料 10 吨，单价 12 000 元/吨，开出增值税专用发票，售价 120 000 元，增值税销项税额为 15 600 元。为 HX 工厂代垫运杂费 4 000 元（不考虑相关税费），以银行存款支付。材料已发出，所有款项暂未收到。

借：应收账款——HX 工厂　　　　　　　　　　　139 600
　　贷：其他业务收入——A 材料　　　　　　　　　　120 000
　　　　应交税费——应交增值税（销项税额）　　　　15 600
　　　　银行存款　　　　　　　　　　　　　　　　　4 000

【例 4-45】2024 年 7 月 18 日，HX 工厂前欠材料款 139 600 元收妥入账。

借：银行存款　　　　　　　　　　　　　　　　　139 600
　　贷：应收账款——HX 工厂　　　　　　　　　　　139 600

【例 4-46】2024 年 7 月 20 日，向 LF 公司销售 M 产品 2 000 件，每件 200 元，开出增值税专用发票，货款 400 000 元，增值税销项税额为 52 000 元。为 LF 公司代垫运杂费 2 000

元（不考虑相关税费），以银行存款支付。产品已发出，所有款项暂未收到。

  借：应收账款——LF 公司          454 000
    贷：主营业务收入——M 产品        400 000
      应交税费——应交增值税（销项税额）  52 000
      银行存款              2 000

### 3. 商业汇票结算的账务处理

**【例 4-47】** 2024 年 7 月 12 日，向 YD 工厂销售 N 产品 1 000 件，每件 100 元，开出增值税专用发票，货款 100 000 元，增值税销项税额为 13 000 元。产品已发出，收到期限为 1 个月、面额为 113 000 元的商业汇票一张。

  借：应收票据——YD 工厂          113 000
    贷：主营业务收入——N 产品        100 000
      应交税费——应交增值税（销项税额）  13 000

**【例 4-48】** 2024 年 7 月 30 日，企业收到 LF 公司交来的期限为 2 个月的商业汇票，金额为 454 000 元，用以抵付上述 M 产品的款项。

  借：应收票据——LF 公司          454 000
    贷：应收账款——LF 公司         454 000

**【例 4-49】** 2024 年 8 月 12 日，YD 工厂开出的商业汇票到期，款项 113 000 元收妥入账。

  借：银行存款              113 000
    贷：应收票据——YD 工厂        113 000

**【例 4-50】** 2024 年 9 月 30 日，LF 公司开出的期限为 2 个月的商业汇票到期，但 LF 公司无力偿还。

  借：应收账款——LF 公司          454 000
    贷：应收票据——LF 公司         454 000

### 4. 预收货款销售的账务处理

**【例 4-51】** 2024 年 7 月 15 日，企业收到 NF 公司按合同预付的 N 产品货款 50 000 元，存入银行。

  借：银行存款              50 000
    贷：预收账款——NF 公司         50 000

**【例 4-52】** 2024 年 7 月 20 日，企业按合同规定向 NF 公司发出 N 产品 600 件，价款 60 000 元，增值税销项税额 7 800 元。NF 公司已预付 50 000 元，不足余款尚未收到。

  借：预收账款——NF 公司          67 800
    贷：主营业务收入——N 产品        60 000
      应交税费——应交增值税（销项税额）  7 800

**【例 4-53】** 2024 年 7 月 22 日，企业收到 NF 公司补付的款项。

  借：银行存款              17 800
    贷：预收账款——NF 公司         17 800

## （二）营业成本的账务处理

会计期末，企业应根据本期（月）已销商品、材料或提供劳务的实际成本，计算结转营业成本，借记"主营业务成本""其他业务成本"等科目，贷记"库存商品""原材料""劳务成本"等科目。

**【例 4-54】** 2024 年 7 月 31 日，结转本月已销产品成本。M 产品单位成本 120 元，N 产品单位成本 70 元。

$$M 产品销售成本 = 3\,000 \times 120 = 360\,000（元）$$

$$N 产品销售成本 = 1\,600 \times 70 = 112\,000（元）$$

| | |
|---|---|
| 借：主营业务成本 | 472 000 |
|   贷：库存商品——M 产品 | 360 000 |
|      ——N 产品 | 112 000 |

**【例 4-55】** 2024 年 7 月 31 日，企业出租仓库的当月折旧为 12 000 元。

| | |
|---|---|
| 借：其他业务成本 | 12 000 |
|   贷：累计折旧 | 12 000 |

**【例 4-56】** 2024 年 7 月 31 日，结转本月已销 A 材料成本 100 000 元。

| | |
|---|---|
| 借：其他业务成本 | 100 000 |
|   贷：原材料——A 材料 | 100 000 |

## （三）销售费用和税金及附加的账务处理

企业为销售产品发生广告费、展览费、劳务费等费用时，借记"销售费用"科目，贷记"银行存款""库存现金""应付职工薪酬"等科目。企业根据税法规定计算应缴纳的相关税费时，借记"税金及附加"科目，贷记"应交税费"科目。

**【例 4-57】** 2024 年 7 月 5 日，以银行存款支付当月的广告费 3 500 元，取得普通发票。

| | |
|---|---|
| 借：销售费用——广告费 | 3 500 |
|   贷：银行存款 | 3 500 |

**【例 4-58】** 2024 年 7 月 31 日，假设计算确定本月应缴纳的消费税为 40 000 元、城市维护建设税 5 000 元，教育费附加 2 000 元。

| | |
|---|---|
| 借：税金及附加 | 47 000 |
|   贷：应交税费——应交消费税 | 40 000 |
|      ——应交城市维护建设税 | 5 000 |
|      ——应交教育费附加 | 2 000 |

**【例 4-59】** 2024 年 8 月 5 日，以银行存款缴纳上述税费。

| | |
|---|---|
| 借：应交税费——应交消费税 | 40 000 |
|     ——应交城市维护建设税 | 5 000 |
|     ——应交教育费附加 | 2 000 |
|   贷：银行存款 | 47 000 |

## 第六节 财务成果的核算

财务成果是指企业在一定会计期间的经营成果，即利润或亏损。利润是反映和评价企业经营业绩、获利能力的重要指标，是企业投入产出效率和经济效益的综合表现，也是企业投资者和债权人进行盈利预测、投资决策的重要参考。

财务成果是企业经营成果价值形式的集中反映，关系到企业的生存与发展，关系到投资者的利益和国家的利益，每个企业都应正确反映企业的财务成果。

### 一、利润的具体内容

利润包括收入减去费用后的净额、直接计入当期损益的利得和损失等，是企业在一定会计期间所实现的最终经营成果，即企业所实现的利润或发生的亏损。企业的利润由营业利润、利润总额和净利润构成。

#### （一）营业利润

营业利润的构成内容可以用计算公式表示：

营业利润＝营业收入－营业成本－税金及附加－销售费用－管理费用－财务费用－研发费用－信用减值损失－资产减值损失±公允价值变动收益±资产处置损益±投资收益＋其他收益

其中，

营业收入＝主营业务收入＋其他业务收入

营业成本＝主营业务成本＋其他业务成本

研发费用是指企业进行研究与开发过程中发生的费用化支出，以及计入管理费用的自行开发无形资产的摊销。

信用减值损失是指企业计提的各项金融资产减值准备所形成的预期信用损失。

资产减值损失是指企业计提各项资产减值准备所形成的损失。

公允价值变动收益（或损失）是指企业交易性金融资产等公允价值变动形成的应计入当期损益的利得（或损失）。

资产处置损益是指企业处置固定资产、无形资产等获得的利得（或发生的损失）。

投资收益（或损失）是指企业以各种方式对外投资所取得的收益（或发生的损失）。

其他收益是指与企业日常活动相关，除冲减相关成本费用之外的政府补助等。

#### （二）利润总额

利润总额又称税前利润，其构成内容可以用计算公式表示：

利润总额＝营业利润＋营业外收入－营业外支出

其中，营业外收入是指企业发生的与其日常活动无直接关系、直接计入当期损益的利得，主要包括与企业日常活动无关的政府补助、罚没利得、盘盈利得、捐赠利得等。营业外支出是指企业发生的与其日常活动无直接关系、直接计入当期损益的损失，主要包括与企业日常活动无关的处置固定资产损失、对外捐赠支出、自然灾害损失、罚款支出等。

### （三）净利润

净利润又称税后利润，其构成内容可以用计算公式表示：

$$净利润 = 利润总额 - 所得税费用$$

企业所得税是对我国境内的企业和其他取得收入的组织的生产经营所得及其他所得征收的一项税种，本质上是以企业获得的收益额为课征对象，即企业只要有收益就应该缴纳所得税。对企业而言，缴纳所得税意味着其资金的流出、经济利益的减少，因此，所得税是企业的一项费用。企业所得税的计算公式如下：

$$应交所得税 = 应纳税所得额 \times 所得税税率$$

《税法》规定：企业应将实现的利润总额调整为应纳税所得额，以应纳税所得额为基础计算所得税费用。

$$应纳税所得额 = 利润总额 \pm 税前利润中予以调整的项目$$

利润总额即会计利润，是根据会计准则的要求确认的收入与费用配比计算得出的税前会计利润。

应纳税所得额是根据税法规定的收入和准予扣除的费用计算得出的企业纳税所得，即应税利润。

会计法规和税收法规是两个不同的经济范畴，彼此遵循着不同的原则和方法，因此，会计利润与应税利润往往不一致，在计算口径和确认时间方面存在一定的差异，该差异即纳税调整项目。

为简化起见，本书假设纳税调整项目为零，即直接以会计利润作为计税基础，企业的所得税税率为25%，暂不考虑所得税税率的特殊政策。

## 二、利润形成的账务处理

会计期末，本期实现的收入收益以及与之相配比的成本费用分散反映在各损益类账户中，为反映利润的形成，需要遵循配比原则将收支相抵，确定本期经营成果，结清各损益类账户。

### （一）利润形成的账户设置

为核算和监督企业利润的形成情况，计算企业一定会计期间的经营成果，应设置以下账户：

#### 1. 设置"本年利润"账户

"本年利润"属于所有者权益类账户，用以核算和监督企业在本年内实现的利润（或亏损）

总额。借方登记期末从损类账户转入的各项成本费用与支出数,贷方登记期末从益类账户转入的各项收入收益数。未结转所得税费用之前,该账户期末借方余额反映本期发生的亏损总额,贷方余额反映本期实现的利润总额;结转所得税费用之后,贷方余额反映本期实现的净利润。年末,企业应将全年实现的净利润自"本年利润"账户转入"利润分配——未分配利润"账户贷方,或将本年发生的亏损自"本年利润"账户转入"利润分配——未分配利润"账户借方,"本年利润"账户结转后无余额。其结构如图4-34所示。

| 本年利润 | |
| --- | --- |
| 发生额:损类账户转入的成本费用支出（减少额）<br>年末结转的净利润 | 发生额:益类账户转入的收入收益（增加额）<br>年末结转的亏损 |
| 平时期末余额:当年发生的亏损 | 平时期末余额:当年实现的利润 |

图4-34　本年利润账户的结构

### 2. 设置"营业外收入"账户

"营业外收入"属于损益（益）类账户,用以核算和监督企业非日常活动中发生的、与企业生产经营活动没有直接关系、直接计入当期损益的利得。借方登记期末转入"本年利润"账户的营业外收入,贷方登记营业外收入的增加数,期末结转后无余额。该账户按收入项目设置明细账,其结构如图4-35所示。

| 营业外收入 | |
| --- | --- |
| 发生额:期末结转的利得（减少额） | 发生额:计入当期损益的利得（增加额） |

图4-35　营业外收入账户的结构

### 3. 设置"营业外支出"账户

"营业外支出"属于损益（损）类账户,用以核算和监督企业非日常活动中发生的、与企业生产经营活动没有直接关系、直接计入当期损益的损失。借方登记发生的各项营业外支出,贷方登记期末转入"本年利润"账户的营业外支出,期末结转后无余额。该账户按支出项目设置明细账,其结构如图4-36所示。

| 营业外支出 | |
| --- | --- |
| 发生额:计入当期损益的损失（增加额） | 发生额:期末结转的损失（减少额） |

图4-36　营业外支出账户的结构

### 4. 设置"所得税费用"账户

"所得税费用"属于损益（损）类账户,用以核算和监督企业应从当期利润总额中扣除的所得税费用。借方登记应计入当期损益的所得税费用,贷方登记期末转入"本年利润"账户的所得税费用,期末结转后无余额。其结构如图4-37所示。

| 所得税费用 | |
|---|---|
| 发生额：计入当期损益的所得税费用（增加额） | 发生额：期末结转的所得税费用（减少额） |

图 4-37　所得税费用账户的结构

### 5. 设置"投资收益"账户

"投资收益"属于损益类账户，用以核算和监督企业对外投资所取得的收益或发生的损失。借方登记对外投资所发生的损失和取得交易性金融资产时发生的交易费用，贷方登记对外投资所取得的收益，期末结转后无余额。该账户按收益种类设置明细账，其结构如图 4-38 所示。

| 投资收益 | |
|---|---|
| 发生额：对外投资发生的损失（减少额）<br>交易性金融资产交易费用<br>期末结转的投资收益 | 发生额：对外投资获得的收益（增加额）<br>期末结转的投资损失 |

图 4-38　投资收益账户的结构

### （二）利润形成的账务处理

会计期末结转各损益类账户时，借记"主营业务收入""其他业务收入""营业外收入""投资收益"等科目，贷记"本年利润"科目；同时借记"本年利润"科目，贷记"主营业务成本""其他业务成本""税金及附加""管理费用""财务费用""销售费用""营业外支出"等科目。

【例 4-60】2024 年 7 月 6 日，企业收到供货方的违约赔款 3 000 元，存入银行。

借：银行存款　　　　　　　　　　　　　　　　　　　　　3 000
　　贷：营业外收入——赔款　　　　　　　　　　　　　　　　　3 000

【例 4-61】2024 年 7 月 15 日，企业以银行存款 50 000 元进行公益性捐赠。

借：营业外支出——捐赠支出　　　　　　　　　　　　　50 000
　　贷：银行存款　　　　　　　　　　　　　　　　　　　　　50 000

【例 4-62】2024 年 7 月 31 日，企业确认应获得被投资单位宣告分配的现金股利 60 000 元。

借：应收股利　　　　　　　　　　　　　　　　　　　　60 000
　　贷：投资收益　　　　　　　　　　　　　　　　　　　　　60 000

【例 4-63】2024 年 12 月 31 日，将本月主营业务收入 860 000 元、其他业务收入 200 000 元、营业外收入 6 000 元、投资收益 120 000 元转入"本年利润"账户。

借：主营业务收入　　　　　　　　　　　　　　　　　860 000
　　其他业务收入　　　　　　　　　　　　　　　　　200 000
　　营业外收入　　　　　　　　　　　　　　　　　　　6 000
　　投资收益　　　　　　　　　　　　　　　　　　　120 000
　　贷：本年利润　　　　　　　　　　　　　　　　　　　1 186 000

【例 4-64】2024 年 12 月 31 日，将本月主营业务成本 533 760 元、其他业务成本 172 000 元、税金及附加 77 000 元、管理费用 65 640 元、财务费用 8 000 元、销售费用 8 800 元、营业外支出 51 000 元转入"本年利润"账户。

| | | |
|---|---|---|
| 借：本年利润 | | 916 200 |
|     贷：主营业务成本 | | 533 760 |
|         其他业务成本 | | 172 000 |
|         税金及附加 | | 77 000 |
|         管理费用 | | 65 640 |
|         财务费用 | | 8 000 |
|         销售费用 | | 8 800 |
|         营业外支出 | | 51 000 |

【例 4-65】2024 年 12 月 31 日，按 25%的税率计算结转本月应交所得税。

企业本期的利润总额 = 1 186 000 − 916 200 = 269 800（元）

应交所得税 = 应纳税所得额 × 适用税率 = 269 800 × 25% = 67 450（元）

| | | |
|---|---|---|
| 借：所得税费用 | | 67 450 |
|     贷：应交税费——应交所得税 | | 67 450 |
| 借：本年利润 | | 67 450 |
|     贷：所得税费用 | | 67 450 |

企业本期净利润 = 269 800 − 67 450 = 202 350（元）

## 三、利润分配的账务处理

利润分配是指企业根据国家相关规定和企业章程、投资者协议等，对企业当年可供分配利润指定其特定用途和分配给投资者的行为。利润分配关系股东利益，更关系企业的未来发展。

### （一）利润分配的内容和顺序

对于企业当年实现的净利润，《公司法》规定的分配内容和顺序是：弥补以前年度亏损、提取法定盈余公积、提取任意盈余公积、向投资者分配利润（或股利）。

可供分配的利润 = 本年净利润（或亏损）+ 年初未分配利润（− 年初未弥补亏损）+ 其他转入（如盈余公积补亏）

若可供分配的利润为正数（累积的盈利），进行后续分配；若可供分配的利润为负数，则不能进行后续分配。

#### 1. 提取法定盈余公积

《公司法》规定，公司制企业按当年净利润（抵减年初累计亏损后）的 10%提取法定盈余公积，非公司制企业可按需要提取，但不得低于 10%。企业法定盈余公积累计达到注册资本的 50%可不再提取。

企业的盈余公积是从净利润中提取的积累资金，主要用于弥补亏损或者转增资本，当转增资本时，转增后企业盈余公积的数额不得少于其注册资本的 25%。

### 2. 提取任意盈余公积

公司制企业在提取法定盈余公积后，可根据股东大会的决议再按本年净利润的一定比例提取任意盈余公积。非公司制企业经类似机构批准，也可提取任意盈余公积。任意盈余公积是指企业由于实际需要或采取审慎策略，从净利润中提取的一部分积累资金。

法定盈余公积和任意盈余公积的区别在于其计提的依据不同。前者以国家法律、法规为依据，后者是非强制性的，由企业的权力机构自行决定是否计提以及计提比例。两者在计提时均以当年实现的净利润（抵减年初累计亏损后）为基数。

### 3. 向投资者分配利润（或股利）

当年实现的净利润扣除上述项目后，再加上年初未分配利润和其他转入，形成可供分配的利润。企业应根据有关协议或董事会的决议，以可供分配的利润为基数向投资者分配利润。企业可采用现金股利、股票股利和财产股利等形式向投资者分配利润（或股利）。

经过上述分配后，剩余部分即为企业留待以后分配的利润，即未分配利润。未分配利润是企业留待以后年度进行分配的历年结存的利润，是暂时未确定用途的利润，是留存收益的组成部分。

需注意：企业发生亏损时弥补的途径主要是用以前年度的盈余公积弥补或用以后年度实现的利润弥补。用利润弥补亏损时，在发生亏损后的 5 年内可用税前利润弥补，超过 5 年后则需用税后利润弥补。亏损未弥补完，不得提取法定盈余公积和任意盈余公积，不得向投资者分配利润。

## （二）利润分配的账户设置

为核算和监督企业利润的分配过程和结果，应设置以下账户：

### 1. 设置"利润分配"账户

"利润分配"属于所有者权益类账户，用以核算和监督企业利润分配（或亏损弥补）和历年利润分配（或亏损弥补）后的积存余额。借方登记利润的实际分配数和年末从"本年利润"账户转入的亏损，贷方登记亏损的弥补数和年末从"本年利润"账户转入的全年实现的净利润，平时借方余额表示累计分配的利润数。年末，企业应将"利润分配"账户下的其他明细账户余额转入本账户的"未分配利润"明细账，年终结转后，除"未分配利润"明细账有余额外，其他明细账户均无余额。年末"利润分配——未分配利润"账户贷方余额表示历年累积的未分配利润数（可供以后年度分配的利润），借方余额表示历年累积的未弥补亏损数（留待以后年度弥补的亏损）。该账户按利润分配去向（提取法定盈余公积、提取任意盈余公积、应付现金股利、盈余公积补亏、未分配利润等）设置明细账，其结构如图 4-39 所示。

利润分配

| 期初余额：未弥补亏损数 | 期初余额：未分配利润 |
| --- | --- |
| 发生额：当年转入的亏损（减少额）<br>当年分配的利润 | 发生额：当年转入的净利润（增加额）<br>当年弥补的亏损 |
| 平时余额：当年累计分配的利润 | 平时余额：历年结存的未分配利润<br>（不含当年利润） |
| 年末余额：历年结存的未弥补亏损 | 年末余额：历年结存的未分配利润 |

图 4-39 利润分配账户的结构

### 2. 设置"盈余公积"账户

"盈余公积"属于所有者权益类账户，用以核算和监督企业从净利润中提取的盈余公积。借方登记盈余公积弥补亏损或转增资本数，贷方登记盈余公积的提取数，期末贷方余额表示盈余公积的实际结存数，是企业的积累资金。该账户按"法定盈余公积"和"任意盈余公积"等设置明细账，其结构如图 4-40 所示。

| 盈余公积 | |
|---|---|
| | 期初余额：盈余公积结存数 |
| 发生额：弥补亏损或转增资本（减少额） | 发生额：当年提取盈余公积（增加额） |
| | 期末余额：历年结存的盈余公积 |

图 4-40　盈余公积账户的结构

### 3. 设置"应付股利"账户

"应付股利"属于负债类账户，用以核算和监督企业经董事会或股东大会或类似机构决议，确定分配的现金股利或利润。借方登记实际支付的现金股利或利润，贷方登记确定分配的现金股利或利润，期末贷方余额表示企业应付未付的现金股利或利润。该账户按投资者设置明细账，其结构如图 4-41 所示。

| 应付股利 | |
|---|---|
| | 期初余额：应付未付的现金股利或利润 |
| 发生额：支付的现金股利或利润（减少额） | 发生额：确定分配的现金股利或利润（增加额） |
| | 期末余额：期末应付未付的现金股利或利润 |

图 4-41　应付股利账户的结构

"应付股利"账户核算的只是企业分配给投资人的利润或现金股利，企业分配给投资人的股票股利不在本账户核算。

## （三）利润分配的账务处理

### 1. 净利润的结转

企业结转当年净利润时，借记"本年利润"科目，贷记"利润分配——未分配利润"科目；结转当年净亏损时，借记"利润分配——未分配利润"科目，贷记"本年利润"科目。

【例 4-66】2024 年 12 月 31 日，结转全年实现的净利润 1 500 000 元。

借：本年利润　　　　　　　　　　　　　　　　　　1 500 000
　　贷：利润分配——未分配利润　　　　　　　　　　　　　1 500 000

### 2. 提取盈余公积

企业提取法定盈余公积和任意盈余公积时，借记"利润分配——提取法定盈余公积""利润分配——提取任意盈余公积"科目，贷记"盈余公积——法定盈余公积""盈余公积——任意盈余公积"科目。

【例 4-67】2024 年 12 月 31 日，假设按全年净利润 1 500 000 元的 10%和 5%提取法定盈余公积和任意盈余公积。

借：利润分配——提取法定盈余公积　　　　　　　150 000
　　　　　　——提取任意盈余公积　　　　　　　 75 000
　　贷：盈余公积——法定盈余公积　　　　　　　　　　　150 000
　　　　　　　——任意盈余公积　　　　　　　　　　　 75 000

### 3. 分配现金股利或利润

企业应根据利润分配方案，按应支付的现金股利或利润，借记"利润分配——应付现金股利"科目，贷记"应付股利"科目。

【例 4-68】2024 年 12 月 31 日，企业向投资者宣告分配现金股利 600 000 元。

借：利润分配——应付现金股利　　　　　　　　　600 000
　　贷：应付股利　　　　　　　　　　　　　　　　　　　600 000

【例 4-69】2025 年 1 月 31 日，企业以银行存款向投资者支付现金股利 600 000 元。

借：应付股利　　　　　　　　　　　　　　　　　600 000
　　贷：银行存款　　　　　　　　　　　　　　　　　　　600 000

### 4. 年终利润分配的结转

年度终了，企业应将"利润分配"账户下的其他明细账户余额转入本账户的"未分配利润"明细账，即借记"利润分配——未分配利润"科目，贷记"利润分配——提取法定盈余公积""利润分配——提取任意盈余公积""利润分配——应付现金股利"等科目。结转后，除"未分配利润"明细账有余额外，其他明细账户均无余额。

【例 4-70】承【例 4-66】至【例 4-69】，2024 年 12 月 31 日，年终结转全年已分配利润。

借：利润分配——未分配利润　　　　　　　　　　825 000
　　贷：利润分配——提取法定盈余公积　　　　　　　　　150 000
　　　　　　　　——提取任意盈余公积　　　　　　　　　 75 000
　　　　　　　　——应付现金股利　　　　　　　　　　　600 000

此时，"利润分配——未分配利润"账户贷方余额为 675 000 元（1 500 000 - 825 000），即为企业本年年末未分配的利润。如果年初有余额，将年初数与之相加，即为企业累计未分配的利润，是可以留待以后年度分配的利润。

### 5. 盈余公积补亏

企业发生的亏损，除了用当年实现的利润弥补，还可用累积的盈余公积弥补。弥补时，借记"盈余公积"科目，贷记"利润分配——盈余公积补亏"科目。

【例 4-71】2025 年 1 月 31 日，某企业以盈余公积弥补上年度发生的亏损 500 000 元。

借：盈余公积——弥补亏损　　　　　　　　　　　500 000
　　贷：利润分配——盈余公积补亏　　　　　　　　　　　500 000

## 思考与实训练习

### 一、简答题

1. 制造企业的主要经营活动包括哪些阶段？各阶段的主要经济业务是什么？
2. 什么是资金循环？什么是资金周转？
3. 什么是权益性融资和债务性融资？两者有何不同？
4. 实收资本和资本公积是什么关系？
5. 期末如何处理短期借款的利息？
6. 在购销业务中增值税进项税额和增值税销项税额应如何进行账务处理？
7. 购建固定资产的入账价值包括哪些内容？
8. 材料采购成本的构成有哪些？材料采购费用应如何分配？
9. 产品成本的构成项目主要有哪些？
10. 产品制造过程中的直接费用与间接费用在会计核算上有何区别？
11. 利润的形成主要通过什么账户来进行核算？该账户的借、贷方各记录哪些内容？
12. 企业利润分配的程序是什么？
13. 收入与利得、费用与损失有何本质区别？

### 二、单项选择题

1. 企业投资者对资产所享有的要求权，称为（　　）。
    A. 资产权益　　　B. 所有者权益　　　C. 债权人权益　　　D. 权益
2. 甲公司成立时注册资本为1 000万元，现乙公司向甲公司投入资本800万元，占甲公司接受投资后全部股份的1/3，则甲公司接受投资时，确认的资本公积为（　　）万元。
    A. 200　　　B. 300　　　C. 500　　　D. 800
3. 企业接受外商投资的机器设备应记入的账户是（　　）。
    A. 实收资本　　　B. 资本公积　　　C. 盈余公积　　　D. 投资收益
4. 下列筹资活动中，属于权益性融资的是（　　）。
    A. 短期借款　　　B. 长期借款　　　C. 发行股票　　　D. 发行债券
5. 下列交易事项中，会导致"资本公积"账户金额增加的是（　　）。
    A. 盈余公积转增资本　　　　　B. 资本公积转增资本
    C. 向投资者分配股利　　　　　D. 溢价发行股票
6. 企业借入短期借款的利息费用，应计入（　　）账户的借方。
    A. 管理费用　　　B. 销售费用　　　C. 财务费用　　　D. 制造费用
7. 购买需要安装的固定资产，要将其安装成本先计入（　　），待安装达到预定可使用状态时再转入"固定资产"账户。
    A. "在建工程"账户的借方　　　　　B. "在建工程"账户的贷方
    C. "生产成本"账户的借方　　　　　D. "生产成本"账户的贷方
8. 企业设置"固定资产"账户用来反映固定资产的（　　）。
    A. 磨损价值　　　B. 累计折旧　　　C. 原始价值　　　D. 净值

9. 某企业以 800 万元购入一条生产设备，进项税额为 104 万元，支付该生产线的保险、装卸等费用 5 万元，安装期间发生安装费用 8 万元。则该设备的入账价值为（　　）万元。
   A. 800　　　　　B. 805　　　　　C. 813　　　　　D. 930
10. 一般纳税人外购生产设备的成本不应包括（　　）。
    A. 安装费　　　B. 运输费　　　C. 购买价　　　D. 增值税
11. 对一般纳税人来说，下列项目中不构成材料采购成本的是（　　）。
    A. 购买价　　　B. 进项税额　　C. 运杂费　　　D. 关税
12. 某企业以 20 000 元外购原材料一批，进项税额 2 600 元，入库前的挑选整理费用 1 000 元，则该批原材料的入账价值为（　　）元。
    A. 20 000　　　B. 22 600　　　C. 23 600　　　D. 21 000
13. 企业购入材料或接受应税劳务而支付的增值税额应计入"应交税费——应交增值税"二级账户的（　　）专栏。
    A. 已交税金　　B. 进项税额　　C. 销项税额　　D. 进项税额转出
14. 实际成本核算法下，完成采购手续尚未验收入库的外购材料应计入（　　）账户。
    A. 原材料　　　B. 在途物资　　C. 材料采购　　D. 材料成本差异
15. 生产成本中包含的间接费用是指（　　）。
    A. 直接材料　　B. 直接人工　　C. 制造费用　　D. 管理费用
16. 产品生产完工验收入库，应从"生产成本"账户转入（　　）账户。
    A. 原材料　　　B. 制造费用　　C. 库存商品　　D. 主营业务成本
17. 下列账户中，与"制造费用"账户不可能发生对应关系的是（　　）。
    A. 库存现金　　B. 银行存款　　C. 应付职工薪酬　D. 库存商品
18. 下列费用中，不应计入产品成本的费用是（　　）。
    A. 制造费用　　B. 直接材料　　C. 直接人工　　D. 管理费用
19. 如果"应付账款"账户的余额在借方，则反映的是（　　）。
    A. 应付供应商的货款　　　　　　B. 预收购货单位的货款
    C. 预付供应商的货款　　　　　　D. 应收购货单位的货款
20. 生产产品应负担的职工薪酬，应当计入（　　）。
    A. 管理费用　　B. 生产成本　　C. 制造费用　　D. 销售费用
21. 下列各项中，应作为管理费用处理的是（　　）。
    A. 生产车间设备折旧费　　　　　B. 固定资产盘亏净损失
    C. 公司的业务招待费　　　　　　D. 专设销售机构的设备折旧费
22. 某企业生产 A、B 两种产品，本月发生车间管理人员工资 8 万元，设备折旧 12 万元。按生产工时分配制造费用，A 产品生产工时为 400 小时，B 产品生产工时为 600 小时。则本月 B 产品应负担的制造费用为（　　）万元。
    A. 4.8　　　　　B. 7.2　　　　　C. 12　　　　　D. 20
23. 车间固定资产折旧费用应计入（　　）账户。
    A. 制造费用　　B. 销售费用　　C. 管理费用　　D. 财务费用
24. 企业计提出租固定资产折旧时，应贷记的账户是（　　）。
    A. 固定资产　　B. 累计折旧　　C. 其他业务成本　D. 累计摊销

25. 企业的应付款项确实无法支付，经确认后转作（　　）。
    A. 营业外收入　　B. 资本公积　　C. 其他业务收入　　D. 主营业务收入
26. 下列不属于期间费用的是（　　）。
    A. 销售费用　　B. 管理费用　　C. 财务费用　　D. 制造费用
27. 下列各项中，应计入管理费用的是（　　）。
    A. 差旅费　　B. 广告费　　C. 采购费用　　D. 非常损失
28. 商业汇票按（　　）的不同，分为商业承兑汇票和银行承兑汇票。
    A. 收款人　　B. 承兑人　　C. 付款人　　D. 被背书人
29. 销售商品取得的收入在（　　）账户核算。
    A. 投资收益　　B. 其他业务收入　　C. 营业外收入　　D. 主营业务收入
30. 结转已销售产品的成本，借记"主营业务成本"，贷记（　　）账户。
    A. 生产成本　　B. 本年利润　　C. 库存商品　　D. 制造费用
31. 制造企业出租固定资产取得的租金收入，应计入（　　）账户。
    A. 投资收益　　B. 营业外收入　　C. 主营业务收入　　D. 其他业务收入
32. 企业销售商品时代顾客垫付的运杂费应计入（　　）账户。
    A. 应收账款　　B. 预付账款　　C. 其他应收款　　D. 应付账款
33. 下列有关收入与利得的表述中，正确的是（　　）。
    A. 收入和利得均源于日常经营活动
    B. 收入和利得均会影响营业利润
    C. 收入源于日常活动，利得源于非日常活动
    D. 收入会导致所有者权益增加，利得不影响所有者权益
34. 下列内容不属于营业收入的是（　　）。
    A. 销售商品收入　　　　　　B. 提供劳务取得的收入
    C. 出售固定资产取得的净收益　　D. 出租机器设备取得的收入
35. 一般纳税人发生的下列税费中，不应通过"税金及附加"账户核算的是（　　）。
    A. 增值税　　B. 印花税　　C. 房产税　　D. 城市维护建设税
36. 不影响本期营业利润的项目是（　　）。
    A. 主营业务成本　　　　　　B. 管理费用
    C. 主营业务收入　　　　　　D. 所得税费用
37. 预收账款不多的企业，可以将预收的货款直接贷记（　　）。
    A. 银行存款　　B. 应收账款　　C. 应付账款　　D. 主营业务收入
38. 为筹集生产经营所需资金而发生的费用计入（　　）。
    A. 制造费用　　B. 生产成本　　C. 财务费用　　D. 管理费用
39. 未分配利润是（　　）账户的明细账户。
    A. 利润分配　　B. 盈余公积　　C. 资本公积　　D. 本年利润
40. 年末结账后，"利润分配"账户的贷方余额表示（　　）。
    A. 本年实现的利润总额　　　　B. 本年实现的净利润额
    C. 本年利润分配总额　　　　　D. 年末未分配利润额

41. 下列各项目中，影响营业利润的是（　　）。
    A. 营业外收入　　B. 营业外支出　　C. 投资收益　　D. 所得税费用
42. 某企业年末所有者权益构成如下：实收资本 700 万元，资本公积 65 万元，盈余公积 127 万元，未分配利润 106 万元，则留存收益为（　　）万元。
    A. 106　　　　B. 127　　　　C. 298　　　　D. 233
43. 某企业利润总额为 2 000 万元，其中营业外收入 80 万元，营业外支出 60 万元，假设不存在纳税调整事项，所得税税率为 25%，则应缴纳的所得税为（　　）万元。
    A. 520　　　　B. 485　　　　C. 505　　　　D. 500

### 三、多项选择题

1. 企业资金循环周转的主要阶段一般包括（　　）。
    A. 资金筹集阶段　　　　　　B. 供应阶段
    C. 生产阶段　　　　　　　　D. 销售阶段
2. 下列所有者权益类科目中，能够反映投资者投入资本的科目有（　　）。
    A. 实收资本　　B. 股本　　　C. 资本公积　　D. 盈余公积
3. 下列筹资活动中，属于债务性融资的有（　　）。
    A. 短期借款　　B. 长期借款　　C. 发行股票　　D. 发行债券
4. 按投资主体不同，企业的资本金可以分为（　　）。
    A. 国家资本金　　B. 法人资本金　　C. 个人资本金　　D. 外商资本金
5. 所有者权益就其组成内容来看，包括（　　）。
    A. 投入资本　　B. 投资收益　　C. 资本公积　　D. 留存收益
6. 与"实收资本"账户贷方发生对应关系的账户可能有（　　）。
    A. 银行存款　　B. 固定资产　　C. 应收账款　　D. 无形资产
7. 材料采购费用的分配标准可以选择（　　）。
    A. 材料重量　　B. 材料体积　　C. 生产工时　　D. 材料买价
8. "生产成本"账户借方登记的是（　　）。
    A. 直接材料　　B. 直接人工　　C. 制造费用　　D. 完工产品成本
9. 企业在进行材料发出业务核算时，可能涉及的账户有（　　）。
    A. 原材料　　　B. 生产成本　　C. 制造费用　　D. 管理费用
10. 材料采购业务核算时，与"原材料"账户相对应的账户可能有（　　）。
    A. 应付账款　　B. 应付票据　　C. 银行存款　　D. 应交税费
11. 下列选项中，本月应计提折旧的固定资产有（　　）。
    A. 本月外购的新设备　　　　B. 本月月初报废的设备
    C. 上月融资租入的设备　　　D. 已提足折旧的设备
12. 下列账户中，月末一般没有余额的是（　　）。
    A. 生产成本　　B. 销售费用　　C. 制造费用　　D. 主营业务成本
13. 营业收入包括（　　）。
    A. 营业外收入　　B. 主营业务收入　　C. 投资收益　　D. 其他业务收入

14. 企业销售业务产生的债权可能涉及的账户有（　　）。
    A. 应收票据　　　B. 应收账款　　　C. 预收账款　　　D. 预付账款
15. 下列费用属于生产车间间接费用的有（　　）。
    A. 为生产产品领用的材料　　　B. 车间修理设备领用的材料
    C. 车间管理人员工资　　　D. 生产产品工人的工资
16. 下列属于制造企业其他业务收入的是（　　）。
    A. 出租固定资产的租金收入　　　B. 出售积压材料的收入
    C. 接受的捐赠收入　　　D. 对违约企业的罚款收入
17. 下列各项内容不属于管理费用的是（　　）。
    A. 生产设备的折旧费　　　B. 行政办公楼的折旧费
    C. 生产车间水电费　　　D. 专设销售机构设备折旧费
18. 制造费用的分配标准有（　　）。
    A. 生产工时　　　B. 生产工人　　　C. 机器工时　　　D. 定额工时
19. 下列费用中计入财务费用的有（　　）。
    A. 短期借款利息　　　B. 财务人员工资
    C. 财务部门办公费　　　D. 支付给金融机构的手续费
20. 以下账户中，期末一般有余额的是（　　）。
    A. 生产成本　　　B. 制造费用　　　C. 管理费用　　　D. 利润分配
21. "税金及附加"账户核算的内容有（　　）。
    A. 印花税　　　B. 消费税　　　C. 增值税　　　D. 教育费附加
22. 工资分配核算时，可能涉及（　　）账户。
    A. 生产成本　　　B. 管理费用　　　C. 应付职工薪酬　　　D. 财务费用
23. 通过"营业外支出"账户核算的内容有（　　）。
    A. 非常损失　　　B. 罚款支出　　　C. 公益性捐赠　　　D. 固定资产盘亏
24. 下列各项影响当期利润总额的是（　　）。
    A. 取得劳务收入　　　B. 取得投资收益
    C. 提取盈余公积　　　D. 发生对外捐赠
25. 下列属于企业对当期实现净利润进行分配的内容是（　　）。
    A. 确定所得税费用　　　B. 对投资者分配
    C. 提取资本公积　　　D. 提取盈余公积
26. 下列账户中，应将其余额转入"本年利润"账户的是（　　）。
    A. 管理费用　　　B. 财务费用　　　C. 制造费用　　　D. 所得税费用
27. 下列属于企业营业利润构成因素的有（　　）。
    A. 营业收入　　　B. 营业成本　　　C. 期间费用　　　D. 所得税费用
28. 关于"本年利润"账户，表述正确的是（　　）。
    A. 借方登记期末转入的各项成本费用
    B. 贷方登记期末转入的各项收入收益
    C. 贷方余额为本年实现的净利润
    D. 借方余额为本年发生的亏损数

29. 企业的利润总额由（　　　）构成。
    A. 投资收益　　　B. 营业利润　　　C. 营业外支出　　　D. 营业外收入
30. 下列属于利润分配明细账的是（　　　）。
    A. 应付现金股利　　　　　　　　　B. 提取法定盈余公积
    C. 未分配利润　　　　　　　　　　D. 所得税费用

### 四、判断题

1. 企业的资本金包括权益性资本和债务性资本，两者均需要还本付息。（　　）
2. 短期借款是为管理生产活动而借入的，因此，其利息支出应计入管理费用。（　　）
3. 企业设立后投资者投入的资本金可随时抽回。（　　）
4. 投资者投入资本超过其在注册资本中所占份额的部分，确认为企业的实收资本。（　　）
5. 一般纳税人外购固定资产的取得成本中不包括支付的增值税进项税额。（　　）
6. 一般纳税人购买材料支付的增值税进项税额计入材料的采购成本。（　　）
7. 生产费用中的直接费用可直接归集到产品成本中，而间接费用则需要分配后归集到产品成本中。（　　）
8. 预收账款属于资产，预付账款属于负债。（　　）
9. 直接人工是指直接或间接从事产品生产的员工薪酬。（　　）
10. 企业的期间费用应于期末采用一定的方法分配计入产品成本。（　　）
11. "累计折旧"账户属于资产类账户，其期末余额在借方。（　　）
12. 企业获利时，净资产增加，投资人权益就会增加。（　　）
13. 制造企业因销售材料而取得的收入应计入"其他业务收入"的借方。（　　）
14. 企业生产车间的办公用品费属于管理费用。（　　）
15. 企业向社会福利部门捐款，应冲减盈余公积。（　　）
16. 企业以银行存款支付职工医药费用，借记应付职工薪酬。（　　）
17. 将某项费用计入制造费用和计入管理费用，对当期利润的影响是相同的。（　　）
18. 一般纳税人当期应纳的增值税额，等于当期销项税额减当期进项税额。（　　）
19. 企业在产品占用资金的利息支出，应计入该产品的生产成本。（　　）
20. 制造费用期末一般没有余额，因此属于期间费用。（　　）
21. 收入能够导致所有者权益的增加，但导致所有者权益增加的不一定都是收入。（　　）
22. 营业外支出应当计入当期的营业利润。（　　）
23. 一般纳税人销售商品涉及的增值税额应作为销项税额核算。（　　）
24. 结转已售产品成本是将库存商品中的成本转为主营业务成本，以便计算利润。（　　）
25. 固定资产因损耗而减少的价值应计入"固定资产"账户的贷方。（　　）
26. 损益类账户在期末结转后均无余额。（　　）
27. 权责发生制下，收入的确认应以款项是否收到为标准。（　　）
28. 企业发生的银行结算手续费，应计入企业的财务费用。（　　）

29. 利得与损失是与企业日常活动直接关联的经济利益的总流入或总流出。（    ）

30. 资本公积和未分配利润也称留存收益。（    ）

31. "税金及附加"账户用来核算增值税、消费税、城市维护建设税等。（    ）

32. 实收资本是指企业实际收到投资者投入的资本。（    ）

33. 企业生产经营活动取得的收入，都属于主营业务收入。（    ）

34. "主营业务成本"账户属于成本类账户。（    ）

35. 年终应将"本年利润"账户累计余额转入"利润分配——未分配利润"账户。（    ）

36. 盈余公积是从销售收入中提取的公积金。（    ）

37. 企业向投资者分配利润一定是在提取了法定盈余公积和任意盈余公积之后。（    ）

38. "本年利润"账户和"利润分配"账户在年终结清后均无余额。（    ）

39. 宣告分配现金股利会同时减少所有者权益和资产。（    ）

## 五、实训题

### 实训一

[目的]掌握资金筹集业务的核算。

[资料]某企业为一般纳税人，由甲、乙、丙3位出资者各投资100万元设立。2023年末该企业所有者权益总额为600万元，其中，实收资本为300万元，资本公积为150万元，盈余公积为30万元，未分配利润为120万元。2024年，为了扩大经营规模，企业决定增资扩股。投资者丁某投入企业货币资金200万元，假设甲、乙、丙、丁4位投资者的投资比例均为25%。

[要求]做出投资者丁某投资时的账务处理。

### 实训二

[目的]练习资金筹集与退出的核算。

[资料]某企业为增值税一般纳税人，2024年1月1日资产总额为3 000 000元，1月份发生如下经济业务：

1. 1月5日，接受甲投资者投入货币资金90 000元，款项存入银行。

2. 1月9日，收到乙投资者投入的全新设备一台和专利权一项，双方确认的设备价值为150 000元，设备当即投入使用；双方确认的专利权价值为270 000元。

3. 1月10日，以银行存款交纳本月增值税40 000元，企业所得税12 000元。

4. 1月12日，收到丙公司材料一批作为投资，价款170 000元，增值税22 100元，材料已入库。

5. 1月15日，以资本公积50 000元转增资本金。

6. 1月20日，从银行借入期限为6个月的贷款200 000元，款项存入银行。

7. 1月31日，预提本月应负担的短期借款利息费用1 300元。

[要求]根据上述经济业务编制会计分录；计算1月31日资产总额。

### 实训三

[目的]练习固定资产购置业务的核算。

[资料]某企业为增值税一般纳税人，2024年7月发生以下固定资产业务：

1.7月5日购入一台无须安装的生产设备，增值税专用发票注明价款为1 700 000元，进项税额221 000元，运费10 000元（暂不考虑增值税），款项以银行存款支付。

2.7月8日购入一台需要安装的生产线，增值税专用发票注明价款为2 500 000元，进项税额325 000元，保险费20 000元（暂不考虑增值税），款项以银行存款支付。

3.7月12日以银行存款支付生产线的安装费15 000元（暂不考虑增值税）。

4.7月13日生产线安装完毕并投入使用，结转相关成本。

[要求]根据上述经济业务编制会计分录。

## 实训四

[目的]练习供应阶段的核算。

[资料]某企业为增值税一般纳税人，2024年8月发生下列经济业务（材料采用实际成本核算）：

1.8月1日，向YC工厂购入甲材料4 000千克，每千克65元，增值税专用发票注明买价260 000元，进项税额33 800元；对方代垫运杂费5 000元（暂不考虑增值税），全部款项以银行存款支付，材料尚未入库。

2.8月3日，上述甲材料运到，验收入库。

3.8月5日，向HX工厂购入乙材料1 000千克，每千克58元，增值税专用发票注明买价58 000元，进项税额7 540元；对方代垫运杂费1 000元（暂不考虑增值税），全部款项尚未支付，材料尚未到达。

4.8月10日，上述乙材料到达验收入库。

5.8月11日，以银行存款66 540元偿还前欠HX工厂款项。

6.8月17日，向XL工厂购入乙材料2 000千克，每千克58元，增值税专用发票注明买价116 000元，进项税额15 080元；对方代垫运杂费1 500元（暂不考虑增值税），开出并承兑3个月到期的商业承兑汇票一张，材料尚未到达。

7.8月25日，向NH工厂购入甲材料1 000千克，每千克66元；乙材料2 000千克，每千克58元。增值税专用发票注明甲材料买价66 000元，进项税额8 580元；乙材料买价116 000元，进项税额15 080元。对方代垫两种材料运杂费共计3 000元，材料已验收入库，全部款项以银行存款支付。（运杂费按材料重量比例分配）

[要求]根据上述经济业务编制会计分录。

## 实训五

[目的]练习生产阶段的核算。

[资料]某企业为增值税一般纳税人，2024年8月投入生产A产品2 000件，B产品2 200件。本月发生下列经济业务：

1.8月5日，以现金500元购买办公用品，其中，行政部门领用150元，生产部门领用350元。

2.8月25日，本月耗用材料如表4-7所示。

表4-7 发出材料汇总表　　　　　　　　　　　　　　　　　　　单位：元

| 用　途 | 甲材料 | 乙材料 | 丙材料 | 合　计 |
|---|---|---|---|---|
| 生产产品耗用 | 110 000 | 120 000 | 100 000 | 330 000 |
| 其中：A产品 | 60 000 | 80 000 | 40 000 | 180 000 |
| 　　　B产品 | 50 000 | 40 000 | 60 000 | 150 000 |
| 车间耗用 | 5 000 | 9 000 | 6 000 | 20 000 |
| 行政部门耗用 | 2 000 | 5 000 | 3 000 | 10 000 |
| 合　计 | 117 000 | 134 000 | 109 000 | 360 000 |

3.8月25日，从银行提取现金125 000元，以备发放职工工资。

4.8月25日，以现金发放本月职工工资125 000元。

5.8月31日，根据工时和考勤记录计算的本月职工工资125 000元，具体如下：

A产品的生产工人工资　　　　　　　　　　　　　　75 000元
B产品的生产工人工资　　　　　　　　　　　　　　25 000元
生产车间管理人员工资　　　　　　　　　　　　　　9 500元
行政部门管理人员工资　　　　　　　　　　　　　　15 500元

6.8月31日，按应付工资总额的14%提取职工福利费。

7.8月31日，以银行存款支付本月保险费28 000元，其中，行政部门10 000元，生产部门18 000元。

8.8月31日，企业以银行存款支付以经营租赁方式租入的车间用设备租金2 000元。

9.8月31日，计提本月固定资产折旧25 000元，其中，生产车间18 000元，行政部门7 000元。

10.8月31日，按产品生产工人工资比例分配并结转本月制造费用。（编制表4-8制造费用分配表）

11.8月31日，投产的A产品全部完工，按实际生产成本验收入库（假设无期初在产品）；B产品全部未完工。（登记生产成本明细账并编制完工产品生产成本计算表，详见表4-9～4-11）

[要求] 根据上述经济业务编制会计分录。

表4-8 制造费用分配表　　　　　　　　　　　　　　　　　　　单位：元

| 产品名称 | 生产工人工资 | 分配率 | 分配金额 |
|---|---|---|---|
| A产品 | | | |
| B产品 | | | |
| 合计 | | | |

表 4-9  生产成本明细分类账

账户名称：

| 年 | | 凭证字号 | 摘要 | 直接材料 | 直接人工 | 制造费用 | 合计 |
|---|---|---|---|---|---|---|---|
| 月 | 日 | | | | | | |
| | | 略 | | | | | |
| | | | | | | | |
| | | | | | | | |
| | | | | | | | |
| | | | | | | | |
| | | | | | | | |

表 4-10  生产成本明细分类账

账户名称：

| 年 | | 凭证字号 | 摘要 | 直接材料 | 直接人工 | 制造费用 | 合计 |
|---|---|---|---|---|---|---|---|
| 月 | 日 | | | | | | |
| | | 略 | | | | | |
| | | | | | | | |
| | | | | | | | |
| | | | | | | | |
| | | | | | | | |
| | | | | | | | |

表 4-11  A 产品生产成本计算表

完工产品数量：                                                单位：元

| 项目 | 直接材料 | 直接人工 | 制造费用 | 合计 |
|---|---|---|---|---|
| 本月全部生产费用 | | | | |
| 本月完工产品成本 | | | | |
| 完工产品单位成本 | | | | |

## 实训六

[目的]练习销售过程的核算。

[资料]某企业为增值税一般纳税人，2024年9月发生下列经济业务：

1. 9月1日，向LX公司销售乙产品500件，单价1 200元，增值税专用发票注明价款600 000元，销项税额为78 000元，价税款678 000元收妥入账。

2. 9月5日，以银行存款支付当月广告费15 000元（暂不考虑增值税）。

3. 9月10日，向BH公司销售甲产品1 000件，每件售价800元，增值税专用发票注明价款800 000元，销项税额为104 000元，价税款尚未收到。

4. 9月15日，收到BH公司前欠价税款904 000元，当即存入银行。

5. 9月20日，以银行存款支付产品当月展销费800元（暂不考虑增值税）。

6. 9月21日，与TF公司签订购销合同，收取定金180 000元存入银行。

7. 9月27日，按购销合同约定，给TF公司发出乙产品800件，单价1 200元，增值税专用发票注明价款960 000元，销项税额为124 800元，价税款共计1 084 800元，余款已收妥入账。

8. 9月30日，以银行存款交纳本月增值税98 486元、消费税80 000元，共178 486元。

9. 9月30日，结转本月已销产品生产成本，甲产品每件400元，乙产品每件500元。

[要求]根据上述经济业务编制会计分录。

## 实训七

[目的]练习利润形成与分配的核算。

[资料]某企业为增值税一般纳税人，2024年12月份发生下列经济业务：

1. 12月5日，因客户违反合同，企业通过索赔，取得了35 000元的赔偿款，款存银行。

2. 12月15日，以银行存款向地震灾区捐款30 000元。

3. 12月31日，企业将确实无法支付的一笔应付账款29 000元转作营业外收入。

4. 12月31日，结转损益类账户（见表4-12）。

表4-12 损益类账户余额表  单位：元

| 账户名称 | 借方金额 | 贷方金额 |
|---|---|---|
| 主营业务收入 |  | 7 500 000 |
| 其他业务收入 |  | 120 000 |
| 营业外收入 |  | 64 000 |
| 主营业务成本 | 5 000 000 |  |
| 税金及附加 | 90 000 |  |
| 其他业务成本 | 100 000 |  |
| 管理费用 | 300 000 |  |
| 财务费用 | 200 000 |  |
| 销售费用 | 150 000 |  |
| 营业外支出 | 30 000 |  |

5. 12月31日，按利润总额的25%计算应交所得税。（假设不存在纳税调整事项）

6. 12月31日，将所得税费用转入"本年利润"账户。

7. 12月31日，将净利润（或净亏损）转到"利润分配——未分配利润"账户。

8. 12月31日，按净利润的10%计提法定盈余公积。

9. 12月31日，按净利润的20%向投资者分配利润。

10. 12月31日，将上述有关利润分配明细账户余额转入"利润分配——未分配利润"明细账户。

[要求]根据上述经济业务编制会计分录。

## 实训八

[目的]练习综合业务的核算。

[资料]某企业为增值税一般纳税人，增值税税率为 13%，所得税税率为 25%。2024 年 12 月发生如下经济业务：

1. 1 日，出纳员张×开出现金支票一张，从银行提取现 5 000 元备用。

2. 2 日，从银行取得 6 个月期限的借款 600 000 元存入银行，年利率 6%。

3. 2 日，车间生产 A 产品领用甲材料 800 千克，单价 90 元；生产 B 产品领用乙材料 600 千克，单价 75 元。

4. 3 日，向 HY 公司购进甲材料 700 千克，单价 90 元，乙材料 400 千克，单价 75 元，材料验收入库。增值税专用发票注明材料买价共计 93 000 元，进项税额 12 090 元，价税款以银行存款付讫。

5. 3 日，接受投资者投入货币资金 800 000 元，款项存入银行。

6. 5 日，收回 TC 公司所欠款项 12 000 元存入银行。

7. 6 日，采购部王×因公出差向财务部借支现金 1 500 元。

8. 7 日，GM 公司以转账支票支付前欠货款 90 000 元，当日送存银行。

9. 8 日，以银行存款支付前欠 WC 公司的款项 12 000 元、HY 公司的款项 33 900 元。

10. 9 日，向 WC 公司购进甲材料 2 000 千克，单价 90 元；乙材料 1 000 千克，单价 75 元，材料验收入库。增值税专用发票注明材料买价共计 255 000 元，进项税额 33 150 元，价税款暂欠。

11. 10 日，车间生产 A 产品领用甲材料 1 000 千克，乙材料 1 300 千克；生产 B 产品领用甲材料 800 千克，乙材料 700 千克。甲材料单价 90 元，乙材料单价 75 元；车间一般性消耗甲材料 10 千克、乙材料 20 千克。

12. 10 日，向 GM 公司销售 A 产品 1 000 件，单价 400 元，B 产品 1 500 件，单价 300 元，增值税专用发票注明价款共计 850 000 元，销项税额 110 500 元，价税款已办妥委托银行收款的手续。

13. 11 日，采购部王×出差归来报销差旅费 1 690 元，补付现金 190 元。

14. 12 日，用信汇方式偿还前欠 WC 公司的货款 288 150 元。

15. 15 日，以现金 100 元购买邮票用于行政管理工作（暂不考虑增值税）。

16. 16 日，以银行存款 1 800 元支付本月产品展销费（暂不考虑增值税）。

17. 18 日，购买一条生产线，增值税专用发票注明买价 280 000 元，进项税额 36 400 元，运杂费 1 200 元（暂不考虑增值税），款项支付，设备当即交付使用。

18. 19 日，以现金 900 元支付车间设备修理费（暂不考虑增值税）。

19. 20 日，收到 GM 公司所欠价税款 960 500 元。

20. 22 日，向 TC 公司销售 A 产品 1 500 件，单价 400 元，B 产品 1 000 件，单价 300 元，增值税专用发票注明价款共计 900 000 元，销项税额 117 000 元。以银行存款垫付运杂费 2 800 元（暂不考虑增值税），已办妥价税款及运费的委托银行收款手续。

21. 25 日，开出转账支票购买管理部门办公用品 1 800 元、车间办公用品 1 200 元（暂不考虑增值税）。

22. 26日，收到 TC 公司所欠价税款 1 019 800 元。

23. 31日，计提当月折旧 10 000 元，其中，车间 6 000 元，管理部门 4 000 元。

24. 31日，计提应由本月负担的银行短期借款利息，资料见业务 1。

25. 31日，计算本月工资费用，其中，A 产品工人工资 53 000 元，B 产品工人工资 40 500 元，车间管理人员工资 12 000 元，行政管理人员工资 36 000 元。

26. 31日，按产品生产工时分配并结转本月发生的制造费用。（A 产品 6 000 工时、B 产品 4 000 工时）。

27. 31日，本月生产的 A、B 产品全部完工并验收入库，其中，A 产品 2 000 件，B 产品 1 500 件。计算完工产品总成本及单位成本并结转。

28. 31日，以银行存款向灾区捐款 20 000 元。

29. 31日，结转已销 A、B 产品的销售成本（按业务 26 中计算的单位成本结转）。

30. 31日，将本月损益类账户发生额转入"本年利润"账户。

31. 31日，计算并结转所得税费用。

32. 31日，结转本年净利润。

33. 31日，按税后利润的 10%提取法定盈余公积。

34. 31日，按净利润的 40%分配现金股利。

35. 31日，结转已分配利润。

[要求]根据上述经济业务编制会计分录。

# 第五章 账户分类

> 学习目标：了解账户分类的意义、原则和分类标准；理解账户按经济内容的分类；掌握账户按用途和结构的分类，各类账户在提供核算指标方面的规律性。
> 学习重点：账户按经济内容的分类。
> 学习难点：账户按结构和用途的分类。
> 课程思政：规律思维培育、哲学思考理念养成。

## 第一节 账户分类概述

根据会计科目在账簿中开设一系列的账户是会计核算的基本方法之一。每个账户都有特定的核算内容，都只能对特定的经济业务进行核算，且只能从某一侧面反映会计要素的变化过程及其结果，一般不能用其他账户代替，即每一个账户都具有区别于其他账户的特征。但账户与账户之间仍然存在共性，不同的账户群有不同的共性，构成不同的账户类别，并相互联系地组成一个完整的会计核算账户体系。账户分类就是研究账户体系中各账户之间存在的共性，寻求其规律。

### 一、账户分类的意义

账户分类，就是按照账户的本质特性，依据一定的原则，将全部账户进行科学的概括和分类，使众多的账户系统化。

对账户进行适当分类，可以完善和建立账户体系，明确每一账户在账户体系中的地位和作用，加深对账户的认识，进一步掌握各类账户提供核算指标的规律性，更好地运用账户反映企业的经济业务，提供各种有用的会计信息。账户分类的意义表现在以下几个方面：

（1）进一步加深对账户的认识，理解账户体系的设置与运用在会计核算体系中的作用和地位，以便科学设置和运用账户，建立完善的会计核算体系。

（2）进一步了解账户体系中各类账户的共性和特性、区别与联系，揭示账户使用的规律性，不断提高账户运用技能，从而准确、熟练地运用账户。

（3）进一步正确认识企业6大会计要素的经济内容，将账户按是否有余额进行分类，有利于形成财务报表所需要揭示的财务信息和其他经济信息。

（4）进一步揭示账户间既分工又协作的关系，在会计法规许可的范围内，根据企业实际情况增设或合并会计账户，适应不同企业或同一企业不同时期经济管理的要求。

## 二、账户分类的原则

会计主体设置的各个账户共同构成一个完整而严密的账户体系，它们之间既有区别又有联系。对账户进行科学分类应遵循以下原则：

### （一）符合性原则

账户分类必须把握会计内容的特点，把反映同一性质、相同作用的账户归为同一类别；同时要根据经济管理的要求，把反映某一阶段、处理某一方面数据的账户归为同一类别，从而建立起一个符合经济核算需要的、科学完善的账户分类体系。

### （二）明晰性原则

账户分类必须清楚地揭示各有关账户的共性及相互关系，明确账户体系中每一个账户的地位，保证主从分明、关系清楚，清晰展现各有关账户的经济内容、用途和结构，有利于进一步认识账户体系，更好地运用账户进行会计核算和监督，实现会计的最终目的。

### （三）有用性原则

账户分类必须有利于会计信息的处理加工和财务报表的编制，使账户分类形成的信息经过一定的处理、加工，直接为使用者的决策和管理提供参考依据，或直接成为反映会计主体财务状况、成本水平、经营成果、现金流量的有用信息。

### （四）完整性和互斥性相结合的原则

账户分类必须在同一分类标志下，对会计核算内容所涉及的所有账户进行分类，保证每一个账户都必有其归属的类别；同时要求不同类别的账户及同类别的不同账户之间都具有明确的界限，避免不同类别账户或者同类别不同账户之间混淆不清。

## 三、账户分类的标准

账户可以根据不同的标准进行分类，其主要分类标准有以下几种：
（1）以账户的经济内容为标准进行分类。
（2）以账户的用途和结构为标准进行分类。
（3）以账户的统驭与被统驭关系为标准进行分类。
这里主要介绍按账户的经济内容、按账户的用途和结构进行分类。

## 第二节 账户按经济内容分类

账户按经济内容分类就是按账户所反映的会计对象的具体内容对账户进行分类，也就是按账户所反映的会计要素的具体内容进行分类，是最基本、最主要的分类。根据账户的经济内容，账户可以分为资产类、负债类、所有者权益类、成本类和损益类5大类。此外，对于具有资产和负债共同性质的账户单独归为共同类账户。

账户按经济内容分类，可以了解完整的账户体系以及各类账户所核算的会计对象的具体内容，有利于正确区分账户的经济性质，合理设置和运用账户，可以从静态（财务状况）和动态（经营成果）两方面客观反映企业的经济活动，更好地满足经济管理的需要。

### 一、资产类账户

资产类账户是用以核算和监督资产增减变动及其实有数额的账户。按照资产的流动性和经营管理上的需要，可以分为以下两类：

#### （一）反映流动资产的账户

根据流动资产在企业生产经营活动中的不同作用和形态，反映流动资产的账户又可分为：反映货币资金的账户，如"库存现金""银行存款""其他货币资金"；反映短期投资的账户，如"交易性金融资产"；反映债权结算的账户，如"应收账款""应收票据""预付账款""其他应收款""应收股利""应收利息"等；反映存货的账户，如"材料采购""在途物资""原材料""库存商品""周转材料"等账户。

#### （二）反映非流动资产的账户

根据非流动资产在企业生产经营活动中的不同作用和形态，反映非流动资产的账户又可分为：反映对外长期投资的账户，如"长期股权投资""债权投资""其他债权投资""其他权益工具投资"等；反映对内投资的账户，如"固定资产""累计折旧""在建工程""无形资产""累计摊销"等账户；反映其他非流动资产的账户，如"长期待摊费用"账户。

### 二、负债类账户

负债类账户是用以核算和监督企业负债增减变动及其实有数额的账户。按照负债的偿还期限长短和经营管理的需要等特性，可以分为以下两类：

#### （一）反映流动负债的账户

反映流动负债的账户主要有"短期借款""应付票据""应付账款""预收账款""其他应付款""应付职工薪酬""应交税费""应付股利"等账户。

### （二）反映非流动负债的账户

反映非流动负债的账户主要有"长期借款""应付债券""长期应付款"等账户。

## 三、所有者权益类账户

所有者权益类账户是用以核算和监督企业所有者权益增减变动及其实有数额的账户。按照所有者权益的来源和构成，可以分为以下两类：

### （一）反映所有者原始投资的账户

反映所有者原始投资的账户主要有"实收资本或股本""资本公积"账户。

### （二）反映投入资本经营积累的账户

反映投入资本经营积累的账户主要有"盈余公积""本年利润""利润分配"账户。

## 四、成本类账户

成本类账户是用以核算和监督企业在生产经营活动或其他活动中各种成本计算对象的费用归集、成本计算和结转情况的账户，可以分为以下三类：

### （一）为计算材料采购成本而设置的账户

计算材料采购成本的账户主要有"材料采购""在途物资"账户。

### （二）为计算生产成本或劳务成本而设置的账户

计算生产成本或劳务成本的账户主要有"生产成本""制造费用""劳务成本"账户。

### （三）为计算自行开发的无形资产成本而设置的账户

计算自行开发的无形资产成本的账户主要有"研发支出"账户。

需注意："生产成本"账户如果有余额，表示尚未完工入库的在产品成本，因此，"生产成本"账户本质上也属于资产类账户。

## 五、损益类账户

损益类账户是用以核算和监督企业实现的收入及利得、发生的费用及损失，以便配比计算损益，提供企业经营成果会计信息的账户。按照企业损益形成的内容，可以分为以下两类：

### （一）反映收入收益和利得的账户

反映收入收益的账户主要有"主营业务收入""其他业务收入""投资收益""公允价值变动损益"等账户；反映利得的账户主要有"营业外收入"等账户。

### （二）反映费用成本和损失的账户

反映费用成本的账户主要有"主营业务成本""其他业务成本""税金及附加""管理费用""财务费用""销售费用""所得税费用""资产减值损失""信用减值损失" 等账户；反映损失的账户主要有"营业外支出"等账户。

按经济内容分类的5大类账户进一步按照是否有期末余额，可分为实账户和虚账户。

实账户是指有期末余额的账户，如资产类账户、负债类账户和所有者权益类账户。这些账户不仅反映企业的资产、负债和所有者权益在本期的增减变化，还将这种变化逐期累计记录下来，并将其期末余额转为下期的期初余额，因而又称永久性账户。同时，实账户的余额是编制资产负债表的基础，因此实账户又称资产负债表账户。

虚账户是指期末没有余额的账户，如损益类账户。这一类账户用来记录企业在某一会计期间实现的收入和发生的费用，期末结转或结清后无余额。收入、费用在当期的发生额是编制利润表的基础，因此虚账户又称利润表账户。

将账户按是否有余额分为实账户与虚账户的目的是便于分期计算损益，定期编制财务报表。虚账户的提出为分期计算利润奠定了基础，因为一定期间的收入和费用只是反映这一期间的所得与所耗，下一个期间的收入和费用又要全新加以汇集，再计算出新一期的盈亏。

需注意：损益类账户的结平是通过"本年利润"账户完成的，而"本年利润"账户在年终结账时也要将其余额结转至永久性账户"利润分配——未分配利润"账户，因此，"本年利润"账户也是虚账户。

## 第三节 账户按用途和结构分类

账户按经济内容进行分类，可以了解账户体系的完整内容以及各类账户所核算的具体经济内容，有利于明确账户的经济性质，合理设置和运用账户。为正确地运用账户来记录各项经济业务，进一步认知账户在提供核算指标方面的规律性以及账户结构上的规律性，需要在账户按经济内容分类的基础上，按用途和结构进一步分类，以便具体研究账户的用途和结构。

账户的用途是指通过账户记录能够提供什么样的信息，即设置和运用账户的目的；账户按用途分类，可了解账户提供的信息、发挥的作用，有利于明确每一类账户的使用条件。账户的结构是指在账户中如何记录经济业务以取得所需要的各种核算指标，即账户的借方和贷方哪一方登记增加额，哪一方登记减少额，如果有余额，余额是在借方还是在贷方，以及余额的含义；账户按结构分类，可明确账户借贷方登记的具体内容、余额的方向及含义，有利于掌握账户的使用方法。

账户按其用途和结构分类，可以分为盘存账户、结算账户、资本账户、集合分配账户、跨期摊配账户、成本计算账户、收入账户、费用账户、财务成果账户、计价对比账户、调整账户。

## 一、盘存账户

盘存账户是用来核算和监督企业各项财产物资、货币资金增减变动及结存情况的账户，主要有"库存现金""银行存款""原材料""库存商品""周转材料""固定资产"等账户。

### （一）盘存账户的结构

盘存账户的借方登记各项财产物资和货币资金的增加数，贷方登记各项财产物资和货币资金的减少数，期末余额在借方，表示各项财产物资和货币资金的实际结存数。这类账户一般都可以通过盘点方式进行清查，以核对账实是否相符。账户结构如图 5-1 所示。

| 借方 | 盘存账户 | 贷方 |
| --- | --- | --- |
| 期初余额：财产物资、货币资金实有数 | | |
| 发生额：财产物资、货币资金本期增加数 | | 发生额：财产物资、货币资金本期减少数 |
| 期末余额：财产物资、货币资金实有数 | | |

图 5-1　盘存账户的结构

### （二）盘存账户的特点

盘存账户可通过财产清查的方法（实际盘点或对账）核对货币资金和实物财产的实际结存数与账面结存数是否相符，检查在经营管理方面和财物使用方面存在的问题。除货币资金账户外，其他盘存账户均可采用数量金额式明细账进行明细核算，可同时提供实物和价值两种指标。

## 二、结算账户

结算账户是用来核算和监督企业同其他单位或个人之间往来账款结算业务的账户。由于结算业务性质的不同，结算账户具有不同的用途和结构。结算账户按用途和结构分类，又可分为债权结算账户、债务结算账户和债权债务结算账户 3 类。

### （一）债权结算账户

债权结算账户又称资产结算账户，是用来核算和监督企业同其他单位或个人之间的债权结算情况的账户，主要有"应收票据""应收账款""预付账款""应收股利""应收利息""其他应收款"等账户。

#### 1. 债权结算账户的结构

借方登记债权的增加数，贷方登记债权的减少数，期末余额一般在借方，表示尚未收回的债权。账户结构如图 5-2 所示。

| 借方 | 债权结算账户 | 贷方 |
|---|---|---|
| 期初余额：债权期初实有数 | | |
| 发生额：债权本期增加数 | 发生额：债权本期减少数 | |
| 期末余额：尚未收回的债权 | | |

图 5-2　债权结算账户的结构

#### 2. 债权结算账户的特点

可通过核对账目的方法，落实企业尚未收回的债权情况，检查企业资金管理方面存在的问题。一般根据债务人开设三栏式明细账。

### （二）债务结算账户

债务结算账户又称负债结算账户，是用来核算和监督企业同其他单位或个人之间债务结算情况的账户，主要有"短期借款""应付票据""应付账款""预收账款""应付股利""应付利息""其他应付款""应付职工薪酬""应交税费""长期借款""应付债券"等账户。

#### 1. 债务结算账户的结构

借方登记债务的减少数，贷方登记债务的增加数，期末余额一般在贷方，表示期末尚未偿还的债务。账户结构如图 5-3 所示。

| 借方 | 债务结算账户 | 贷方 |
|---|---|---|
| | 期初余额：债务期初实有数 | |
| 发生额：债务本期减少数 | 发生额：债务本期增加数 | |
| | 期末余额：尚未偿还的债务 | |

图 5-3　债务结算账户的结构

#### 2. 债务结算账户的特点

可通过核对账目的方法，检查企业的负债情况，落实企业需要偿还的长短期债务及目前具备的偿债能力。一般根据债权人开设三栏式明细账。

### （三）债权债务结算账户

债权债务结算账户又称资产负债结算账户或往来结算账户，是同时核算债权结算业务和债务结算业务的双重性质账户，主要有"应收账款""应付账款""预收账款""预付账款"等账户。

#### 1. 债权债务结算账户的结构

借方登记债权（应收款项和预付款项）的增加额和债务（应付款项和预收款项）的减少额，贷方登记债务的增加额和债权的减少额，期末账户余额可能在借方，也可能在贷方。期末若为借方余额，表示尚未收回的债权净额，即尚未收回的债权大于尚未偿付的债务的差额；期末若为贷方余额，表示尚未偿付的债务净额，即尚未偿付的债务大于尚未收回的债权的差额。账户结构如图 5-4 所示。

| 借方 | 债权债务结算账户 | 贷方 |
|---|---|---|
| 期初余额：尚未收回的债权净额 | | 期初余额：尚未偿付的债务净额 |
| 发生额：债权本期增加额<br>　　　　债务本期减少额 | | 发生额：债权本期减少额<br>　　　　债务本期增加额 |
| 期末余额：债权>债务的期末差额 | | 期末余额：债务>债权的期末差额 |

图 5-4　债权债务结算账户的结构

### 2. 债权债务结算账户的特点

会计实务中，企业与某些企业相互之间频繁发生债权债务，从而导致双方债权人、债务人地位经常互换。比如：企业向某公司销售产品，有些款项是应收未收的，此时企业是该公司的债权人；有些款项是预收的，此时企业是该公司的债务人。为了集中反映企业与这类公司之间发生的债权和债务往来结算情况，通过设置双重性质的往来账户，可以核算企业应收或预付及应付或预收这类公司款项的增减变动及其余额，简化核算手续。一般按发生结算业务的债权人、债务人开设三栏式明细账。

借贷记账法下，可将"其他应收款"和"其他应付款"账户合并设置"其他往来"账户，用以核算和监督其他应收应付款的增减变动情况和结果。"其他往来"账户就是一个债权债务结算账户。在不单独设立"预付账款"和"预收账款"账户的企业，"应收账款"和"应付账款"账户也是债权债务结算账户。

## 三、资本账户

资本账户也称所有者权益账户，是用来核算和监督企业所有者权益的增减变动及其结存情况的账户，主要有"实收资本（或股本）""资本公积""盈余公积""利润分配——未分配利润"账户。

### （一）资本账户的结构

资本账户借方登记所有者权益的减少额，贷方登记所有者权益的增加额，期末余额在贷方，表示期末所有者权益的实有额。账户结构如图 5-5 所示。

| 借方 | 资本账户 | 贷方 |
|---|---|---|
| | | 期初余额：所有者权益实有数 |
| 发生额：所有者权益本期减少数 | | 发生额：所有者权益本期增加数 |
| | | 期末余额：所有者权益实有数 |

图 5-5　资本账户的结构

### （二）资本账户的特点

资本账户是任何企业单位都必须设置的基本账户。其中，"实收资本（或股本）""资本公积"账户反映企业投资者投入的资本；"盈余公积""利润分配——未分配利润"账户反映企业经营所得的利润中留存企业内部的积累资金。一般按资本内容开设三栏式明细账。

## 四、集合分配账户

集合分配账户是用来归集和分配企业生产经营过程中某个阶段、某个部门所发生的相关间接费用，然后向受益对象进行分配的账户，主要有"制造费用"账户。

### （一）集合分配账户的结构

集合分配账户借方登记各种费用的发生数，贷方登记按照一定标准分配计入各个成本计算对象的费用分配数，除季节性生产企业外，归集在账户借方的费用一般在当期全部分配出去，所以期末账户通常没有余额。因此，集合分配账户是明显的过渡性账户。账户结构如图 5-6 所示。

| 借方 | 集合分配账户 | 贷方 |
|---|---|---|
| 发生额：本期归集的费用发生额 | 发生额：本期分配的费用数 | |

图 5-6 集合分配账户的结构

### （二）集合分配账户的特点

集合分配账户是过渡性账户，它帮助成本计算账户完成间接费用的归集和分配，是为成本计算账户服务的账户。除季节性生产企业外，平时归集的间接费用，期末都要按照一定的分配标准分配转入各个成本计算对象，分配结转后账户无余额。一般按部门、费用项目等开设多栏式明细账。

## 五、跨期摊配账户

跨期摊配账户是用来核算和监督某一会计期间发生，但应由若干个会计期间共同负担费用的账户，主要有"长期待摊费用"账户。

### （一）跨期摊配账户的结构

跨期摊配账户借方登记费用的实际支付数，贷方登记应由某个会计期间负担的费用摊配数，期末余额在借方，表示已支付但尚未摊配完毕的费用。当实际支付的费用分摊完毕后，该账户无余额。账户结构如图 5-7 所示。

| 借方 | 跨期摊配账户 | 贷方 |
|---|---|---|
| 期初余额：已付未摊的待摊费用 | | |
| 发生额：本期支付数 | 发生额：本期摊配数 | |
| 期末余额：已付未摊的待摊费用 | | |

图 5-7 跨期摊配账户的结构

### (二)跨期摊配账户的特点

跨期摊配账户用以核算和监督摊销期限在一年以上的费用，按照权责发生制的要求，严格划分费用的归属期，即把应由若干个会计期间共同负担的费用，合理地分摊到各个受益的会计期间，便于正确计算各期的成本和损益。当支付的费用摊销完毕后，账户无余额。一般按费用项目开设三栏式或多栏式明细账。

## 六、成本计算账户

成本计算账户是用来核算和监督企业生产经营过程中某一阶段所发生的、应计入相关成本并用以确定该阶段各个成本计算对象实际成本的账户，主要有"材料采购""在途物资""生产成本""劳务成本""在建工程"等账户。

### (一)成本计算账户的结构

成本计算账户借方登记应计入成本的全部费用（包括直接计入各个成本计算对象的费用和按一定标准分配计入各个成本计算对象的费用），贷方登记结转的已完成某一过程的成本计算对象的实际成本，期末余额在借方，表示尚未完成某一过程的成本计算对象的实际成本。账户结构如图 5-8 所示。

| 借方 | 成本计算账户 | 贷方 |
| --- | --- | --- |
| 期初余额：期初未完成某一过程的成本计算对象的实际成本 | | |
| 发生额：汇集本期经营过程中应计入成本的费用 | | 发生额：结转本期完成某一过程的成本计算对象的实际成本 |
| 期末余额：尚未完成某一过程的成本计算对象的实际成本 | | |

图 5-8　成本计算账户的结构

### (二)成本计算账户的特点

成本计算账户按各个成本计算对象的成本项目设置明细账，并可以根据企业管理的需要，在明细账中为成本计算对象同时提供成本的实物和价值指标，其格式根据需要而定。

## 七、收入账户

收入账户是用来核算和监督企业在一定会计期间获得各项收入收益、利得的账户，主要有"主营业务收入""其他业务收入""营业外收入""投资收益""公允价值变动损益"等账户。

### (一)收入账户的结构

收入账户借方登记本期收入的减少额和期末转入"本年利润"账户的收入额,贷方登记本期收入的增加额,期末结转后无余额。账户结构如图 5-9 所示。

| 借方 | 收入账户 | 贷方 |
|---|---|---|
| 发生额:本期收入的减少额和期末转入"本年利润"的收入额 | | 发生额:本期收入的增加额 |

图 5-9　收入账户的结构

### (二)收入账户的特点

收入账户本期借、贷方发生额合计的差额(净额)要在当期期末全部结转到"本年利润"账户,用以反映企业在一定会计期间的利润形成过程。一般按收入来源开设多栏式明细账。

## 八、费用账户

费用账户是用来核算和监督企业在一定时期内发生的各项成本费用和损失的账户,主要有"主营业务成本""其他业务成本""税金及附加""销售费用""管理费用""财务费用""所得税费用""营业外支出"等账户。

### (一)费用账户的结构

费用账户借方登记本期费用支出的增加额,贷方登记本期费用支出的减少额和期末转入"本年利润"账户的费用数额,期末结转后无余额。账户结构如图 5-10 所示。

| 借方 | 费用账户 | 贷方 |
|---|---|---|
| 发生额:本期费用支出的增加额 | | 发生额:本期费用支出的减少额和期末转入"本年利润"的费用支出额 |

图 5-10　费用账户的结构

### (二)费用账户的特点

费用账户本期借、贷方发生额的差额(净额)要在当期期末全部结转到"本年利润"账户,用以反映企业在一定会计期间的利润形成过程。一般按费用项目开设多栏式明细账。

## 九、财务成果账户

财务成果账户是用来核算和监督企业某一会计期间(通常是一年)内全部生产经营活动最终成果的账户,主要有"本年利润"账户。

### （一）财务成果账户的结构

财务成果账户借方登记期末从各费用账户转入的费用数，贷方登记期末从各收入账户转入的收入数，年终结账前，期末余额可能在借方，也可能在贷方。期末若为贷方余额，表示本期收入大于费用的差额，即为企业本期实现的净利润；若为借方余额，则表示本期费用大于收入的差额，即为企业本期发生的亏损额。年末，本年实现的利润或发生的亏损都要转入"利润分配——未分配利润"账户，年终结转后该账户无余额。账户结构如图5-11所示。

| 借方 | 财务成果账户 | 贷方 |
|---|---|---|
| 发生额：汇集本期损类账户 | | 发生额：汇集本期益类账户 |
| 期末余额：本期发生的亏损额 | | 期末余额：本期实现的净利润 |

图 5-11　财务成果账户的结构

### （二）财务成果账户的特点

财务成果账户反映了企业利润的形成过程，借、贷方所登记的内容符合权责发生制要求和配比原则。即借方登记的费用数和贷方登记的收入数一方面要与相应的会计期间相配比，另一方面某类业务的所耗与所得要相配比，即借方的费用是为获得贷方的收入而发生的，反之亦然。两者在时间和受益关系上要相互配比，会计期间的财务成果才真实准确。

## 十、计价对比账户

计价对比账户是用来核算和监督企业某些需要按照两种不同的计价标准在同一账户中进行核算对比，用以确定其业务完成情况的账户，主要有"材料采购"账户。

### （一）计价对比账户的结构

计价对比账户借方登记采购材料的实际成本，贷方登记入库材料的计划成本，期末余额在借方，表示未入库材料的实际成本。该账户通过借、贷双方两种计价的对比，可以确定材料采购的超支或节约额。计价对比账户的结构如图5-12所示。

| 借方 | 计价对比账户 | 贷方 |
|---|---|---|
| 期初余额：未入库材料的实际成本 | | |
| 发生额：本期未入库材料的实际成本及转入"材料成本差异"的节约额 | | 发生额：入库材料的计划成本及转入"材料成本差异"的超支额 |
| 期末余额：未入库材料的实际成本 | | |

图 5-12　计价对比账户的结构

### （二）计价对比账户的特点

"材料采购"账户是用以确定材料采购完成情况（超支或节约）的账户，材料采用计划成本核算时，"材料采购"账户既是对比账户，又是成本计算账户。该账户期末若有余额，也是盘存账户。一般开设三栏式或数量金额式明细账。

### 十一、调整账户

调整账户是用以调整某个被调整账户的账面余额,以求得被调整账户的实际数额而设置的账户。实务中,对某些会计要素内容的增减变化和结余情况,需要用几个不同的账户来反映:一个账户反映要素项目的原始数据(该账户称主账户或被调整账户),其他账户反映对原始数据的调整数据(这些账户称为调整账户),将原始数据与调整数据相加或相减,可求得被调整账户的实有数额。调整账户按其调整方式的不同,可分为备抵调整账户、附加调整账户和备抵附加调整账户 3 类。

#### (一)备抵调整账户

备抵调整账户又称抵减账户,是以抵减方式对被调整账户数额进行调整,以求得被调整账户实际数额的账户。其调整方式可用计算公式表示:

被调整账户余额 – 备抵调整账户余额 = 被调整账户的实际余额

备抵调整账户是对被调整账户的调整,即对被调整账户余额的抵减,因此,被调整账户余额的方向与备抵调整账户的余额方向相反。如果被调整账户的余额方向在借方(或贷方),则备抵调整账户的余额方向一定在贷方(或借方)。

按被调整账户的性质,备抵调整账户又可分为资产备抵调整账户和权益备抵调整账户。

##### 1. 资产备抵调整账户

资产备抵调整账户是用来抵减某一资产账户的余额,以求得调整后实际余额的账户。较典型的资产备抵调整账户如表 5-1 所示。

表 5-1 典型的资产备抵调整账户

| 被调整账户<br>(1) | 资产备抵调整账户<br>(2) | 被调整账户的实际余额<br>(3) = (1) - (2) |
| --- | --- | --- |
| 应收账款 | 坏账准备 | 应收账款实际余额 |
| 存货 | 存货跌价准备 | 存货实际余额 |
| 固定资产 | 累计折旧、固定资产减值准备 | 固定资产实际余额 |
| 无形资产 | 累计摊销、无形资产减值准备 | 无形资产实际余额 |

上表中,"累计折旧""固定资产减值准备"是用来调整"固定资产"账户的。用"固定资产"账户的账面余额(原始价值)与"累计折旧""固定资产减值准备"账户的账面余额相抵减,差额就是固定资产现有的实际价值(净值)。对这 3 类账户余额进行对比分析,可以了解固定资产的新旧程度、资金占用状况、减值情况和生产能力等信息。被调整账户与资产备抵调整账户之间的关系,如图 5-13 所示。

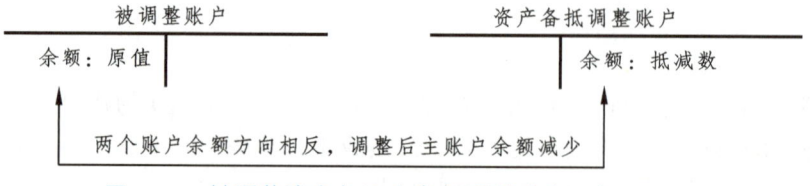

图 5-13 被调整账户与资产备抵调整账户之间的关系

### 2. 权益备抵调整账户

权益备抵调整账户是用来抵减某一权益账户的余额，以求得该权益账户实际余额的账户，主要有"利润分配"账户。"利润分配"账户是"本年利润"账户的权益备抵账户。"本年利润"账户期末贷方余额反映企业期末已实现的净利润，"利润分配"账户的期末借方余额反映企业期末已分配的利润，用"本年利润"账户贷方余额减去"利润分配"账户的借方余额，其差额就是企业期末尚未分配的利润。被调整账户与权益备抵调整账户之间的关系，如图 5-14 所示。

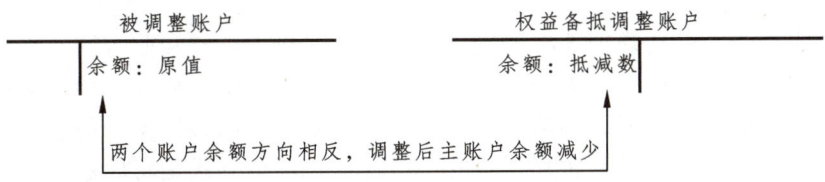

图 5-14　被调整账户与权益备抵调整账户之间的关系

### （二）附加调整账户

附加调整账户是以增加的方式对被调整账户金额进行调整，以求得被调整账户的实际余额的账户。其调整方式可用计算公式表示：

被调整账户余额 + 附加调整账户余额 = 被调整账户的实际余额

附加调整账户是用来增加被调整账户的余额，因此被调整账户余额的方向与附加调整账户的余额方向相同。如果被调整账户的余额方向在借方（或贷方），则附加调整账户的余额方向一定在借方（或贷方）。在实际工作中，很少设置单纯的附加调整账户。被调整账户与附加调整账户之间的关系，如图 5-15 所示。

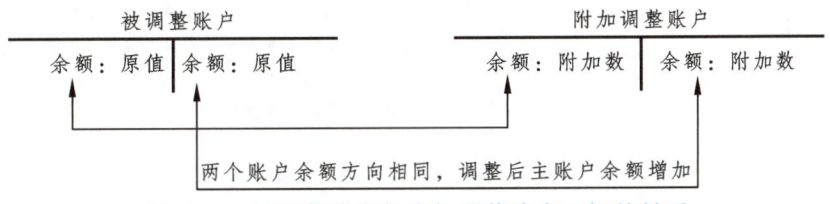

图 5-15　被调整账户与附加调整账户之间的关系

### （三）备抵附加调整账户

备抵附加调整账户是指既可以用来抵减又可以用来增加被调整账户的余额，以求得被调整账户实际余额的账户，它兼有备抵账户和附加账户的双重功能，至于它发挥哪一种功能，取决于调整账户与被调整账户的余额方向。当调整账户与被调整账户的余额同方向，调整账户是被调整账户的附加账户；当调整账户与被调整账户的余额异方向，调整账户是被调整账户的备抵账户。比如：按计划成本进行材料的日常核算时，"材料成本差异"账户就是"原材料"账户的备抵附加调整账户。当"材料成本差异"账户是借方余额时，表示实际成本大于计划成本的超支数，用"原材料"账户的借方余额加上"材料成本差异"账户的借方余额，就是库存材料的实际成本；当"材料成本差异"账户是贷方余额时，表示实际成本小于计划成本的节约数，用"原材料"账户的借方余额减去"材料成本差异"账户的贷方余额，其差额就是库存材料的实际成本。被调整账户与备抵附加调整账户之间的关系，如图 5-16 所示。

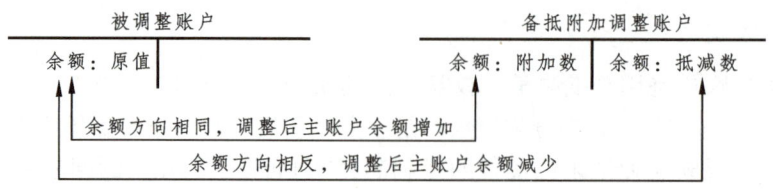

图 5-16 被调整账户与备抵附加调整账户之间的关系

### （四）调整账户的特点

调整账户是企业为提高管理效率，通过设置多个账户来核算和监督同一会计要素的增减变化及结果，因此，调整账户与主账户反映的经济内容（性质）相同，但用途结构不同。主账户反映会计要素的原始数据，调整账户反映该会计要素的调整数据，所以，调整账户不能离开主账户而独立存在，两者是相互联系的一组账户；调整方式是将原始数据与被调整数据相加或相减，求得具有特定含义的数据。同方向相加，异方向相减。

账户分类总结如图 5-17 所示。

```
账户
├─ 按账户经济内容分类
│   ├─ 资产类
│   │   ├─ 反映流动资产的账户：库存现金、银行存款等
│   │   └─ 反映非流动资产的账户：固定资产、无形资产等
│   ├─ 负债类
│   │   ├─ 反映流动负债的账户：应付账款、应交税费等
│   │   └─ 反映非流动负债的账户：长期借款、应付债券等
│   ├─ 所有者权益类
│   │   ├─ 反映所有者原始投资的账户：实收资本、资本公积
│   │   └─ 反映投入资本经营积累的账户：盈余公积、利润分配
│   ├─ 成本类
│   │   ├─ 为计算材料采购成本而设置的账户：材料采购、在途物资
│   │   ├─ 为计算产品生产成本而设置的账户：生产成本、制造费用
│   │   ├─ 为计算对外提供劳务成本而设置的账户：劳务成本
│   │   └─ 为计算自行开发无形资产成本而设置的账户：研发支出
│   └─ 损益类
│       ├─ 反映收入的账户：主营业务收入、其他业务收入
│       ├─ 反映费用的账户：主营业务成本、其他业务成本、管理费用
│       ├─ 反映利得的账户：营业外收入
│       └─ 反映损失的账户：营业外支出
└─ 按账户用途和结构分类
    ├─ 盘存账户：库存现金、银行存款、原材料、固定资产等
    ├─ 结算账户
    │   ├─ 债权结算账户：应收账款、应收票据等
    │   ├─ 债务结算账户：应付账款、应付票据等
    │   └─ 债权债务结算账户：应收(付)账款、预收(付)账款
    ├─ 资本账户：实收资本、资本公积、盈余公积
    ├─ 集合分配账户：制造费用
    ├─ 跨期摊配账户：长期待摊费用
    ├─ 成本计算账户：材料采购、生产成本、劳务成本等
    ├─ 收入账户：主营业务收入、其他业务收入、营业外收入、投资收益
    ├─ 费用账户：主营业务成本、管理费用、税金及附加等
    ├─ 财务成果账户：本年利润
    ├─ 计价对比账户：材料采购
    └─ 调整账户
        ├─ 备抵调整账户
        │   ├─ 资产备抵调整账户：累计折旧等
        │   └─ 权益备抵调整账户：利润分配
        ├─ 附加调整账户
        └─ 备抵附加调整账户：材料成本差异
```

图 5-17 账户分类

## 思考与实训练习

### 一、简答题

1. 账户分类的意义和原则是什么？
2. 账户有哪几种分类标准？
3. 账户按经济内容分类，可分为哪几类？这种分类有何意义？
4. 账户按用途和结构分类，可分为哪几类？这种分类有何意义？
5. 资产类账户的结构是怎样的？哪类账户的结构与其基本相同？
6. 负债类账户的结构是怎样的？哪类账户的结构与其基本相同？
7. 什么是盘存账户？盘存账户有何特点？
8. 什么是结算账户？结算账户分为哪几类？有何特点？
9. 什么是调整账户？为什么要设置调整账户？调整账户有何特点？

### 二、单项选择题

1. 账户按经济内容分类，也可以理解为按（　　）分类。
   A. 账户结构　　　　　　　　B. 余额
   C. 会计要素　　　　　　　　D. 发生额
2. 盘存账户一般属于（　　）。
   A. 资产性质账户　　　　　　B. 负债性质账户
   C. 成本费用类账户　　　　　D. 收入成果类账户
3. 下列账户中，属于盘存类账户的是（　　）。
   A. 应收账款　　　　　　　　B. 主营业务收入
   C. 应付账款　　　　　　　　D. 库存商品
4. 下列账户中，既是结算账户，又是负债类账户的是（　　）。
   A. 应收票据　　　　　　　　B. 预收账款
   C. 应收账款　　　　　　　　D. 预付账款
5. 调整账户余额始终与被调整账户余额在不同方向的是（　　）。
   A. 附加账户　　　　　　　　B. 备抵账户
   C. 对比账户　　　　　　　　D. 集合分配账户
6. 通过"累计折旧"账户对"固定资产"账户进行调整，反映固定资产的（　　）。
   A. 原始价值　　　　　　　　B. 折旧额
   C. 净值　　　　　　　　　　D. 增加价值
7. "应付账款"账户按用途和结构分类，属于（　　）。
   A. 负债类账户　　　　　　　B. 债权债务结算账户
   C. 资产类账户　　　　　　　D. 债权结算账户
8. 下列属于集合分配性质账户的是（　　）。
   A. 材料采购　　　　　　　　B. 原材料
   C. 财务费用　　　　　　　　D. 制造费用

9. 企业如果不单设"预收账款"账户，预收款业务需要在（　　）账户中反映。
   A. 应付账款　　　　　　　　　B. 预付账款
   C. 应收账款　　　　　　　　　D. 其他往来
10. "生产成本"账户按用途和结构分类应属（　　）类。
    A. 成本计算账户　　　　　　　B. 对比账户
    C. 盘存账户　　　　　　　　　D. 集合分配账户
11. "材料成本差异"账户是（　　）账户的备抵附加账户。
    A. 库存商品　　　　　　　　　B. 生产成本
    C. 材料采购　　　　　　　　　D. 原材料
12. 债权债务结算账户的借方登记（　　）。
    A. 债权的增加　　　　　　　　B. 债务的增加，债权的减少
    C. 债务的增加　　　　　　　　D. 债务的减少，债权的增加

### 三、多项选择题

1. 下列属于盘存账户的是（　　）。
   A. 库存商品　　　　　　　　　B. 库存现金
   C. 应收账款　　　　　　　　　D. 原材料
2. 制造企业典型的调整账户是（　　）。
   A. 主营业务收入　　　　　　　B. 累计折旧
   C. 利润分配　　　　　　　　　D. 材料成本差异
3. 账户按经济内容分类，下列属于资产类账户的是（　　）。
   A. 无形资产　　　　　　　　　B. 累计折旧
   C. 利润分配　　　　　　　　　D. 营业外支出
4. 按账户用途和结构分类，下列属于费用账户的是（　　）。
   A. 制造费用　　　　　　　　　B. 投资费用
   C. 管理费用　　　　　　　　　D. 销售费用
5. 按账户用途和结构分类，下列属于成本计算账户的是（　　）。
   A. 制造费用　　　　　　　　　B. 材料采购
   C. 生产成本　　　　　　　　　D. 累计折旧
6. 债权债务结算账户的借方发生额表示（　　）。
   A. 债权增加　　　　　　　　　B. 债务增加
   C. 债权减少额　　　　　　　　D. 债务减少额
7. 按不同标准分类，"材料采购"账户可以属于（　　）。
   A. 资产类账户　　　　　　　　B. 结算账户
   C. 计价对比账户　　　　　　　D. 成本计算账户
8. 下列账户中，可以通过明细账同时提供数量和金额指标的是（　　）。
   A. 银行存款　　　　　　　　　B. 库存商品
   C. 原材料　　　　　　　　　　D. 应收账款

9. 账户的结构是指账户如何提供核算指标，也就是（　　）。
   A. 账户期末余额的方向　　　　B. 账户余额表示的内容
   C. 账户借方核算的内容　　　　D. 账户贷方核算的内容

四、判断题

1. 备抵调整账户余额的方向与被调整账户余额的方向相反。（　　）
2. 盘存类账户是指资产类和负债类账户。（　　）
3. 账户按用途和结构分类，"本年利润"和"利润分配"账户都属于财务成果类账户。
   （　　）
4. "本年利润"账户年末必须把余额转入"利润分配——未分配利润"账户，结转后无余额。（　　）
5. 调整账户与被调整账户的结构相同。（　　）
6. "累计折旧"账户是"固定资产"账户的备抵账户。（　　）
7. "主营业务收入"账户按用途和结构划分属于计价对比账户。（　　）
8. 所有盘存账户均可以提供实物和货币两种指标。（　　）

五、实训题

[目的]练习调整账户与被调整账户之间的关系。

[资料]某企业"固定资产"账户的期末余额为 360 000 元，"累计折旧"账户期末余额为 90 000 元。

[要求]计算固定资产净值，说明"固定资产"账户与"累计折旧"账户之间的关系。

# 第三篇

# 会计基本技能

# 第六章 会计凭证

> **学习目标**：要求了解会计凭证的意义、会计凭证的传递与保管；理解会计凭证的概念；熟悉会计凭证的种类、填制要求、审核内容；掌握会计凭证的基本内容、填制和审核方法。
> **学习重点**：会计凭证的种类、基本内容、填制和审核。
> **学习难点**：记账凭证的基本内容、填制与审核。
> **课程思政**：团队精神培育、敬业诚信理念养成。

## 第一节 会计凭证概述

会计凭证简称凭证，是用以记录经济业务、明确经济责任并据以登记账簿的书面证明，是重要的会计资料。会计实务中，会计分录是通过填制会计凭证（记账凭证）完成的。填制和审核会计凭证是会计核算工作的起点和基础，合理取得、正确填制和审核会计凭证是会计核算的专门方法之一。

### 一、会计凭证的意义

会计核算的重要特征之一就是所有会计记录都必须有凭有据。因此，为保证会计信息质量要求，会计主体发生的每一项经济业务，都必须由经办该项业务的有关人员填制或取得能证明经济业务发生或完成的时间、业务内容、数量和金额的有关凭证，并在凭证上签名或盖章，以明确经济责任。比如：企业采购材料时，要由供货方开出发票；支付款项时，要由收款单位开出收款收据；材料收发时，要填制收料单、领料单等，发票、收据、收料单、领料单等都是会计凭证。企业取得或填制的会计凭证，还必须按一定的程序经有关人员进行严格审核，确认无误后，才能作为登记账簿的依据。因此，会计凭证的填制和审核，对于完成会计工作，发挥会计在经济管理中的作用，具有十分重要的意义。

### （一）会计凭证可以记录经济业务、传导经济信息

会计信息是国家经济信息的重要组成部分。市场经济条件下，及时准确的会计信息在企业管理中发挥着重要作用。填制和审核会计凭证，可以加工、整理和传递会计信息，协调会计主体内部各部门之间的经济活动，保证企业资金的正常循环和周转。

### （二）会计凭证是登记账簿的重要依据

每一项经济业务发生或完成后，有关经办人员都必须及时将经济业务的实际内容记录在会计凭证上并由专人审核签章，才能据以登记账簿；若无合法的会计凭证作为依据，任何经济业务都不能登记入账。因此，会计凭证的填制和审核，是保证会计账簿记录真实可靠的重要前提。

### （三）会计凭证可以监督经济活动，控制经济运行

通过对会计凭证的审核，监督和检查每一项经济业务是否符合国家有关法律、法规、制度的规定，及时发现企业管理中存在的问题和制度上存在的缺陷，充分发挥会计的职能作用，保护会计主体的财产安全完整，维护投资者、债权人及有关各方的合法权益。

### （四）会计凭证可以明确经济责任，强化内部控制

会计凭证记录了经济业务内容，并由有关部门和人员签章，这些部门和人员就对经济业务的真实性、合法性、合理性、完整性、正确性负有责任，促使有关责任人在其职权范围内各司其职、各负其责，强化岗位责任制，防止舞弊行为发生。

## 二、会计凭证的种类

经济业务的复杂性决定了所涉及的会计凭证的多样性。会计凭证按照填制程序和用途不同，可以分为原始凭证和记账凭证两大类。

### （一）原始凭证

原始凭证又称单据，是在经济业务发生或完成时填制或取得的，用以记载或证明经济业务的发生或完成情况，明确经济责任，并具有法律效力的书面证明，是记账的原始依据。它是进行会计核算的重要原始资料，如购货发票、领料单、银行结算凭证、车船票、出库单等。凡是不能证明经济业务已经发生或完成的单证、文件，如购货合同、费用预算等，都不属于原始凭证，不能作为记账的原始依据。

原始凭证的主要作用在于准确、及时、完整地反映经济业务的历史面貌，并据以检验有关经济业务的真实性、合法性、合理性、完整性、正确性和及时性。

### （二）记账凭证

记账凭证又称记账凭单、传票，是会计人员根据审核无误的原始凭证或汇总原始凭证，按照经济业务的内容加以归类，据以确定会计分录后所填制的、直接作为登记账簿依据的会计凭证。记账凭证是介于原始凭证与账簿之间的中间环节，它将原始凭证中的一般数据转化为会计语言，是登记明细账和总账的直接依据。会计人员要按照规定要求填制记账凭证，并根据审核无误的记账凭证登记账簿。

### （三）原始凭证和记账凭证的关系

原始凭证和记账凭证虽然同属于会计凭证，但其性质却截然不同。原始凭证记录的是经济信息，是编制记账凭证的依据和会计核算的基础；记账凭证是对原始凭证内容的概括和说明，记录的是会计信息，是会计核算的起点。实际工作中，原始凭证附在记账凭证后面，作为记账凭证的附件，有的原始凭证还是登记明细账的依据。

原始凭证和记账凭证的本质区别在于，原始凭证对经济业务是否发生或完成起到证明作用，而记账凭证是为了履行记账手续而编制的会计分录凭证。

## 第二节 原始凭证

为确保会计信息的公益性和公信力，保证其具备法律上的证明力，各会计主体的记账行为都必须依据原始凭证进行。《会计基础工作规范》规定，除结账和更正错误的记账凭证可以不附原始凭证，其他记账凭证必须附有原始凭证。

### 一、原始凭证的种类

经济业务发生或完成时都要填制或取得原始凭证，不同类型的经济业务所采用的原始凭证各不相同，因此，原始凭证种类较多，但主要按以下标准对原始凭证进行分类。

#### （一）按取得原始凭证的来源分类

原始凭证按照取得来源的不同，分为外来原始凭证和自制原始凭证。

##### 1. 外来原始凭证

外来原始凭证是指经济业务发生或完成时，从其他单位或个人取得的原始凭证。其格式因业务性质的不同而各不相同，如从销货方取得的增值税专用发票、银行收账通知、普通发票、出差时的车票和飞机票等。增值税专用发票、银行收账通知、普通发票的格式如表 6-1 ~ 表 6-3 所示。

表 6-1　增值税专用发票　　　　　　　　　　　　　　　　　　　　NO.

发票联　　　　　　　　开票日期：年　月　日

| 购货单位 | 名　　　称： | | | | | | | |
|---|---|---|---|---|---|---|---|---|
| | 纳税人识别号： | | | | 密码区 | | | |
| | 地　址、电　话： | | | | | | | |
| | 开户行及账号： | | | | | | | |

| 货物或应税劳务、服务名称 | 规格型号 | 单位 | 数　量 | 单价 | 金　额 | 税率 | 税　额 |
|---|---|---|---|---|---|---|---|
| | | | | | | | |
| 合　　　计 | | | | | | | |
| 价税合计（大写） | | | （小写） | | | | |

| 销货单位 | 名　　　称： | | |
|---|---|---|---|
| | 纳税人识别号： | | 备注 |
| | 地　址、电　话： | | |
| | 开户行及账号： | | |

收款人：　　　　　　复核：　　　　　　开票人：　　　　　　销货单位：（章）

第二联：发票联　购货方记账凭证

表 6-2　中国建设银行进账单（收账通知）3

年　月　日　　　　　　　　　　第　号

| 出票人 | 全　称 | | | 收款人 | 全　称 | | | | | | | | | | |
|---|---|---|---|---|---|---|---|---|---|---|---|---|---|---|---|
| | 账　号 | | | | 账　号 | | | | | | | | | | |
| | 开户银行 | | | | 开户银行 | | | | | | | | | | |
| 金额 | 人民币（大写） | | | | | 亿 | 千 | 百 | 十 | 万 | 千 | 百 | 十 | 元 | 角 | 分 |
| 票据种类 | | 票据张数 | | | | | | | | | | | | | | |
| 票据号码 | | | | | | | | | | | | | | | | |
| | | | | | | | 收款人开户银行盖章　年　月　日 | | | | | | | | |
| 单位主管　　　会计　　　复核　　　记账 | | | | | | | | | | | | | | | |

此联是收款人开户银行交收款人的收账通知

表 6-3　商业零售统一发票

客户名称：　　　　　　年　月　日　　　　　　NO.

| 品名 | 单位 | 数量 | 单价 | 金　　额 | | | | | | |
|---|---|---|---|---|---|---|---|---|---|---|
| | | | | 十 | 万 | 千 | 百 | 十 | 元 | 角 | 分 |
| | | | | | | | | | | |
| | | | | | | | | | | |
| | | | | | | | | | | |
| 合计人民币（大写） | | | | ¥： | | | | | | |

销售单位：　　　　　电话：　　　　　收款人：　　　　　经手人：
（盖章有效）　　　　地址：

第二联：报销凭证

## 2. 自制原始凭证

自制原始凭证是指由本单位内部经办业务的部门和人员，在执行或完成经济业务时填制的、仅供本单位内部使用的原始凭证。因业务性质不同而格式各不相同，如材料入库时填制的收料单、材料发出时填制的领料单、产品入库单、差旅费报销单、借款单等。领料单、产品入库单的格式如表6-4和表6-5所示。

表6-4 领料单

材料科目：
领料车间（部门）：　　　　　　　　　　　　　　　材料类别：
用途：　　　　　　　　年　月　日　　　　　　　　编号：

| 材料编号 | 材料名称 | 规格 | 计量单位 | 数量 | | 实际成本 | |
|---|---|---|---|---|---|---|---|
| | | | | 请领 | 实发 | 单位成本 | 金额 |
| | | | | | | | |
| | | | | | | | |
| 备注 | | | | | | | |

第三联记账联

记账：　　　　　　　　发料：　　　　　　　领料部门：　　　　　领料人：

表6-5 产成品入库单

交库单位：　　　　　　　　　　年　月　日　　　　　　　　仓库：

| 产品名称 | 规格 | 计量单位 | 交库数量 | 备注 |
|---|---|---|---|---|
| | | | | |
| | | | | |
| | | | | |
| 合　计 | | | | |

第三联记账联

车间负责人：　　　　　　　　仓库管理员：　　　　　　　　制单：

### （二）按填制原始凭证的手续和方法分类

原始凭证按照填制手续和方法的不同，分为一次凭证、汇总凭证、累计凭证。

#### 1. 一次凭证

一次凭证是指只记录一笔经济业务或多笔同类性质的经济业务的原始凭证。一次凭证是一次有效的凭证，其填制手续是一次完成的，不能重复使用，如增值税专用发票、收料单、领料单、借款单、收据、银行结算凭证等。外来原始凭证一般都是一次凭证，自制原始凭证大多也是一次凭证。其特点是凭证单一、核算简单，便于分类保管和使用。收据的格式如表6-6所示。

表 6-6　收　据

收到：　　　　　　　　　　　　　年　月　日

| 摘　要 | 金　额 | | | | | | | | | 第三联记账联 |
|---|---|---|---|---|---|---|---|---|---|---|
| | 千 | 百 | 十 | 万 | 千 | 百 | 十 | 元 | 角 | 分 |
| | | | | | | | | | | |
| 合计人民币（大写） | | | | | | | | | | |
| 备注： | | | | | | | | | | |

收款单位：（财务公章）　　　会计：　　　收款人：　　　经手人：

### 2. 汇总凭证

汇总凭证又称原始凭证汇总表，是指将一定时期内反映相同经济业务内容的若干张原始凭证，按照一定标准汇总填制的原始凭证，如工资结算汇总表、差旅费报销单、发料凭证汇总表等。其特点是汇总了同类型的经济业务，提供总括指标；同时简化了编制记账凭证和登记会计账簿的工作，提高了工作效率。发料凭证汇总表的格式如表 6-7 所示。

表 6-7　发料凭证汇总表

年　月　日　　　　　　　　　　　　　　　　　　单位：元

| 会计科目 | | 领料部门 | 原料及主要材料 | 辅助材料 | 包装物 | 低值易耗品 | 合　计 |
|---|---|---|---|---|---|---|---|
| 生产成本 | 基本生产成本 | 一车间 | | | | | |
| | | 二车间 | | | | | |
| | | 小计 | | | | | |
| | 辅助生产成本 | 供电车间 | | | | | |
| | | 供气车间 | | | | | |
| | | 小计 | | | | | |
| 制造费用 | | 一车间 | | | | | |
| | | 二车间 | | | | | |
| | | 小计 | | | | | |
| 管理费用 | | 行政部门 | | | | | |
| 合　计 | | | | | | | |

### 3. 累计凭证

累计凭证是指在一定时期内，连续记载若干项同类重复发生的经济业务，并在一张凭证中多次填制完成、多次有效的原始凭证。"限额领料单"就是比较典型的累计凭证。其特点是在一张凭证上登记连续发生的相同性质的经济业务，随时计算累计数和结余数，以便同计划或定额数相对照，进行费用控制，实现节省开支的目的，期末按实际发生额核算。限额领料单的格式如表 6-8 所示。

表 6-8　限额领料单

领料部门：　　　　　　　　　　　　　　　　　　　　　　　　　凭证编号：
用　　途：　　　　　　　　　年　月　日　　　　　　　　　　　发料仓库：

| 材料类别 | 材料编号 | 材料名称及规格 | 计量单位 | 领用限额 | 实际领用 | 单价 | 金额 | 备注 |
|---|---|---|---|---|---|---|---|---|
|  |  |  |  |  |  |  |  |  |

| 供应部门负责人： | | | | 生产计划部门负责人： | | | | |
|---|---|---|---|---|---|---|---|---|
| 日期 | 数量 | | 领料人签章 | 发料人签章 | 扣除代用数量 | 退料 | | 限额结余 |
|  | 请领 | 实发 |  |  |  | 数量 | 收料人 | 发料人 |  |
|  |  |  |  |  |  |  |  |  |  |
|  |  |  |  |  |  |  |  |  |  |

### （三）按原始凭证的格式和使用范围分类

原始凭证按格式和使用范围的不同，分为通用凭证和专用凭证。

#### 1. 通用凭证

通用凭证是指由有关部门统一印制、在一定范围内使用的具有统一格式和使用方法的原始凭证。通用凭证的使用范围，因制作部门不同而异，可以是某个地区、某一行业，也可以是全国通用。比如：某省印制的在该省使用的发货票、收据等，由银行统一制作的银行结算凭证等，由国家税务总局统一制作的增值税专用发票等。

#### 2. 专用凭证

专用凭证是指由单位自行设计、自行规定格式和使用方法、自行印制、仅在本单位内部使用的原始凭证，如领料单、折旧计算表、差旅费报销单、工资结算分配表、收料单、出库单等。

### （四）按原始凭证发挥的作用分类

原始凭证按发挥的作用不同，分为通知凭证、执行凭证和计算凭证。

#### 1. 通知凭证

通知凭证是指对某项经济业务发挥通知或指示作用的凭证。通知凭证的管理与其他原始凭证的管理有所不同，因为通知凭证不能证明经济业务已经完成，如银行进账单（收账通知）、银行扣款通知等。

#### 2. 执行凭证

执行凭证是对某项经济业务执行后填制的原始凭证，可以证明经济业务已经完成，如收料单、领料单、销货发票、各种收据等。

3. 计算凭证

计算凭证是对已完成的经济业务进行计算而编制的原始凭证。它可以证明经济业务已经完成，该凭证上的数字是按照一定的方法计算后形成的，如产品成本计算单、工资结算汇总表、辅助生产费用分配表、制造费用分配表等。

## 二、原始凭证的基本内容

会计实务中，由于各会计主体经济业务的具体内容不同，经营管理的要求不同，因而所使用的原始凭证的名称、格式和内容也不相同，其填制与审核的具体内容也会多种多样。但是，所有原始凭证都是证明经济业务发生的初始文件，具有较强的法律效力。因此，都必须客观、真实地记录和反映经济业务的发生或完成情况，明确有关部门和人员的经济责任。所以，虽然原始凭证的格式不一，但都具有相同的基本内容或基本要素，主要包括以下内容：

### （一）原始凭证的名称

原始凭证的名称用以标明原始凭证所记录的经济业务的种类，如产品入库单、增值税专用发票、收据等。

### （二）填制原始凭证的日期

填制凭证的日期一般是业务发生或完成的日期，在业务发生或完成时，因各种原因未能及时填制的原始凭证，应以实际填制日期为准。比如：销售商品时未能及时开出发票的，补开发票的日期应为实际填制时的日期。

### （三）原始凭证的编号

各种原始凭证要连续编号，有的原始凭证则预先印定编号，如发票、支票、收据等；有的原始凭证则需要在填制时编号。

### （四）填制凭证和接受凭证的单位名称

原始凭证将填制凭证的单位和接受凭证的单位相联系，表明经济业务的来龙去脉。

### （五）经济业务的内容

原始凭证对经济业务内容的反映，通过原始凭证中专设的"内容摘要"栏进行，通过如实填写经济内容的实物数量、单价和金额等，对经济业务进行完整的反映。没有具体金额的书面文件不能作为会计上的原始凭证。

### （六）经办人员的签名或盖章

签名或盖章是为了明确经济责任，如果是外来原始凭证，还必须有填制单位的财务专用章或公章。

### （七）原始凭证的联次及附件

原始凭证是一式几联的，必须注明各联的用途，用复写纸套写或打印机套打，并且只能以其中一联用作报销凭证；如果有与经济业务相关的文件、通知、批复、合同等，应作为原始凭证的附件。

实际工作中，原始凭证除了具有以上基本内容外，还可以根据经营管理和特殊业务的需要，补充一些必要的内容，如经济合同、计划指标、预算项目等。有些特殊的原始凭证，可不加盖公章，但这种凭证一般有固定的特殊标志，如火车票、飞机票等。

各会计主体根据会计核算和管理的需要，可按照原始凭证要素设计和印制适合本会计主体需要的各种原始凭证。但为加强宏观管理，强化监督，各有关主管部门为同类经济业务设计印制了统一的原始凭证。比如：人民银行统一设计的银行汇票、支票、本票等结算凭证；交通运输部门统一设计的客运、货运单据；税务部门统一设计的发票、收款收据等。

## 三、原始凭证的填制

为保证整个会计信息系统生成的会计信息真实、正确和及时，各会计主体必须按要求填制原始凭证。原始凭证的具体内容、格式不同，产生的渠道也不同，其填制的具体要求也有一定的区别。但是按照《会计法》和《会计基础工作规范》的规定，原始凭证的填制必须符合下述几项基本要求。

### （一）原始凭证的填制要求

原始凭证是填制记账凭证的依据，是会计核算最基础的原始资料。为保证原始凭证能够正确、及时、清晰地反映经济业务的真实情况，提高会计工作质量，必须明确原始凭证的填制要求。

#### 1. 记录要真实

原始凭证的填制日期、业务内容、数量、金额等必须与实际情况相一致，不能匡算和估计，更不能伪造，要确保凭证所记录的内容真实可靠。购买实物的原始凭证，必须有验收证明；支付款项的原始凭证，必须有收款单位和收款人的收款证明。

从外单位取得的原始凭证遗失时，应取得原签发单位盖有公章的证明，并注明原始凭证的号码、金额、内容等，由经办单位会计机构负责人、会计主管人员和单位负责人批准后，才能代作原始凭证；若确实无法取得证明的，如汽车票、火车票、飞机票、轮船票丢失，则应由当事人写明详细情况，由经办单位会计机构负责人、会计主管人员和单位负责人批准后，代作原始凭证。

#### 2. 内容要完整

原始凭证上各项内容要逐项填制齐全，手续要完备，不得遗漏和省略。项目填写不全的原始凭证，不能作为经济业务的合法证明，也不能作为编制记账凭证的依据和附件。

#### 3. 书写要规范

原始凭证要按规定填写，文字说明要简明扼要，数字要填写清楚，要易于辨认，不能使用未经国务院公布的简化汉字。根据《会计基础工作规范》的规定，原始凭证只能使用蓝、黑墨水填写。填制原始凭证的数字和货币符号时，必须符合下列要求：

（1）阿拉伯数字应当一个一个地写，不得连笔写。阿拉伯金额数字前面应当书写货币币种符号或者货币名称简写。比如：人民币符号用"¥"表示，美元符号用"$"表示；币种符号与阿拉伯金额数字之间不得留有空白；凡阿拉伯数字前写有币种符号的，数字后面不再写货币单位。

（2）所有以元为单位（其他货币种类为货币基本单位，下同）的阿拉伯数字，除表示单价等情况外，一律填写到角、分；无角分的，角位和分位可写"00"，或者符号"—"；有角无分的，分位应当写"0"，不得用符号"—"代替。

（3）汉字大写数字金额，如零、壹、贰、叁、肆、伍、陆、柒、捌、玖、拾、佰、仟、万、亿等，一律用正楷或者行书书写；大写金额数字到元或者角为止的，在"元"或"角"字之后应写"整"字或"正"字；大写金额数字有分的，分字后面不写"整"或"正"字。

（4）大写金额数字前未印有货币名称的，应当加填货币名称，如"人民币"3个字，货币名称与金额数字之间不得留有空白；凡同时填有大写和小写金额的原始凭证，大写与小写金额必须相符。

（5）阿拉伯金额数字中间有"0"时，汉字大写金额要写"零"字；阿拉伯数字金额中间连续有几个"0"时，汉字大写金额中可以只写一个"零"字；阿拉伯金额数字元位是"0"，或者数字中间连续有几个"0"，元位也是"0"但角位不是"0"时，汉字大写金额可以只写一个"零"字，也可以不写"零"字。比如：¥59 000.37 元，汉字大写金额可以写成"人民币伍万玖仟元零叁角柒分"，也可以写成"人民币伍万玖仟元叁角柒分"。

### 4. 填制要及时

原始凭证要在业务发生或完成时及时填制并按程序传递审核，做到不积压、不误时、不事后填补，以确保会计信息的时效性。

### 5. 手续要完备

原始凭证上单位及有关人员的签章要完整。从外单位取得的原始凭证，必须盖有填制单位的公章（包括业务公章、财务专用章、发票专用章和结算专用章等）；从个人取得的原始凭证，必须有填制人员的签名或者盖章；自制原始凭证必须有经办单位负责人或者其指定的人员签名或者盖章；对外开出原始凭证，必须加盖本单位公章或财务专用章。对外开出或从外单位取得的电子形式的原始凭证必须附有符合《电子签名法》的电子签名。

### 6. 编号要连续

大多数原始凭证的编号是预先印制的，若填写错误应加盖"作废"戳记，妥善保管，不得撕毁；对填制时才编号的各种原始凭证要连续编号，以便检查；一式几联的原始凭证，应当注明各联的用途，只能以一联作为报销凭证。

### 7. 不得刮、擦、挖、补、涂

填写的原始凭证有错误的，应当由出具单位重开或更正，更正处应当加盖出具单位印章。如果原始凭证上的金额出现错误，必须由出具单位重开，不得在原始凭证上更正；对于支票等重要的原始凭证如果填写错误，一律不得在凭证上更正，应按规定的手续注销留存，另行重新填写新的凭证。

### （二）原始凭证的填制方法

外来原始凭证是企业同外单位发生经济业务时，由外单位的经办人员填制的，因此，会计人员在根据外来原始凭证记录经济业务时，应注意外来原始凭证的填制内容是否完整有效。外来原始凭证一般由税务局等部门统一印制，或经税务等部门批准由经营单位印制，在填制时加盖出具凭证单位公章方有效。自制原始凭证的填制可以根据实际发生或完成的经济业务，由经办人员直接填制，也可以根据账簿记录对有关经济业务加以归类整理后填制，还可以根据若干张反映同类经济业务的原始凭证定期汇总填制。不同的原始凭证，其填制方法也有区别，这里主要介绍自制原始凭证的填制。

#### 1. 一次凭证的填制

一次凭证应在经济业务实际发生或完成时，由相关业务人员一次填制完成。一次凭证通常只反映一笔经济业务，或同时反映若干笔同性质的经济业务。一次凭证有的是自制原始凭证，如收料单、领料单、产品入库单、制造费用分配表等；有的是外来原始凭证，如增值税专用发票、银行结算凭证等。现举例说明"收料单""制造费用分配表"的填制方法。

"收料单"是材料物资验收入库时，由仓库保管人员根据采购材料物资的发票账单等，按实际验收入库的材料物资规格、数量、单价、金额，如实填制的一次性原始凭证。"收料单"一式三联，一联留仓库，据以登记材料物资明细账和材料卡片，一联随发票账单送交会计部门报账，一联交采购部门存查。"收料单"的格式如表6-9所示。

表6-9 收料单

供应单位：　　　　　　　　　　　　　　　　　　　　　　材料类别：
发票号码：　　　　　　　　　　年　月　日　　　　　　　收料仓库：

| 材料名称 | 计量单位 | 数量 | | 实际成本 | | | | | |
| --- | --- | --- | --- | --- | --- | --- | --- | --- | --- |
| | | 应收 | 实收 | 买价 | | 运杂费 | 合计 | 单位成本 | |
| | | | | 单价 | 金额 | | | | 第三联记账联 |
| | | | | | | | | | |
| | | | | | | | | | |
| 合计 | | | | | | | | | |
| 备注 | | | | | | | | | |

记账：　　　　　　　　　　　收料：　　　　　　　　　　制单：

有的一次凭证需要根据账簿记录对有关经济业务加以归类整理和计算后填制，包括制造费用分配表、完工产品成本计算表等。比如：月末根据制造费用账户本月借方发生额，填制"制造费用分配表"，将本月发生的制造费用，按照一定的分配标准分摊到有关产品成本中去。"制造费用分配表"如表6-10所示。

表 6-10　制造费用分配表

年　月　日　　　　　　　　　　　　　　　　　　　　　　　单位：元

| 分配对象 | 分配标准<br>（产品产量、生产工时等） | 分配率（%） | 分配金额 |
| --- | --- | --- | --- |
|  |  |  |  |
|  |  |  |  |
|  |  |  |  |
| 合　计 |  |  |  |

#### 2. 汇总凭证的填制

汇总原始凭证由相关人员以若干张反映同类经济业务的原始凭证为依据加以汇总填列，用以集中反映某项经济业务的完成情况。比如："发料凭证汇总表"，是根据一定时期的"领料单"按领料用途和材料类别分别归类汇总填制的。汇总原始凭证只能将类型相同的经济业务进行汇总并填列在一张汇总凭证上，不能汇总两类或两类以上的经济业务，格式如表 6-7 所示。

#### 3. 累计凭证的填制

累计凭证是在一定时期内不断重复地反映同类经济业务发生或完成情况，由相关人员在同一张凭证上重复填制完成的。比如："限额领料单"，是由生产计划部门根据下达的生产任务和材料消耗定额按每种材料用途分别开出的，一料一单，一般一式两联，一联交仓库据以发料，一联交领料部门据以领料。领料部门领料时，在"限额领料单"上注明请领数量，经负责人签章批准后，持单前往仓库领料。使用"限额领料单"领料，全月领用数量不得超过生产计划部门核定的月领用限额，格式如表 6-8 所示。

## 四、原始凭证的审核

为了如实反映经济业务的发生和完成情况，充分发挥会计的监督职能，防止不符合填制要求的原始凭证影响会计信息质量，保证会计信息的真实性、可靠性和正确性，会计部门必须指定专人负责严格审核原始凭证，这也是企业内部控制的重要内容。只有审核无误的原始凭证，才能作为记账的依据。

### （一）原始凭证的审核内容

原始凭证的审核应当按照相关规定进行，会计人员对原始凭证的审核主要包括对原始凭证的真实性与及时性、完整性与正确性、合法性与合理性等方面的审核。

#### 1. 真实性与及时性审核

真实性审核包括审核原始凭证记载的与经济业务相关的当事单位和当事人是否真实；凭证的填制日期、业务内容和数据是否真实；对通用原始凭证还要防范凭证造假。及时性审核包括审核原始凭证是否在经济业务发生或完成时及时填制、及时传递，有无提前或拖后现象，尤其是支票、商业汇票等时效性较强的原始凭证，更应仔细验证签发日期；超过一定时间的原始凭证，即便是真实的，也不再有报销的时效性。

2. 完整性与正确性审核

完整性审核包括审核原始凭证的各项基本要素是否齐全、有无遗漏，日期是否完整、数字是否清晰、文字是否工整、联次是否正确，有关单位和人员是否都已签名或盖章等。正确性审核包括审核经济业务的数量、单价、金额是否正确；大、小写金额是否一致；差错的更正方法是否正确。

3. 合法性与合理性审核

合法性审核包括审核所记录的经济业务是否符合国家政策、法律法规、单位财务制度等；是否履行了规定的凭证传递和审核程序；是否有违反财经纪律、贪污盗窃、虚报冒领、伪造凭证等违法乱纪行为。合理性审核包括审核原始凭证所记录的经济业务是否符合有关计划、预算的规定；成本费用列支的范围、标准是否按规定执行，是否履行规定的手续，有无背离经济效益原则和内部控制制度的要求。

（二）原始凭证审核后的处理

原始凭证的审核是一项严肃认真的工作。《会计法》对此做出了明确的规定，会计人员必须严格按照法律、法规和制度要求，坚持原则、严格审核。经审核的原始凭证应根据不同情况进行处理：

（1）对于完全符合要求的原始凭证，应及时据以编制记账凭证并登记账簿。

（2）对于真实、合法、合理但内容不够完整、手续不完备，填写有误的原始凭证，应退回有关经办人员，由其负责将有关凭证补充完整、更正错误或重开后，再办理正式会计手续。

（3）对于不真实、不合法的原始凭证，会计机构和会计人员有权不予受理，并制止、纠正不法行为，同时向单位负责人报告，请求查明原因，追究有关当事人的责任，进行严肃处理。

（4）会计人员对违反国家统一的法律法规、财会制度，以及本单位制定的有关制度的财务收支，不予制止和纠正，又不向单位领导人提出书面意见的，也应当承担连带责任。

只有审核无误的原始凭证，才能作为编制记账凭证和登记账簿的依据。

## 第三节 记账凭证

由于原始凭证只表明经济业务的具体内容，而且种类繁多、数量庞大、格式不一，所以不能凭以直接记账。为了分类反映经济业务的内容，必须按照会计核算方法的要求，将原始凭证归类整理，据以编制具有统一格式、明确会计分录的记账凭证，以作为记账的依据。可见，记账凭证是用一定的格式来记录不同经济业务的凭据（凭单）。

### 一、记账凭证的种类

记账凭证的作用主要是确定会计分录，作为账簿登记的依据。不同会计主体的经济业务内容和业务的繁简程度不同,适用于不同种类的记账凭证。根据不同的分类标准,记账凭证可分为不同的类型。

### (一)按凭证的用途分类

记账凭证按用途分类,可分为专用记账凭证和通用记账凭证。

#### 1. 专用记账凭证

专用记账凭证是指专门用来反映某一特定种类经济业务的记账凭证,按其反映的经济业务内容划分,通常可分为收款凭证、付款凭证和转账凭证。

(1)收款凭证,是指用于记录库存现金和银行存款收款业务的记账凭证。它是登记库存现金日记账、银行存款日记账及有关明细账和总账的依据,也是出纳人员收讫款项的依据。收款凭证的格式如表6-11所示。

表6-11 收款凭证

借方科目:银行存款　　　　　　　年　月　日　　　　　　　收字第____号

| 摘要 | 应贷科目 | | 记账 | 金额 | | | | | | | | | |
|---|---|---|---|---|---|---|---|---|---|---|---|---|---|
| | 总账科目 | 二级和明细科目 | | 千 | 百 | 十 | 万 | 千 | 百 | 十 | 元 | 角 | 分 |
| | | | | | | | | | | | | | |
| | | | | | | | | | | | | | |
| | | | | | | | | | | | | | |
| 合计金额 | | | | | | | | | | | | | |

财务主管　　　　记账　　　　出纳　　　　复核　　　　制单

附件　张

(2)付款凭证,是指用于记录库存现金和银行存款付款业务的记账凭证。它是登记库存现金日记账、银行存款日记账及有关明细账和总账的依据,也是出纳人员付讫款项的依据。付款凭证的格式如表6-12所示。

表6-12 付款凭证

贷方科目:库存现金　　　　　　　年　月　日　　　　　　　付字第____号

| 摘要 | 应借科目 | | 记账 | 金额 | | | | | | | | | |
|---|---|---|---|---|---|---|---|---|---|---|---|---|---|
| | 总账科目 | 二级和明细科目 | | 千 | 百 | 十 | 万 | 千 | 百 | 十 | 元 | 角 | 分 |
| | | | | | | | | | | | | | |
| | | | | | | | | | | | | | |
| | | | | | | | | | | | | | |
| 合计金额 | | | | | | | | | | | | | |

财务主管　　　　记账　　　　出纳　　　　复核　　　　制单

附件　张

（3）转账凭证，是指用于记录不涉及库存现金、银行存款收付款业务的记账凭证。即在经济业务发生时不需要收付库存现金和银行存款的各种业务就是转账业务，应填制转账凭证。转账凭证是登记有关明细账及总账的依据。转账凭证的格式如表6-13所示。

表6-13 转账凭证

年 月 日　　　　　　　　　　　　　转字第____号

| 摘要 | 总账科目 | 明细科目 | 借方金额 | | | | | | | | | 贷方金额 | | | | | | | | | 记账 |
|---|---|---|---|---|---|---|---|---|---|---|---|---|---|---|---|---|---|---|---|---|---|
| | | | 千 | 百 | 十 | 万 | 千 | 百 | 十 | 元 | 角 | 分 | 千 | 百 | 十 | 万 | 千 | 百 | 十 | 元 | 角 | 分 | |
| | | | | | | | | | | | | | | | | | | | | | | |
| | | | | | | | | | | | | | | | | | | | | | | |
| | | | | | | | | | | | | | | | | | | | | | | |
| | | | | | | | | | | | | | | | | | | | | | | |
| 合计金额 | | | | | | | | | | | | | | | | | | | | | | |

财务主管　　　　　　记账　　　　　　　　　　复核　　　　　　制单

附件　张

专用凭证可区分不同经济业务进行分类管理，便于进行经济业务的检查，所以适用于规模较大、收付款业务较多的单位。

2. 通用记账凭证

通用记账凭证是指采用一种通用的格式以反映所有经济业务的记账凭证，为各类经济业务所共同使用。通用记账凭证的格式与转账凭证基本相同，如表6-14所示。

表6-14 记账凭证

年 月 日　　　　　　　　　　　　　字第____号

| 摘要 | 总账科目 | 明细科目 | 借方金额 | | | | | | | | | 贷方金额 | | | | | | | | | 记账 |
|---|---|---|---|---|---|---|---|---|---|---|---|---|---|---|---|---|---|---|---|---|---|
| | | | 千 | 百 | 十 | 万 | 千 | 百 | 十 | 元 | 角 | 分 | 千 | 百 | 十 | 万 | 千 | 百 | 十 | 元 | 角 | 分 | |
| | | | | | | | | | | | | | | | | | | | | | | |
| | | | | | | | | | | | | | | | | | | | | | | |
| | | | | | | | | | | | | | | | | | | | | | | |
| | | | | | | | | | | | | | | | | | | | | | | |
| 合计金额 | | | | | | | | | | | | | | | | | | | | | | |

财务主管　　　　记账　　　　　出纳　　　　　复核　　　　　制单

附件　张

通用记账凭证对所有经济业务进行记录，能减少工作量，所以适用于经济业务较为简单、经营规模较小、收付款业务不多的单位。

## （二）按凭证的编制方式分类

记账凭证按编制方式的不同划分，可分为单式记账凭证和复式记账凭证。

### 1. 单式记账凭证

单式记账凭证是指将每一项经济业务所涉及的会计科目及金额分别编制记账凭证，每一张记账凭证只填列经济业务事项所涉及的一个会计科目及其金额，即一笔经济业务若涉及几个会计科目，就要填制几张会计凭证，用编号将其联系起来，以便查对。填列借方科目的凭证被称为借项记账凭证，填列贷方科目的凭证被称为贷项记账凭证。

单式记账凭证内容单一，便于按科目进行汇总，便于分工记账，加速日常的结账工作，但一张凭证不能反映经济业务的全貌和会计科目的对应关系，不便于考核分析，如有差错，查找费时。单式记账凭证在会计实践中较为少见。

### 2. 复式记账凭证

复式记账凭证是指将每一笔经济业务所涉及的全部会计科目及其发生额均在同一张记账凭证中反映的凭证，即一张凭证上至少登记两个相互对应的会计科目，是实际工作中普遍使用的凭证。专用凭证和通用凭证都是复式记账凭证。

复式记账凭证可以集中反映账户的对应关系，填写方便、附件集中，因而便于了解经济业务的全貌，了解资金的来龙去脉，便于查账；同时可以减少填制记账凭证的工作量，减少记账凭证的数量，但不便于分工记账，也不便于科目汇总。

## （三）按凭证的汇总情况分类

记账凭证按汇总情况不同划分，可分为汇总记账凭证和非汇总记账凭证。

### 1. 汇总记账凭证

汇总记账凭证是根据在一定时期内单一的记账凭证按一定的方法加以汇总而重新填制的凭证，包括全部汇总记账凭证和分类汇总记账凭证。

（1）全部汇总记账凭证。全部汇总记账凭证，又称科目汇总表或记账凭证汇总表，是根据记账凭证定期整理、汇总各类账户的借、贷方发生额，并据以登记总账的一种汇总性记账凭证。这种汇总表也属于记账凭证的一种，但不能反映账户之间的对应关系，一般可按旬或按月编制。

（2）分类汇总记账凭证。分类汇总记账凭证是按照收款凭证、付款凭证和转账凭证分别加以汇总编制的，包括汇总收款凭证、汇总付款凭证和汇总转账凭证3种。

无论是全部汇总记账凭证还是分类汇总记账凭证，其目的都是简化登记总账的工作。

### 2. 非汇总记账凭证

非汇总记账凭证又称单一记账凭证，是指根据审核无误的原始凭证或原始凭证汇总表填制的记账凭证，是没有经过汇总的记账凭证。收款凭证、付款凭证、转账凭证以及通用记账凭证等均属于非汇总记账凭证。

## 二、记账凭证的基本内容

记账凭证主要用于对原始凭证进行归类、整理，将原始凭证中所载有的原始数据通过会计分录转化为会计信息，从而成为登记账簿的直接依据。因此，作为登记账簿直接依据的记账凭证，虽然种类不同、格式各异，但一般都要具备以下基本内容，即凭证要素。记账凭证的主要内容如下：

### （一）记账凭证的名称

专用凭证中的凭证名称，如收款凭证、付款凭证、转账凭证；通用凭证中的名称，如通用记账凭证或记账凭证。

### （二）记账凭证的填制日期

记账凭证的日期与原始凭证的日期不同，可能不一定是经济业务发生的日期。

### （三）记账凭证的编号

记账凭证每个月从第1号开始连续编号。

### （四）经济业务的内容摘要

记账凭证是对原始凭证直接处理的结果，所以其摘要栏要简明扼要地反映原始凭证中的经济业务内容。

### （五）会计分录

记账凭证中要正确反映会计分录的三要素，包括账户名称、记账方向、入账金额。

### （六）所附原始凭证的张数

记账凭证是根据审核无误的原始凭证填制的。作为记账凭证填制依据的原始凭证要附在记账凭证之后，以附件的方式证明经济业务的发生或完成。

### （七）会计主管、审核、记账、出纳、制单等有关人员签章

为明确经济责任，有关人员都必须签名或盖章。

### （八）记账标记

审核无误的记账凭证，可据以登记账簿。账簿登记完毕后，要在记账凭证相应栏次金额的记账标识下面打"√"，以防止重复记账。

## 三、记账凭证的填制

记账凭证在会计资料形成过程中，发挥着便于记账、减少差错、保证质量的重要作用，

是原始凭证所记载的内容向会计账簿传递的中间环节。因此,填制记账凭证要求会计人员将各项记账凭证要素按规定方法填写齐全,便于账簿登记。

### (一) 记账凭证填制的要求

记账凭证虽有不同格式,但就记账凭证确定会计分录、便于保管和查阅会计资料看,各种记账凭证应当具备各项基本要素,这些要素必须按规定及时、准确、完整地填写,并按规定的程序办理各项手续,不得简化。记账凭证除了严格遵循前述原始凭证的填制要求外,还必须符合以下要求:

#### 1. 填制依据真实

记账凭证必须根据审核无误的原始凭证填制,除结账和错账更正外,记账凭证必须附有原始凭证,并注明所附原始凭证的张数,以便核对摘要及所编的会计分录是否正确。如果一张原始凭证涉及几张记账凭证,可以把原始凭证附在一张主要的记账凭证后面,并在其他记账凭证上注明附有该原始凭证的记账凭证的编号或者附原始凭证复印件;一张原始凭证所列支出需要几个单位共同负担的,原始凭证由主办方保存,主办方应当将其他单位负担的部分,开给对方原始凭证分割单进行结算。原始凭证分割单必须具备原始凭证的基本内容。

#### 2. 日期填写准确

记账凭证的日期一般应以财务部门受理经济业务事项日期为准,年、月、日填写齐全。库存现金收付款凭证的填写日期为编制收付款凭证的当天,不得提前或推后;银行付款业务的记账凭证一般以财会部门开出付款单据的日期或承付款项的日期填写;银行收款业务的记账凭证一般按银行进账单或银行受理回执的戳记日期填写;月末计提、分配费用、成本计算、转账等业务,大多是在下月初进行,但所填日期应当填写当月最后一日的日期。

#### 3. 凭证顺序编号

记账凭证应按业务发生的顺序并按不同种类的记账凭证采用"字号编号法"连续编号。可以按所有业务统一编号,也可以按业务类别分别编号,还可以将统一编号与分类编号相结合。无论采用哪一种编号方法,都应该按月顺序编号,即每月都从1号编起,按自然数1,2,3,4…顺序编至月末,不得跳号、重号;一笔经济业务需要填制两张或两张以上记账凭证的,可以采用分数编号法。比如:一笔经济业务需填制3张转账凭证,该转账凭证的顺序号是16,这3张记账凭证的编号可编成$16\frac{1}{3}$、$16\frac{2}{3}$、$16\frac{3}{3}$,分母3表示这笔业务需3张记账凭证,分子1、2、3分别表示第1、2、3张;每月末最后一张记账凭证的编号旁应加注"全"字。

#### 4. 摘要简明扼要

记账凭证的"摘要"栏既是对经济业务的简要说明,又是登记账簿的重要依据,必须针对不同性质的经济业务特点,考虑到查阅凭证和登记账簿的需要,真实准确地填写,不可漏填或错填，所填经济业务的内容和所附原始凭证的内容要相符；书写要简明扼要、详略得当、文字精练、含义明确。

### 5. 科目运用正确

必须按规定的会计科目及其核算内容，正确编制会计分录，确保科目的准确运用。会计科目应填写会计科目的全称或会计科目的名称和编号，不得简写或只填会计科目的编号而不填名称；同时，按要求填列二级和三级明细科目于相应栏次。

### 6. 金额填写正确

记账凭证的金额必须与原始凭证或原始凭证汇总表的金额相符；阿拉伯数字应书写规范，并填至分位；相应的数字应平行对准相应的借贷栏次和会计科目的栏次，防止错栏串行；合计行填写时，应在金额最高位值数前填写人民币"¥"字符号，以示金额封顶，防止窜改。不是合计数字前不应填写货币符号。一笔经济业务因涉及会计科目较多，需填写多张记账凭证的，只在最末一张记账凭证的"合计"行填写合计金额。

### 7. 空行注销规范

记账凭证应按行次逐笔填写，不得跳行或留有空行。填制完毕的记账凭证如有空行的，应当自"金额"栏最后一笔数字下的空行处至合计数上的空行处画线注销，以堵塞漏洞，严密会计核算手续。特别要注意：注销线两端都不能划到有金额数字的行次上。

### 8. 签章手续完备

记账凭证填制完成后，应进行复核和检查，有关人员均要签名或盖章，以加强审核并明确经济责任，并使会计人员互相制约和监督，防止错误和舞弊行为的发生；出纳人员根据收、付款凭证收入款项或付出款项时，应在凭证上加盖"收讫"或"付讫"的戳记，以免重收重付。

### 9. 错误更正规范

如果在填制记账凭证时发生错误，应当重新填制，不得在该凭证上做任何更改；已登记入账的记账凭证在当年发现填写错误时，必须用正确的更正方法更正后据以记账；发现以前年度记账凭证有差错的，应当用黑字或蓝字填一张更正的记账凭证。

### 10. 附件张数准确

记账凭证一般附有原始凭证。附件张数用阿拉伯数字写在记账凭证的右侧"附件××张"行内。附件张数的计算方法有两种。

（1）按附原始凭证的自然张数计算，即凡与经济业务内容相关的每一张凭证，都作为记账凭证的附件。

（2）有原始凭证汇总表的附件，可将原始凭证汇总表张数作为记账凭证的附件张数，再把原始凭证作为原始凭证汇总表的附件张数处理。对于报销差旅费、市内交通费、医疗费的零散票券，可贴在一张纸上，作为一张原始凭证。

当一张或几张原始凭证涉及几张记账凭证时，可将原始凭证附在一张主要的记账凭证后面，并在摘要栏内注明"本凭证附件包括××号记账凭证业务"字样，在其他记账凭证上注明"原始凭证附在××号记账凭证后面"字样。

### （二）记账凭证的填制方法

不同格式的记账凭证，其填制方法会有差异。

#### 1. 收款凭证的填制

收款凭证是记录库存现金、银行存款收款业务的凭证，它是由出纳人员根据审核无误的原始凭证收款后填制的。左上方的借方科目是"库存现金"或"银行存款"科目，右上方填写收款凭证编号，"摘要"栏填写经济业务的内容概要，凭证内的贷方科目是与借方科目相对应的科目，记账栏注明记入总账和日记账的页次，也可用"√"表示已入账，防止经济业务重记或漏记，金额栏按实际发生额填写，凭证右侧填写所附原始凭证张数，下方是相关人员签名或盖章，以明确责任。

【例6-1】2024年7月5日，销售M产品1 000件，每件200元，开出增值税专用发票，货款200 000元，销项税额26 000元。产品已发出，款项收妥入账。出纳人员根据审核无误的原始凭证填制银行存款收款凭证，内容与格式如表6-15所示。

表6-15　收款凭证

借方科目：银行存款　　　　2024年7月05日　　　　收字第__7__号

| 摘要 | 应贷科目 | | 记账 | 金额 | | | | | | | | |
|---|---|---|---|---|---|---|---|---|---|---|---|---|
| | 总账科目 | 二级和明细科目 | | 千 | 百 | 十 | 万 | 千 | 百 | 十 | 元 | 角 | 分 |
| 销售产品 | 主营业务收入 | M产品 | | | | 2 | 0 | 0 | 0 | 0 | 0 | 0 | 0 |
| | 应交税费 | 应交增值税（销项税额） | | | | | 2 | 6 | 0 | 0 | 0 | 0 | 0 |
| | | | | | | | | | | | | | |
| 合计金额 | | | | ¥ | 2 | 2 | 6 | 0 | 0 | 0 | 0 | 0 |

附件3张

财务主管　　　　记账　　　　出纳 李×　　　　复核　　　　制单 李×

#### 2. 付款凭证的填制

付款凭证是记录库存现金、银行存款付款业务的凭证，它是由出纳人员根据审核无误的原始凭证付款后编制的。左上方的贷方科目是"库存现金"或"银行存款"科目；凭证内的借方科目是与贷方科目相对应的科目。其他内容与收款凭证基本相同。

【例6-2】2024年7月7日，企业购入A材料1吨，取得销货增值税专用发票，货款10 000元，进项税额1 300元；取得货运增值税专用发票，运费500元，进项税额45元。款项通过银行支付，材料已验收入库。出纳人员根据审核无误的原始凭证编制银行存款付款凭证，内容与格式如表6-16所示。

表 6-16 付款凭证

贷方科目：银行存款　　　　　　2024 年 7 月 07 日　　　　　　付字第＿10＿号

| 摘要 | 应借科目 | | 记账 | 金额 | | | | | | | | | |
|---|---|---|---|---|---|---|---|---|---|---|---|---|---|
| | 总账科目 | 二级和明细科目 | | 千 | 百 | 十 | 万 | 千 | 百 | 十 | 元 | 角 | 分 |
| 采购材料 | 原材料 | A 材料 | | | | | 1 | 0 | 5 | 0 | 0 | 0 | 0 |
| | 应交税费 | 应交增值税（进项税额） | | | | | | 1 | 3 | 4 | 5 | 0 | 0 |
| | | | | | | | | | | | | | |
| | | | | | | | | | | | | | |
| 合计金额 | | | | | ¥ | 1 | 1 | 8 | 4 | 5 | 0 | 0 | |

附件 4 张

财务主管　　　　记账　　　　出纳 李×　　　　复核　　　　制单 李×

需注意：对库存现金、银行存款之间的相互划转业务，如从银行提取现金或将现金存入银行，在编制记账凭证时，一般只编制付款凭证，不编制收款凭证，以减少记账凭证的填制工作并避免重复记账。

### 3. 转账凭证的填制

转账凭证是用来记录与库存现金、银行存款收付无关的转账业务的凭证，它是由会计人员根据审核无误的原始凭证或原始凭证汇总表填制的。经济业务涉及的会计科目全部填列在凭证内，借方科目在前，贷方科目在后，应借应贷金额填列在"借方金额""贷方金额"栏内，借、贷方金额合计数相等；右上方填写转账凭证编号，"摘要"栏填写经济业务的内容概要，记账栏注明记入总账和明细账的页次，也可用"√"表示已入账；凭证右侧填写所附原始凭证张数，下方是相关人员签名或盖章，以明确责任。

【例 6-3】2024 年 7 月 31 日，按规定计提本月固定资产折旧 26 800 元，其中，生产车间固定资产折旧 18 800 元，行政管理部门固定资产折旧 8 000 元。会计人员根据审核无误的自制原始凭证（折旧计算表）编制转账凭证，内容与格式如表 6-17 所示。

表 6-17 转账凭证

2024 年 7 月 31 日　　　　　　转字第＿57＿号

| 摘要 | 总账科目 | 明细科目 | 借方金额 | | | | | | | | | 贷方金额 | | | | | | | | | 记账 |
|---|---|---|---|---|---|---|---|---|---|---|---|---|---|---|---|---|---|---|---|---|---|
| | | | 千 | 百 | 十 | 万 | 千 | 百 | 十 | 元 | 角 | 分 | 千 | 百 | 十 | 万 | 千 | 百 | 十 | 元 | 角 | 分 | |
| 计提折旧 | 制造费用 | 折旧费 | | | | | 1 | 8 | 8 | 0 | 0 | 0 | | | | | | | | | | | |
| | 管理费用 | 折旧费 | | | | | | 8 | 0 | 0 | 0 | 0 | | | | | | | | | | | |
| | 累计折旧 | | | | | | | | | | | | | | | | 2 | 6 | 8 | 0 | 0 | 0 | |
| | | | | | | | | | | | | | | | | | | | | | | |
| 合计金额 | | | | | | ¥ | 2 | 6 | 8 | 0 | 0 | 0 | | | | ¥ | 2 | 6 | 8 | 0 | 0 | 0 | |

附件 1 张

财务主管　　　　记账　　　　复核　　　　制单 王×

需注意：对于既涉及收款业务或付款业务，又涉及转账业务的综合性业务，可分开填制不同类型的记账凭证。

#### 4. 通用记账凭证的填制

通用记账凭证的名称为"记账凭证"，它集收款、付款和转账凭证于一身，通用于收款、付款和转账等各种类型的经济业务。其格式及填制方法与转账凭证基本相同。

从以上记账凭证的填制方法和运用举例中，可以看出记账凭证和会计分录的不同。记账凭证要求要素齐全，并有严格的填制与审核手续；而会计分录则仅是表明记账凭证中应借、应贷的科目与金额，是记账凭证的最简化形式。会计分录通常只是为了教学方便而出现在书本之中，会计实务中则被填制于记账凭证中，记账凭证是会计分录的载体。

### 四、记账凭证的审核

记账凭证是登记账簿的直接依据，为了保证账簿记录的正确性以及会计信息质量，任何记账凭证在登记入账前都应由专人对其进行严格审核。只有审核无误的记账凭证，才能作为登记账簿的依据。审核的主要内容如下：

#### （一）内容是否真实

主要审核记账凭证是否以审核无误的原始凭证或原始凭证汇总表为依据，记账凭证的内容是否与所附原始凭证或原始凭证汇总表的内容一致、金额是否相等；所附原始凭证是否已经审核无误，内容是否真实，所附原始凭证的张数是否与记账凭证所列附件张数相符。

#### （二）科目是否正确

主要审核记账凭证所列会计科目（包括总账科目和明细账科目）、应借应贷方向和金额是否正确，是否有明确的账户对应关系，所使用的会计科目是否符合国家的统一规定，借贷双方的金额是否平衡，明细账科目金额之和与相应的总账科目的金额是否相等。

#### （三）项目是否齐全

主要审核记账凭证中的日期、凭证编号、摘要、附件张数等项目是否填列齐全，有关人员是否签字或盖章，记账凭证上填写的附件张数是否与实际原始凭证的张数相符等；若发现凭证中的记录不完整或错误，应及时重新填制或按规定办理更正手续。

## 第四节　会计凭证的传递与保管

会计凭证记录的经济业务不同，要据以办理业务的手续和所需的时间也不同。为了及时反映和监督经济业务的执行、完成情况，促使经办业务的部门和人员及时、正确地办理凭证相关手续，加强岗位责任制及内部会计监督落实，需要对经常发生的由各有关部门共同办理的主要经济业务，明确规定其凭证传递的程序和时间，并妥善保管归档的会计凭证。

## 一、会计凭证的传递

会计凭证的传递是指从会计凭证的取得或填制到审核、登记账簿、装订至归档保管时止，在单位内部各有关部门和人员之间传送的顺序、时间和手续。它要根据企业组织机构、人员分工情况、各项经济业务的特点、适应经济管理和内部控制的需要来确定。会计凭证的传递过程如图6-1所示。

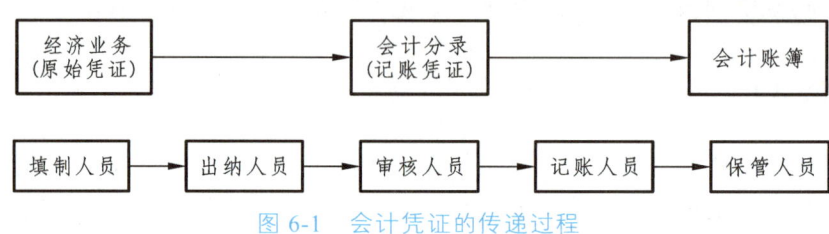

图6-1 会计凭证的传递过程

科学、合理地组织会计凭证的传递，对于及时处理和登记经济业务，协调单位内部各部门、各环节的工作具有重要作用。会计凭证的传递程序一般应注意以下几方面：

（1）传递的程序要合理。要明确会计凭证各联次的用途和传递路线，具体规定凭证在有关部门和人员之间的传递程序，提高程序设计的合理性，使各有关部门和人员能够了解经济业务的情况，明确各自的责任，及时办理凭证手续，避免不必要的环节，提高工作效率。

（2）传递的时间要节约。要合理确定会计凭证的传递时间。在保证有关部门和人员有足够时间完成凭证处理工作的前提下，尽量减少会计凭证在各个环节上的停留时间，保证凭证及时传递、及时处理，防止拖延积压。

（3）传递的手续要严密。要完善会计凭证传递中的衔接手续，指定专人办理交接，做到责任明确、严密完备、严格有序，同时又简单易行，确保凭证的收发、交接都能按规定的手续和制度办理，保证会计凭证的安全完整。

会计凭证的传递程序和时间确定后，可以绘制成流程图或流程表，通知有关人员参照执行，执行中可随时根据实际情况加以修正。

## 二、会计凭证的保管

会计凭证的保管是指会计凭证在记账后所进行的整理、装订、编目、归档保管和存查工作。会计凭证是重要的会计档案和历史资料，为了便于随时查阅利用，各单位都要按规定保管，不得丢失和任意销毁，既保证会计凭证安全，又保证日后查找迅速准确。

《会计档案管理办法》规定：各单位必须加强对会计档案管理工作的领导，建立会计档案的立卷、归档、保管、查阅和销毁等管理制度，保证会计档案妥善保管、有序存放、方便查阅，严防毁损、散失和泄密。

（1）加强日常保管。各种会计凭证应及时传递，不得积压。审核无误的记账凭证据以登记账簿后，会计部门应定期（每天、每旬或每月）对各种会计凭证加以分类整理，即将各种记账凭证按照编号顺序，连同所附原始凭证折叠整齐，不得散乱和丢失，以备后期装订。

（2）定期装订成册。会计部门应定期将有编号顺序、折叠整齐的记账凭证及所附原始凭证分册装订，并加具封面、封底。在封面上，写明单位名称、年度、月份、凭证种类、起讫日期、起讫编号，并加贴封条、加盖会计主管的骑缝图章，防止抽换凭证。原始凭证较多时，可单独装订保管，但应在凭证封面上注明所属记账凭证的日期、编号和种类，同时在所属的记账凭证上应注明"附件另订"及原始凭证的名称和编号，以便查阅。各种重要的原始凭证，如经济合同、涉外文件、押金收据等，应当另编目录，单独保管，并在相关的记账凭证、原始凭证上注明日期和编号。

（3）妥善归档保管。当年形成的会计档案，在会计年度终了后，可暂由会计机构保管一年，期满之后，应当由会计机构编制移交清册，移交本单位档案机构统一保管；因工作需要确需推迟移交的，应当经单位档案管理机构同意，且最长不超过3年。未设立档案机构的，应当在会计机构内部指定专人保管；出纳人员不得兼管会计档案。

（4）严格凭证借阅。会计凭证原则上不得借出，单位内部如有特殊需要，必须报经批准，但不得拆散原卷册，并应限期归还；需要查阅已入档的会计凭证时，必须办理借阅手续。其他单位因特殊原因需要使用原始凭证时，经本单位负责人同意，可以查阅或复制。但向外单位提供的原始凭证复印件，应在专设的登记簿上登记，并由提供人员和收取人员共同签名或盖章。

（5）严守保管期限。涉外和其他重要的会计凭证要永久保管，不得销毁；定期保存的会计凭证在保管期限满后，单位应当组织对到期会计档案进行鉴定，经鉴定仍需继续保存的会计档案，应当重新划定保管期限；对保管期满确实无保存价值的会计档案，应按照规定的手续，开列清单，报经批准后销毁，并由档案部门和会计部门共同派人监销；任何单位和个人都不能随意销毁会计凭证；按《会计档案管理办法》的规定，会计凭证一般应保存30年。

【案例6-1】

2021年10月19日，据上海市纪委监委驻浦发银行纪检监察组、上海市黄浦区纪委监委消息：浦发银行深圳分行金融机构部原总经理向×涉嫌严重违纪违法，目前正接受上海市纪委监委驻浦发银行纪检监察组纪律审查和上海市黄浦区监察委员会监察调查。

上海黄浦区人民法院的刑事判决书曝光了向×的犯罪细节。经审理查明，被告人向×在担任浦发银行深圳分行金融机构部总经理期间，利用全面负责部门工作的职务便利，于2016年4月至2017年12月，先后安排金融机构部的报销岗位综合员邓某、刘某，采用虚列业务招待费、宣传费等名目，将向×通过各种途径购买、获取的不能对应真实支出的发票，经内部审核报销后套取本单位营销费用合计人民币207.25万元。邓某、刘某主要通过浦发银行、建设银行账户转入向×的银行账户予以侵吞，归向×个人支配使用（主要用于支付购房款、归还房贷、个人理财等）。

根据浦发银行费用支出的相关规定，严禁非真实开支事项列账套取费用。被告人向×违反单位报销规定、虚列名目，使用形式上合规但开支事项虚假的发票套取资金。无论是用于个人消费的虚假报销还是超标公务支出的虚假报销，都应计入贪污金额。

## 思考与实训练习

### 一、简答题

1. 什么是会计凭证？会计凭证如何分类？
2. 什么是原始凭证？原始凭证如何分类？原始凭证的基本要素有哪些？
3. 原始凭证填制的要求是什么？为什么说原始凭证是最具有法律效力的凭证？
4. 原始凭证的审核内容包括哪几个方面？审核结果如何处理？
5. "¥109.50""¥1008.56""¥1000.68""¥10.00""¥2500.00"的大写金额如何书写？
6. 什么是记账凭证？记账凭证如何分类？记账凭证的基本要素有哪些？
7. 专用凭证和通用凭证的填制有何不同？
8. 货币资金之间的划转业务，应填写哪种记账凭证？
9. 记账凭证填制的要求是什么？
10. 记账凭证的审核包括哪些内容？
11. 原始凭证和记账凭证之间有何联系和区别？
12. 如何进行会计凭证的传递与保管？

### 二、单项选择题

1. （　　）是记录经济业务、明确经济责任的书面证明，也是登记账簿的依据。
   A. 记账凭证　　B. 原始凭证　　C. 付款凭证　　D. 会计凭证
2. （　　）是在经济业务发生或完成时取得或填制的，用以记录或证明经济业务的发生或完成情况的书面证明。
   A. 记账凭证　　B. 原始凭证　　C. 付款凭证　　D. 收款凭证
3. 外来原始凭证一般都是（　　）。
   A. 一次凭证　　B. 汇总凭证　　C. 累计凭证　　D. 付款凭证
4. 记账凭证是根据审核无误的（　　）填制的。
   A. 会计科目　　B. 记账方法　　C. 会计要素　　D. 原始凭证
5. 仓库保管人员填制的收料单，属于企业（　　）。
   A. 外来原始凭证　　　　　　B. 自制原始凭证
   C. 汇总原始凭证　　　　　　D. 累计原始凭证
6. 原始凭证的基本内容中不包括（　　）。
   A. 内容摘要　　B. 日期　　C. 会计分录　　D. 实物数量
7. 将现金存入银行应填制（　　）。
   A. 银行存款付款凭证　　　　B. 库存现金付款凭证
   C. 银行存款收款凭证　　　　D. 库存现金收款凭证
8. 下列不能作为原始凭证的是（　　）。
   A. 发货票　　B. 收料单　　C. 经济合同　　D. 领料单
9. 下列凭证中，（　　）属于外来原始凭证。
   A. 出库单　　B. 入库单　　C. 销货发票　　D. 银行收账通知

10. （　　）是将反映同类经济业务的原始凭证汇总编制的原始凭证。
    A. 累计凭证　　　B. 汇总凭证　　　C. 一次凭证　　　D. 记账凭证
11. 会计凭证按（　　）划分，可分为原始凭证和记账凭证。
    A. 填制方式　　　　　　　　B. 来源
    C. 填制程序和用途　　　　　D. 反映的内容
12. 凭证的传递，是指（　　）在单位内部有关部门及人员之间的传递程序与传递时间。
    A. 会计凭证的填制到登记账簿止　　B. 会计凭证的填制或取得到归档止
    C. 会计凭证审核后到归档止　　　　D. 会计凭证的填制到汇总登记账簿止
13. 收款凭证、付款凭证和转账凭证都属于（　　）。
    A. 单式记账凭证　　　　　　B. 通用记账凭证
    C. 单科记账凭证　　　　　　D. 复式记账凭证
14. 用转账支票支付前欠货款，应填制（　　）。
    A. 收款凭证　　B. 付款凭证　　C. 转账凭证　　D. 原始凭证
15. 差旅费报销单属于（　　）。
    A. 记账凭证　　　　　　　　B. 外来原始凭证
    C. 自制原始凭证　　　　　　D. 累计凭证
16. 负责填制记账凭证的是（　　）。
    A. 会计人员　　B. 出纳人员　　C. 经办人员　　D. 主管人员
17. 可以不附原始凭证的记账凭证是（　　）。
    A. 所有收款凭证　　　　　　B. 所有付款凭证
    C. 所有转账凭证　　　　　　D. 用于结账的记账凭证
18. 限额领料单属于（　　）。
    A. 一次凭证　　B. 累计凭证　　C. 汇总凭证　　D. 通用凭证
19. 外单位如因特殊原因需要使用原始凭证时，经本单位负责人批准（　　）。
    A. 可以借阅　　　　　　　　B. 可以查阅或复制
    C. 可以查阅不能复制　　　　D. 不可查阅不可复制
20. 根据记账凭证定期整理、汇总各类账户的借、贷方发生额的凭证是（　　）。
    A. 科目汇总表　　　　　　　B. 汇总凭证
    C. 累计凭证　　　　　　　　D. 汇总原始凭证

## 三、多项选择题

1. 付款凭证的贷方科目有（　　）。
    A. 库存现金　　B. 短期借款　　C. 银行存款　　D. 实收资本
2. 限额领料单是（　　）。
    A. 外来原始凭证　　　　　　B. 自制原始凭证
    C. 一次凭证　　　　　　　　D. 累计凭证
3. 下列属原始凭证应具备的基本内容是（　　）。
    A. 凭证名称和填制日期　　　B. 接受凭证单位的名称、有关人员的签章
    C. 经济业务的内容　　　　　D. 会计分录

4. 记账凭证必须具备的基本内容有（     ）。
   A. 凭证名称、日期和编号　　　　B. 有关人员的签名和盖章
   C. 经济业务的简要说明　　　　　D. 会计分录
5. 需填制两张记账凭证的一笔业务，凭证顺序号为 7 号，两张记账凭证编号为（     ）。
   A. 7（1）号　　B. 7（2）号　　C. $7\frac{1}{2}$ 号　　D. $7\frac{2}{2}$ 号
6. 下列经济业务中，应填制转账凭证的是（     ）。
   A. 国家以厂房对企业投资　　　　B. 外商以货币资金对企业投资
   C. 购买材料未付款　　　　　　　D. 销售商品收到商业汇票一张
7. 下列经济业务中，应填制付款凭证的是（     ）。
   A. 提现金备用　　　　　　　　　B. 购买材料预付定金
   C. 购买材料未付款　　　　　　　D. 以银行存款支付前欠账款
8. 原始凭证的审核内容包括（     ）。
   A. 真实性　　B. 合法性　　C. 完整性　　D. 及时性
9. 可作为记账凭证填制依据的是（     ）。
   A. 自制原始凭证　　　　　　　　B. 外来原始凭证
   C. 汇总原始凭证　　　　　　　　D. 通用记账凭证
10. 企业购入的材料验收入库，货款已付，根据这项业务填制的会计凭证是（     ）。
    A. 收款凭证　　B. 付款凭证　　C. 收料单　　D. 一次凭证
11. 填制和审核会计凭证是为了（     ）。
    A. 提供记账依据　　　　　　　　B. 记录经济业务
    C. 监督经济活动　　　　　　　　D. 明确经济责任
12. 根据反映交易或事项的内容不同，专用记账凭证可分为（     ）。
    A. 收款凭证　　B. 付款凭证　　C. 转账凭证　　D. 一次凭证
13. 以下属于记账凭证审核内容的是（     ）。
    A. 内容是否真实　　　　　　　　B. 科目是否正确
    C. 项目是否齐全　　　　　　　　D. 书写是否规范
14. 记账凭证是（     ）。
    A. 在经济业务发生时填制的　　　B. 登记账簿的依据
    C. 由会计人员填制的　　　　　　D. 根据审核无误的原始凭证填制的
15. 下列说法正确的是（     ）。
    A. 购买实物的原始凭证，必须有验收证明
    B. 一式几联的原始凭证，必须注明各联的用途
    C. 原始凭证金额有误的，必须由出具单位更正
    D. 原始凭证必须记录真实、内容完整

## 四、判断题

1. 企业与外单位发生经济业务，取得的各种书面证明不一定都是原始凭证。　　（     ）
2. 自制原始凭证是由企业财会部门自行填制的原始凭证。　　　　　　　　　　（     ）

3. 对于不真实、不合法的原始凭证，会计人员应要求有关经办人员及财务负责人签字后，再正式办理会计手续。（   ）
4. 企业每项经济业务的发生都必须从外部取得原始凭证。（   ）
5. 只要是真实的原始凭证就可以作为收付财物和记账的依据。（   ）
6. 记账凭证的日期不一定与原始凭证的日期一致。（   ）
7. 自制原始凭证都应由会计人员填写，以保证其正确性。（   ）
8. 转账凭证用于不涉及现金和银行存款收付业务的其他转账业务。（   ）
9. 从银行提取现金的业务，只填制付款凭证，不填收款凭证。（   ）
10. 在编制记账凭证时，原始凭证就是记账凭证的附件。（   ）
11. 为简化核算，可将类似的经济业务汇总编制汇总原始凭证。（   ）
12. 会计凭证保管应严格遵守保管要求，期满前不得任意销毁。（   ）
13. 支票填写有误，更改后必须在更改处加盖预留银行印鉴。（   ）
14. 记账栏内已打钩，表示该笔业务已登记入账，目的是防止漏记或重记。（   ）
15. 预先印定编号的原始凭证填写错误作废时，应加盖"作废"戳记后销毁。（   ）

### 五、实训题

[目的]练习记账凭证的填制。

[资料]第四章实训八。

[要求]根据经济业务和做出的会计分录选择填制相应的记账凭证，编制发生额试算平衡表。（记账凭证和试算平衡表按需要发放给学生）

# 第七章 会计账簿

PART SEVEN

**学习目标**：了解账簿设置的意义和原则、账簿的更换与保管、错账的查找方法；理解账簿的概念及对账、结账的内容；熟悉账簿的种类和格式、账簿的登记要求；掌握日记账、分类账的登记方法以及错账的更正方法。
**学习重点**：账簿的设置及登记、错账的更正。
**学习难点**：对账和结账、错账的更正。
**课程思政**：工匠精神培育、严谨缜密作风养成。

## 第一节 会计账簿概述

企业在经营过程中发生的经济业务，最初记录在原始凭证中，然后由会计人员根据审核无误的原始凭证，按照复式记账的原理，通过填制记账凭证反映出来。填制和审核会计凭证，可以将日常发生的经济业务进行如实、正确的记录，明确经济责任。但由于会计凭证的数量繁多、信息分散，每张凭证只能记录单笔经济业务，缺乏系统性，不便于会计信息的整理与报告，不便于日后查阅。所以，为了对经济业务进行全面、系统、连续的核算和监督，需要设置会计账簿，把分散在会计凭证上的零散信息加以集中、分类整理和汇总。

### 一、会计账簿的设置意义

会计账簿简称账簿，是指由一定格式并相互联系的账页组成，以经过审核无误的会计凭证为依据，全面、系统、连续地记录会计主体经济活动过程及结果的簿籍。实务中，账户记录是通过登记账簿来完成的。设置和登记账簿是会计核算的一种专门方法，它是编制财务报告的基础，在会计凭证与财务报告之间发挥着承前启后的作用，在会计核算中具有重要意义。

### （一）记载和储存会计信息

通过设置和登记账簿，将会计凭证所记录的经济业务登记和储存在相应的账簿中，可以全面反映会计主体在一定会计期间内所发生的各项经济业务，既能进行总分类核算，提供总括的核算资料，又能进行明细分类核算，提供详细的核算资料；储存的各项会计信息，能反映经济活动的轨迹，为企业经营管理提供原始数据。

### （二）分类和汇总会计信息

通过设置和登记账簿，将不同的相互关联的账户构成一个完整的会计簿籍体系。账簿记录不仅可以分门别类地反映各项会计信息，提供一定时期内经济活动的详细情况，也可以通过发生额、余额计算，给信息使用者提供所需的总括会计信息，反映企业在一定会计期间的财务状况、经营成果和现金流量的综合价值指标。

### （三）检查和校正会计信息

设置和登记账簿，完成对会计凭证的归类整理和汇总后，可以分项反映某类会计信息，因而可以在实物财产的清查盘点中，检查账簿记录与实物结存的一致性，及时根据账簿结存数和实际结存数进行账务调整，以校正账实数据，保证账实相符，从而为信息使用者提供真实、可靠的会计信息。

### （四）编报和输出会计信息

设置和登记账簿，定期进行对账和结账，在确保会计账簿记录准确无误的基础上，对账簿记录进行进一步汇总、整理，并据此设置财务报表项目，完成财务报告的编制和披露，以输出全面、完整、系统的会计信息，为信息使用者作出决策提供参考。

## 二、会计账簿与账户的关系

账簿与账户的关系是形式和内容的关系。从外表形式看，账簿是由一定格式并相互联系的账页组成的，账户存在于账簿之中，账簿中的每一张账页就是账户的具体存在形式和载体，没有账簿，账户就不能独立存在，账簿就是账户的合订本；从记录的内容看，账簿是对所有经济业务，按照账户进行归类并序时进行记录的簿籍，而账户是账簿的真实内容，账簿序时、分类地记载经济业务是在账户中完成的，账簿只是一种外在形式，账户才是它的实质内容，两者相互依存、辩证统一。

## 三、会计账簿的设置原则

会计主体需要设置哪些账簿，应该根据经济业务的特点和管理上的要求来确定，以便对会计主体全部经济活动的信息进行连续的分类、归集、整理和加工。会计账簿的设置，包括确定账簿的种类、内容、格式及登记方法等。其设置原则如下：

### (一）满足经济管理的需要

账簿设置必须保证能够正确、及时、完整地反映各项经济业务，同时提供总括的核算资料和明细的核算资料，即提供的会计信息既符合国家宏观经济管理的需要，又满足内部经营管理的需要，还能满足外部信息使用者了解企业财务状况、经营成果和现金流量的需要。

### （二）科学严密和层次分明

账簿设置要根据会计主体经营规模的大小、经济业务的繁简、会计人员的多少，从加强管理的实际需要和具体条件出发，既要防止账簿重叠或遗漏，又要防止过于简化；各种账簿之间要有统驭关系或平行制约关系，这种相互之间的钩稽关系应当严谨并相互制约。

### （三）合理性和合法性相结合

根据《会计法》的要求，各会计主体发生的各项经济业务应当在依法设置的会计账簿上统一登记和核算，不得违反规定私设会计账簿；账簿设置要有利于财务部门的分工和加强岗位责任制，账簿格式要简便实用，避免烦琐复杂，便于登记、查找、更正错误和保管。

## 四、会计账簿的种类

由于各会计主体经济业务的繁简程度不同，对经济管理的要求也不同，反映经济信息的内容不同，需要设置不同类别的账簿提供不同的信息，满足不同的需要。会计账簿可以按账簿的用途、账页格式和外表形式分类。

### （一）账簿按用途分类

账簿按用途的不同，可以分为序时账簿、分类账簿和备查账簿3大类。

#### 1. 序时账簿

序时账簿又称序时账或日记账，是按照经济业务发生或完成时间的先后顺序，逐日逐笔进行登记的账簿。按其记录内容的不同，序时账可分为普通日记账和特种日记账。

（1）普通日记账。普通日记账又称分录账、分录簿、分录日记账，是对全部经济业务按其发生的先后顺序，逐日逐笔进行登记的账簿。该种日记账登记工作量大，不能分类反映经济业务发生或完成情况，不便于分工记账，且查找不方便，在会计发展的早期使用较多，目前已较少使用。

（2）特种日记账。特种日记账是对某一特定类型的经济业务按其发生的先后顺序，逐日逐笔进行登记的账簿。常见的特种日记账包括记录现金收付业务及其结存情况的库存现金日记账和记录银行存款收付业务及其结存情况的银行存款日记账。在我国，大多数企业的序时账簿一般只设置库存现金日记账和银行存款日记账。

当然，企业也可以根据自身业务特点和管理需要确定是否需要设置其他特种日记账，特别是那些发生烦琐、需要严加控制的项目，如为登记采购业务而设置的采购日记账、为登记产品销售业务而设置的销售日记账等。

### 2. 分类账簿

分类账簿又称分类账，是对全部经济业务按照会计要素的具体类别而设置的分类账户进行登记的账簿。分类账簿按照账簿反映经济业务的详细程度不同，又可分为总分类账簿和明细分类账簿。

（1）总分类账簿。总分类账簿简称总分类账或总账，是根据总分类账户设置、分类反映全部经济业务、提供总括核算资料的账簿，它对明细分类账簿具有统驭和控制作用。

（2）明细分类账簿。明细分类账簿简称明细分类账或明细账，是根据明细分类账户设置、分类反映某类经济业务、提供详细核算资料的账簿，对总分类账簿具有辅助和补充说明的作用。

分类账可以分别反映资产、负债、所有者权益、收入、费用和利润的增减变动情况及结果，是会计账簿的主体，其提供的会计信息是编制财务报告的主要依据。任何单位都必须设置总分类账。

### 3. 备查账簿

备查账簿又称备查簿或辅助登记簿，是对某些在序时账簿和分类账簿中都不予登记或登记不够详细的经济业务进行补充登记时使用的账簿。所以，备查账簿也叫补充登记簿。比如：租入固定资产登记簿、受托加工材料登记簿、代销商品登记簿、应收票据登记簿等，主要用于对某些经济业务内容提供必要的参考资料；租入固定资产备查簿，是用来登记那些以经营租赁方式租入、不属于本企业资产、不能计入本企业固定资产的机器设备；应收票据贴现备查簿，是用来登记本企业已经贴现的应收票据，贴现的应收票据已不能在企业的序时账簿或分类账簿中反映，但由于尚存在着票据付款人到期不能支付票据款项而使本企业产生连带责任的可能性，因此要备查登记。备查账簿属于备查性质的账簿，其设置根据实际需要而定，没有固定格式，可自行设计。

## （二）账簿按账页格式分类

账簿按账页格式的不同，可以分为三栏式、多栏式、数量金额式、横线登记式等。

### 1. 三栏式账簿

三栏式账簿是指账页设有借方、贷方和余额3个基本栏目的账簿。库存现金日记账、银行存款日记账和总分类账都可采用三栏式账簿；资本、债权、债务等只需要进行金额核算的明细分类账也可采用三栏式账簿。如"实收资本""资本公积""应收账款""应收利息""短期借款""应付账款""应交税费"等总分类账所属的明细分类账。

三栏式账簿又分为设对方科目和不设对方科目两种。两者的区别是在摘要栏和借方金额栏之间是否有一栏"对方科目"。不设"对方科目"栏的，称为不设对方科目的三栏式账簿，也称一般三栏式账簿；有"对方科目"栏的，称为设对方科目的三栏式账簿。

### 2. 多栏式账簿

多栏式账簿是在账页的两个基本栏目借方和贷方，按需要分设若干专栏的账簿。专栏设置在借方还是贷方，或者两方同时设专栏、设多少专栏，则根据企业管理需要确定。为此，多栏式账簿又可细分为借方多栏式账簿和贷方多栏式账簿。借方多栏式账簿是指账页的借方金额栏分设若干专栏的多栏式账簿，一般适用于成本费用明细账，如"生产成本明细账""管理费用明细账"等；贷方多栏式账簿是指账页的贷方金额栏分设若干专栏的多栏式账簿，一般适用于收入收益明细账，如"主营业务收入明细账"等。

### 3. 数量金额式账簿

数量金额式账簿是在账页的借方、贷方和余额3个栏目内再分设数量、单价和金额3个小栏目，借以反映财产物资的实物数量和价值量的账簿。一般适用于既要进行金额核算，又要进行实物核算的各种财产物资明细分类账，如"原材料""库存商品"等存货总分类账所属的明细分类账。

### 4. 横线登记式账簿

横线登记式账簿又称平行式账簿，是指在其账页借方、贷方内，根据需要分设若干栏目，将前后密切相关的经济业务事项自始至终登记在同一账页同一行内的账簿。这种账簿便于分析和检查某项经济业务的发生和完成情况，适用于材料采购业务、应收票据和一次性备用金业务。

## （三）账簿按外表形式分类

账簿按外表形式的不同，可以分为订本式账簿、活页式账簿和卡片式账簿3种。

### 1. 订本式账簿

订本式账簿简称订本账，是指在启用之前已将账页装订在一起，并对账页进行了连续编号的账簿。其优点是可以避免账页散失和防止抽换账页，有利于账簿的安全和完整；其缺点是账页的数量和位置固定，不能根据实际需要增减账页，在使用时难以为每一个账户预留账页，预留太多造成浪费，预留太少则影响连续登记；另外，同一时间同一本账簿只能由一人登记，不便于记账人员的分工。一般适用于具有统驭性且重要的账簿，如总分类账、库存现金日记账、银行存款日记账等。

### 2. 活页式账簿

活页式账簿简称活页账，是指将一定数量的账页置于活页账夹中，根据记账内容随时增加或抽去不需用账页的账簿。当账簿登记完毕（通常是一个会计年度结束之后），才将账页加具封面予以装订，并对各账页连续编号。其优点是记账时可以根据实际需要，随时增减账页，不会出现预留不足或预留过多的现象，也有利于会计人员分工记账；其缺点是如果管理不善，可能会造成账页散失或故意抽换账页。一般适用于各种明细分类账，如债权债务明细分类账、存货明细分类账、收入和成本费用明细分类账等。

### 3. 卡片式账簿

卡片式账簿简称卡片账，是将具有一定格式的卡片式账页存放在专设的卡片箱内形成的账簿。卡片账本质上也是一种活页账，只不过它不是装在活页账夹中，而是装在卡片箱内。其优缺点与活页账基本相同，一般适用于不常更换账页的账簿。在我国，企业一般只对固定资产的核算采用卡片账形式。因为固定资产在长期使用中其实物形态不变，又可能经常转移使用部门，设置卡片账便于随同实物转移，同时采用硬卡片形式还可以防止因经常抽取造成破损；少数企业在材料核算中也使用材料卡片账。卡片账的格式如表 7-1 所示。

表 7-1　固定资产卡片账

| 单位名称： | | | | | | |
|---|---|---|---|---|---|---|
| 卡片编号： | | | | | | |
| 资产类别：　□房屋建筑　　□机械设备　　□办公设备　　□车辆　　□仪器　　□家具　　□其他 | | | | | | |
| 资产编号： | | | 资产名称： | | | |
| 品牌型号： | | | 生产厂商： | | | |
| 购入日期： | | | 启用日期： | | | |
| 采购人员： | | | 采购金额： | | | |
| 使用状态： | | | 存放地点： | | | |
| 使用记录 | | | | | | |
| 使用部门 | 使用人员 | 保管人员 | 领用日期 | （粘贴资产正面及侧面照片两张） | | |
| | | | | | | |
| | | | | | | |
| | | | | | | |

会计账簿的分类如图 7-1 所示。

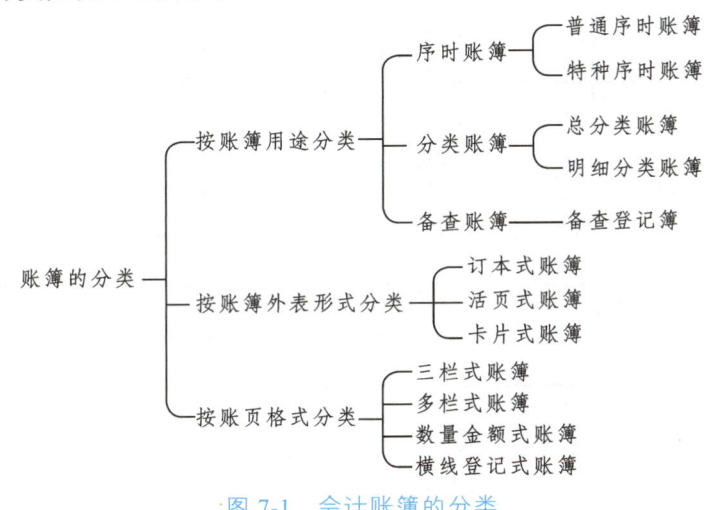

图 7-1　会计账簿的分类

## 第二节　会计账簿的使用

科学地设置账簿与正确地使用账簿，对于会计主体加强经济核算，提高管理水平，探索资金运动规律，全面完成会计工作具有重要意义。

## 一、会计账簿的启用

每一个新的会计年度开始，会计主体都应该按规定和要求启用新的会计账簿。

### （一）会计账簿的基本内容

由于管理的要求不同，各会计主体设置的会计账簿也不同。账簿记录的经济业务内容繁杂、格式也多种多样，但各种账簿一般都应具备以下基本内容：

（1）封面。主要载明账簿的名称和记账单位的名称，如总分类账、三栏式明细分类账或多栏式明细分类账、库存现金日记账和银行存款日记账等。

（2）扉页。主要载明账簿启用和经管人员一览表。正面载明单位名称、账簿名称和编号、启用日期等，背面是科目索引，载明该本账簿所开设的账户。活页账、卡片账在装订成册后，填列账簿启用和经管人员一览表，格式如表7-2所示。

表 7-2　账簿启用和经管人员一览表

| 单位名称 | | 单位公章 | | | | | 单位公章 | | | |
|---|---|---|---|---|---|---|---|---|---|---|
| 账簿名称 | | | | | | | | | | |
| 账簿编号 | | | | | | | | | | |
| 账簿页数 | | | | | | | | | | |
| 启用日期 | | | | | | | | | | |
| 经管人员 | 负责人 | | 主管会计 | | 复核 | | | 记账 | | |
| | 姓名 | 盖章 | 姓名 | 盖章 | 姓名 | 盖章 | | 姓名 | | 盖章 |
| | | | | | | | | | | |
| 交接记录 | 监交人员 | | 接管 | | | | 交出 | | | |
| | 职别 | 姓名 | 年 | 月 | 日 | 盖章 | 年 | 月 | 日 | 盖章 |
| | | | | | | | | | | |
| | | | | | | | | | | |
| 备注 | | | | | | | | | | |

（3）账页。账页是账簿的主体，是用来具体记录经济业务的载体。其格式因记录经济业务内容的不同而有所区别，但基本内容应包括：账户名称（一级科目、二级科目或明细科目）栏、记账日期栏、凭证种类和号数栏、摘要栏、金额栏（借方、贷方和余额）、总页次和分页次等。

（4）封底。封底一般没有具体内容，它与封面共同发挥保护整个账簿记录完整的重要作用。

### （二）会计账簿的启用规则

为明确记账责任，保证账簿记录的合法性，账簿应当由专人负责登记。启用账簿时，要注意账簿的启用规则。

（1）设置账簿封面与封底。除订本账不需要另设封面封底外，各种活页账都应该设置封面与封底，并在账簿封面上填写单位名称、账簿名称和所属会计年度。

（2）填写账簿启用及经管人员一览表。启用新账簿，应首先填写账簿扉页上的账簿启用及经管人员一览表，包括单位名称、账簿名称、账簿编号、起止日期、单位负责人、主管会计、审核人员、记账人员等项目，并加盖单位公章和有关个人名章。在会计人员发生变更时，应办理交接手续并填写表中的交接说明。

（3）填写账户目录。账簿应设置账户目录，按照会计科目的编号顺序填写账户名称，并注明各账户页次。启用订本式账簿，应按编定页数顺序使用，不得跳页、缺号。使用活页式账页，应按账户顺序编号，并定期装订成册。年度终了，再按实际使用的账页顺序编定页码和建立账户目录，登记每个账户的名称和页次。

（4）粘贴印花税票。印花税票一律粘贴在账簿启用表右上角，并且画线注销。使用缴款书缴纳印花税时，应在账簿启用表右上角注明"印花税已缴"及缴款金额。

## 二、会计账簿的登记要求

账簿是编制财务报告的重要依据，为保证账簿记录的正确性，必须根据审核无误的会计凭证登记账簿。除符合前述会计凭证填制的相关要求外，还要符合下列要求：

### （一）准确完整

登记账簿时，会计人员必须按账簿的日期、编号、经济内容摘要、会计科目、金额等内容逐项登记，做到数字准确、摘要清楚、登记及时、字迹工整；账簿登记完毕后在记账凭证上签名或者盖章，并在凭证的"记账"栏注明已经登账的符号，避免重记、漏记。

### （二）书写留空

会计账簿中书写的文字和数字上方要留有适当的空格，一般应占格距的 1/2，最多只能占格距的 2/3，以备发生差错时进行更正。若在登记账簿的过程中发生错误，不准刮、擦、挖、补、涂，不准重抄，须按规定方法进行更正。

### （三）规范用笔

登记账簿要用蓝黑墨水或者碳素墨水书写，不得使用圆珠笔（银行的复写账簿除外）或者铅笔书写，以保持账簿记录的持久性，防止涂改。特殊记账才能使用红色墨水登记，包括红字冲销法中的冲销错误记录、在不设借贷栏的多栏式账页中登记减少数、在未标明余额方向的三栏式账页中登记负余额、根据国家统一规定可以用红字登记的其他会计记录。会计中的红字表示负数，因此除上述情况外，不得使用红色墨水登记账簿。

### （四）顺序连续登记

各种账簿按页次顺序连续登记，不得跳行、隔页。若发生跳行、隔页，应将空行、空页用红墨水画对角的叉线画线注销，并注明"此行空白""此页空白"字样，并由相关人员签章，不得任意撕毁或抽换账页。

### (五)结出余额

凡需要结出余额的账户,都要结出余额并注明余额方向;无余额的账户,应在"借或贷"栏内写"平"字,并在余额栏"元"位上写"0"表示。库存现金日记账和银行存款日记账必须逐日结出余额。

### (六)过次承前

每一账页登记完毕时,要注意"转次页"和"承前页"。即在账页最末一行"摘要"栏注明"转次页"或"过次页",结出本页借贷方合计数和余额,并将金额记入下一账页的第一行有关金额栏内,在该行"摘要"栏注明"承前页",以保持账簿记录的连续性,便于对账和结账。

## 三、会计账簿的具体登记

账簿的种类不同、格式不一,其登记方法也有所区别。会计人员应严格按照账簿的记账规则认真完成账簿的登记,确保账户记录的完整性和正确性,为财务报告的编制奠定良好的基础。

### (一)日记账的格式和登记方法

日记账是按照经济业务发生或完成时间的先后顺序逐日逐笔进行登记的账簿。设置日记账的目的是使经济业务的时间顺序清晰地反映在账簿记录中。在我国,大多数企业只设库存现金日记账和银行存款日记账。

#### 1. 库存现金日记账的格式和登记方法

(1)库存现金日记账的格式。库存现金日记账是用来核算和监督库存现金日常收入、支出和结存情况的序时账簿,其格式主要有三栏式和多栏式两种,必须采用订本账。

(2)三栏式库存现金日记账的登记方法。三栏式库存现金日记账设有收入、支出和结余 3 个基本金额栏,在金额与摘要栏之间常设有"对方科目"栏,以表明现金收入与支出的原因。

库存现金日记账由出纳人员根据审核无误的库存现金收付款凭证和银行存款付款凭证(提现业务),按经济业务发生的先后顺序逐日逐笔进行登记。根据库存现金收款凭证和与库存现金有关的银行存款付款凭证登记库存现金收入栏;根据库存现金付款凭证登记库存现金支出栏;根据"上日余额 + 本日收入 – 本日支出 = 本日余额"的公式,逐日结出库存现金余额,并与库存现金实有数核对,以检查每日库存现金收付是否有误,这就是通常所说的"日清"。月终,同样要计算库存现金收入、支出和结存的合计数,即通常所说的"月结"。格式和登记方法如表 7-3 所示。

表 7-3　库存现金日记账（三栏式）

| 2024年 | | 凭证号数 | 摘　要 | 对方科目 | 收　入 | 支　出 | 结　余 |
| --- | --- | --- | --- | --- | --- | --- | --- |
| 月 | 日 | | | | | | |
| 01 | 01 | | 上年结转 | | | | 1 800 |
| | 02 | 现付01 | 付办公费 | 管理费用 | | 600 | 1 200 |
| | 02 | 银付01 | 提现备用 | 银行存款 | 3 000 | | 4 200 |
| | 02 | 现付02 | 杨×借差旅费 | 其他应收款 | | 2 000 | 2 200 |
| | 02 | 现付03 | 付业务招待费 | 管理费用 | | 500 | 1 700 |
| | 02 | | 本日合计 | | 3 000 | 3 100 | 1 700 |
| | | | 本日合计 | | | | |
| | 31 | | 本月合计 | | 57 620 | 58 370 | 1 050 |

（3）多栏式库存现金日记账的登记方法。多栏式库存现金日记账是在三栏式基础上发展起来的，在收入和支出下按对方科目设专栏。这种格式在月末结账时可以结出收入和支出合计数，便于对库存现金收支的合理性、合法性进行审核分析，便于检查财务收支计划的执行情况，其全月发生额还可以作为登记总分类账的依据。格式如表7-4所示。

表 7-4　库存现金日记账（多栏式）

| 年 | | 凭证号数 | 摘要 | 收入 | | | | 支出 | | | | 结余 |
| --- | --- | --- | --- | --- | --- | --- | --- | --- | --- | --- | --- | --- |
| 月 | 日 | | | 应贷科目 | | | | 应借科目 | | | | |
| | | | | 银行存款 | 主营业务收入 | … | 合计 | 其他应收款 | 管理费用 | … | 合计 | |
| | | | | | | | | | | | | |
| | | | | | | | | | | | | |

上述多栏式库存现金日记账，在借、贷方的对应科目较多时，账页会过大，不便于保管和记账。因此，实际工作中若采用多栏式库存现金日记账，常分设"库存现金收入日记账"和"库存现金支出日记账"两本账，格式如表7-5和表7-6所示。登记方法：根据库存现金收款凭证和与库存现金有关的银行存款付款凭证登记库存现金收入日记账，根据库存现金付款凭证登记库存现金支出日记账。每日终了，根据库存现金支出日记账结出的支出合计数，一笔转入库存现金收入日记账的"支出合计"栏，并结出当日余额，然后与库存现金实有数核对。

表 7-5　库存现金收入日记账

| 年 | | 凭证号数 | 摘要 | 贷方科目 | | | | 支出合计 | 结余 |
|---|---|---|---|---|---|---|---|---|---|
| 月 | 日 | | | 银行存款 | 主营业务收入 | … | 收入合计 | | |
| | | | | | | | | | |
| | | | | | | | | | |

表 7-6　库存现金支出日记账

| 年 | | 凭证号数 | 摘要 | 借方科目 | | | | | 支出合计 |
|---|---|---|---|---|---|---|---|---|---|
| 月 | 日 | | | 银行存款 | 其他应收款 | 管理费用 | 制造费用 | … | |
| | | | | | | | | | |
| | | | | | | | | | |

### 2. 银行存款日记账的格式和登记方法

（1）银行存款日记账的格式。银行存款日记账是用来核算和监督银行存款日常收入、支出和结存情况的账簿。银行存款日记账应按企业在银行开立的账户和币种分别设置，每个银行账户设置一本日记账。

银行存款日记账的格式与库存现金日记账的格式基本相同，主要采用三栏式，也可采用多栏式，必须采用订本账。

（2）银行存款日记账的登记方法。银行存款日记账由出纳人员根据审核无误的银行存款收付款凭证和库存现金付款凭证(存现业务)，按经济业务发生的先后顺序逐日逐笔进行登记。根据银行存款收款凭证和有关库存现金付款凭证（库存现金存入银行）登记银行存款日记账的收入栏，根据银行存款付款凭证登记其支出栏，每日结出存款余额，并定期（至少每月一次）与银行对账单核对。格式和登记方法如表7-7所示。

表 7-7　银行存款日记账（三栏式）

| 2024 年 | | 凭证号数 | 摘　要 | 对方科目 | 收　入 | 支　出 | 结　余 |
|---|---|---|---|---|---|---|---|
| 月 | 日 | | | | | | |
| 01 | 01 | | 上年结转 | | | | 500 000 |
| | 02 | 银付01 | 付材料款 | 在途物资 | | 226 000 | 274 000 |
| | 02 | 银收01 | 销售产品 | 主营业务收入 | 600 000 | | 874 000 |
| | 02 | 银付02 | 提现备用 | 库存现金 | | 20 000 | 854 000 |
| | 02 | 银付03 | 付前欠货款 | 应付账款 | | 300 000 | 554 000 |
| | 02 | 银收02 | 收前欠货款 | 应收账款 | 27 000 | | 581 000 |
| | 02 | | 本日合计 | | 627 000 | 546 000 | 581 000 |
| | | | 本日合计 | | | | |
| | 31 | | 本月合计 | | 1 459 620 | 1 458 370 | 501 250 |

银行存款日记账也可采用多栏式,在收入和支出下分设专栏,也可分设"银行存款收入日记账"和"银行存款支出日记账"两本账。其格式与登记方法与库存现金日记账基本相同。

### (二) 分类账的格式和登记方法

分类账包括总分类账和明细分类账,两者的格式存在一定差异,其登记方法也有所不同。

#### 1. 总分类账的格式和登记方法

(1) 总分类账的格式。总分类账是根据总分类账户开设并分类进行登记,以提供总括会计信息的账簿。每一个会计主体都应设置总分类账,并采用订本账。一般按照会计科目的编码顺序设置,并为每个账户预留账页。总分类账只能以货币为计量单位,其最常用的格式为三栏式,也可以根据需要采用增设对应科目的三栏式。其格式和登记方法如表 7-8 和表 7-9 所示。

表 7-8 总分类账(不设对方科目)

账户名称:应收账款

| 2024 年 | | 凭证号数 | 摘 要 | 借方 | 贷方 | 借或贷 | 余 额 |
|---|---|---|---|---|---|---|---|
| 月 | 日 | | | | | | |
| 01 | 01 | | 上年结转 | | | 借 | 350 000 |
| | 02 | 银收 01 | 收前欠货款 | | 150 000 | 借 | 200 000 |
| | 04 | 转字 05 | 销售产品 | 400 000 | | 借 | 600 000 |
| | 07 | 银收 07 | 收前欠货款 | | 200 000 | 借 | 400 000 |
| | 10 | 转字 09 | 销售产品 | 300 000 | | 借 | 700 000 |
| | 31 | | 本月合计 | 1 200 000 | 1 300 000 | 借 | 250 000 |

表 7-9 总分类账(设对方科目)

账户名称:应收账款

| 2024 年 | | 凭证号数 | 摘 要 | 对方科目 | 借方 | 贷方 | 借或贷 | 余 额 |
|---|---|---|---|---|---|---|---|---|
| 月 | 日 | | | | | | | |
| 01 | 01 | | 上年结转 | | | | 借 | 350 000 |
| | 02 | 银收 01 | 收前欠货款 | 银行存款 | | 150 000 | 借 | 200 000 |
| | 04 | 转字 05 | 销售产品 | 主营业务收入 | 400 000 | | 借 | 600 000 |
| | 07 | 银收 07 | 收前欠货款 | 银行存款 | | 200 000 | 借 | 400 000 |
| | 10 | 转字 09 | 销售产品 | 主营业务收入 | 300 000 | | 借 | 700 000 |
| | 31 | | 本月合计 | | 1 200 000 | 1 300 000 | 借 | 250 000 |

（2）总分类账的登记方法。总分类账的登记方法取决于企业采用的账务处理程序。采用的账务处理程序不同，其登记依据也不同。总分类账既可以根据记账凭证逐笔登记，也可以根据经过汇总的科目汇总表或汇总记账凭证等登记。这部分内容将在第十章账务处理程序中详细介绍。

2. 明细分类账的格式和登记方法

（1）明细分类账的格式。明细分类账是根据明细分类账户设置并登记，提供详细、具体会计信息的账簿，是总分类账的辅助和补充，对于加强财产物资的管理、债权债务的结算以及费用开支等发挥着重要的监督作用。因此，各企业在设置总分类账的同时，还应根据管理的需要设置必要的明细分类账。明细分类账的格式主要是根据它所反映的经济业务特点以及实物管理的不同要求进行设计。其格式主要有三栏式、多栏式、数量金额式和横线登记式，一般采用活页账或卡片账。

（2）明细分类账的登记方法。明细分类账一般根据记账凭证、原始凭证或原始凭证汇总表逐日逐笔或定期汇总登记。固定资产、债权、债务等明细分类账应逐日逐笔登记；库存商品、原材料收发明细分类账以及收入、费用明细分类账可以逐笔登记，也可以定期汇总登记。库存现金日记账和银行存款日记账实质上也是明细分类账。

① 三栏式明细分类账的登记方法。三栏式明细分类账设有借方、贷方和余额 3 个金额栏，适用于只进行金额核算的明细分类账，如"应收账款""应付账款"等债权债务明细分类账及"实收资本"等明细账。其格式和登记方法如表 7-10 所示。

表 7-10　三栏式明细分类账

账户名称：应收账款——LF 公司

| 2024 年 | | 凭证号数 | 摘　　要 | 借方 | 贷方 | 借或贷 | 余额 |
| --- | --- | --- | --- | --- | --- | --- | --- |
| 月 | 日 | | | | | | |
| 01 | 01 | | 上年结转 | | | 借 | 100 000 |
| | 02 | 银收 01 | 收前欠货款 | | 100 000 | 平 | 0 |
| | 04 | 转字 05 | 销售产品 | 200 000 | | 借 | 200 000 |
| | 07 | 银收 07 | 收前欠货款 | | 100 000 | 借 | 100 000 |
| | 31 | | 本月合计 | 700 000 | 650 000 | 借 | 150 000 |
| | | | | | | | |
| | | | | | | | |

② 多栏式明细分类账的登记方法。多栏式明细分类账是根据经济业务的特点和经营管理的要求，将属于同一个总分类账科目的多个明细科目分设若干专栏，合并在一张账页上进行登记。专栏的多少，可以按照具体明细科目的实际需要进行设置。多栏式账页格式又可细分为借贷两方多栏式、借方或贷方多栏式，适用于收入、成本、费用的明细分类账，如"生产成本""制造费用""管理费用""主营业务收入"等。由于各种多栏式明细分类账所记录的经济业务内容不同，所需要核算的指标也不同，因此，栏目设置也不尽相同。

成本费用账户发生额一般在借方，因此采用借方多栏式，如表 7-11 所示。这类明细分类账还可在借方设专栏的情况下，设一栏贷方金额栏和余额栏。

表 7-11　管理费用明细分类账

| 2024 年 | | 凭证号数 | 摘要 | 借方 | | | | |
|---|---|---|---|---|---|---|---|---|
| 月 | 日 | | | 办公费 | 差旅费 | 工资 | … | 合计 |
| 01 | 02 | 现付 01 | 购办公用品 | 800 | | | | 800 |
| | 06 | 转字 05 | 陈×报账 | | 1 000 | | | 1 800 |
| | 10 | 银付 09 | 发放工资 | | | 15 000 | | 16 800 |
| | | | | | | | | |
| | | | | | | | | |

收入收益账户发生额一般在贷方，因此采用贷方多栏式，如表 7-12 所示。这类明细分类账还可在贷方设专栏的情况下，设一栏借方金额栏和余额栏。

表 7-12　主营业务收入明细分类账

| 2024 年 | | 凭证号数 | 摘要 | 贷方 | | | | |
|---|---|---|---|---|---|---|---|---|
| 月 | 日 | | | M 产品 | N 产品 | D 产品 | … | 合计 |
| 01 | 03 | 转字 01 | 销售产品 | 200 000 | | | | 200 000 |
| | 05 | 银收 03 | 销售产品 | | 300 000 | | | 500 000 |
| | 09 | 转字 07 | 销售产品 | | | 400 000 | | 900 000 |

③ 数量金额式明细分类账的登记方法。数量金额式明细分类账是在收入、支出、结存三栏的基础上，设置数量、单价和金额 3 个专栏，分别登记实物的数量和金额，适用于既要进行金额核算又要进行数量核算的明细分类账，如"原材料""库存商品"等存货。它提供了企业有关财产物资数量和金额以及收、发、存的详细资料，便于企业加强财产物资的实物管理和监督，保证财产物资的安全与完整。其格式和登记方法如表 7-13 所示。

表 7-13　数量金额式明细分类账

品名：库存商品　　　　　　　　　　　　　　　　　　　　　　　总 12 页　第 7 页
品种：M 产品　　　　　　　　　　　　　　　　　　　　　　　　存放地点：1 号仓库

| 2024 年 | | 凭证 | | 摘要 | 单价 | 收入 | | 发出 | | 结存 | |
|---|---|---|---|---|---|---|---|---|---|---|---|
| 月 | 日 | 种类 | 号数 | | | 数量 | 金额 | 数量 | 金额 | 数量 | 金额 |
| 01 | 01 | | | 上年结转 | 10 | | | | | 2 000 | 20 000 |
| | 05 | 转 | 07 | 完工入库 | 10 | 3 000 | 30 000 | | | 5 000 | 50 000 |
| | 15 | 转 | 21 | 完工入库 | 10 | 4 000 | 40 000 | | | 9 000 | 90 000 |
| | 31 | 转 | 57 | 结转销售成本 | 10 | | | 8 000 | 80 000 | 1 000 | 10 000 |
| | 31 | | | 本月合计 | | 7 000 | 70 000 | 8 000 | 80 000 | 1 000 | 10 000 |

④ 横线登记式明细分类账的登记方法。横线登记式明细分类账是将每一相关业务（发生及完成）登记在同一行，以判断业务进展情况的明细分类账，适用于材料采购业务、非定额备用金业务、应收票据业务等。其格式和登记方法如表 7-14 所示。

表 7-14　其他应收款

| 2024 年 | | 凭证编号 | 摘要 | 借方 | | | 2024 年 | | 凭证编号 | 摘要 | 贷方 | | | 余额 |
| --- | --- | --- | --- | --- | --- | --- | --- | --- | --- | --- | --- | --- | --- | --- |
| 月 | 日 | | | 原借 | 补付 | 合计 | 月 | 日 | | | 报销 | 退款 | 合计 | |
| 7 | 10 | 现付 08 | 高×借款 | 2 000 | | 2 000 | | | | | | | | 2 000 |
| 7 | 17 | 现付 16 | 李×借款 | 3 700 | | 3 700 | 7 | 26 | 现付 21 | 报销 | 3 500 | 200 | 3 700 | |
| 7 | 21 | 银付 22 | 杨×借款 | 5 000 | | 5 000 | 7 | 30 | 转 62 | 报销 | 5 000 | | 5 000 | |

### （三）备查账的格式和登记方法

备查账是对企业日记账和分类账的必要补充，其种类、格式及登记方法均无特殊规定。会计人员可根据业务内容自行设计或者选用账簿格式。下面仅以经营租入固定资产登记簿为例加以说明。其格式如表 7-15 所示。

表 7-15　租入固定资产登记簿

| 固定资产名称 | 租约号数 | 租出单位 | 租入单位 | 月租金 | 使用部门 | 归还日期 | 备　　注 |
| --- | --- | --- | --- | --- | --- | --- | --- |
| | | | | | | | |
| | | | | | | | |
| | | | | | | | |

## 四、对账和结账

会计账簿的使用包括启用、登账、对账、结账等工作环节，启用可以帮助企业开启新的会计年度；登账可以帮助企业取得有用的会计资料；对账可以帮助企业保证账簿记录的正确性；结账可以帮助企业定期总结，掌握企业会计要素的增减变化情况。为此，只有将启用、登账、对账、结账工作相结合，才能完成会计资料的分类整理和汇总，保证会计资料能为企业的经营管理决策提供真实可靠的信息。

### （一）对　账

会计人员在填制会计凭证、登记账簿的过程中出现的差错，以及因管理不善而造成的财产物资的溢缺等，都会影响账簿所提供的会计资料的真实可靠，因此，会计主体应当定期做好对账工作。对账就是核对账目，是对账簿记录所进行的核对工作。一般是在会计期间（月份、季度、年度）终了时，将账簿记录与会计凭证核对、将各种账簿之间的数字相互核对、将账簿记录与实物及货币资金的实存数核对，从而保证财务报告的数据真实可靠。

各会计主体应当定期将各账户的余额与相关的库存实物、货币资金、有价证券、往来单位或者个人等进行相互核对，保证账证相符、账账相符、账实相符。

### 1. 账证核对

账证核对是将各种账簿记录（总分类账、明细分类账、库存现金日记账和银行存款日记账）与记账凭证及所附的原始凭证或原始凭证汇总表进行核对，检查账簿与会计凭证的时间、凭证字号、内容、金额、记账方向是否一致，做到账证相符。这种核对是在编制记账凭证和登记账簿的日常工作中进行的，必要时，也可以采用抽查核对和目标核对的方法进行。若发现账证不符，应及时查明原因按规定的方法予以更正。月终发现账账不符时，也应进行账证核对。

### 2. 账账核对

账账核对是将各种账簿之间的有关数字相互核对一致，一般在账证核对一致后、期末结账前进行。其主要包括以下内容：

（1）总分类账有关账户的余额核对。总分类账全部账户的本期借方发生额合计数与贷方发生额合计数核对相符，期末和期初余额的借方合计数与贷方合计数核对相符，这种核对可通过编制总分类账试算平衡表进行。

（2）总分类账与所属明细分类账的核对。总分类账各账户的本期发生额和期末余额与所属明细分类账本期发生额之和及期末余额之和核对相符，这种核对可通过编制明细分类账本期发生额及余额对照表进行。

（3）总分类账与序时账的核对。库存现金、银行存款总分类账的本期发生额合计数及期末余额与库存现金日记账、银行存款日记账的本期发生额合计数及期末余额核对相符。

（4）明细分类账之间的核对。会计部门有关财产物资明细分类账的期末余额应与财产物资保管或使用部门明细分类账的期末结存数核对相符。一般由财产物资保管或使用部门定期编制收发结存汇总表报会计部门核对。

### 3. 账实核对

账实核对是将账簿记录与各项财产物资实存数核对、与债权债务实有数核对。一般在年终财产清查时进行核对，平时也可以通过盘点进行核对。核对内容如下：

（1）账款核对。账款核对是指库存现金日记账余额与库存现金实在数逐日核对相符，做到"日清月结"。

（2）账单核对。账单核对是指银行存款日记账与开户银行的对账单定期逐笔核对，一般每月至少核对一次。

（3）账人核对。账人核对是指各种债权债务明细分类账余额，应定期寄送对账单与有关债权、债务人核对，一般通过财产清查进行。

（4）账物核对。账物核对是指各种财产物资明细分类账的结存数（数量、金额、质量）应定期与财产物资保管部门的实存数核对相符。

### （二）结　账

为了总结某一会计期间（月份、季度、年度）的经济活动情况，考核经营成果，编制财务报告，必须在每一会计期间终了时，进行结账。结账就是在将一定时期（月、季、年）内所发生的经济业务全部登记入账的基础上，把账簿记录结算清楚的财务工作。

#### 1. 结账的程序和内容

（1）检查账簿登记。结账前，必须查明本期发生的经济业务是否已全部入账，并保证其正确性。若发现记账差错，应及时采用正确的方法更正。不得为赶编财务报告而提前结账，也不能把本期发生的经济业务延至下期入账，更不得先编财务报告后结账。

（2）期末账项调整。在经济业务全部登记入账的基础上，根据权责发生制的要求，调整有关账项，合理确定本期应计的收入和应计的成本费用，主要包括以下内容：

① 应计收入的调整，是指那些已在本期实现，因款项未收而未登记入账的收入，应确认为本期收入，如已销售但尚未收到的款项等。

② 应计费用的调整，是指那些已在本期发生，因款项未付而未登记入账的费用，应确认为本期费用，如应付未付的借款利息等。

③ 收入分摊的调整，是指企业已经收到有关款项，但由于尚未提供产品或劳务，因而在当时没有确认为收入的预收款项，本期按照提供产品或劳务的情况进行分摊，确认为本期收入。

④ 费用分摊的调整，是指原来预付的各项费用应确认为本期费用的调整，如各种待摊性质的费用。

⑤ 其他期末账项调整事项，如固定资产的折旧、结转完工产品成本、结转已销产品成本等。

（3）结算损益类账户，将损益类账户转入"本年利润"账户，结平所有损益类账户，确定本期利润。

（4）结算资产、负债、所有者权益类账户，结算出资产、负债和所有者权益类账户的本期发生额和余额，并结转下期。

上述工作完成后，才可以根据总分类账和明细分类账本期发生额及期末余额，分别进行试算平衡。

#### 2. 结账的方法

结账分为月结、季结和年结，一般采用画线结账法将期末余额结转至下期，每个账户的期末余额都应当结出。具体方法如下：

（1）月结。月结就是在每月月份终了时进行结账。总分类账账户平时只需结出月末余额。明细分类账户则有以下几种情形：

① 对不需要按月结计本期发生额的明细分类账户，每次记账以后，都要随时结出余额，每月最后一笔余额即为月末余额。月末结账时，只需要在最后一笔经济业务记录之下通栏画

单红线,不需要再结计一次余额,如各项应收应付款明细分类账、各项财产物资明细分类账等,如表 7-16 所示。

表 7-16  应收账款明细分类账

账户名称:LF 公司

| 2024 年 | | 凭证号数 | 摘　要 | 借方 | 贷方 | 借或贷 | 余额 |
|---|---|---|---|---|---|---|---|
| 月 | 日 | | | | | | |
| 01 | 01 | | 上年结转 | | | 借 | 100 000 |
| | | | ⋮ | | | 借 | 560 000 |
| | 30 | 银收 27 | 收前欠货款 | | 200 000 | 借 | 360 000 |

注:――――为单红线。

② 库存现金、银行存款日记账和需要按月结计发生额的收入、费用等明细分类账,每月结账时,要在最后一笔记录下面通栏画单红线,结出本月发生额和余额;然后在下一行的摘要栏内注明"本月合计",结出本月借、贷方合计数和期末余额,并在下面通栏画单红线,如表 7-17 所示。当月未发生经济业务的账户,可不进行月结。

表 7-17  银行存款日记账

| 2024 年 | | 凭证号数 | 摘　要 | 对方科目 | 收　入 | 支　出 | 结　余 |
|---|---|---|---|---|---|---|---|
| 月 | 日 | | | | | | |
| 01 | 01 | | 上年结转 | | | | 500 000 |
| | 02 | 银收 1 | 销售产品 | 主营业务收入 | 100 000 | | 600 000 |
| | | | 本日合计 | | 100 000 | | 600 000 |
| | | | ⋮ | | | | 562 000 |
| | 30 | 银付 21 | 付前欠贷款 | 应付账款 | | 150 000 | 412 000 |
| | 30 | | 本日合计 | | | 150 000 | 412 000 |
| | 31 | | 本月合计 | | 1 459 620 | 958 370 | 501 250 |
| | | | 本季合计 | | 1 459 620 | 958 370 | 501 250 |
| | | | | | | | |

注:――――为单红线。

③ 需要结计本年累计发生额的明细分类账户,每月结账时,应在"本月合计"或"本季合计"下一行摘要栏内注明"本年累计",结出自年初起至本月止的累计发生额,并在下面通栏画单红线。12 月末的"本年累计"就是全年累计发生额,全年累计发生额下通栏画双红线,如表 7-18 所示。

表 7-18　总分类账

账户名称：主营业务收入

| 2024年 | | 凭证号数 | 摘　要 | 借方 | 贷方 | 借或贷 | 余额 |
|---|---|---|---|---|---|---|---|
| 月 | 日 | | | | | | |
| 01 | 30 | 银收03 | 销售商品 | | 5 000 | | |
| | 30 | 转14 | 赊销商品 | | 12 000 | | |
| 01 | 30 | 转18 | 结转销售收入 | 17 000 | | | |
| | | | 本月合计 | 17 000 | 17 000 | 平 | 0 |
| | | | 本年累计 | 17 000 | 17 000 | | |
| 02 | | | 略 | 略 | | | |
| | | | 本月合计 | 25 000 | 25 000 | 平 | 0 |
| | | | 本年累计 | 42 000 | 42 000 | | |
| 12 | | | 本月合计 | | | | |
| | | | 本季合计 | | | | |
| 12 | | | 本年累计 | 230 000 | 230 000 | | |
| | | | | | | | |
| | | | | | | | |

注：━━━━为双红线。

（2）季结。季结就是在每季末时进行结账。

需要结计本季累计发生额的明细分类账户，如"主营业务收入""主营业务成本"等需要对比每一季度经营成果的账户，每季结账时，应在每季最后一个月的"本月合计"下一行的摘要栏内注明"本季合计"，结出本季的借贷方发生额、期末余额和累计发生额，并在下面通栏画单红线，如表 7-18 所示。

（3）年结。年结就是在每年年末时进行结账。

① 为了反映全年各资产、负债及所有者权益增减变动的全貌并核对账目，要将所有总分类账账户结出全年发生额和年末余额，在摘要栏内注明"本年合计"，并在合计数下通栏画双红线，如表 7-19 所示。

② 年终有余额的账户，要把各账户的余额结转到下一会计年度，在"本年合计"或"本年累计"双红线下一行摘要栏内注明"结转下年"。以下空格从右上角至左下角画斜线注销，如表 7-20 所示。在下一会计年度新建有关会计账簿第一行余额栏内填写上年结转的余额，并在摘要栏内注明"上年结转"字样。如果次年度会计科目名称有变化，还应在摘要栏内注明"结转下年××新账户"。

画线的目的是突出有关数字，表示本期的会计记录已截止或已结束，并将本期与下期的记录明显分开。

表 7-19　总分类账

账户名称：银行存款

| 2024 年 | | 凭证号数 | 摘　要 | 借方 | 贷方 | 借或贷 | 余额 |
|---|---|---|---|---|---|---|---|
| 月 | 日 | | | | | | |
| 01 | 01 | | 上年结转 | | | 借 | 500 000 |
| | 31 | 略 | 1-31 发生额 | 300 000 | 270 000 | 借 | 530 000 |
| | 31 | | 本月合计 | 300 000 | 270 000 | 借 | 530 000 |
| | | | ⋮ | | | 借 | 670 000 |
| 12 | 31 | 略 | 1-31 发生额 | 600 000 | 610 000 | 借 | 660 000 |
| 12 | 31 | | 本月合计 | 600 000 | 610 000 | 借 | 660 000 |
| 12 | 31 | | 本年合计 | 9 600 000 | 9 440 000 | 借 | 660 000 |
| | | | 结转下年 | | | | 660 000 |
| | | | | | | | |

注：━━━━为双红线。

表 7-20　总分类账

账户名称：应付账款

| 2024 年 | | 凭证号数 | 摘　要 | 借方 | 贷方 | 借或贷 | 余额 |
|---|---|---|---|---|---|---|---|
| 月 | 日 | | | | | | |
| 01 | 01 | | 上年结转 | | | 贷 | 104 000 |
| 01 | 31 | 略 | 1-31 发生额 | 45 000 | 13 000 | 贷 | 72 000 |
| | | | 本月合计 | 45 000 | 13 000 | 贷 | 72 000 |
| | | | ⋮ | | | | |
| | | | 本年合计 | 86 000 | 57 000 | 贷 | 75 000 |
| | | | 结转下年 | | | | |
| | | | | | | | |
| | | | | | | | |

注：━━━━为双红线。

## 第三节　错账查找及更正方法

登记会计账簿是一件很细致的工作，在记账过程中，有可能发生各种表现不一的差错，这些差错会影响会计信息的准确性，所以对会计工作中发现的错账，要及时查找，明确原因并更正。

## 一、错账查找的方法

错账是在账簿的登记环节发生的，主要表现为试算平衡表不平、总分类账不平、明细分类账及所属总分类账核对不符、银行存款日记账与对账单不符等。产生的原因主要是漏记、重记、错记3种，而错记又表现为错用了会计科目、错记了记账方向、错记了金额、错用了记账墨水（蓝黑墨水误用红墨水，或红墨水误用蓝黑墨水）等。错账的查找方法主要有个别检查法和全面检查法。

### （一）个别检查法

个别检查法是针对错账的数字进行检查的方法，它以错账的差数为出发点来进行检查，适用于方向记反、数字错位和数字颠倒等造成的记账错误，具体又分为差数法、尾数法、倍数法和除9法。

#### 1. 差数法

差数法是根据借贷双方合计数的差数查找错账的方法。这一方法对于发现漏记项目比较有效，也很简便，适用于记账时只登记了借方或贷方而漏记了另一方，从而导致试算平衡中借方合计数与贷方合计数不等。查错时，计算出借贷方发生额合计数的差数，重点检查与该差数相同的发生额是否有漏记或重记错误。比如：试算平衡表借方合计比贷方合计多了600元，只需查找有600元这一金额的相关分录，检查是否漏记贷方即可。

#### 2. 尾数法

尾数法是指对于发生的角、分差错，只查找小数部分以提高效率的方法，适用于借贷方金额其他位数都一致，只有末位数出现差错的情况。比如：试算平衡表借贷方差额为0.07，只需查找尾数有0.07这一金额的相关分录，检查是否登记入账。

#### 3. 倍数法

倍数法又称除2法，是指先计算出借贷方的差数，再用差数除以2来查找错数的方法，适用于重复记录了借方或贷方而漏记了另一方，出现错账的差数（借方或贷方差数）表现为错误金额的2倍，此时用差数除2，得出的商数即是反方向的金额（贷方或借方）。比如：试算平衡表借方合计比贷方合计多了600元，经查找无600元这一金额的相关分录，此时用600除以2，得出的商是300，查找有300元这一金额的相关分录，再检查是否重记了借方，却未记贷方即可。

#### 4. 除9法

除9法是指以借贷方的差数除以9来查找错数的方法。若能除尽，则可能是数字位移或数字颠倒，适用于数字顺序错位、将应记数字位数前移或后移，或相邻数字颠倒等情况。

（1）将数字写小。比如：将700写成70，错误数字小于正确数字9倍。方法是：以差数除以 9，得出的商即为写错的数字，乘以 10 即为正确的数字。上例差数 630（700－70）除以 9，得出的商 70 即为写错的数字，乘以 10 即为正确的数字 700。

（2）将数字写大。比如：将 80 写成 800，错误数字大于正确数字 9 倍。方法是：以差数除以 9，得出的商即为正确的数字，乘以 10 即为错误的数字。上例差数 720（800－80）除以 9，得出的商 80 即为正确的数字 80，乘以 10 即为错误的数字 800。

（3）邻数颠倒。比如：将 92 写成 29、780 写成 870 等。方法是：将差数除以 9，得出的商连续加 11 或 110、1 100 等，直到找出颠倒的数字为止。又如：92 写成 29，差数为 63，除以 9 得 7，可判断颠倒的数字可能在个位或十位，用 7 连续加 11 为 18、29，若有 29 数字的业务，即有可能是颠倒的数字。780 写成 870，差数为 90，除以 9 得 10，可判断颠倒的数字可能在十位或百位，用 10 连续加 110 为 120、230、340、450、560、670、780，有 780 数字的业务，即有可能是颠倒的数字。

如果上述方法仍然无法发现差错，则可能是非过账错误造成的差错。比如：记账凭证编制错误，也可能是多种错误交叉影响。这时就需要采用全面检查法进行差错查找。

### （二）全面检查法

全面检查法是将一定时期内所有账目进行逐笔核对的检查方法，具体分为顺查法和逆查法两种。

#### 1. 顺查法

顺查法又称正查法，是指按照账务处理的顺序，从头到尾依次检查原始凭证、记账凭证、总分类账、明细分类账以及会计科目余额表等的检查方法。

#### 2. 逆查法

逆查法又称反查法，这种方法与顺查法相反，是按照记账的相反顺序，从科目余额表追查到原始凭证的一种检查方法。

两种方法的选择，主要依靠会计人员的职业经验和判断，如果上半月工作精力不够集中，错误可能出现在上半月，则采用顺查法，反之，则采用逆查法。

## 二、错账的更正方法

《会计基础工作规范》规定，账簿记录发生错误，不得刮擦、挖补、涂改或用褪色药水更改字迹，不准重新抄写，必须根据错账的具体情况，采用正确的方法予以更正。更正错账的方法一般有画线更正法、红字更正法和补充登记法 3 种。

### （一）画线更正法

#### 1. 适用情况

画线更正法适用于在结账前或结账时，发现会计账簿中记录的文字或数字有错误，而记账凭证本身并没有错误，即纯属文字或数字过账时的笔误及账簿数字计算错误等情况。

### 2. 更正方法

将错误的文字或数字画红线注销（注意保持原有数字清晰可辨），在红线上方填写正确的文字或数字，并由记账及相关人员在更正处盖章，以明确责任。对于错误的数字，应全部画红线更正，不能只更正其中的错误数字；对于文字错误，可以只划去错误的部分并更正。

【例7-1】企业用银行存款4 700元购买办公用品，会计人员在根据记账凭证（记账凭证正确）记账时，误将"银行存款"账户贷方的4 700元写成7 400元。

方法是：在"银行存款"账户贷方的错误数字7 400元上画一条红线（注意：不能只画个别错误的数字），然后在其上方写出正确的数字4 700元，并在更正处签名或盖章，明确责任。

## （二）红字更正法

### 1. 适用情况

记账后在当年内发现记账凭证中的应借应贷会计科目有误，或应借应贷会计科目无误，但所记金额大于应记金额时，可采用红字更正法。

### 2. 更正方法

按照差错的不同，可分为全部冲销和部分冲销。

（1）全部冲销。记账后，发现记账凭证中的应借应贷会计科目有误。

方法是：用红字填写一份与原记账凭证完全相同的记账凭证，以冲销原来的记录（摘要：冲销×月×日×号凭证错误）并登记入账；然后用黑字或蓝字重新填写一份正确的记账凭证（摘要：补记×月×日账），并据以登记入账。

【例7-2】企业管理人员陈×出差预借差旅费4 000元。会计分录应为：借记"其他应收款"科目，贷记"库存现金"科目。但会计人员在填制记账凭证时，误将"其他应收款"记为"应收账款"并登记入账。

方法是：首先用红字填制一张与原错误记账凭证相同的记账凭证，并据以登记入账，冲销原有错误的账簿记录（以下分录中，□内数字表示红字）：

借：应收账款　　　　　　　　　　　　　　　|4 000|
　　贷：库存现金　　　　　　　　　　　　　　　|4 000|

然后，再用黑字或蓝字填制一张正确的记账凭证，并据以登记入账。

借：其他应收款——陈×　　　　　　　　　　4 000
　　贷：库存现金　　　　　　　　　　　　　　　4 000

（2）部分冲销。记账后，发现记账凭证中的应借应贷会计科目无误，但所记金额大于应记金额。

方法是：按多记金额用红字填写一份与原记账凭证应借应贷会计科目相同的记账凭证，以冲销多记金额，并据以记账（摘要：冲销×月×日×号凭证多记金额）。

【例7-3】企业以银行存款9 500元偿还前欠货款，会计人员在记账时，误将9 500元记为95 000元。

方法是：按多记金额85 500（95 000 - 9 500）用红字填写一份与原记账凭证应借应贷会

计科目相同的记账凭证,并据以记账,以冲销多记金额。

  借:应付账款              85 500
    贷:银行存款                85 500

### (三)补充登记法

#### 1. 适用情况

记账后,发现记账凭证中的应借应贷会计科目无误,但所记金额小于应记金额时,可以采用补充登记法。对于这种错误,也可以采用红字更正法。

#### 2. 更正方法

按少记金额用黑字或蓝字填写一份与原记账凭证应借应贷会计科目相同的记账凭证,以补记少记金额,并据以记账(摘要:补记×月×日×号凭证少记金额)。

【例 7-4】企业以银行存款 9 500 元偿还前欠货款,会计人员在记账时,误将 9 500 元记为 950 元。

方法是:按少记金额 8 550(9 500 – 950)用黑字或蓝字填写一份与原记账凭证应借应贷会计科目相同的记账凭证,以补记少记金额,并据以记账。

  借:应付账款              8 550
    贷:银行存款               8 550

在实际工作中,由于定期核对账目,错账不可能经过很长时间才发现。而错账的查找与更正是一项非常复杂和细致的工作,查找一笔错账需要花费较长时间,有时甚至影响结账,延误决算时间。因此,会计人员在日常工作中必须具有高度的责任感,尽量防止错账发生。

## 第四节 账簿的更换与保管

为保持会计账簿资料的连续性,清晰反映各个会计年度的财务状况和经营成果,在每一会计年度结束、新的会计年度开始时,会计主体都要进行账簿更换,建立新账。

### 一、会计账簿的更换

账簿更换是指在会计年度终了时,将上年度的账簿更换为次年度新账的工作。其基本要求如下:

#### (一)每年需要更换的账簿

总分类账、日记账和大多数明细分类账需要每年更换一次。更换时,应将上年度各账户的余额直接记入新年度的相应账簿中,并在上年度的账簿中各账户年终余额的摘要栏注明"结转下年"字样;同时在新账簿中相关账户的第一行的日期栏注明"1月1日",摘要栏内注明

"上年结转",并在余额栏记入上年结转的余额,在"借或贷"栏内注明余额的方向。启用新账簿,账户余额的登记不需要填制会计凭证。

### (二)可跨年度使用的账簿

对于在年度内业务发生量较少、账簿变动不大的财产物资明细账和债权债务明细账,如固定资产明细账、固定资产卡片账、应收账款和应付账款等明细账,由于连续记录的要求较强,可以跨年度连续使用;各种备查账簿也可连续使用。

## 二、会计账簿的保管

账簿是重要的会计档案,在经济管理中具有重要作用。因此,每一个会计主体都必须按照国家相关会计法规的要求,按年度分类归档、编造目录、妥善保管,不得丢失和任意销毁。账簿的保管既要安全、完善、机密,又要保证使用时能及时、迅速地查找。其管理分为日常管理和归档保管两个部分。

### (一)会计账簿的日常管理

(1)各种账簿要分工明确,指定专人管理。账簿经管人员既要负责记账、对账、结账等工作,又要负责保证账簿安全、完整。

(2)账簿未经单位负责人和会计主管人员批准,非财务人员不能随意翻阅查看账簿。

(3)账簿除需要与外单位核对外,一般不能携带外出;对携带外出的账簿,一般应由经管人员或会计主管人员指定专人负责。

(4)单位保存的账簿归档后一般不得借出。不能随意将账簿交与其他人员管理,以保证账簿安全并防止任意涂改账簿等问题的发生。

### (二)归档保管

年度终了更换并启用新账后,对更换下来的旧账要清点整理,按时装订立卷,造册归档保管。

(1)归档前旧账的整理工作。检查和补齐应办的手续,如改错盖章、注销空行及空页、结转余额等。活页账应撤出未使用的空白账页,再装订成册,并注明各账页号数。旧账装订时,活页账一般按账户分类装订成册,一个账户装订成一册或数册;某些账户账页较少,也可以合并装订成一册。

(2)按账簿启用表进行核对和整理。账簿装订前必须检查账簿扉页的内容是否填写齐全,并按封面、账簿启用表、账户目录、账页、封底的顺序装订,并认真填写账簿封面有关内容,会计主管人员和装订人(经办人)签章。

(3)完善装订手续。装订后应由经办人员及装订人员、会计主管人员在封口处签名或盖章。旧账装订完毕应编制目录和编写移交清单,按期移交档案部门保管。各种账簿同会计凭证和会计报表一样,都是重要的经济档案,必须按照规定的保存年限妥善保管,不得丢失或任意销毁。保管期限详见第十一章第四节内容。

（4）账簿管理规定。当年形成的会计档案，在会计年度终了，可暂由本单位财务部门保管一年。期满之后，应由财务部门编造清册，移交本单位的档案部门保管；未设立档案部门的，应当在财务部门指定专人保管。账簿归档保管时要做到防火、防盗、防潮、防霉烂变质、防虫蛀鼠咬。

（5）账簿保管期满的销毁。账簿保管期满后，应按照规定的审批程序报经批准后才能销毁。应由档案保管部门提出销毁意见，会同财务部门共同鉴定、编造清册，销毁时应由档案保管部门、财会部门和有关部门共同监销。

企业和其他组织会计档案保管期限如表 7-21 所示。

表 7-21　企业和其他组织会计档案保管期限表

| 序号 | 档案名称 | 保管期限 | 备注 |
|---|---|---|---|
| 一 | 会计凭证 | | |
| 1 | 原始凭证 | 30 年 | |
| 2 | 记账凭证 | 30 年 | |
| 二 | 会计账簿 | | |
| 3 | 总账 | 30 年 | |
| 4 | 明细账 | 30 年 | |
| 5 | 日记账 | 30 年 | |
| 6 | 固定资产卡片 | | 固定资产报废清理后保管 5 年 |
| 7 | 其他辅助性账簿 | 30 年 | |
| 三 | 财务会计报告 | | |
| 8 | 月度、季度、半年度财务会计报告 | 10 年 | |
| 9 | 年度财务会计报告 | 永久 | |
| 四 | 其他会计资料 | | |
| 10 | 银行存款余额调节表 | 10 年 | |
| 11 | 银行对账单 | 10 年 | |
| 12 | 纳税申报表 | 10 年 | |
| 13 | 会计档案移交清册 | 30 年 | |
| 14 | 会计档案保管清册 | 永久 | |
| 15 | 会计档案销毁清册 | 永久 | |
| 16 | 会计档案鉴定意见书 | 永久 | |

【案例 7-1】

2017 年 2 月，时任某建筑安装有限公司法人代表、总经理的张某以腾出公司财务室柜子为由，安排公司会计邬某将原放置在办公楼二楼财务室的该公司 1998 年至 2006 年所有会计凭证、会计账簿、财务会计报告打包装箱，放置到公司一楼办公室储存。

会计邬某不同意，并告知张某放到一楼又无人保管是不行的，但张某执意要搬。邬某要求张某出具证明字据，张某在公司财务写的情况说明材料上出具情况属实的意见并签名。签署意见后会计邬某将1998年至2006年所有会计凭证、会计账簿、财务会计报告等资料进行了打包装箱，张某、会计邬某、副经理梁某等人一同将打包装箱的资料搬至一楼办公室堆放。

2017年7月某天，在未经得相关职能部门许可鉴证的情况下，上述财务资料被张某以潮湿腐烂为由，安排3个装修工人当作垃圾烧毁。经司法会计鉴定，该财务会计资料涉案金额达48 830 627.02元。

2019年3月12日，张某自动到公安局投案。2020年3月24日，经人民法院审判后，判决张某犯故意销毁会计凭证、会计账簿、财务会计报告罪，判处有期徒刑一年一个月，并处罚金人民币3万元。

## 思考与实训练习

### 一、简答题

1. 什么是账簿？为什么要设置账簿？账簿与账户的关系是什么？
2. 设置账簿时需要注意哪些原则？
3. 账簿如何分类？
4. 明细分类账有哪些格式？分别适用于哪一类型的经济业务？
5. 账簿如何启用？登记要求有哪些？
6. 日记账如何登记？依据是什么？
7. 查找错账有几种方法？各自适用于什么情况？
8. 什么是对账？对账包括哪些内容？
9. 什么是结账？结账包括哪些基本内容？画红线的含义是什么？
10. 更正错账有几种方法？各自适用于什么情况？
11. 什么是账簿的更换？如何进行账簿的更换？账簿的保管有哪些基本要求？

### 二、单项选择题

1. 登记账簿的依据是（　　）。
   A. 经济业务　　B. 会计凭证　　C. 经济合同　　D. 领导批示
2. 编制财务报表最直接的依据是（　　）。
   A. 会计要素　　B. 会计账簿　　C. 会计凭证　　D. 会计科目
3. 账簿按（　　）的不同，可分为序时账簿、分类账簿和备查账簿。
   A. 格式　　B. 外表形式　　C. 用途　　D. 启用时间
4. 现金日记账必须采用（　　）账簿。
   A. 卡片式　　B. 订本式　　C. 备查簿　　D. 活页式
5. 管理费用明细分类账采用（　　）。
   A. 三栏式　　B. 数量金额式　　C. 多栏式　　D. 横线登记式

6. 应收账款明细分类账采用（　　）。
   A. 三栏式　　　B. 数量金额式　　　C. 多栏式　　　D. 三者均可
7. 库存商品明细分类账采用（　　）。
   A. 三栏式　　　B. 横线登记式　　　C. 多栏式　　　D. 数量金额式
8. 下列选项中，（　　）适合采用多栏式明细账格式核算。
   A. 原材料　　　B. 制造费用　　　C. 应付账款　　　D. 库存商品
9. 卡片账一般在（　　）时采用。
   A. 固定资产总分类核算　　　　B. 应收账款总分类核算
   C. 固定资产明细分类核算　　　D. 应收账款明细分类核算
10. （　　）可以将每一相关的业务登记在一起，依据每一行各个栏目的登记是否齐全来判断该项业务的进展情况。
    A. 三栏式　　　B. 多栏式　　　C. 数量金额式　　　D. 横线登记式
11. 一般采用活页账形式的账簿是（　　）。
    A. 现金日记账　　　　　　　B. 特种日记账
    C. 总分类账　　　　　　　　D. 明细分类账
12. 企业临时租入的固定资产应在（　　）中登记。
    A. 总分类账簿　　　　　　　B. 明细分类账簿
    C. 备查账簿　　　　　　　　D. 无须登记
13. 序时账簿和总分类账簿一般采用（　　）。
    A. 活页账　　　B. 订本账　　　C. 卡片账　　　D. 备查账
14. 结账前如果发现账簿记录中数字或文字发生错误，而记账凭证正确，采用（　　）更正。
    A. 红字更正法　　B. 画线更正法　　C. 补充登记法　　D. 顺查法
15. 现金日记账和银行存款日记账由（　　）登记。
    A. 会计主管　　　B. 会计人员　　　C. 出纳人员　　　D. 稽核人员
16. 结账时发现已入账的记账凭证中误将5 000元写成500元，但科目、方向正确无误，应采用（　　）。
    A. 红字更正法　　B. 画线更正法　　C. 补充登记法　　D. 抽查法
17. 记账凭证中科目、方向正确，但所记金额大于应记金额，并已登记入账，更正方法是（　　）。
    A. 红字更正法　　B. 画线更正法　　C. 补充登记法　　D. 逆查法
18. 银行存款日记账与银行对账单之间的核对属于（　　）。
    A. 账实核对　　　B. 账账核对　　　C. 账证核对　　　D. 余额核对
19. 采用补充登记法更正错账时，应编制（　　）记账凭证。
    A. 红字　　　　　B. 蓝字　　　　　C. 红字和蓝字　　D. 红字或蓝字
20. 记账凭证记账栏中"√"记号表示（　　）。
    A. 已登记入账　　B. 已经审核　　　C. 此凭证作废　　D. 凭证编制正确
21. 月末结账时，在摘要为"本月合计"一栏下面，通栏画（　　）。
    A. 单红线　　　　B. 双红线　　　　C. 单蓝线　　　　D. 双蓝线

22. 采用画线更正法更正账簿中的错误数字时，应（　　）。
    A. 用一条蓝线将整个数字全部画去　　B. 用多条红线将整个数字全部画去
    C. 用一条红线将有错误的数字画去　　D. 用一条红线将整个数字全部画去
23. 结账时应通栏画双红线的情形是（　　）。
    A. 月结　　　　B. 季结　　　　C. 半年结　　　　D. 年结
24. 期末根据账簿记录计算并记录各账户本期发生额和期末余额，会计上称为（　　）。
    A. 对账　　　　B. 查账　　　　C. 调账　　　　D. 结账
25. 会计账簿暂由单位财务部门保管（　　），期满后由财务部门编造清册移交本单位的档案部门保管。
    A. 5 年　　　　B. 3 年　　　　C. 10 年　　　　D. 1 年

### 三、多项选择题

1. 设置和登记账簿是为了（　　）。
    A. 记载和存储会计信息　　　　B. 分类和汇总会计信息
    C. 检查和校正会计信息　　　　D. 编报和输出会计信息
2. 账簿应具备的基本内容有（　　）。
    A. 封面和封底　　B. 扉页　　　　C. 账页　　　　D. 账户名称
3. 账簿按其外表形式分类，可分为（　　）。
    A. 订本式账簿　　B. 分类账簿　　C. 卡片式账簿　　D. 活页式账簿
4. 下列各项中，采用多栏式明细分类账的账户是（　　）。
    A. 生产成本　　　B. 管理费用　　C. 应收账款　　　D. 原材料
5. 账簿按用途的不同，可分为（　　）。
    A. 日记账　　　　B. 订本账　　　C. 分类账　　　　D. 备查账
6. （　　）明细账适用数量金额式明细分类账账页格式。
    A. 库存商品　　　B. 生产成本　　C. 应付账款　　　D. 原材料
7. 明细分类账可采用的格式有（　　）。
    A. 三栏式　　　　B. 多栏式　　　C. 数量金额式　　D. 横线登记式
8. 下列情况，可以使用红色墨水记账的有（　　）。
    A. 冲销错误记录
    B. 未印明余额方向的，在余额栏内登记负数余额
    C. 登记期末余额
    D. 在不设借、贷栏的多栏式账页中，登记减少数
9. 对账的主要内容包括（　　）。
    A. 账表核对　　　B. 账账核对　　C. 账证核对　　　D. 账实核对
10. 下列各项中，可用来登记明细分类账的有（　　）。
    A. 领导批示　　　B. 经济合同　　C. 原始凭证　　　D. 记账凭证
11. 可作为银行存款日记账登记依据的是（　　）。
    A. 现金收款凭证　　　　　　　　B. 现金付款凭证
    C. 银行存款收款凭证　　　　　　D. 银行存款付款凭证

12. 下列属于错账更正方法的是（　　）。
    A. 画线更正法　　　　　　　　B. 红字更正法
    C. 蓝字更正法　　　　　　　　D. 补充登记法
13. 下列采用三栏式明细分类账的账户有（　　）。
    A. 原材料　　　　　　　　　　B. 应收账款
    C. 应付账款　　　　　　　　　D. 财务费用
14. 属于账实核对的有（　　）。
    A. 库存现金日记账账面余额与实存数的核对
    B. 银行存款日记账账面余额与银行对账单的核对
    C. 各种财产物资明细账账面余额与实存数的核对
    D. 各种应收、应付款项明细账余额与有关债务人、债权人相关账面余额的核对
15. 年度结束后，账簿的保管应该做到（　　）。
    A. 装订成册　　B. 归档保管　　C. 加上封面　　D. 当即销毁

## 四、判断题

1. 只有审核无误的记账凭证，才能作为登记账簿的依据。（　　）
2. 会计账簿发挥着连接记账凭证和财务报表的作用。（　　）
3. 三栏式账簿是指具有日期、摘要、金额3个栏目的账簿。（　　）
4. 年度终了，日记账、总账和所有明细账都必须更换新账，不能延续使用旧账。（　　）
5. 各单位在更换旧账簿、启用新账簿时，应当填制账簿启用表。（　　）
6. 总分类账一般采用订本式账簿、三栏式账页，运用货币量度进行核算。（　　）
7. 库存现金日记账由出纳根据审核无误的库存现金收、付款凭证和转账凭证逐日逐笔序时登记。（　　）
8. 订本账是指为防止抽换账页，在年终结账后将账页固定装订成册的账簿。（　　）
9. 使用订本账记账时，必须按账簿页次顺序登记，不得跳行、隔页。（　　）
10. 为了满足企业管理的需要，企业的明细账户设置得越细越好。（　　）
11. 总分类账和明细分类账都是直接根据记账凭证登记的。（　　）
12. 银行存款日记账既是序时账簿又是订本账簿。（　　）
13. 会计账簿是编制财务报告的主要依据。（　　）
14. 为确保账簿记录清晰耐久，防止涂改，记账时必须使用蓝黑墨水且用钢笔书写，不能使用圆珠笔和铅笔。（　　）
15. 备查账簿无固定格式，可根据单位会计核算和经营管理的需要设置。（　　）
16. 账证核对就是将账簿记录与原始凭证进行核对。（　　）
17. 对账时，发现记账凭证中应记金额小于已记金额并已记入相关账簿，但科目和方向正确，可用画线更正法。（　　）
18. 结账前发现账簿记录有文字或数字错误，但记账凭证无错误，可只画去错误的部分并进行改正。（　　）
19. 卡片账严格意义上也是一种装在卡片箱内的活页账。（　　）
20. 对不需要在月末结出本期发生额的账户，每次记账后都要随时结出余额。（　　）

## 五、实训题

### 实训一

[目的]练习错账的更正方法。

[资料]某企业在对账时发现下列经济业务内容的账簿记录有误。

1. 以银行存款 8 860 元购入原材料，已入库。原记账凭证中的会计分录为：

借：原材料　　　　　　　　　　　　　　　　　　　　　　　8 680
　　贷：银行存款　　　　　　　　　　　　　　　　　　　　　8 680

2. 车间修理办公楼领用原材料 6 000 元。原记账凭证中的会计分录为：

借：生产成本　　　　　　　　　　　　　　　　　　　　　　6 000
　　贷：原材料　　　　　　　　　　　　　　　　　　　　　　6 000

3. 以现金 780 元购买文具用品。原记账凭证中的会计分录为：

借：管理费用　　　　　　　　　　　　　　　　　　　　　　870
　　贷：库存现金　　　　　　　　　　　　　　　　　　　　　870

4. 以银行存款支付前欠供货方的货款 79 000 元。原记账凭证中的会计分录为：

借：应付账款　　　　　　　　　　　　　　　　　　　　　　79 000
　　贷：银行存款　　　　　　　　　　　　　　　　　　　　　79 000

但账簿记录中误记为 97 000 元。

[要求]说明上述经济业务的错误记录应采用何种错账更正方法并进行更正。

### 实训二

[目的]练习日记账、总分类账和明细分类账的登记。

[资料]第四章实训八、第六章实训题。

2024 年 12 月初 YJ 公司有关明细分类账的余额如下：

1. 库存现金日记账的余额为 825.3 元，银行存款日记账的余额为 313 258.35 元。
2. 应收账款账户余额为：GM 公司 90 000 元，TC 公司 32 000 元。
3. 应付账款账户余额为：WC 公司 12 000 元，HY 公司 33 900 元。
4. 原材料账户的余额为：

甲材料：数量 1 000 千克，单价 90 元，金额为 90 000 元；

乙材料：数量 2 000 千克，单价 75 元，金额为 150 000 元。

[要求] 根据第四章实训八经济业务、第六章实训题所填制的记账凭证和上述有关明细分类账余额，登记库存现金和银行存款的日记账及总分类账，登记应收账款、应付账款及原材料明细分类账及总分类账。（以记账凭证核算形式为例，账页按实际需要发给学生）

# 第八章 财产清查

PART EIGHT

> **学习目标**：了解财产清查的作用和种类；熟悉财产清查的一般程序和范围以及存货的盘存制度；理解对货币资金、存货、固定资产、应收及应付款的具体清查方法；掌握银行存款余额调节表的编制和财产清查结果的账务处理。
> **学习重点**：财产清查结果的处理、银行存款余额调节表的编制。
> **学习难点**：实物财产的盘存制度、财产清查结果的账务处理。
> **课程思政**：廉洁意识培育、风险防控理念养成。

## 第一节 财产清查概述

《会计法》规定，每一个会计主体日常发生的经济业务，都必须通过填制和审核会计凭证、登记会计账簿、试算平衡和对账等一系列严密的会计处理程序，以保证账证相符、账账相符。因此，从理论上来说，会计账簿所记载的财产物资增减变动情况和结存情况，应该与实际财产物资的收发情况和结存情况相符。但在实际工作中，有很多客观原因造成了各项财产物资的账面结存数与实存数不一致，即账实不符。因此，必须运用财产清查这一行之有效的会计核算方法，对各项财产物资进行清查，保证账实相符。

### 一、财产清查的重要性

会计主体的货币资金、存货、固定资产和各项债权债务等财产物资的增减变动情况和结存情况都如实反映在账簿记录中，为保证账簿记录的真实性和正确性，建立健全财产物资管理制度，确保会计主体财产物资安全完整，需要对财产进行定期或不定期的清点和核对，即财产清查。

财产清查也叫财产检查，是根据账簿记录，通过对库存现金、实物、往来款项等财产物资的实地盘点、核对、查询，以查明各项财产物资的实存数和账存数是否相符的一种专门方法。

### (一)账实不符的原因

实际工作中,会计人员通过正确填制凭证、登记账簿并进行严格审核以保证账簿记录的正确性,但账簿记录的正确性并不能说明其客观真实性,账簿记录的财产账存数与实存数时常并不一致,即账实不符。造成账实不符的原因较多,主要有以下几种情况:

(1)收发财产物资时,计量、检验不准确而发生品种、数量和质量上的差错导致账实不符。

(2)因会计人员在登记账簿时发生漏记、重记、错记,或计算上的错误导致账实不符。

(3)财产物资的保管过程中,发生自然损耗导致账实不符,或因发生水灾、火灾等自然灾害造成损失而导致账实不符。

(4)因管理不善或工作人员玩忽职守发生财产物资残损、变质和短缺导致账实不符。

(5)因不法分子的贪污盗窃、营私舞弊,造成财产物资的损失,导致账实不符。

(6)在结算过程中,未达账项(票据传递时差)导致暂时性的账实不符。

(7)存在隐性账实不符。比如:外部环境的变化导致财产物资贬值,应收账款因债务人长期未清偿而成为事实上的坏账等。

账实不符影响会计信息的真实性和可靠性,因此,在会计凭证和账簿记录正确的基础上,对企业的各项财产进行清点和核对,保证账实相符,是编制财务报告前的必要程序。

### (二)财产清查的作用

财产清查作为会计核算的一种专门方法,同时也是企业内部管理与内部控制的重要组成部分,在企业的生产经营过程中发挥着重要的作用。

(1)保证账实相符。真实性是财务报告的"生命源泉"。因此,为了避免会计信息在收集转换和储存计算阶段受到客观因素的影响而失真,提高会计信息质量,必须通过财产清查,查明各项财产的实有数量,确定实有数和账存数之间的差异,查明原因并明确责任,以采取有效措施,消除差异并改进管理,提高会计资料的准确性,确保会计信息真实可靠。

(2)实施内部控制。建立有效的财产内部控制制度,就是要保证会计主体的经营活动能有效运行,保证财产的安全和完整,提高会计信息质量。而通过财产清查,可以查明各项财产物资的保管情况,确定各项财产物资的质量是否存在问题,有无损失、浪费或被非法挪用、贪污盗窃情况,以便采取有效措施,进一步完善内部控制制度,切实保证财产安全。

(3)加速资金周转。挖掘财产物资潜力,可以提高企业资金使用效益,增强企业的盈利能力。而通过财产清查,可查明各项财产物资的库存和使用情况,有无超储或闲置的现象,以便相关部门及时采取措施,对储备不足的设法补足,对呆滞积压和不配套的及时处理,充分利用各项财产物资,合理安排生产任务,加速资金周转,提高资金使用效率。

## 二、财产清查的分类

财产清查可以按清查的对象和范围、清查的时间、清查的执行单位不同进行分类。

### (一)按清查对象和范围分类

财产清查按清查对象和范围的不同分类,可以分为全面清查和局部清查。

### 1. 全面清查

全面清查是指对会计主体所有的财产进行全面的盘点和核对。就制造企业而言,全面清查包括货币资金、存货、固定资产、债权债务等。全面清查可以是定期清查,也可以是不定期清查。全面清查由于范围广、内容多、时间长、参与人员多、工作量大,有时还会影响企业正常的生产经营活动,不宜经常进行,一般于年末进行。需要进行全面清查的情况如表8-1所示。

表8-1 全面清查的对象和适用范围

| | |
|---|---|
| 清查对象 | 库存现金、银行存款等 |
| | 存货、固定资产 |
| | 债权债务 |
| | 在其他单位加工或保管的物资 |
| | 为其他单位代管的财产物资 |
| 适用范围 | 年终结算之前,为确保年终结算会计信息的真实性和准确性 |
| | 单位撤销、合并或改变隶属关系时 |
| | 中外合资、国内联营及企业股份制改制时 |
| | 开展全面的资产评估、清产核资时 |
| | 单位主要负责人调离工作时 |

### 2. 局部清查

局部清查是指根据需要对会计主体一部分财产物资进行的盘点和核对。就制造企业而言,局部清查主要是货币资金、存货等流动性较大的财产、贵重物资和债权债务。局部清查可以是定期清查,也可以是不定期清查。局部清查范围小、内容少、时间短、参与人员少,但专业性较强。局部清查的范围和对象应根据实际需要而定,一般情况如表8-2所示。

表8-2 局部清查的对象和时间

| 清查对象 | 清查时间 |
|---|---|
| 库存现金 | 每日营业终了进行盘点,做到"日清月结" |
| 银行存款 | 每月与银行对账单至少核对一次 |
| 贵重物资(钻石、珠宝、黄金等) | 每月应清查盘点一次 |
| 债权债务 | 每年至少与对方核对1~2次 |
| 流动性较大的物资(原材料、在产品、库存商品等) | 除年度清查外,还要有计划地每月轮流盘点或重点清查 |

### (二)按清查时间分类

财产清查按清查时间不同分类,可以分为定期清查和不定期清查。

### 1. 定期清查

定期清查是指根据管理制度的规定或计划安排的时间对财产进行的清查。这种清查一般在财产管理制度中予以明确规定，通常是在年终、季末、月末结账前进行的。清查的对象和范围根据实际需要而定，可以进行全面清查，也可以进行局部清查。一般情况下，在年终决算前进行全面清查，在季末和月末进行局部清查。库存现金的"日清月结"和银行存款日记账与银行对账单的核对都是定期清查。

### 2. 不定期清查

不定期清查是指事前并未规定清查时间，而是根据特殊需要临时安排的盘点和核对，可以是全面清查，也可以是局部清查，应根据实际需要确定清查的时间和范围。不定期清查一般包括以下内容：

（1）更换财产物资保管人员和出纳人员时，要对其所保管的财产物资和库存现金进行清查，以明确经济责任。

（2）发生自然灾害或意外损失时，要对受灾或受损财产进行清查，以查明损失情况。

（3）上级主管部门或监督部门对企业进行检查审计时，根据检查要求和范围进行清查。

（4）企业关、停、并、转、清产核资、破产清算时，要对本企业的财产进行清查。

## （三）按清查的执行单位分类

财产清查按清查的执行单位不同分类，可以分为内部清查和外部清查。

### 1. 内部清查

内部清查也称"自查"，是指会计主体按照内部管理制度或计划安排或工作需要，自行组织清查小组所进行的财产清查工作，大多数财产清查都是内部清查。

### 2. 外部清查

外部清查是指由上级主管部门、审计机关、司法部门、注册会计师等会计主体外部的部门和组织，根据国家有关法规和制度的规定或实际需要对会计主体财产物资所进行的清查。一般情况下，进行外部清查时应有本单位人员参加。

## 三、财产清查的程序

财产清查是加强财产物资管理、发挥会计监督职能的一项重要工作，同时又是一项涉及面广、工作量大，既复杂又细致的具体工作。因此，在进行财产清查前，必须有计划、有组织地进行各项准备工作，包括组织上的准备和物资及业务上的准备，从而按科学管理的方法进行财产清查。

## （一）组织准备工作

为了使财产清查能够有效进行，保证财产清查工作的质量，必须在主管领导和总会计师的领导下，成立由财会、业务、仓储等有关部门和人员组成的财产清查领导小组，具体负责财产清查事宜。领导小组的主要任务如下：

（1）制订清查工作计划和方案，确定清查范围和任务，明确清查工作的详细步骤、时间、方法，配备有能力的财产清查工作人员，组织清查人员学习有关政策规定和业务知识，以提高清查质量。

（2）在清查过程中检查督促清查工作，及时解决清查过程中出现的问题。

（3）在清查工作结束后，总结清查工作的经验和教训，形成书面文件，将财产清查结果上报有关部门。

### （二）业务准备工作

业务准备是进行财产清查至关重要的前提条件，各有关部门必须做好如下准备：

（1）会计部门。会计部门和人员要在财产清查之前将所有的经济业务登记入账并结出余额，做到账证相符、账账相符，为财产清查提供可靠的账簿资料。

（2）保管部门。财产物资保管部门要在财产清查之前登记财产物资保管账，详细反映各项财产物资的增减变动情况，结出各账户余额，并与会计部门的有关财产物资明细账核对相符，同时将各种财产物资排列整齐，挂上标签，标明品种、规格及结存数量，以便进行实物盘点。

（3）清查小组。财产清查人员必须准备好有关计量器具并按国家标准进行校正，以减少误差，准备各种必需的凭证、表格等，如现金盘点报告表、盘存单、实存账存对比表等。

需注意：清查人员在清查时必须先清查财产数量，核对账簿记录，再认定财产质量。

## 四、存货盘存制度

财产清查的重要环节是盘点财产物资，尤其是存货的实存数量。由于各会计主体财产物资的存在形态不同，其保管和使用情况也不尽一致，为了保证财产清查工作的顺利进行，会计主体应建立科学适用的存货盘存制度。实际工作中，存货盘存制度有永续盘存制和实地盘存制两种。

### （一）永续盘存制

永续盘存制又称账面盘存制，是通过设置存货明细账，对存货日常的收、发、存都根据会计凭证在会计账簿中逐日逐笔进行登记，随时可以在账面上推算各种存货结存数，并定期与实际盘存数核对，确定存货盘盈盘亏情况的一种制度。

#### 1. 永续盘存制下的账簿组织

永续盘存制下，存货按品种、规格开设明细账，收入或发出存货时，根据收发凭证逐日逐笔在账簿中连续登记增加数和减少数，并计算期末结存数，登记在结存栏内。

$$期末结存 = 期初结存 + 本期收入 - 本期发出$$

会计主体存货核算的账簿组织不尽相同，企业除按品种核算外，还要按大类进行核算。其一般账簿组织如下：

（1）会计部门设"库存商品"总分类账，并按商品大类设置二级明细账户，进行金额核算；在二级明细账户下，按商品品种、规格等设置三级明细分类账，进行金额和数量的双重核算。

（2）存货保管部门按每种商品分户设置存货保管账和商品卡。保管账由记账人员根据收货单和发货单登记收、发数量，进行数量控制；商品卡挂在每种商品的堆垛存放处，由存货保管员根据收货单和发货单登记收、发数量，以控制存货实存数量。

采用总分类账——二级明细账——三级明细账的设置对存货进行核算，可以完成逐级控制并相互核对，发挥随时反映存货库存情况和保护存货安全完整的作用。在这种账簿组织下，能够及时发现存货实物的差错，有利于加强存货的日常管理。

实际工作中，同一存货的购进成本或生产成本在会计期内往往不一样，这就涉及期末存货和本期发出存货如何计价的问题。在永续盘存制下，存货明细分类账能随时反映其结存数量和销售数量，而发出存货的计价方法，则主要有先进先出法、加权平均法和个别计价法等，这些内容将在后期专业学习中涉及。

#### 2. 永续盘存制的优缺点和适用范围

（1）永续盘存制的优点。永续盘存制能随时通过存货明细分类账了解存货的收入、发出和结存情况，进行数量和金额的双重控制，并通过存货明细分类账账存数与实际盘存数的对比，发现存货盈亏，及时查明原因和纠正失误；存货明细分类账账存数还可以随时与预定的最高或最低库存限额进行比较，获得库存积压或库存不足的信息，便于及时采取措施，处理积压物资或组织进货，加强财产物资的管理。

（2）永续盘存制的缺点。在存货品种繁多、收发业务频繁的企业采用永续盘存制，存货明细分类账的核算工作量较大，需要投入较多的人力和财力。

（3）适用范围。同实地盘存制相比，这一方法在控制和保护财产物资安全完整方面具有明显的优势，所以实际工作中被企业广泛采用。

永续盘存制下，也可能发生账实不符的情况，如财产物资变质、损坏、丢失等，所以需要对财产物资进行定期或不定期的清查盘点，以查明账实是否相符和账实不符的原因。

### （二）实地盘存制

实地盘存制又称定期盘存制或以存计耗制或以存计销制，是在期末通过盘点实物确定存货的数量，并据以计算确定存货期末成本和当期发出成本的一种盘存制度。

#### 1. 实地盘存制的账簿组织

实地盘存制下，账簿组织与永续盘存制类似，但日常存货明细分类账只登记存货的收入金额和数量，不登记存货的发出及结存金额和数量，期末以实地盘点数计算结存数量和金额，然后倒挤本期发出数量和金额。公式如下：

$$期末结存存货成本 = 期末存货结存数量 \times 单位成本$$

$$本期发出存货成本 = 期初结存存货成本 + 本期收入存货成本 - 期末结存存货成本$$

#### 2. 期末存货数量的确定

在实地盘存制下，期末存货数量的确定，一般分为两个步骤：

（1）进行实地盘点，确定盘存数。存货的盘点方法因存货性质而异，盘点时间通常在本期营业或生产活动结束、下期营业或生产活动开始以前进行，盘点结果填入存货盘存单。

（2）调整盘存数，确定存货结存数。将临近会计期末的存货收发单据进行整理，在盘存数量的基础上，考虑有关影响因素，调整求得存货的实际结存数量。比如：对于企业已支付货款但尚未收到验收入库的存货即在途物资、已经出库但尚未实现销售的商品、已经销售但尚未提走的商品等，都要进行调整，以计算存货的实际结存数量。其计算公式为：

$$存货结存数量 = 存货盘点数量 + 在途物资数量 + 已提未销数量 - 已销未提数量$$

### 3. 实地盘存制的优缺点和适用范围

（1）实地盘存制的优点。实地盘存制的存货明细分类账平时只登记存货的增加数，不登记存货的减少数和结存数，可以简化日常核算工作，工作量小。

（2）实地盘存制的缺点。实地盘存制不能随时反映存货的发出和结存成本，倒挤计算的存货耗用或销售成本中成分复杂，除了正常耗用或销售外，可能隐含存货保管中产生的差错、损耗以及被盗等非正常因素。这些因素导致的短缺将全部计入耗用成本或销售成本，进而影响成本核算的正确性，不利于对存货进行控制和管理。

（3）适用范围。实地盘存制只适用于存货品种多、价值低、收发频繁的商品，以及商品流通企业数量不稳定、损耗大不便于实行永续盘存制的鲜活商品等。

实地盘存制下，对各项存货进行盘点的结果，只是作为登记存货明细分类账账面结存数和减少数的依据，不能用于核对账实是否相符。为保证账实相符，还需要借助其他方法。

实地盘存制与永续盘存制的比较如表 8-3 所示。

表 8-3　实地盘存制与永续盘存制的比较

| 内　　容 | 永续盘存制 | 实地盘存制 |
| --- | --- | --- |
| 数量金额式明细账 | 设置 | 设置 |
| 存货增加数 | 登记 | 登记 |
| 存货减少数 | 登记 | 不登记 |
| 日常账面结存数 | 有 | 无 |
| 期末账面结存数 | 有（余额推算法） | 有（实地盘点法） |
| 存货管理完善程度 | 高 | 低 |

## 第二节　财产清查的内容和方法

财产清查涉及面广、业务量大，加之各项财产的特点不同，为保证财产清查工作的质量，提高工作效率，达到财产清查的目的，在财产清查时应针对不同的清查内容，采用与其特点和管理要求相适应的清查方法。

### 一、货币资金的清查

货币资金的清查包括库存现金和银行存款的清查。

#### （一）库存现金的清查

##### 1. 库存现金的清查方法

库存现金清查的方法是实地盘点法，即通过实地盘点来确定库存现金的实存数，然后与库存现金日记账的账面余额核对，以查明账实是否相符的一种方法。

### 2. 库存现金的清查方式

库存现金的清查方式可分为以下两种情况：

（1）出纳员自查：日常工作中，现金出纳人员每日营业终了前进行的现金账款核对，以查明当日的盘盈（长款）、盘亏（短款）情况，并及时查明盈亏原因并处理。这种清查工作实际是出纳员的岗位职责，即"日清"。

（2）专人进行清查：由清查小组进行的定期或不定期清查。出纳是现金保管人，在对现金清查时出纳员要保证到场，以明确经济责任。清查人员要认真审核收付款凭证和账簿记录，检查经济业务的合理性和合法性，主要包括清查账实是否相符、是否有违反现金管理条例的收支、有无不具有法律效力的借条和收据、有无"白条"抵充现金、有无"坐支"、是否有超限额库存等情况。

库存现金盘点结束后，应根据盘点结果填制现金盘点报告表。该表是重要的原始凭证，是反映库存现金实有数和调整账簿记录的重要依据，必须由盘点人员和出纳员共同签章方能生效，格式如表8-4所示。清查中发现的库存现金盘盈应及时入库，待查明原因后处理。

表8-4 现金盘点报告表

年　　月　　日

| 项　目 | 票　面 | 数　量 | 金　额 | 盘点异常及建议事项 | |
|---|---|---|---|---|---|
| 现金盘点报告表 |  |  |  |  | |
|  |  |  |  |  | |
|  |  |  |  |  | |
|  |  |  |  | 盘点结果及要点报告 | |
|  |  |  |  |  | |
|  |  |  |  |  | |
| 小　计 |  |  |  | 总经理 | 财务经理 |
| 账　面　数 |  |  |  |  | |
| 处理结果 | 盘　盈 |  |  |  | |
| | 盘　亏 |  |  |  | |

复核人：　　　　　　盘点人：　　　　　　出纳员：

### （二）银行存款的清查

#### 1. 银行存款的清查方法

银行存款清查的方法是核对账目法，即将企业银行存款日记账与开户银行对账单逐笔进行核对的方法。

企业的开户银行会定期（通常在月末）给客户寄一份银行对账单，上面详细记载了本期该客户在开户银行的银行存款增减变动和结余情况。采用银行存款日记账与开户银行提供的"对账单"核对账目就能进行银行存款的清查。

2. 银行存款的清查步骤

企业必须在清查前将至清查日止的所有银行存款的收、付款业务登记入账，保证银行存款日记账账簿记录无误的基础上，才能与银行对账单逐笔核对，如果双方余额相符，一般说明没有错误，银行存款账实相符；如果双方余额不符，则可能是企业或银行或双方记账过程发生差错，也或者存在未达账项。核对账目的具体步骤如下：

（1）根据经济业务，结算凭证的种类、号码和金额等资料，逐日逐笔核对银行存款日记账和银行对账单，凡双方有记录的，用铅笔在金额旁打记号"√"。

（2）查找未达账项，即银行存款日记账和银行对账单中未打"√"的款项。

（3）编制银行存款余额调节表。

（4）将调整平衡的"银行存款余额调节表"送达开户银行。

3. 未达账项

未达账项是指企业与银行之间，由于结算凭证传递上的时间差异，一方已经登记入账，而另一方尚未登记入账的款项。未达账项有两大类型：一是企业已经入账而开户银行尚未入账的款项；二是开户银行已入账而企业尚未入账的款项。具体有以下4种情况：

（1）企业已付款入账，而银行尚未付款入账的款项。

（2）企业已收款入账，而银行尚未收款入账的款项。

（3）银行已付款入账，而企业尚未付款入账的款项。

（4）银行已收款入账，而企业尚未收款入账的款项。

上述任何一种情况的发生，都会导致企业银行存款日记账余额和银行对账单余额不一致。其中，（1）、（4）两种情况会使企业银行存款日记账余额小于银行对账单余额；（2）、（3）两种情况会使企业银行存款日记账余额大于银行对账单余额。

未达账项是时间因素造成的，用一定的方法把时间因素的影响消除掉，未达账项就不会存在，企业银行存款日记账余额和银行对账单余额也就应该一致，从而就可查明银行存款是否账实相符。

4. 银行存款余额调节表的编制

为了消除未达账项的影响，企业将"银行存款日记账"和"银行对账单"逐笔核对，并纠正错账、漏账后，应根据未达账项编制"银行存款余额调节表"，据以调节双方的账面余额。

"银行存款余额调节表"的编制是在企业银行存款日记账余额和银行对账单余额的基础上，各自分别加上对方已收款入账而已方尚未入账的金额，减去对方已付款入账而已方尚未入账的金额，调整后的双方余额应该相等。其计算公式如下：

企业银行存款日记账余额 + 银行已收而企业未收款项 – 银行已付而企业未付款项
= 银行对账单余额 + 企业已收而银行未收款项 – 企业已付而银行未付款项

【例8-1】某企业2024年1月31日的银行存款日记账账面余额为192 000元，收到银行转来的对账单余额为186 500元，经逐笔核对，发现以下未达账项：

（1）企业将收到的转账支票 4 200 元送存银行，企业已收款入账，但银行尚未入账。

（2）企业开出转账支票 2 800 元。企业已付款入账，但持票人尚未到银行办理转账，银行尚未入账。

（3）银行代企业收到销货款 5 700 元，银行已收款入账，企业尚未接到收款通知，尚未入账。

（4）银行代企业支付电费 9 800 元，银行已付款入账，企业尚未接到银行的付款通知，尚未入账。

根据上述资料，编制"银行存款余额调节表"，如表 8-5 所示。

表 8-5　银行存款余额调节表

2024 年 1 月 31 日　　　　　　　　　　　　　　　　　单位：元

| 项　目 | 金　额 | 项　目 | 金　额 |
| --- | --- | --- | --- |
| 企业银行存款余额 | 192 000 | 银行对账单余额 | 186 500 |
| 加：银行已收企业未收款 | 5 700 | 加：企业已收银行未收款 | 4 200 |
| 减：银行已付企业未付款 | 9 800 | 减：企业已付银行未付款 | 2 800 |
| 调节后的存款余额 | 187 900 | 调节后的存款余额 | 187 900 |

5. 银行存款余额调节表的用途

（1）"银行存款余额调节表"只能用以核对账目，发挥对账的作用，不能作为调整账面余额的原始凭证，企业只有在收到银行转来的与未达账项有关的结算凭证时才能据以登记银行存款日记账。

（2）调节后的余额如果相等，通常说明企业和银行的账面记录一般没有错误，该余额是企业可以实际动用的银行存款实有数。比如：上述调节后的存款余额 187 900 元就是企业可以实际动用的银行存款数，但并非企业银行存款的实有数。

（3）调节后的余额如果不相等，通常说明一方或双方记账有误，需进一步追查，查明原因后予以更正和处理。

需注意：凡有几个银行户头以及设有外币存款户头的企业，应分别按存款户头开设"银行存款日记账"。每月末应分别将各户头的银行存款日记账与各户头的"银行对账单"核对，并分别编制各户头的银行存款余额调节表。

## 二、实物财产的清查

实物财产的清查主要是对具有实物形态的原材料、在产品、库存商品、周转材料等存货和固定资产在数量上和质量上所进行的清查。

### （一）实物财产的清查方法

不同品种的实物财产，由于实物形态、体积、重量、堆垛方式等不同，采取的清查方法也有所不同。常用的实物财产清查方法主要有实地盘点法、技术推算法、抽样盘存法、函证核对法。

1. 实地盘点法

实地盘点法是在财产物资的堆放现场逐一清点数量或用计量仪器确定实存数的方法。该方法的清查结果准确可靠,适用范围广且易于操作,大多数的财产物资清查都用该方法,但工作量较大,主要适用于机器设备、包装好的原材料、在产品、库存商品等实物财产的清查。数量多、价值低不便于逐一清点或过磅的财产物资不宜采用此方法。

2. 技术推算法

技术推算法是通过技术推算确定财产物资实存数的方法,本质上是实地盘点法的一种补充方法。采用该方法,对于财产物资不是逐一清点计数,而是通过量方、计尺等技术推算财产物资的结存数量。该方法只限用于大量成堆、难以逐一清点的财产物资,如煤、盐、砂石、木材等实物财产的清查。采用技术推算法确定的财产物资实存数不够准确,但工作量较小。

3. 抽样盘存法

抽样盘存法是采用抽取一定数量样品的方式对实物财产的实存数进行估算确定的一种方法,适用数量多、重量和体积较均衡的实物财产清查。

4. 函证核对法

函证核对法是指通过向委托加工单位发函调查,并与本单位账存数相核对后确定财产物资实存数的方法,适用委托外单位加工或保管的财产物资。

对实物财产数量进行清查的同时,还要对实物的质量进行鉴定,可根据不同的实物采用不同的检查方法,如物理法、化学法、直接观测法等。

### (二)实物财产的清查过程

清查盘点时,为明确经济责任,实物保管人员必须参与盘点工作。盘点过程中,清查人员要认真核实,及时记录清查中发现的异常情况,如因腐烂、破损、过期失效等原因导致不能使用或销售的实物财产,应详细注明并提出处理意见。对实物财产盘点结果如实填写"盘存单",并由参加盘点人员和实物保管人员同时签章生效。"盘存单"是记录实物财产盘点结果的书面文件,也是反映财产实存数的原始凭证。其格式如表8-6所示。

表8-6 盘存单

单位名称:  编 号:
财产类别:  年 月 日  存放地点:

| 编 号 | 名 称 | 规格型号 | 计量单位 | 数 量 | 单 价 | 金 额 | 备 注 |
|---|---|---|---|---|---|---|---|
|  |  |  |  |  |  |  |  |
|  |  |  |  |  |  |  |  |
|  |  |  |  |  |  |  |  |

盘点人员签章:  保管人员签章:

盘点结束，应根据有关账簿资料和"盘存单"资料填制"实存账存对比表"，据以检查账实是否相符，确定盘盈或盘亏。"实存账存对比表"是在账实不符时调整账簿记录的原始凭证，也是分析差异原因、明确经济责任的重要依据。其格式如表8-7所示。

表8-7 实存账存对比表

财产类别：　　　　　　　　　　　　　　　　　　　　年　月　日

| 编号 | 名称及规格 | 计量单位 | 实存 | | 账存 | | 盘盈 | | 盘亏 | | 备注 |
|------|-----------|---------|------|------|------|------|------|------|------|------|------|
|      |           |         | 数量 | 单价 | 数量 | 单价 | 数量 | 单价 | 数量 | 单价 |      |
|      |           |         |      |      |      |      |      |      |      |      |      |
|      |           |         |      |      |      |      |      |      |      |      |      |
|      |           |         |      |      |      |      |      |      |      |      |      |

会计主管签章：　　　　　　　　　　　　　　　　　填表人签章：

## 三、债权债务的清查

债权债务的清查是指对各种应收、应付款和预收、预付款的清查，一般采取"函证核对法"（也称询证核对法），即直接发函给经济往来单位核对账目的方法。清查单位应在其各种往来款项记录准确的基础上，根据往来款项明细分类账记录，按每一个经济往来单位编制"往来款项对账单"（该单一式两联，一联为对方单位留存联，一联为回联单），并送往各经济往来单位进行核对。对方单位经过核对相符后，在回单联上加盖公章退回，表示已核对。如有数字不符，对方单位应在对账单中注明情况，退回本单位，本单位进一步查明原因，再行核对。其格式如表8-8所示。

表8-8 往来款项对账单

致：_____公司：

本企业现进行财产清查工作，为核实债权债务，应与贵公司的外来账项进行核对。下列数额出自本企业账簿记录，若与贵公司记录相符，请在本函下端"数据核对无误"处签章证明；若有不符，请在本函下端"数据不符需加说明事项"处详为指正。此函仅为核对账目之用，并非催款结算。回函请寄本企业。

地址：_____　　邮编：_____　　传真：_____

| 截止　年　月　日 | 贵公司欠 | 欠贵公司 | 备注 |
|------------------|---------|---------|------|
|                  |         |         |      |
|                  |         |         |      |

若款项在上述日期之后已结清，仍请及时函复为盼。

_____企业（印章）

年　月　日

数据核对无误

签章　　　　　　　日期

数据不符需加说明事项

签章　　　　　　　日期

收到对方回联单后,企业应填制"往来款项清查报告单",填列各项债权债务的余额。其格式如表 8-9 所示。

表 8-9　往来款项清查报告单

单位名称:　　　　　　　　　　　　　年　　月　　日　　　　　　　　　　单位:元

| 明细账名称 | 账面余额 | 清查结果 | | 发生日期 | 核对不符原因分析 | | | | | 备注 |
|---|---|---|---|---|---|---|---|---|---|---|
| | | 核对相符金额 | 核对不符金额 | | 错误账项 | 未达账项 | 拒付账项 | 异议账项 | 其他 | |
| | | | | | | | | | | |
| | | | | | | | | | | |

清查小组负责人签章:　　　　　　　　　　　　　　　　清查人员签章:

对债权债务的清查,除了查对账实是否相符外,还应注意债权债务的账龄,从而掌握逾期债权债务情况,以便重点管理,减少呆账、坏账。

若企业与债权人或债务人之间存在未达账项,也可采用余额调节表的方式进行调整核对,核对中发现的记录错误,应按规定予以更正;对于有异议的款项以及无法及时收回的款项,应在报告单上详细列明情况,及时报请有关部门批准后处理,避免或减少坏账损失。

## 第三节　财产清查结果的处理

### 一、财产清查结果的处理步骤

将各项财产清查的实有数与账存数进行比较,可以确定各项财产账实是否相符。财产清查结果有 3 种情况,即账存数与实存数相符、账存数大于实存数(盘亏)、账存数小于实存数(盘盈)。对于清查中发现的盘盈、盘亏、残损或其他损失等问题,都要核准金额,调查分析产生的原因,按照国家相关法律法规、会计准则的规定进行处理。

#### (一)核实金额、查明原因

对财产清查结果进行具体处理前,应对所发现的实存数与账存数的差异以及质量上的问题进行核对,确定差异额,调查分析差异原因,明确经济责任,提出处理意见,处理方案应按规定的程序报请审批。

#### (二)处理积压,清理债权

财产清查的任务不仅是核对账实,更要及时解决管理不善造成的问题。对清查中发现的积压呆滞和不需用的物资,除在单位内部设法利用、改造代用外,还应积极组织销售,减少对资金的占用;对于长期不清的债权债务应指定专人负责,查明原因,主动与对方单位协商解决。

### （三）总结经验，规范管理

针对财产清查中暴露出来的问题要吸取教训、总结经验，查找存在问题的原因，找准管理中的薄弱环节，提出改进措施，建立健全有关财产物资管理的规章制度，落实财产管理责任制，从源头上解决问题。

### （四）规范审批，调整账簿

为保证会计资料的准确性，对财产清查中发生的账实不符的差异，应分批准前和批准后两个步骤，在账簿中予以反映，做到账实相符。

（1）批准前的处理。将已经查明的财产盘盈、盘亏和毁损等，根据"实存账存对比表"等原始凭证编制记账凭证，据以计入有关财产物资账户和"待处理财产损溢"账户，调整账簿记录，使各项财产物资的账存数和实存数一致；同时根据审批管理权限，将清查结果的处理建议上报相关部门和领导。

（2）批准后的处理。清查结果报经批准后，应根据处理意见，编制记账凭证，登记有关账簿，调整账项。即要将原计入"待处理财产损溢"账户的金额，根据批准意见，从相反方向予以转销，分别计入相关账户，并追回应由责任人承担的财产损失，结清"待处理财产损溢"账户。

## 二、财产清查结果的账务处理

### （一）账户设置

设置"待处理财产损溢"账户。"待处理财产损溢"属于双重性质的账户，用以核算和监督企业在财产清查过程中查明的盘盈、盘亏、毁损及处理情况。借方登记发生的盘亏、毁损数以及经批准转销的财产盘盈数；贷方登记发生的盘盈数及经批准转销的财产盘亏、毁损数。该账户下设"待处理流动资产损溢"和"待处理非流动资产损溢"两个明细账，分别对流动资产损溢和固定资产损溢进行核算。"待处理财产损溢"账户的结构如图 8-1 所示。

| 借方 | 待处理财产损溢 | 贷方 |
|---|---|---|
| 发生额：批准前财产物资的盘亏及毁损数<br>批准后转销的财产物资盘盈数 | | 发生额：批准前财产物资的盘盈数<br>批准后转销的财产物资盘亏及毁损数 |
| 余额：本期末止尚未批准转销的财产物资的盘亏及毁损数 | | 余额：本期末止尚未批准转销的财产物资的盘盈数 |
| 期末转销后无余额 | | |

图 8-1　待处理财产损溢账户结构

各项财产物资清查的损溢，应在期末结账前处理完毕。期末处理后，"待处理财产损溢"账户应无余额。期末结账前，如果企业清查发现的各种财产损溢未经批准，在对外提供财务报表时，先按有关规定进行处理，并在附注中做出说明；其后批准处理的金额与已处理金额不一致的，调整财务报表相关项目的年初数。

需注意：只有各种实物财产（不含固定资产盘盈）和库存现金清查结果盘盈或盘亏时才用到"待处理财产损溢"账户，银行存款、债权债务的盈亏余缺不在该账户中核算。

## （二）库存现金清查结果的账务处理

库存现金的盘盈称为"长款"，盘亏称为"短款"。清查中发现现金长短款时，除设法查明原因外，应及时根据"现金盘点报告表"进行账务处理，调整账簿记录。

### 1. 批准前

发现库存现金长款或短款，一方面调增或调减库存现金日记账的账面数，另一方面将长款或短款的金额记入"待处理财产损溢——待处理流动资产损溢"账户。

长款：借记"库存现金"账户，贷记"待处理财产损溢——待处理流动资产损溢"账户；
短款：借记"待处理财产损溢——待处理流动资产损溢"账户，贷记"库存现金"账户。

### 2. 批准后

查明原因报经批准后将长款或短款的金额从"待处理财产损溢——待处理流动资产损溢"账户转出，转入相关账户。

对现金短款的处理，理论上各企业可在管理制度中予以统一规定，一般可根据管理所需采取三种处理方法：一是视为出纳人员失职，出于加强管理、彻底堵住管理漏洞的考虑，可责令其赔偿，记入"其他应收款"账户；二是视为企业管理水平欠佳的代价，记入"管理费用"账户，并在分析管理质量时酌情采取针对性措施；三是视为偶然发生的损失（如自然灾害），记入"营业外支出"账户。比较而言，第一种处理方法对于加强管理更为有效，但显得对出纳人员过于苛刻，后两种方法显得颇有道理，但给管理制度开了口子。为此，企业需要根据不同的长短款原因进行处理。

对于长款，借记"待处理财产损溢——待处理流动资产损溢"账户，按需要支付或退还他人的长款，贷记"其他应付款"账户，按原因不明的长款，贷记"营业外收入"账户；对于短款，按可收回的赔偿，借记"其他应收款"账户，按原因不明的短款，借记"管理费用"账户，按偶发性产生的损失，借记"营业外支出"账户，然后贷记"待处理财产损溢——待处理流动资产损溢"账户。

【例8-2】企业进行现金清查时，发现库存现金实有数多出账面余额110元。

在批准前，根据"库存现金盘点报告表"：

借：库存现金　　　　　　　　　　　　　　　　　　　110
　　贷：待处理财产损溢——待处理流动资产损溢　　　　110

经反复核查，上述现金长款原因不明，经批准作为营业外收入处理：

借：待处理财产损溢——待处理流动资产损溢　　　　　110
　　贷：营业外收入　　　　　　　　　　　　　　　　110

【例8-3】企业进行现金清查，发现库存现金实有数少于账面余额70元。

在批准前，根据"库存现金盘点报告表"：

借：待处理财产损溢——待处理流动资产损溢　　　　　70
　　贷：库存现金　　　　　　　　　　　　　　　　　70

经检查，上述现金短缺属于出纳员责任，应由其赔偿，款项尚未收到：

借：其他应收款——××出纳员　　　　　　　　　70
　　贷：待处理财产损溢——待处理流动资产损溢　　　　70

### （三）存货清查结果的账务处理

对于存货盘盈或盘亏、毁损，要根据"实存账存对比表"调整账簿记录。一方面要调增或调减存货账面数，另一方面要将盘盈或盘亏、毁损金额记入"待处理财产损溢——待处理流动资产损溢"账户。

#### 1. 批准前

对于盘盈存货，借记有关财产物资科目，贷记"待处理财产损溢——待处理流动资产损溢"账户；对于盘亏、毁损，借记"待处理财产损溢——待处理流动资产损溢"账户，贷记有关财产物资账户。处理后，财产物资账实相符。

#### 2. 批准后

查明原因报经批准后将存货盘盈或盘亏、毁损金额从"待处理财产损溢——待处理流动资产损溢"账户转出，转入相关账户。

造成存货账实不符的原因较多，需要根据不同的盈亏原因进行处理。对于盘盈，借记"待处理财产损溢——待处理流动资产损溢"账户，贷记"管理费用"账户。对于盘亏、毁损，属于自然损耗产生的定额内损失，借记"管理费用"账户；属于超定额损失，按可收回的保险赔偿和过失人赔偿，借记"其他应收款"账户，按可收回的残料价值借记"原材料"等账户，扣除过失人和保险公司赔款及残料价值后的余额，借记"管理费用"账户；属于自然灾害等非正常原因造成的净损失，扣除保险公司赔款及残料价值后的余额，借记"营业外支出"账户，然后贷记"待处理财产损溢——待处理流动资产损溢"账户。涉及增值税的，还应转出进项税额。

【例8-4】企业在财产清查中盘亏A材料1 000千克，单价20元。（不考虑增值税）

批准前：根据"实存账存对比表"编制记账凭证，调整原材料账存数。

借：待处理财产损溢——待处理流动资产损溢　　　20 000
　　贷：原材料——A材料　　　　　　　　　　　　　20 000

经查明原因如下：定额内经营损耗为500元；管理过失造成的损失为4 500元，应由责任人赔偿；非常事故造成的损失为15 000元，其中保险公司赔款9 000元，残料作价2 000元入库。有关部门批准后：

借：管理费用——存货盘亏　　　　　　　　　　　500
　　其他应收款——某管理员　　　　　　　　　　4 500
　　　　　　——保险公司　　　　　　　　　　　9 000
　　原材料——A材料　　　　　　　　　　　　　2 000
　　营业外支出——非常损失　　　　　　　　　　4 000
　　贷：待处理财产损溢——待处理流动资产损溢　　20 000

【例 8-5】企业在财产清查中盘盈 B 材料，价值为 1 000 元。

批准前：根据"实存账存对比表"编制记账凭证，调整原材料账存数。

借：原材料——B 材料　　　　　　　　　　　　　　　1 000
　　贷：待处理财产损溢——待处理流动资产损溢　　　　　　1 000

该材料盘盈原因是计量错误，经批准冲减管理费用。

借：待处理财产损溢——待处理流动资产损溢　　　　　1 000
　　贷：管理费用——存货盘盈　　　　　　　　　　　　　　1 000

【例 8-6】企业在财产清查中发现毁损库存商品 80 件，单价 50 元。

批准前：根据"实存账存对比表"编制记账凭证，调整库存商品账存数。

借：待处理财产损溢——待处理流动资产损溢　　　　　4 520
　　贷：库存商品　　　　　　　　　　　　　　　　　　　　4 000
　　　　应交税费——应交增值税（进项税额转出）　　　　　　520

经查实，毁损的库存商品属于管理不善造成的，按规定由责任人赔偿 3 000 元，其余由企业承担。

借：管理费用——存货盘亏　　　　　　　　　　　　　1 520
　　其他应收款——某责任人　　　　　　　　　　　　3 000
　　贷：待处理财产损溢——待处理流动资产损溢　　　　　　4 520

根据《增值税暂行条例》《增值税暂行条例实施细则》中的相关规定，我国增值税目前实行的是进项税额抵扣制度，但在一些特定情况下，纳税人已抵扣的进项税额必须转出。目前进项税额转出主要包括：纳税人购进的货物及在产品、产成品发生非正常损失；纳税人购进的货物或应税劳务改变用途，如用于非应税项目、免税项目或集体福利与个人消费等。需要说明的是，不得从销项税额中抵扣进项税额的非正常损失仅仅是指管理不善造成被盗、丢失、霉烂变质的损失；自然灾害造成购进货物损失的进项税额准以抵扣，已经抵扣的不必做进项税额转出。

### （四）固定资产清查结果的账务处理

固定资产的清查同样采用实地盘点法，一般在年末进行。清查时填制"固定资产盘盈盘亏报告表"和"固定资产清查结果汇总表"。对清查过程中发现的盘亏、盘盈，应查明原因，报经主管领导批准后处理。

#### 1. 固定资产盘亏

根据有关原始凭证调整账簿记录，及时办理注销手续。

批准前：按盘亏固定资产账面价值（净值）借记"待处理财产损溢——待处理非流动资产损溢"账户，按已提折旧额借记"累计折旧"账户，按已计提的减值准备，借记"固定资产减值准备"，按固定资产原值贷记"固定资产"账户；若涉及增值税和递延所得税，还应按相关规定处理。

批准后：按可收回的保险赔偿和过失人赔偿，借记"其他应收款"账户，按盘亏固定资产原价扣除累计折旧、固定资产减值准备和可收回的保险赔偿及过失人赔偿后的差额，借记"营业外支出"账户，按盘亏固定资产账面价值贷记"待处理财产损溢——待处理非流动资产损溢"账户。

【例 8-7】企业在财产清查中，发现盘亏设备一台，其原价为 200 000 元，累计折旧为 50 000 元。经查，设备丢失的原因在于保管员看守不当。经批准，由保管员李某赔偿 60 000 元，假设不考虑增值税及其他因素，企业的处理为：

批准前：
借：待处理财产损溢——待处理非流动资产损溢　　150 000
　　累计折旧　　　　　　　　　　　　　　　　　 50 000
　　贷：固定资产　　　　　　　　　　　　　　　　　　　200 000

批准后：
借：其他应收款——李某　　　　　　　　　　　　 60 000
　　营业外支出　　　　　　　　　　　　　　　　　 90 000
　　贷：待处理财产损溢——待处理非流动资产损溢　　　　150 000

### 2. 固定资产盘盈

企业无法控制的原因导致固定资产盘盈的可能性极小甚至是不可能的，企业发生固定资产的盘盈是以前会计期间少计、漏记而产生的，为了限制企业利用盘盈固定资产来操纵利润，我国现行企业会计准则及其应用指南要求企业对固定资产盘盈比照会计差错进行账务处理，所以固定资产的盘盈不通过"待处理财产损溢"账户核算。企业要设置"以前年度损益调整"账户，核算和监督企业本年度发生的调整以前年度损益的事项以及本年度发现的重要前期差错更正涉及调整以前年度损益的事项。该账户结转后应无余额。

企业在财产清查过程中盘盈的固定资产，经查明确属企业所有，按管理权限报经批准后，应根据盘存凭证填制固定资产交接凭证，经有关人员签字后送交企业会计部门，填写固定资产卡片账，并作为前期差错处理，按重置价值和估计已提折旧，借记"固定资产"账户，贷记"以前年度损益调整"账户，涉及增值税、所得税和盈余公积的，还应按相关规定处理。

【例 8-8】企业在财产清查中，发现账外设备一台，其重置价值为 70 000 元，估计已提折旧额 20 000 元。会计处理为：

借：固定资产　　　　　　　　　　　　　　　　　　　 50 000
　　贷：以前年度损益调整　　　　　　　　　　　　　　　　50 000

### （五）债权债务清查结果的账务处理

财产清查中查明确实无法收回的应收账款和无法支付的应付账款，不通过"待处理财产损溢"账户进行核算，而是在原来账面记录的基础上，按规定程序报经批准后直接转账冲销。

对无法支付的应付账款，经批准后，直接转作"营业外收入"；对无法收回的应收账款，作为坏账损失，冲减坏账准备金。坏账是指企业无法收回或收回的可能性极小的应收账款，由此发生的损失称为坏账损失。企业通常将符合下列条件之一的应收账款确认为坏账：

（1）债务人死亡，以其遗产清偿后仍然无法收回；
（2）债务人破产，以其破产财产清偿后仍然无法收回；

（3）债务人逾期 3 年未履行偿债义务，并有足够的证据表明无法收回或收回可能性极小。

坏账的转销方法通常采用备抵法。备抵法是指按期估计坏账损失，形成坏账准备金，发生坏账时直接根据坏账金额冲减坏账准备并转销相应应收账款的一种方法。

采用备抵法，企业需要设置"坏账准备"账户。该账户是资产类账户，是"应收账款"账户的备抵调整账户。企业计提坏账准备时，借记"信用减值损失"账户，贷记"坏账准备"账户。实际发生坏账时，借记"坏账准备"账户，贷记"应收账款"账户。

【例 8-9】企业在财产清查中查明无法支付的应付账款 10 000 元，经批准予以转销。

无法支付的款项在批准前不做账务处理，按规定的程序批准后，将应付款项转作利得，计入"营业外收入"账户。

借：应付账款　　　　　　　　　　　　　　　　　　　10 000
　　贷：营业外收入　　　　　　　　　　　　　　　　　　10 000

【例 8-10】企业清查中发现应收某公司货款 30 000 元确已无法收回，经批准确认为坏账损失。

发生的坏账损失在批准前不做账务处理，批准转销时直接冲减坏账准备金。

借：坏账准备　　　　　　　　　　　　　　　　　　　30 000
　　贷：应收账款　　　　　　　　　　　　　　　　　　　30 000

已确认为坏账的应收账款，并不意味着企业放弃了追索权，一旦重新收回，应及时入账。

## 思考与实训练习

### 一、简答题

1. 什么是财产清查？有何重要作用？
2. 导致财产物资账实不符的原因有哪些？
3. 财产清查如何分类？具体分为哪几类？
4. 存货盘存制度有哪几种？它们的主要区别是什么？各有何优缺点？适用范围如何？
5. 财产清查方法有哪几种？各自的适用范围如何？
6. 什么是未达账项？为什么会产生未达账项？如何对银行存款清查结果进行处理？
7. 财产清查结果的处理有哪几个步骤？
8. 对财产清查结果的处理应设置什么账户？其结构如何？
9. 如何对库存现金进行清查并完成账务处理？
10. 存货的清查结果如何进行账务处理？
11. 固定资产的清查结果如何进行账务处理？
12. 往来款项清查结果的账务处理与实物清查结果的账务处理有何不同？

### 二、单项选择题

1. 在编制年报之前，企业需要（　　）。
    A. 对企业流动性较大的财产进行全面清查
    B. 对企业部分财产进行局部清查

        C. 对企业所有财产进行全面清查
        D. 对企业重要财产进行重点清查
2. 企业在遭受自然灾害后，对其受损的财产物资进行的清查，属于（　　）。
        A. 局部清查和定期清查            B. 全面清查和定期清查
        C. 局部清查和不定期清查          D. 全面清查和不定期清查
3. 对库存现金进行清查，清查结果应当及时填列（　　）。
        A. 现金盘点报告表                B. 盘存单
        C. 对账单                        D. 实存账存对比表
4. 银行存款清查的方法是（　　）。
        A. 定期盘存法                    B. 和往来单位核对账目的方法
        C. 实地盘存法                    D. 与银行核对账目的方法
5. 一般来说，单位撤销、合并或改变隶属关系时，要进行（　　）。
        A. 全面清查    B. 局部清查    C. 技术推算    D. 实地盘点
6. 实存账存对比表属于调整账面记录的（　　）。
        A. 累计凭证    B. 记账凭证    C. 转账凭证    D. 原始凭证
7. 双方记账无误，但银行存款日记账和银行对账单余额仍不一致的原因是（　　）。
        A. 应收账款    B. 应付账款    C. 外埠存款    D. 未达账项
8. 适合在财产清查时采用实地盘点法的是（　　）。
        A. 银行存款    B. 应付账款    C. 应收账款    D. 固定资产
9. 下列项目的清查应采用函证核对法的是（　　）。
        A. 短期投资    B. 原材料      C. 应收账款    D. 实收资本
10. 对企业与其开户银行之间的未达账项，应在（　　）时进行账务处理。
        A. 收到银行对账单                B. 编好银行存款余额调节表
        C. 实际收到有关结算凭证时        D. 查明未达账项时
11. "待处理财产损溢"账户未转销的贷方余额表示（　　）。
        A. 尚待处理的盘盈数              B. 尚待处理的盘亏数和毁损数
        C. 已处理的盘盈数                D. 已处理的盘亏数和毁损数
12. 月末存在未达账项时，企业实际可动用的银行存款数额是（　　）。
        A. 企业银行存款日记账上的余额    B. 银行对账单上的存款余额
        C. 企业银行存款总账上的余额      D. 银行存款余额调节表中调整后的存款余额
13. 对于大量成堆、难以逐一清点的财产物资，一般采用（　　）进行清查。
        A. 实地盘点法  B. 技术推算法  C. 抽查检验法  D. 查询核对法
14. 对于自然损耗造成盘亏的存货，经批准后应借记的会计科目是（　　）。
        A. 管理费用    B. 营业外支出  C. 其他应收款  D. 待处理财产损溢
15. 盘盈的库存现金批准后进行账务处理时，应借记的科目是（　　）。
        A. 其他应付款  B. 营业外收入  C. 库存现金    D. 待处理财产损溢
16. 清查盘点实物资产时，（　　）必须在场。
        A. 单位领导    B. 实物保管员  C. 财务人员    D. 会计主管

17. 对于自然灾害造成盘亏的存货，经批准后应借记的会计科目是（    ）。
    A. 管理费用    B. 营业外支出    C. 其他应收款    D. 待处理财产损溢
18. 核销存货的盘盈时，应贷记的会计科目是（    ）。
    A. 管理费用    B. 营业外支出    C. 其他应收款    D. 待处理财产损溢
19. 财产物资的收发有严格手续，在账簿中连续记录存货收发业务内容的制度是（    ）。
    A. 实地盘存制    B. 永续盘存制    C. 权责发生制    D. 收付实现制
20. 盘亏的固定资产经批准后，应将其差额借记（    ）。
    A. 累计折旧    B. 营业外支出    C. 待处理财产损溢    D. 营业外收入

### 三、多项选择题

1. 在财产清查过程中，应编制并据以调整账面记录的原始凭证有（    ）。
    A. 现金盘点报告单    B. 银行存款余额调节表
    C. 实存账存对比表    D. 财产清查盈亏明细表
2. 下列项目中，属于不定期清查且是全面清查的有（    ）。
    A. 单位合并、撤销以及改变隶属关系
    B. 年终决算之前
    C. 企业股份制改制前
    D. 单位主要领导调离时
3. 造成账实不符的原因主要有（    ）。
    A. 财产物资的自然损耗    B. 财产物资收发计量错误
    C. 财产物资的毁损、被盗    D. 未达账项
4. 财产清查的内容包括（    ）。
    A. 货币资金    B. 财产物资    C. 债权债务    D. 对外投资
5. 下列属于未达账项的是（    ）。
    A. 银行已收款入账企业未收款入账
    B. 企业未付款入账银行已付款入账
    C. 企业未付款入账银行也未付款入账
    D. 银行已收款入账企业也收款入账
6. 盘亏的财产物资，经批准后进行会计处理，可能涉及的借方账户有（    ）。
    A. 管理费用    B. 营业外支出    C. 其他应收款    D. 待处理财产损溢
7. 按财产清查的时间划分，财产清查可分为（    ）。
    A. 不定期清查    B. 全面清查    C. 定期清查    D. 局部清查
8. 财产物资的盘存制度有（    ）。
    A. 实地盘存制    B. 永续盘存制    C. 权责发生制    D. 收付实现制
9. "银行存款余额调节表"计算调节后的余额时，应该用银行对账单的余额（    ）。
    A. 加上企业已入账，银行未入账的收入数
    B. 加上银行已入账，企业未入账的收入数
    C. 减去企业已入账，银行未入账的支出数
    D. 减去银行已入账，企业未入账的支出数

10. "待处理财产损溢"账户的贷方登记（　　）。
    A. 批准前待处理财产物资的盘盈数
    B. 批准前待处理财产物资的盘亏毁损数
    C. 结转已批准处理的财产物资盘盈数
    D. 结转已批准处理的财产物资盘亏毁损数
11. 定期清查的时间一般是（　　）。
    A. 月末　　　　B. 季末　　　　C. 年末　　　　D. 单位合并时
12. 仓库保管员临时调离工作岗位所进行的清查属于（　　）。
    A. 定期清查　　B. 不定期清查　　C. 局部清查　　D. 全面清查
13. 不定期清查适用的情况有（　　）。
    A. 更换现金和财产物资的保管人员时
    B. 发生意外灾害和损失时
    C. 单位主要领导人调离时
    D. 清产核资时
14. 适用实地盘点法进行清查的财产物资有（　　）。
    A. 机器设备　　B. 库存现金　　C. 银行存款　　D. 原材料
15. 财产清查按清查的范围可分为（　　）。
    A. 重点清查　　　　　　　　B. 定期清查
    C. 全面清查　　　　　　　　D. 局部清查
16. 财产清查的作用是（　　）。
    A. 保证账实相符　　　　　　B. 实施内部控制
    C. 加速资金周转　　　　　　D. 保证账账相符

## 四、判断题

1. 企业的各种贵重物资必须每天进行清查盘点。（　　）
2. 局部清查也称重点清查，只对库存现金、银行存款、往来账项进行清查。（　　）
3. 根据财产清查的对象和范围，全面清查只在年终进行。（　　）
4. 与技术推算法相比，实地盘点法花费的时间少，工作量也要小。（　　）
5. 永续盘存制是利用盘点资料，确定财产物资实有数，然后倒挤本期减少数额。（　　）
6. "现金盘点报告表"由清查小组的盘点员签章后即可生效。（　　）
7. 无法收回的账款，需通过"待处理财产损溢"科目核算后，冲减坏账准备。（　　）
8. "实存账存对比表"应该由盘点人和实物保管人共同签字。（　　）
9. 银行存款日记账余额与银行对账单余额不相等，肯定都是未达账项造成的。（　　）
10. 实地盘存制下不需要对财产物资进行财产清查。（　　）
11. 企业的定期清查一般在期末进行，可以是全面清查，也可以是局部清查。（　　）
12. 企业应根据银行存款余额调节表调整银行存款日记账余额，保证账实相符。（　　）
13. 财产物资盘盈或盘亏，需在期末结账前处理完毕，如在期末结账前尚未经批准处理的，可等批准后进行处理。（　　）

14. 盘亏的材料一般作为营业外支出处理。 （　　）
15. 转销盘盈、盘亏的固定资产，一律通过营业外收支处理。 （　　）

## 五、实训题

### 实训一

[目的]练习"银行存款余额调节表"的编制。

[资料]某企业 2024 年 5 月 31 日银行存款日记账余额为 345 800 元，银行对账单余额为 340 800 元。经逐笔核对，发现有下列几笔未达账项：

1. 5 月 26 日企业开出转账支票 1 500 元，持票人尚未到银行办理转账，银行未入账。

2. 5 月 28 日企业委托银行代收款项 2 000 元，银行已收款入账，但企业未接到银行的收款通知，因而未入账。

3. 5 月 29 日，企业送存购货方签发的转账支票 7 500 元，企业已登记入账，银行未入账。

4. 5 月 30 日，银行代企业支付水电费 1 000 元，企业尚未接到银行的付款通知，未入账。

[要求]根据以上内容编制银行存款余额调节表（见表 8-10），并分析调节后是否需要编制有关分录。

表 8-10　银行存款余额调节表

年　　月　　日　　　　　　　　　　　　　　　　　　　　单位：元

| 项　　目 | 金　　额 | 项　　目 | 金　　额 |
| --- | --- | --- | --- |
| 银行存款日记账余额 |  | 银行对账单余额 |  |
| 加： |  | 加： |  |
| 减： |  | 减： |  |
| 调节后余额 |  | 调节后余额 |  |

### 实训二

[目的]练习银行存款的对账方法。

[资料 1]某企业 2024 年 9 月 25 日—30 日银行存款日记账账面记录如下：

1. 25 日，开出 1678#转账支票，支付购入材料款 30 000 元。

2. 25 日，开出 1679#转账支票，支付机器设备修理费 400 元。

3. 27 日，存入销货款（转账支票）40 000 元。

4. 27 日，开出现金支票 1435#，提取现金 20 000 元。

5. 30 日，开出转账支票 1680#，支付外单位加工费 14 200 元。

6. 30 日，存入销货款（转账支票）29 400 元。

7. 30 日，银行存款日记账账面余额为 45 848 元。

[资料 2]该企业 2024 年 9 月 25 日—30 日银行对账单记录如下：

1. 25 日，1678#支票付出，金额 30 000 元。

2. 27 日，销货收入入账，金额 40 000 元。

3. 27 日，支票 1435#付出，金额 20 000 元。

4. 28日，代企业支付电费，金额490元。

5. 29日，代收销货款入账，金额17 800元。

6. 30日，转账支票1680#付出，金额14 200元。

7. 30日，银行结存余额为34 158元。

[要求]核对双方账目，查明银行存款日记账与银行对账单不符的原因，编制银行存款余额调节表（见表8-11）。

表8-11 银行存款余额调节表

年　月　日

单位：元

| 项　　目 | 金　　额 | 项　　目 | 金　　额 |
| --- | --- | --- | --- |
| 银行存款日记账余额 |  | 银行对账单余额 |  |
| 加： |  | 加： |  |
| 减： |  | 减： |  |
| 调节后余额 |  | 调节后余额 |  |

**实训三**

[目的]练习财产清查结果的会计处理。

[资料]某企业在年终财产清查中发现下列事项：

1. 盘亏机器一台，原值12 000元，已提折旧6 000元。属于意外灾害造成，作为非常损失处理。

2. 甲产品盘亏2 000元。经批准，700元为定额内损耗，800元由保管员赔偿，500元为非常损失。

3. 乙产品盘盈700元，为日常收发计量差错。

4. 盘盈机器设备一台，重置价值为60 000元，估计已提折旧额为10 000元。

上述各项盘盈盘亏，经查情况属实，报请领导审核批准，按规定进行处理。

[要求]根据上述事项做出业务1~3批准前和批准后的相关账务处理；说明业务4应办理的相关手续并做出批准前的账务处理。

# 第九章 财务报告
PART NINE

> **学习目标**：了解财务报告的概念和作用，认识现金流量表、所有者权益变动表、财务报表附注和财务情况说明书；熟悉财务报告体系的内容、分类、编制要求；掌握资产负债表和利润表的概念、内容、格式及编制方法。
> **学习重点**：财务报告的构成、资产负债表、利润表的结构及编制方法。
> **学习难点**：资产负债表的编制。
> **课程思政**：盈利观念培育、正确消费理念养成。

## 第一节 财务报告概述

会计主体发生的交易或事项，通过日常会计核算，已在会计凭证和会计账簿中进行了全面、连续、系统的记录，但由于会计凭证和会计账簿的种类及数量较多，提供的会计资料比较分散，不能集中和概括地反映会计主体的经济活动全貌，不便于满足会计信息使用者的需要。因此，需要通过定期编制财务报告，将日常会计核算资料集中起来进行归类和整理，以全面、概括地反映会计主体的经济活动全貌，向使用者传递企业财务状况、经营成果和现金流量的相关信息，满足信息使用者的需要。

### 一、财务报告的概念和作用

确认、计量、记录和报告是会计信息系统对企业经济交易或事项进行处理的基本环节，财务报告作为会计信息系统运行的最后一个环节，担负着实现会计目标的重任。

#### （一）财务报告的概念

财务报告是企业对外提供的反映企业某一特定日期财务状况和某一会计期间经营成果、现金流量等会计信息的书面文件，是财务报表和财务情况说明书等文件的统称。

会计主体不得编制和对外提供虚假的或隐瞒重要事实的财务报告，会计主体负责人对本单位财务报告的真实性和完整性负责。

### （二）财务报告的作用

财务报告的目标是向财务报告使用者提供与企业财务状况、经营成果和现金流量等相关的会计信息，反映企业管理层受托责任履行情况，有助于财务报告使用者作出经济决策。因此，正确及时地编制和报送财务报告，对会计信息使用者具有重要作用。

（1）财务报告提供的会计信息有助于改善企业内部经营管理。财务报告提供的会计信息有利于落实和考核管理者履职尽责情况，考核和分析各项计划目标、预算方案和有关方针政策的执行情况，了解成本、费用的节约情况，收益的取得情况，及时发现经营活动中存在的问题和取得的成绩，并采取相应措施，以加强经济核算，改善经营管理，也为未来各项经营目标和经营计划的制订提供依据。

（2）财务报告提供的会计信息有助于投资者和债权人进行正确决策。企业的投资者和债权人虽然不直接参与企业的经营活动，但与企业有着直接的利益关系，为了自身的利益，为了作出正确的投资决策和信贷决策，要随时了解并掌握企业的盈利能力、偿债能力、经营状况及发展前景，所以也要求企业及时提供有关财务状况、经营成果和现金流量等会计信息。

（3）财务报告提供的会计信息有助于相关部门进行宏观管理。企业上级主管部门通过对财务报告的逐级汇总，了解各企业有关政策的执行情况，加强对企业的监督和指导，也为综合管理部门制订计划、进行综合平衡提供依据。国家宏观管理部门可以利用企业财务报告提供的会计信息及汇总信息，考核、监督企业的经营活动，检查和评价各项方针政策的制定是否科学合理，发现国民经济运行存在的问题，为国民经济的宏观管理作出正确决策。

## 二、财务报告的内容及分类

企业对外提供的财务报告的内容、财务报表的种类和格式、财务报表附注的主要内容等，均由《企业会计准则》规定；企业内部管理需要的财务报表由企业自行规定。

### （一）财务报告的内容

《企业会计准则第30号——财务报告》规定："企业财务报告包括财务报表（也称会计报表）、财务报表附注和其他应当在财务报告中披露的相关信息和资料。"其中，财务报表是财务报告的主体内容和核心，是会计核算的最终产品，也是企业对外传递会计信息的主要途径。

#### 1. 财务报表

财务报表又称会计报表，是对企业财务状况、经营成果和现金流量的结构性表述。企业对外报送的一套完整财务报表至少应当包括资产负债表、利润表、现金流量表、所有者权益（或股东权益，下同）变动表。

资产负债表是反映企业在某一特定日期的财务状况的财务报表；利润表是反映企业在一定会计期间的经营成果的财务报表；现金流量表是反映企业在一定会计期间（1年）现金及现金等价物流入、流出情况的财务报表；所有者权益变动表是反映构成所有者权益的各组成部分当期（1年）增减变动情况的财务报表。

2. 财务报表附注

财务报表附注是对财务报表中所列示项目的文字描述或明细资料，以及对未能在财务报表中列示项目的说明等。

3. 财务情况说明书

财务情况说明书是企业对一定时期内的企业财务、运营成本等情况进行分析、总结所编制的书面文字说明。

财务报告内容的组成关系如表 9-1 所示。

表 9-1 财务报告的内容

| | 内容 | 内容 | |
|---|---|---|---|
| 财务报告 | 财务报表（会计报表） | 报表 | 资产负债表 |
| | | | 利润表 |
| | | | 现金流量表 |
| | | | 所有者权益变动表 |
| | | 会计报表附注 | |
| | 财务情况说明书 | | |

## （二）财务报告的分类

财务报告的分类主要是指财务报表的分类。财务报表可以按不同的标准分类。

### 1. 按财务报表反映的经济内容分类

财务报表按反映的经济内容可分为静态财务报表和动态财务报表。

静态财务报表是指反映企业在某一特定日期资产、负债和所有者权益状况的报表，如资产负债表；动态财务报表是指反映企业在一定会计期间经营成果或现金流量情况的报表，如利润表、现金流量表、所有者权益变动表。

### 2. 按财务报表的报送对象分类

财务报表按报送对象可分为内部报表和外部报表。

内部报表是指为满足企业内部经营管理需要而编制的财务报表。由于无须对外公开，所以没有规定统一的格式和编制要求，如产品成本报表。外部报表是指企业对外提供的财务报表，主要为投资者、债权人、政府部门和社会公众等提供会计信息。《企业会计准则》对其规定了统一的格式和编制要求，如资产负债表、利润表、现金流量表、所有者权益变动表。

### 3. 按财务报表的编制主体分类

财务报表按编制主体可分为个别财务报表（单位报表）和合并财务报表。

单位报表是指由企业集团内母公司和子公司作为独立的会计主体单独编制的，是各自在本身会计核算的基础上，对账簿记录进行汇总编制的财务报表，用以分别反映母公司和子公司的财务状况、经营成果和现金流量；合并报表是指以母公司和子公司组成的企业集团为会计主体，根据母公司和所属子公司的财务报表，由母公司编制的综合反映企业集团财务状况、经营成果及现金流量的财务报表。

#### 4. 按财务报表的编制时间分类

财务报表按编制时间可分为中期财务报表和年度财务报表。

中期财务报表是以短于一个完整会计年度的报告期为基础编制的财务报表，包括月报、季报、半年报等。月报要求简明扼要、及时反映企业财务状况和经营成果，通常仅指会计报表，至少包括资产负债表和利润表；年度财务报表是以一个完整的会计年度（公历1月1日至12月31日止）为基础编制的财务报表，即年报，年报必须是一套完整的财务报表（四表一注）和财务情况说明书，要求全面完整并综合反映企业财务状况、经营成果和现金流量；季报和半年报在披露会计信息的详细程度方面，介于月报和年报之间。

### 三、财务报告的基本要求

为了最大限度地满足财务报告使用者的需要，充分发挥财务报告的作用，会计主体对外提供的财务报告应符合质量要求、时间要求、形式要求及编制要求等。

#### （一）财务报告的质量要求

会计核算应当以实际发生的交易或事项为依据，如实反映企业的财务状况、经营成果和现金流量，这是对会计工作的基本要求。如果会计信息不能真实反映会计主体的实际情况，会计工作就失去了存在的意义，甚至会误导会计信息使用者，导致经济决策的失误。

企业应当按照《企业会计准则》的规定，编制和对外提供真实、完整的财务报告。真实性是指企业财务报告要求真实反映经济业务的实际发生情况，不能人为地扭曲，保证财务报告使用者了解到企业实际的财务状况、经营成果和现金流量；完整性是指企业财务报告要符合规定的格式和内容，不得漏报或者任意取舍，保证财务报告使用者全面了解企业情况。

#### （二）财务报告的时间要求

会计信息的价值在于帮助会计信息使用者及时作出经济决策，如果不能及时提供会计信息，一旦经济环境发生了变化，相关信息也就失去了应有的价值，无助于经济决策。因此，为了充分发挥财务报告的作用，企业应当依照法律法规和会计准则规定的期限和程序，及时对外提供财务报告。

##### 1. 结账要求

会计主体应当依照有关法律、行政法规规定的结账日进行结账。年度结账日为公历每年的12月31日；半年度、季度和月度结账日分别为公历每半年、每季、每月的最后一天。结账工作完成后要及时按规定和要求编制财务报告。

##### 2. 报送要求

月度财务报告应当于月度终了后6天内（节假日顺延，下同）对外提供；季度财务报告应当于季度终了后15天内对外提供；半年度财务报告应当于年度中期结束后60天内（相当于两个连续的月份）对外提供；年度财务报告应当于年度终了后 4 个月内对外提供，法律法规另有规定的从其规定。比如：上市公司不披露月度报告，季度报告应当在每个会计年度的第 3 个月、第 9 个月结束后的 1 个月内披露，半年度报告应当在每个会计年度的上半年结束之日起 2 个月内披露，年度报告应当在每个会计年度结束之日起 4 个月内披露。

### （三）财务报告的形式要求

会计主体对外提供的财务报表应当依次编定页数、加具封面、装订成册、加盖公章。封面应当注明会计主体的名称和统一代码、组织形式、地址、报表所属年份或月份、报出日期等，并由会计主体负责人和主管会计工作的负责人、会计机构负责人（会计主管人员）签名并盖章；设置总会计师的会计主体，还应当由总会计师签名并盖章。

### （四）财务报告的编制要求

会计主体在编制年度财务报告前，应当全面清查资产、核实债务；在编制中期财务报告前，应当根据具体情况，对各项资产和债务进行重点抽查、轮流清查或者定期清查，在保证账证相符、账账相符和账实相符的基础上，按照国家统一规定的财务报告格式和内容编制，并遵循以下编制要求。

#### 1. 真实可靠

虚假的财务报表会导致使用者对会计主体的财务状况、经营成果和现金流量情况作出错误的评价与判断，导致作出错误的决策，所以财务报表中的各项数字必须真实准确。因此，企业必须按规定对账、结账，进行账产清查和试算平衡，保证账证相符、账账相符、账实相符，以编制财务报表。同时，财务报表之间、财务报表各项目之间有对应关系的数字应相互一致，财务报表中本期与上期的有关数字应相互衔接。

#### 2. 内容完整

财务报表应全面披露企业的财务状况、经营成果和现金流量情况，完整反映企业经营活动过程和结果。为了保证财务报表的全面、完整，企业在编制财务报表时，应按《企业会计准则》规定的格式和内容填报。如果某些重要会计事项报表中没有列项或某些非数量化的事项难以表达，应用附注等形式列示，不得漏报或任意取舍。

#### 3. 相关可比

财务报表所提供的财务会计信息必须与报表使用者的决策需要相关。只有提供相关可比的信息，才有助于报表使用者分析企业在市场经济中特别是在同行业中所处的位置，了解、判断企业过去、现在的情况，预测企业未来的发展趋势，从而为报表使用者进行决策服务。

#### 4. 编报及时

为保证财务会计信息的时效性，企业必须按规定的时间编制、报送报表，使会计信息得以及时利用。编报不及时会使财务报表的真实可靠性、全面完整性、相关可比性失去意义。

**5. 便于理解**

因为财务报表是为使用者提供服务的，如果提供的财务报表晦涩难懂、不可理解，报表使用者就不能据此做出准确的判断，财务报表的作用也会受到影响，因此财务报表的编制必须清晰明了、便于理解。财务报表附注应当对报表中需要说明的事项做出真实、完整、清晰的说明。

## 第二节 资产负债表

资产负债表是反映企业在某一特定日期（月末、季末、半年末、年末）财务状况的报表，是对企业特定日期的资产、负债、所有者权益的结构性表述，属于静态报表。财务状况是指企业资产、负债、所有者权益的分布情况，表明企业在某一特定日期所拥有或控制的经济资源、所承担的现时义务和所有者对企业净资产的要求权。

### 一、资产负债表概述

资产负债表以"资产＝负债＋所有者权益"会计等式为编制基础。按照各具体项目的性质和功能分类，依次将某一特定日期的资产、负债、所有者权益的具体项目予以适当的填列编制而成，反映企业在某一特定日期的财务状况，主要作用如下：

（1）可以反映企业某一特定日期的资产总额及其构成，表明企业拥有或控制的经济资源及其分布和来源情况。

（2）可以反映企业在某一特定日期负债总额及构成，以分析企业目前与未来需要支付的债务数额及时间。

（3）可以反映所有者在企业某一特定日期所享有的权益，了解企业现有投资者在企业资产总额中所占的份额，据以判断资本保值、增值情况及对负债的保障程度。

（4）可以提供进行财务分析的基本资料，帮助报表使用者全面了解企业的财务状况，据以判断企业的变现能力、偿债能力，从而有助于财务报表的使用者作出经济决策。

### 二、资产负债表的结构

资产负债表项目的分布，构成资产负债表的结构。资产负债表一般由表首和正表两部分组成。其中，表首概括地说明报表名称、编制单位、报表日期、报表编号、货币名称、计量单位等；正表是资产负债表的主体和核心，列示了用以说明会计主体财务状况的各个项目，资产负债表的格式一般有报告式和账户式两种结构。

报告式资产负债表是上下结构，上半部列示资产，下半部列示负债和所有者权益。具体排列形式又有两种：一是按"资产＝负债＋所有者权益"的原理排列；二是按"资产－负债＝所有者权益"的原理排列。

账户式资产负债表的基本结构是以"资产=负债+所有者权益"这个会计等式为基础展开的，采用左右平衡的账户式，左方列示资产项目，右方列示负债和所有者权益项目，负债居上端、所有者权益居下端。这种结构清晰地反映了企业拥有或控制的各项经济资源及其同权益的对照关系。资产负债表左方的资产总计金额与右方的负债和所有者权益总计金额必须相等，始终保持平衡。我国企业资产负债表采用账户式结构，其格式如表9-2所示。

表9-2 资产负债表（简表）

会企01表

编制单位： 年 月 日 单位：元

| 资产 | 期末数 | 年初数 | 负债和所有者权益 | 期末数 | 年初数 |
| --- | --- | --- | --- | --- | --- |
| 流动资产： | | | 流动负债： | | |
| 货币资金 | | | 短期借款 | | |
| 交易性金融资产 | | | 交易性金融负债 | | |
| 应收票据 | | | 应付票据 | | |
| 应收账款 | | | 应付账款 | | |
| 预付款项 | | | 预收款项 | | |
| 应收利息 | | | 应付职工薪酬 | | |
| 应收股利 | | | 应交税费 | | |
| 其他应收款 | | | 应付利息 | | |
| 存货 | | | 应付股利 | | |
| 一年内到期的非流动资产 | | | 其他应付款 | | |
| 其他流动资产 | | | 一年内到期的非流动负债 | | |
| 流动资产合计 | | | 其他流动负债 | | |
| 非流动资产： | | | 流动负债合计 | | |
| 债权投资 | | | 非流动负债： | | |
| 其他债权投资 | | | 长期借款 | | |
| 长期应收款 | | | 应付债券 | | |
| 长期股权投资 | | | 长期应付款 | | |
| 其他权益工具投资 | | | 专项应付款 | | |
| 投资性房地产 | | | 预计负债 | | |
| 固定资产 | | | 其他非流动负债 | | |
| 在建工程 | | | 非流动负债合计 | | |
| 工程物资 | | | 负债合计 | | |
| 固定资产清理 | | | 所有者权益（或股东权益） | | |
| 无形资产 | | | 实收资本（或股本） | | |
| 开发支出 | | | 资本公积 | | |
| 长期待摊费用 | | | 盈余公积 | | |
| 其他非流动资产 | | | 未分配利润 | | |
| 非流动资产合计 | | | 所有者权益合计 | | |
| 资产总计 | | | 负债和所有者权益总计 | | |

### (一)资产项目

资产负债表中的资产项目按流动性从大到小排列,流动性大的流动资产排列在前,流动性小的非流动资产排列在后。

(1)流动资产项目。流动资产项目包括货币资金、交易性金融资产、应收票据、应收账款、预付账款、应收利息、应收股利、其他应收款、存货和一年内到期的非流动资产等。

(2)非流动资产项目。非流动资产项目包括债权投资、其他债权投资、长期应收款、长期股权投资、其他权益工具投资、投资性房地产、固定资产、在建工程、无形资产、开发支出、长期待摊费用等。

### (二)负债项目

负债项目按流动性(求偿权)的先后顺序排列,偿还期限较短的流动负债项目排列在前,偿还期限较长的非流动负债项目排列在后。

(1)流动负债项目。流动负债项目包括短期借款、应付票据、应付账款、预收账款、应付职工薪酬、应交税费、应付利息、应付股利、其他应付款和一年内到期的非流动负债等。

(2)非流动负债项目。非流动负债项目包括长期借款、应付债券、长期应付款、专项应付款、预计负债、递延所得税负债和其他非流动负债等。

### (三)所有者权益项目

企业清算前不需要偿还的所有者权益项目按永久性递减顺序排列,实收资本永久性最高,未分配利润永久性最低。因此,一般按照实收资本、资本公积、盈余公积和未分配利润项目分别列示。

## 三、资产负债表的编制

根据我国财务报表列报要求,财务报表至少应当反映两个相关期间的比较数据,即企业需要提供比较资产负债表,以便报表使用者通过比较不同时点资产负债表的数据,掌握企业财务状况和发展趋势。因此,报表各项目都列有"年初余额"和"期末余额"两栏。

### (一)"年初余额"的填写

"年初余额"栏内各项数字,应根据上年年末资产负债表"期末数"栏内所列数字填列。如果本年度资产负债表中的项目名称和内容与上年度不一致,则应对上年末的资产负债表项目名称和内容进行调整,将调整后的数字填入本年度资产负债表"年初数"栏内。

### (二)"期末余额"的填写

"期末余额"是指某一会计期末的数字,即月末、季末、半年末和年末的数字。资产负债表各项目"期末数"栏内的数字,可以通过以下几种方式进行填列:

（1）根据总账账户余额直接填列。资产负债表中的部分项目可直接根据有关总账账户期末余额填列，如交易性金融资产、短期借款、应付票据、应付职工薪酬、应交税费、实收资本、资本公积等项目。

（2）根据总账账户余额计算填列。资产负债表中的部分项目要根据有关总账账户期末余额计算填列，如货币资金、其他应付款、其他应收款项目。

（3）根据有关明细账户余额计算填列。资产负债表中的部分项目要根据有关明细账账户期末余额计算填列，如应收账款、预收账款、应付账款、预付账款等项目。

（4）根据总账账户和明细账户的余额分析计算填列。资产负债表中的部分项目要根据总账账户和明细账户的余额分析计算填列，如一年内到期的非流动资产、长期待摊费用、长期借款、长期应付款、一年内到期的非流动负债等。

（5）根据有关账户期末余额减去其备抵项目后的净额填列。资产负债表中的部分项目要根据账户期末余额减去其备抵项目后的净额填列。采用这种方法填列的项目主要是计提折旧和减值准备的项目，如固定资产、无形资产、长期股权投资等项目。

（6）综合分析填列。资产负债表中的部分项目要进行综合分析填列，如存货。

### （三）资产负债表中各项目的具体填列

（1）"货币资金"项目：反映企业库存现金、银行存款、其他货币资金（外埠存款、银行汇票存款、银行本票存款、信用证保证金存款等）的合计数。本项目根据"库存现金""银行存款""其他货币资金"账户期末余额合计数填列。

（2）"交易性金融资产"项目：反映企业购入的各种能随时变现并准备随时变现的股票、债券和基金投资。本项目根据"交易性金融资产"账户的期末余额直接填列。

（3）"应收票据"项目：反映企业收到的未到期收款也未向银行贴现的应收票据，包括商业承兑汇票和银行承兑汇票。本项目根据"应收票据"账户的期末余额直接填列。已向银行贴现和已背书转让的应收票据不包括在本项目内。

（4）"应收账款"项目：反映企业因销售商品、产品和提供劳务等应向购买单位收取的各种款项，减去已计提坏账准备后的净额。本项目根据"应收账款"和"预收账款"两个账户所属相关明细账户的期末借方余额合计，减去根据应收账款计提的"坏账准备"账户期末余额后的金额填列。若"应收账款"账户所属明细账期末有贷方余额，则填入资产负债表中的"预收账款"项目。即"应收账款"项目＝"应收账款"明细账借方余额＋"预收账款"明细账借方余额－"坏账准备"期末贷方余额。

（5）"其他应收款"项目：反映企业对其他单位和个人的应收及暂付款项，减去已计提坏账准备后的净额。本项目根据"其他应收款""应收股利""应收利息"等总账期末余额合计，减去根据其他应收款计提的"坏账准备"账户期末余额后的金额填列。

（6）"预付账款"项目：反映企业按合同规定预付供货单位的款项。本项目根据"预付账款"和"应付账款"两个账户所属相关明细账户的期末借方余额计算填列。若"预付账款"账户所属明细账期末有贷方余额，则填入资产负债表中的"应付账款"项目中。即"预付账款"项目＝"预付账款"明细账借方余额＋"应付账款"明细账借方余额。

（7）"存货"项目：反映企业期末库存、在途和在加工中的各项存货价值，包括原材料、商品、在产品、半成品、周转材料等。本项目根据"在途物资（材料采购）""原材料""库存商品""发出商品""委托加工物资""周转材料""生产成本"等账户期末余额合计减去（或加上）"材料成本差异"账户期末余额，再减去"存货跌价准备"账户期末余额后的金额填列。

（8）"一年内到期的非流动资产"项目：反映企业将于一年内（含一年）到期的非流动资产。本项目根据长期应收款等将于一年内到期的有关非流动资产项目期末余额分析填列。本项目不含计提折旧、摊销的非流动资产项目，如固定资产、无形资产等。

（9）"固定资产"项目：反映企业各种固定资产的净值。本项目根据"固定资产"账户期末余额，减去"累计折旧"账户和"固定资产减值准备"账户的期末余额，以及"固定资产清理"科目的期末余额填列。融资租入的固定资产，其原价及已提折旧也包括在本项目中。

（10）"在建工程"项目：反映企业期末各项未完工工程的实际支出，包括交付安装的设备价值，未完工建筑安装工程已经耗用的材料、工资和费用等，以及预付出包工程的价款、已经建筑安装完毕但尚未交付使用的工程等项目的金额。本项目根据"在建工程""工程物资"账户期末余额的合计数，减去"在建工程减值准备""工程物资减值准备"账户期末余额后的金额填列。

（11）"无形资产"项目：反映企业各项无形资产的期末可收回金额。本项目根据"无形资产"账户期末余额，减去"累计摊销"账户期末余额和"无形资产减值准备"账户期末余额后的金额填列。

（12）"其他流动资产""债权投资""其他债权投资""长期应收款""长期股权投资""其他权益工具投资""投资性房地产""开发支出""长期待摊费用""其他非流动资产"等项目的相关内容在后期专业课程中学习。

（13）"短期借款"项目：反映企业向银行或其他金融机构等借入的期限在一年以下（含一年）的各种借款。本项目应根据"短期借款"账户期末余额直接填列。

（14）"应付票据"项目：反映企业为了购买材料、商品和接受劳务供应以及抵付货款而开出、承兑的尚未到期的商业汇票，包括商业承兑汇票和银行承兑汇票。本项目根据"应付票据"账户的期末余额直接填列。

（15）"应付账款"项目：反映企业因购买材料、商品和接受劳务供应等应付给供应单位的各种款项。本项目根据"应付账款"和"预付账款"两个账户所属相关明细账户的期末贷方余额计算填列。若"应付账款"账户所属明细账期末有借方余额，则填入资产负债表中的"预付账款"项目。即"应付账款"项目＝"应付账款" 明细账贷方余额＋"预付账款"明细账贷方余额。

（16）"预收账款"项目：反映企业按合同规定预收的款项。本项目根据"预收账款"和"应收账款"两个账户所属相关明细账户的期末贷方余额计算填列。若"预收账款"账户所属明细账期末有借方余额，则填入资产负债表中的"应收账款"项目。即"预收账款"项目＝"预收账款"明细账贷方余额＋"应收账款"明细账贷方余额。

（17）"应付职工薪酬"项目：反映企业为获得职工提供的服务或解除劳动关系而给予的各种形式的报酬或补偿，包括工资、职工福利费、社会保险费、住房公积金、工会经费、职工教育经费、非货币性福利、辞退福利等。本项目根据"应付职工薪酬"账户所属各明细账户的期末贷方余额直接填列。

（18）"应交税费"项目：反映企业按照税法规定计算应交纳的各种税费。本项目根据"应交税费"账户的期末贷方余额直接填列。若"应交税费"账户期末为借方余额，则以"－"填列。

（19）"其他应付款"项目：反映企业应付、暂收其他单位和个人的款项。本项目根据"其他应付款""应付股利""应付利息"账户的期末余额合计数填列。

（20）"一年内到期的非流动负债"项目：反映企业将于一年内（含一年）到期的非流动负债。本项目根据长期借款、长期应付款等将于一年内到期的有关非流动资产项目期末余额分析填列。

（21）"交易性金融负债""其他流动负债""长期借款""应付债券""长期应付款""预计负债""其他非流动负债"等项目的相关内容在后期专业课程中学习。

（22）"实收资本（股本）"项目：反映企业各投资者实际投入的资本（股本）总额。本项目根据"实收资本（股本）"账户期末余额直接填列。

（23）"资本公积"项目：反映企业不同来源取得的资本公积结余额。本项目根据"资本公积"账户期末余额直接填列。

（24）"盈余公积"项目：反映企业按规定比例从税后利润中提取的盈余公积结余额。本项目根据"盈余公积"账户期末余额直接填列。

（25）"未分配利润"项目：反映企业尚未分配的利润。本项目根据"本年利润"账户和"利润分配"账户期末余额计算填列。未弥补的亏损，在本项目以"－"填列。

【例 9-1】某企业 2024 年 12 月 31 日有关总账和明细账的期末余额如表 9-3 所示。根据表 9-3 资料编制该企业 2024 年 12 月 31 日资产负债表（填列期末数），如表 9-4 所示。

表 9-3　总账账户和有关明细账户余额表

2024 年 12 月 31 日

| 资产账户 | 借或贷 | 余额 | 负债和所有者权益账户 | 借或贷 | 余额 |
| --- | --- | --- | --- | --- | --- |
| 库存现金 | 借 | 4 000 | 短期借款 | 贷 | 308 400 |
| 银行存款 | 借 | 925 550 | 应付票据 | 贷 | 19 000 |
| 应收票据 | 借 | 27 360 | 应付账款 | 贷 | 71 400 |
| 应收账款 | 借 | 76 165 | ——C | 贷 | 73 000 |
| ——A | 借 | 79 800 | ——D | 借 | 1 600 |
| ——B | 贷 | 3 635 | 预收账款 | | |
| 预付账款 | 借 | 35 840 | ——G | 贷 | 14 700 |
| ——E | 借 | 36 000 | 其他应付款 | 贷 | 5 670 |
| ——F | 贷 | 160 | 应付职工薪酬 | 贷 | 7 600 |
| 原材料 | 借 | 706 627 | 应交税费 | 贷 | 28 000 |
| 库存商品 | 借 | 185 600 | 长期借款 | 贷 | 567 840 |
| 长期股权投资 | 借 | 394 200 | 其中：一年内到期 | | 185 000 |
| 固定资产 | 借 | 2 836 800 | 实收资本 | 贷 | 2 769 351 |

续表

| 资产账户 | 借或贷 | 余额 | 负债和所有者权益账户 | 借或贷 | 余额 |
|---|---|---|---|---|---|
| 累计折旧 | 贷 | 983 920 | 资本公积 | 贷 | 140 000 |
| 无形资产 | 借 | 17 300 | 盈余公积 | 贷 | 90 600 |
|  |  |  | 利润分配 |  |  |
|  |  |  | ——未分配利润 | 贷 | 202 961 |
| 合计 |  | **4 225 522** | 合计 |  | **4 225 522** |

表 9-4　资产负债表

会企 01 表

编制单位：某企业　　　　　　　　2024 年 12 月 31 日　　　　　　　　单位：元

| 资产 | 期末数 | 年初数 | 负债和股东权益 | 期末数 | 年初数 |
|---|---|---|---|---|---|
| 流动资产： |  |  | 流动负债： |  |  |
| 货币资金 | 929 550 |  | 短期借款 | 308 400 |  |
| 交易性金融资产 |  |  | 交易性金融负债 |  |  |
| 衍生金融资产 |  |  | 应付票据 | 19 000 |  |
| 应收票据 | 27 360 |  | 应付账款 | 73 160 |  |
| 应收账款 | 79 800 |  | 预收款项 | 18 335 |  |
| 预付款项 | 37 600 |  | 合同负债 |  |  |
| 合同资产 |  |  | 应付职工薪酬 | 7 600 |  |
| 其他应收款 |  |  | 应交税费 | 28 000 |  |
| 存货 | 892 227 |  | 其他应付款 | 5 670 |  |
| 一年内到期的非流动资产 |  |  | 一年内到期的非流动负债 | 185 000 |  |
| 其他流动资产 |  |  | 其他流动负债 |  |  |
| 流动资产合计 | **1 966 537** |  | 流动负债合计 | **645 165** |  |
| 非流动资产： |  |  | 非流动负债： |  |  |
| 债权投资 |  |  | 长期借款 | 382 840 |  |
| 其他债权投资 |  |  | 应付债券 |  |  |
| 长期应收款 |  |  | 长期应付款 |  |  |
| 长期股权投资 | 394 200 |  | 预计负债 |  |  |
| 其他权益工具投资 |  |  | 递延收益 |  |  |
| 投资性房地产 |  |  | 递延所得税负债 |  |  |
| 固定资产 | 1 852 880 |  | 其他非流动负债 |  |  |
| 在建工程 |  |  | 非流动负债合计 | 382 840 |  |
| 生产性生物资产 |  |  | 负债合计 | 1 028 005 |  |

续表

| 资产 | 期末数 | 年初数 | 负债和股东权益 | 期末数 | 年初数 |
|---|---|---|---|---|---|
| 无形资产 | 17 300 | | 所有者权益： | | |
| 开发支出 | | | 实收资本（或股本） | 2 769 351 | |
| 商誉 | | | 资本公积 | 140 000 | |
| 长期待摊费用 | | | 减：库存股 | | |
| 递延所得税资产 | | | 盈余公积 | 90 600 | |
| 其他非流动资产 | | | 未分配利润 | 202 961 | |
| 非流动资产合计 | 2 264 380 | | 所有者权益合计 | 3 202 912 | |
| 资产总计 | 4 230 917 | | 负债和所有者权益总计 | 4 230 917 | |

## 第三节 利润表

利润表又称损益表，是反映企业在一定会计期间（月、季、半年、年）经营成果的财务报表，属于动态会计报表。它是一定会计期间经营成果的结构性表述，综合反映了企业利润的实现过程和利润的来源及构成情况。

### 一、利润表概述

利润表以"利润＝收入－费用"会计等式为编制基础，按照各具体项目的性质和功能分类，依次将某一会计期间的收入、费用和利润的具体项目予以适当排列，依据会计收入实现原则和配比原则编制而成，确定一定会计期间的净利润或净亏损。主要作用如下：

（1）提供企业各类利润（营业利润、利润总额、净利润）的构成信息，评价企业盈利能力以及盈利质量。

（2）分析判断企业在一定会计期间的经营成果（收入的实现、费用的发生及盈亏），考核企业管理人员的经营业绩。

（3）通过不同时期的利润对比，分析企业盈利水平，预测企业未来发展趋势（利润、现金流量等），为企业管理者的决策提供依据。

### 二、利润表的结构

利润表的结构由表首和正表两部分构成，正表是利润表的主体和核心。其中，表首概括地说明报表名称、编制单位、报表期间、报表编号、货币名称、计量单位等；正表反映形成经营成果的各个项目和计算过程。利润表的表体结构一般有单步式和多步式两种结构。我国企业采用多步式利润表，格式如表9-5所示。

表 9-5 利润表

会企 02 表

编制单位：　　　　　　　　　　　　年　　月　　　　　　　　　　　　单位：元

| 项　　目 | 本期金额 | 上期金额 |
|---|---|---|
| 一、营业收入 |  |  |
| 　　减：营业成本 |  |  |
| 　　　　税金及附加 |  |  |
| 　　　　销售费用 |  |  |
| 　　　　管理费用 |  |  |
| 　　　　研发费用 |  |  |
| 　　　　财务费用 |  |  |
| 　　　　其中，利息费用 |  |  |
| 　　　　　　　利息收入 |  |  |
| 　　　　资产减值损失 |  |  |
| 　　　　信用减值损失 |  |  |
| 　　加：其他收益 |  |  |
| 　　　　投资收益（损失以"－"填列） |  |  |
| 　　　　其中，对联营企业和合营企业的投资收益 |  |  |
| 　　　　公允价值变动收益（损失以"－"填列） |  |  |
| 　　　　资产处置收益（损失以"－"填列） |  |  |
| 二、营业利润（亏损以"－"填列） |  |  |
| 　　加：营业外收入 |  |  |
| 　　减：营业外支出 |  |  |
| 三、利润总额（亏损总额以"－"填列） |  |  |
| 　　减：所得税费用 |  |  |
| 四、净利润（净亏损以"－"填列） |  |  |
| （一）持续经营净利润（净亏损以"－"填列） |  |  |
| （二）终止经营净利润（净亏损以"－"填列） |  |  |
| 五、其他综合收益的税后净额 |  |  |
| （一）不能重分类进损益的其他综合收益 |  |  |
| （二）将重分类进损益的其他综合收益 |  |  |
| 六、综合收益总额 |  |  |
| 七、每股收益 |  |  |
| （一）基本每股收益 |  |  |
| （二）稀释每股收益 |  |  |

## （一）单步式

单步式利润表是将当期所有的收入收益顺序排列汇总、当期所有费用支出顺序排列汇总，然后将两者相减得出本期利润。因为只有一个相减的步骤，所以称为单步式。其优点是比较直观、简单、易于编制，且这种格式对一切收入和费用等同对待，不分先后，避免使人误认为收入与费用的配比存在先后顺序。其缺点是不能揭示出利润各构成要素之间的内在联系，不便于报表使用者对企业进行当期盈利分析与未来盈利水平的预测。

## （二）多步式

多步式利润表是将当期所有的收入收益、费用支出项目按性质或功能加以归类，将利润的计算分为若干步骤来进行，按利润形成的主要过程列示一些中间性利润指标，如营业利润、利润总额、净利润，分步确定最终财务成果。由于分若干步骤反映利润的形成，故称多步式利润表。多步式利润表基本上弥补了单步式利润表的局限性，能清晰地反映企业利润总额的形成步骤，准确揭示利润构成各要素之间的内在联系，便于评价企业的经营绩效，便于财务报表使用者理解企业经营成果的不同来源，也便于同行业不同企业之间进行对比分析。

多步式利润表的结构与财务成果的汇总步骤是相同的，通常分为以下计算步骤：

（1）利用构成营业利润的各项要素，计算营业利润。以营业收入为基础，减去营业成本、税金及附加、期间费用、资产减值损失、信用减值损失，加上公允价值变动损益（减损失）和投资收益（减损失），确认营业利润。

（2）利用构成利润总额的各项要素，计算利润总额。以营业利润为基础，加上营业外收入、减去营业外支出，确认利润总额。

（3）利用构成净利润的各项要素，计算净利润。以利润总额为基础，减去所得税费用，确认净利润（或亏损）。

# 三、利润表的编制

财务报表至少应当反映两个相关期间的比较数据，即企业必须提供比较利润表。因此，利润表通常将各项收入与费用及利润分别按"本期金额"和"上期金额"两栏填列，便于报表使用者通过前后会计期间的比较分析，了解企业经营成果的变化情况及发展趋势。

## （一）"上期金额"的列报

编报某月、某季度、某半年利润表时，根据上年该期利润表"本期金额"栏内所列数字填列（即上年同期实际发生额）；编报年度利润表时，根据上年全年实际发生额填列。如果本年度利润表与上年度利润表中的项目名称和内容不一致，则应对上年度利润表项目名称和内容按本年度的规定进行调整，将调整后的数字填入本年度利润表"上期金额"栏内。

## （二）"本期金额"的列报

利润表中"本期金额"反映各项目的本期实际发生额，根据损益类账户的本期发生额分析填列。其中，"营业利润""利润总额""净利润"等项目根据该表中相关项目计算填列。

（1）"营业收入"项目：反映企业经营主要业务和其他业务所确认的收入总额。本项目根据"主营业务收入"和"其他业务收入"账户的本期发生额合计分析填列。

（2）"营业成本"项目：反映企业经营主要业务和其他业务发生的实际成本总额。本项目根据"主营业务成本"和"其他业务成本"账户的本期发生额合计分析填列。

（3）"税金及附加"项目：反映企业经营业务应负担的消费税、城市维护建设税、资源税、房产税、土地增值税和教育费附加等相关税费。本项目根据"税金及附加"账户的本期发生额分析填列。

（4）"销售费用"项目：反映企业在销售商品过程中发生的包装费、广告费等费用，为销售本企业商品而专设的销售机构的职工薪酬、业务费等经营费用。本项目根据"销售费用"账户的本期发生额分析填列。

（5）"管理费用"项目：反映企业为组织和管理生产经营活动发生的管理费用。本项目根据"管理费用"账户的本期发生额分析填列。

（6）"研发费用"项目：反映企业进行研究与开发过程中发生的费用化支出以及计入管理费用的自行开发无形资产的摊销。本项目应根据"管理费用"账户下的"研发费用"明细账户和"无形资产摊销"明细账户的发生额分析填列。

（7）"财务费用"项目：反映企业筹集生产经营所需资金而发生的应予费用化的筹资费用。本项目根据"财务费用"账户的本期发生额分析填列。

（8）"资产减值损失"项目：反映企业各项资产发生的减值损失。本项目根据"资产减值损失"账户的本期发生额分析填列。

（9）"信用减值损失"项目：反映企业按照《企业会计准则——金融工具确认与计量》的要求计提的各项金融工具减值准备所形成的预期信用损失。本项目应根据"信用减值损失"账户的发生额分析填列。

（10）"其他收益"项目：反映计入其他收益的政府补助，以及其他与日常活动相关且计入其他收益的项目。本项目应根据"其他收益"账户的发生额分析填列。

（11）"投资收益"项目：反映企业以各种方式对外投资所取得的收益。本项目根据"投资收益"账户的本期发生额分析填列。如为投资净损失，以"-"号填列。

（12）"公允价值变动收益"项目：反映企业按照相关准则规定应当计入当期损益的资产或负债公允价值变动净收益，如交易性金融资产当期公允价值的变动额。本项目根据"公允价值变动损溢"账户的本期发生额分析填列。如为净损失，以"-"号填列。

（13）"资产处置收益"项目：反映企业因处置固定资产、无形资产等非流动资产产生的利得和损失。本项目根据"资产处置损溢"账户本期发生额分析填列，如为处置损失，以"-"号填列。

（14）"营业利润"项目：反映企业本期实现的营业利润。本项目根据上述项目的计算分析填列。如为净亏损，以"-"号填列。

（15）"营业外收入"项目：反映企业发生的与其经营活动无直接关系的各项利得，包括与企业日常活动无关的政府补助、盘盈利得、捐赠利得等。本项目根据"营业外收入"账户的本期发生额分析填列。

（16）"营业外支出"项目：反映企业发生的与其经营活动无直接关系的各项损失，包括盘亏损失、公益性捐赠支出、非常损失、非流动资产毁损报废损失等。本项目根据"营业外支出"账户的本期发生额分析填列。其中,处置非流动资产净损失,应当单独列示。

（17）"利润总额"项目：反映企业本期实现的利润总额。本项目根据营业利润项目金额和营业外收支项目相减的净额计算分析填列。如为亏损总额,以"-"号填列。

（18）"所得税费用"项目：反映企业根据税法规定确认的应从当期利润总额中扣除的所得税费用。本项目根据"所得税费用"账户的本期发生额分析填列。

（19）"净利润"项目：反映企业本期实现的净利润。本项目根据利润总额和所得税费用金额计算分析填列。如为亏损,以"-"号填列。其中,"持续经营净利润"和"终止经营净利润"项目分别反映净利润中与持续经营相关的净利润和与终止经营相关的净利润；如为净亏损,以"-"号填列。这两个项目应按照《企业会计准则第42号——持有待售的非流动资产、处置组和终止经营》的相关规定分别列报。

（20）"其他综合收益""综合收益总额"和"每股收益"的相关内容将在后期专业课程中学习。

【例9-2】某企业2024年12月31日各损益类账户全年累计发生额如表9-6所示。

表9-6  本期损益类账户发生额计算表

2024年12月31日　　　　　　　　　　　　　　　　　单位：元

| 科　目 | 借方发生额 | 贷方发生额 |
| --- | --- | --- |
| 主营业务收入 |  | 5 940 000.00 |
| 其他业务收入 |  | 500 000.00 |
| 投资收益 | 1 670.00 | 186 650.00 |
| 营业外收入 |  | 305 169.44 |
| 主营业务成本 | 5 003 043.00 |  |
| 其他业务成本 | 193 260.00 |  |
| 税金及附加 | 277 873.27 |  |
| 管理费用 | 583 697.26 |  |
| 财务费用 | 26 703.89 |  |
| 销售费用 | 201 129.60 |  |
| 资产减值损失 | 80 635.56 |  |
| 信用减值损失 | 20 000.00 |  |
| 资产处置收益 |  | 15 000.00 |
| 公允价值变动损益 | 500.00 | 600.00 |
| 营业外支出 | 61 500.00 |  |
| 合　计 | 6 465 012.58 | 6 932 419.44 |

根据表9-6编制该企业2024年12月利润表（填列本期金额）如表9-7所示。

表 9-7　利润表（简表）

会企 02 表

编制单位：某企业　　　　　　　　2024 年 12 月　　　　　　　　单位：元

| 项　　目 | 本期金额 | 上期金额 |
|---|---|---|
| 一、营业收入 | 6 440 000.00 | 略 |
| 　　减：营业成本 | 5 196 303.00 | |
| 　　　　税金及附加 | 277 873.27 | |
| 　　　　销售费用 | 201 129.60 | |
| 　　　　管理费用 | 583 697.26 | |
| 　　　　财务费用 | 26 703.89 | |
| 　　　　资产减值损失 | 80 635.56 | |
| 　　加：公允价值变动收益（损失以"－"填列） | 100.00 | |
| 　　　　投资收益（损失以"－"填列） | 184 980.00 | |
| 　　　　其中，对联营企业和合营企业的投资收益 | | |
| 　　　　信用减值损失（损失以"－"填列） | －20 000.00 | |
| 　　　　资产处置收益（损失以"－"填列） | －15 000.00 | |
| 二、营业利润（亏损以"－"填列） | 223 737.42 | |
| 　　加：营业外收入 | 305 169.44 | |
| 　　减：营业外支出 | 61 500.00 | |
| 　　　　其中，非流动资产处置损失 | | |
| 三、利润总额（亏损总额以"－"填列） | 467 406.86 | |
| 　　减：所得税费用 | 116 851.72 | |
| 四、净利润（净亏损以"－"填列） | 350 555.14 | |

## 第四节　现金流量表

现金流量表是反映企业在一定会计期间现金及现金等价物流入和流出情况的报表，属于动态报表。它是以资产负债表和利润表等会计核算资料为依据，按照收付实现制要求对现金流量的结构性表述，揭示企业在一定会计期间获取现金及现金等价物的能力。

### 一、现金流量表概述

资产负债表和利润表都是按权责发生制编制的，现金流量表则是以现金及现金等价物为对象，按收付实现制编制的。

### （一）现金及现金等价物

现金流量表中的现金包括现金及现金等价物，具体内容如下：

#### 1. 现　金

这里的现金是广义的现金，它是指企业的库存现金以及可以随时用于支付的存款（银行存款和其他货币资金）。库存现金是指日常核算中可随时用于支付的现金；银行存款是指企业存入金融机构随时可以用于支付的存款，如结算户存款等；其他货币资金是指企业存放在金融机构具有特定用途的资金，如外埠存款、银行汇票存款、银行本票存款、信用证保证金存款等。存入金融机构但不能随时用于支付的存款，如被法院冻结的款项等不能列入现金流量表中的现金。

#### 2. 现金等价物

现金等价物是指企业持有的期限短、流动性强、易于转换为已知金额的现金、价值变动风险很小的投资。这一定义本身包含了判断一项投资是否属于现金等价物的4个条件：持有的期限短、流动性强这两个条件，强调的是变现能力；易于转换为已知金额的现金、价值变动风险很小这两个条件，强调的是支付能力。持有期限短，一般是指从购买日起3个月内将到期的投资。

### （二）现金流量表的作用

现金流量的管理是企业财务管理的重要内容，企业现金充足才能保证企业生产经营活动的持续性。因此，现金流量表在评价企业经营业绩、衡量企业财务资源、估计企业财务风险、预测企业未来前景等方面发挥着重要作用。

（1）现金流量表可据以预测企业未来期间产生现金流量的能力，有助于评价企业支付能力、偿债能力和周转能力，为投资者和债权人提供必要信息。

（2）对现金流量以及其他指标的分析，有助于了解企业现金的来源和用途是否合理，从而为企业编制现金流量计划、组织现金调度、合理节约地使用现金创造条件。

（3）分析企业的收益质量，有助于判断哪些因素影响企业经营活动、投资活动和筹资活动产生的现金流量，从而分析和判断企业的财务前景。

## 二、现金流量表的内容

现金流量是指企业在一定会计期间现金和现金等价物的流入量及流出量。通常按企业经营业务发生的性质将一定时期内产生的现金流量划分经营活动产生的现金流量、投资活动产生的现金流量、筹资活动产生的现金流量3大类。

现金净流量是指企业现金流入量与流出量的差额。差额为正数，则为净流入；差额为负数，则为净流出。一般来说，现金流入大于流出反映了企业现金流量的积极现象和趋势。

企业从银行提取现金、用现金购买短期内到期的国库券等现金和现金等价物之间的转换不属于现金流量。

### （一）经营活动产生的现金流量

经营活动是指企业投资活动和筹资活动外的所有交易和事项，包括销售商品、提供劳务、购买商品、接受劳务、支付税费等。

通常情况下，经营活动产生的现金流入项目主要有：销售商品、提供劳务收到的现金，收到的税费返还，收到的其他与经营活动有关的现金。经营活动产生的现金流出项目主要有：购买商品、接受劳务支付的现金，支付给职工以及为职工支付的现金，支付的各项税费，支付的其他与经营活动有关的现金。

### （二）投资活动产生的现金流量

投资活动是指企业非流动资产的购建和不包括在现金及现金等价物范围内的投资及其处置活动。

通常情况下，投资活动产生的现金流入项目主要有：收回投资所收到的现金，取得投资收益所收到的现金，处置固定资产、无形资产和其他非流动资产所收回的现金净额，收到的其他与投资活动有关的现金。投资活动产生的现金流出项目主要有：购建固定资产、无形资产和其他非流动资产所支付的现金，投资所支付的现金，支付的其他与投资活动有关的现金。

### （三）筹资活动产生的现金流量

筹资活动是指导致企业资本及债务规模和构成发生变化的活动。

通常情况下，筹资活动产生的现金流入项目主要有：吸收投资所收到的现金，取得借款所收到的现金，收到的其他与筹资活动有关的现金。筹资活动产生的现金流出项目主要有：偿还债务所支付的现金，分配股利、利润或偿付利息所支付的现金，支付的其他与筹资活动有关的现金。

需注意：对于未特别指明的现金流量，应按现金流量表的分类方法和重要性原则，判断某项交易或事项应当归属的类别或项目，对于重要的项目应单独列示。对于企业日常活动之外特殊的、不经常发生的项目，如自然灾害损失、保险赔偿、捐赠等，企业应当将其归到相关类别中单独反映。比如：对于自然灾害损失和保险赔款，如果能够确认属于流动资产损失，应当列入经营活动产生的现金流量；如果能够确认属于固定资产损失，应当列入投资活动产生的现金流量；如果不能够确认，则可以列入经营活动产生的现金流量。捐赠收入和支出，可以列入经营活动产生的现金流量。如果特殊项目的现金流量金额不大，则可以列入相关现金流量类别下的"其他"项目，不单列项目。

## 三、现金流量表的结构

我国企业现金流量表包括表首、正表和补充资料3个部分。基本结构根据"现金流入量－现金流出量＝现金净流量"公式设计。

### （一）现金流量表表首和正表

现金流量表的表首概括地说明报表名称、编制单位、报表所属年度、报表编号、货币名称、计量单位等；正表采用报告式结构反映现金流量表的各项目内容，包括经营活动产生的现金流量、投资活动产生的现金流量、筹资活动产生的现金流量、汇率变动对现金流量的影响、现金及现金等价物净增加额 5 项，最后汇总反映企业某一会计期间现金及现金等价物的净流入或净流出。现金流量表的格式如表 9-8 所示。

表 9-8　现金流量表

会企 03 表

编制单位：　　　　　　　　　　　　年　　月　　　　　　　　　　　　单位：元

| 项　　目 | 本期金额 | 上期金额 |
| --- | --- | --- |
| 一、经营活动产生的现金流量 | | |
| 　　销售商品、提供劳务收到的现金 | | |
| 　　收到的税费返还 | | |
| 　　收到其他与经营活动有关的现金 | | |
| 　　　　　　经营活动现金流入小计 | | |
| 　　购买商品、接受劳务支付的现金 | | |
| 　　支付给职工以及为职工支付的现金 | | |
| 　　支付的各项税费 | | |
| 　　支付其他与经营活动有关的现金 | | |
| 　　　　　　经营活动现金流出小计 | | |
| 　　经营活动产生的现金流量净额 | | |
| 二、投资活动产生的现金流量 | | |
| 　　收回投资收到的现金 | | |
| 　　取得投资收益收到的现金 | | |
| 　　处置固定资产、无形资产和其他长期资产收回的现金净额 | | |
| 　　处置子公司及其他营业单位收到的现金净额 | | |
| 　　收到其他与投资活动有关的现金 | | |
| 　　　　　　投资活动现金流入小计 | | |
| 　　购建固定资产、无形资产和其他长期资产支付的现金 | | |
| 　　投资支付的现金 | | |
| 　　取得子公司及其他营业单位支付的现金净额 | | |
| 　　支付其他与投资活动有关的现金 | | |
| 　　　　　　投资活动现金流出小计 | | |
| 　　投资活动产生的现金流量净额 | | |
| 三、筹资活动产生的现金流量 | | |
| 　　吸收投资收到的现金 | | |
| 　　取得借款收到的现金 | | |

续表

| 项　　目 | 本期金额 | 上期金额 |
|---|---|---|
| 收到其他与筹资活动有关的现金 | | |
| 筹资活动现金流入小计 | | |
| 偿还债务支付的现金 | | |
| 分配股利、利润或偿付利息支付的现金 | | |
| 支付其他与筹资活动有关的现金 | | |
| 筹资活动现金流出小计 | | |
| 筹资活动产生的现金流量净额 | | |
| 四、汇率变动对现金及现金等价物的影响 | | |
| 五、现金及现金等价物净增加额 | | |
| 　加：期初现金及现金等价物余额 | | |
| 六、期末现金及现金等价物余额 | | |

### （二）现金流量表补充资料

现金流量表补充资料以净利润为起点，通过对一些项目的调整，将权责发生制原则确认的净利润调节为按收付实现制确认的经营活动现金流量。补充资料格式如表9-9所示。

表9-9　现金流量表补充资料

| 补充资料 | 本期金额 | 上期金额 |
|---|---|---|
| 1. 净利润调节为经营活动现金流量 | | |
| 　净利润 | | |
| 　加：固定资产减值 | | |
| 　　　固定资产折旧 | | |
| 　　　无形资产摊销 | | |
| 　　　长期待摊费用摊销 | | |
| 　　　处置固定资产、无形资产和其他长期资产的损失（收益以"－"填列） | | |
| 　　　固定资产报废损失（收益以"－"填列） | | |
| 　　　公允价值变动损失（收益以"－"填列） | | |
| 　　　财务费用（收益以"－"填列） | | |
| 　　　投资损失（收益以"－"填列） | | |
| 　　　递延所得税资产减少（增加以"－"填列） | | |
| 　　　递延所得税负债增加（减少以"－"填列） | | |
| 　　　存货的减少（增加以"－"填列） | | |
| 　　　经营性应收项目的减少（增加以"－"填列） | | |

续表

| 补充资料 | 本期金额 | 上期金额 |
|---|---|---|
| 经营性应付项目的增加（减少以"－"填列） | | |
| 其他 | | |
| 经营活动产生的现金流量净额 | | |
| 2．不涉及现金收支的重大投资活动和筹资活动 | | |
| 债务转为资本 | | |
| 一年内到期的可转换公司债券 | | |
| 融资租入固定资产 | | |
| 3．现金及现金等价物净变动情况 | | |
| 现金的期末余额 | | |
| 减：现金的期初余额 | | |
| 加：现金等价物的期末余额 | | |
| 减：现金等价物的期初余额 | | |
| 现金及现金等价物净增加额 | | |

### （三）现金流量表的编制

现金流量表是以资产负债表、利润表等报表以及有关账户记录为依据编制的，其编制方法有直接法和间接法两种。现金流量表的正表部分采用直接法编制，补充资料部分采用间接法编制。

## 第五节 所有者权益变动表

所有者权益（股东权益）变动表是反映构成所有者权益（股东权益）各组成部分当期增减变动情况的报表。

### 一、所有者权益变动表概述

所有者权益（股东权益）变动表是对资产负债表的补充及对所有者权益增减变动情况的进一步说明。

#### （一）所有者权益变动表的作用

所有者权益变动表不仅反映企业某一会计年度所有者权益（股东权益）总量的增减变动，而且反映所有者权益增减变动的重要结构信息，包括实收资本（股本）、资本公积、盈余公积、未分配利润的增减变化和结果，特别是能反映直接计入所有者权益的利得和损失，让报表使用者准确理解所有者权益变动表的根源，使之能客观评价企业财务状况和经营业绩，预测企业未来的发展趋势。

### （二）所有者权益变动表的内容

按照《企业会计准则》规定，所有者权益（股东权益）变动表中，企业至少应当单独列示下列项目：会计政策变更和差错更正的累积影响金额；综合收益总额；所有者投入资本和减少资本；利润分配；所有者权益内部结转（按规定提取盈余公积、盈余公积和资本公积转增资本等）；实收资本或股本、其他权益工具、资本公积、其他综合收益、专项储备、盈余公积、未分配利润的期初和期末余额及其调节情况。

## 二、所有者权益变动表的结构和填列说明

所有者权益变动表不仅反映所有者权益总量增减变动的信息，也反映所有者权益增减变动的结构性信息。

### （一）所有者权益变动表的结构

所有者权益变动表的格式为矩阵式。企业需要提供比较所有者权益变动表，因此，分为"本年金额"和"上年金额"两栏。表中各行列示导致所有者权益变动的交易或事项，即所有者权益变动的来源，对一定时期所有者权益变动情况进行全面反映；表中各列以所有者权益及各组成部分的上年年末余额为依据，按照所有者权益及各组成部分列示交易或事项对所有者权益及各组成部分的影响，最后计算出所有者权益及各组成部分的本年年末余额。这种格式便于报表使用者了解企业所有者权益及其各组成部分的增减变动情况、变动原因，也便于前后期的对比分析。格式如表9-10所示。

### （二）所有者权益变动表填列说明

#### 1. 上年年末余额

上年年末余额是指上年年末企业所有者权益（股东权益）的期末余额。本项目根据上年资产负债表中的实收资本或股本、资本公积、其他综合收益、盈余公积和未分配利润各项目的年末余额填列，对应表内本年金额横向各项目。

#### 2. 会计政策变更

会计政策变更是指企业采用追溯调整法处理会计政策变更对所有者权益的累计影响金额。本项目根据"盈余公积""利润分配——未分配利润"账户的发生额分析填列，对应表内横向的盈余公积和未分配利润项目。

#### 3. 前期差错更正

前期差错更正是指企业采用追溯调整法处理会计差错对所有者权益的累计影响金额。本项目根据"盈余公积""利润分配——未分配利润"以及"以前年度损益调整"账户的发生额分析填列，对应表内横向的盈余公积和未分配利润项目。

#### 4. 本年年初余额

本年年初余额是指在上年年末余额的基础上，考虑了会计政策变更、前期差错更正采用追溯调整后的本年年初余额。

## 表 9-10 所有者权益变动表

会企 03 表

编制单位：　　　　　　　　　　年　度　　　　　　　　　　单位：元

| 项　　目 | 本年金额 ||||| 上年金额 |||||
|---|---|---|---|---|---|---|---|---|---|---|
| | 实收资本或股本 | 资本公积 | 减：库存股 | 盈余公积 | 未分配利润 | 所有者权益合计 | 实收资本或股本 | 资本公积 | 减：库存股 | 盈余公积 | 未分配利润 | 所有者权益合计 |
| 一、上年年末余额 | | | | | | | | | | | | |
| 　加：会计政策变更 | | | | | | | | | | | | |
| 　　　前期差错更正 | | | | | | | | | | | | |
| 　　　其他 | | | | | | | | | | | | |
| 二、本年年初余额 | | | | | | | | | | | | |
| 三、本年增减变动金额（减少以"－"号填列） | | | | | | | | | | | | |
| （一）综合收益总额 | | | | | | | | | | | | |
| （二）所有者投入和减少资本 | | | | | | | | | | | | |
| 1. 所有者投入资本 | | | | | | | | | | | | |
| 2. 其他权益工具持有者投入资本 | | | | | | | | | | | | |
| 3. 股份支付计入所有者权益的金额 | | | | | | | | | | | | |
| 4. 其他 | | | | | | | | | | | | |
| （三）利润分配 | | | | | | | | | | | | |
| 1. 提取盈余公积 | | | | | | | | | | | | |
| 2. 对所有者（股东）的分配 | | | | | | | | | | | | |
| 3. 其他 | | | | | | | | | | | | |
| （四）所有者权益内部结转 | | | | | | | | | | | | |
| 1. 资本公积转增资本（股本） | | | | | | | | | | | | |
| 2. 盈余公积转增资本（股本） | | | | | | | | | | | | |
| 3. 盈余公积弥补亏损 | | | | | | | | | | | | |
| 4. 设定受益计划变动额结转留存收益 | | | | | | | | | | | | |
| 5. 其他综合收益结转留存收益 | | | | | | | | | | | | |
| 6. 其他 | | | | | | | | | | | | |
| 四、本年年末余额 | | | | | | | | | | | | |

#### 5. 本年增减变动金额

本年增减变动金额反映了所有者权益各项目本年增减变动的金额。一般应根据资产负债表所有者权益项目金额或"实收资本（股本）""其他权益工具""资本公积""库存股""其他综合收益""专项储备""盈余公积""利润分配""以前年度损益调整"等账户及其明细账户的发生额分析填列。

## 第六节　财务报表附注和财务情况说明书

财务报表附注是对在资产负债表、利润表、现金流量表和所有者权益变动表中所列示项目的文字描述或明细资料，以及对未能在这些财务报表中列示项目的说明等。财务情况说明书是企业对一定时期（通常为一年）财务、成本等情况进行分析、总结所做的书面文字说明，是会计报表的补充、决算报告的组成部分。

### 一、财务报表附注

财务报表附注作为财务报告的重要组成部分，相关信息应当与资产负债表、利润表、现金流量表和所有者权益变动表中所列示的项目相互参照。

#### （一）财务报表附注的作用

财务报表附注可以使财务报表使用者全面了解企业的财务状况、经营成果和现金流量以及所有者权益的情况，主要作用如下：

（1）对报表列示项目予以补充说明。附注的编制和披露，是对资产负债表、利润表、现金流量表和所有者权益变动表列示项目含义的补充说明，从而帮助财务报表使用者更准确地把握其含义。

（2）对报表未列示项目予以详细说明。附注对于未在资产负债表、利润表、现金流量表和所有者权益变动表中列示的项目提供了详细或明细说明。

（3）帮助使用者全面了解企业情况。通过附注与资产负债表、利润表、现金流量表和所有者权益变动表列示项目的相互参照关系，以及对未能在财务报表中列示项目的说明，可以使财务报表使用者全面了解企业情况。

#### （二）财务报表附注的内容

按照《企业会计准则第30号——财务报表列报》的规定，财务报表附注一般应按下列顺序至少披露以下内容：

（1）企业的基本情况。企业基本情况包括企业注册地、组织形式和总部地址；企业的业务性质和主要经营活动；母公司以及集团最终母公司的名称；财务报告的批准报出者和财务报告批准报出日。

（2）财务报表的编制基础。财务报表附注应当披露财务报表的编制基础，包括企业采用的会计年度、使用的记账本位币、会计计量基础、现金及现金等价物的构成等。

（3）遵循企业会计准则的声明。企业应当声明编制的财务报表符合企业会计准则的要求，真实、完整地反映企业的财务状况、经营成果和现金流量等有关信息，以此明确企业编制财务报表所依据的制度基础。

（4）重要会计政策和会计估计。重要政策的说明包括财务报表项目的计量基础和在运用会计政策过程中所做的重要判断等；重要会计估计的说明包括可能导致下一个会计期间内资产、负债账面价值重大调整的会计估计的确定依据。

企业应当披露采用的重要会计政策和会计估计，并结合企业的具体实际，披露其重要会计政策的确定依据和财务报表项目的计量基础，以及会计估计所采用的关键假设和不确定因素。不重要的会计政策和会计估计可以不披露。

（5）会计政策和会计估计变更及差错更正的说明。企业应当按照企业会计准则中有关会计政策、会计估计变更和差错更正的相关规定，披露会计政策和会计估计以及差错更正的有关情况。

（6）重要报表项目的说明。企业应当按照资产负债表、利润表、现金流量表和所有者权益变动表中项目的列示顺序，对报表重要项目的说明采用文字和数字描述相结合的方式进行披露。报表重要项目的明细金额合计应当与报表项目金额相衔接。

（7）或有和承诺事项、资产负债表日后非调整事项的说明、关联方关系及其交易等需要说明的事项。

（8）有助于财务报表使用者评价企业管理成本的目标、政策及程序的信息。

企业应当在附注中披露终止经营的收入、费用、利润总额、所得税费用和净利润以及归属于母公司所有者的终止经营利润。还应当在附注中披露在资产负债表日后、财务报告批准报出日前提议或宣布发放的股利总额和每股股利金额（或向投资者分配的利润总额）。

## 二、财务情况说明书

财务情况说明书以有关的会计报表和财务资料为基础，结合企业财务状况调查研究所获取的信息进行编写，能全面提供企业和所属生产经营单位的业务活动情况，反映成本计划的执行情况及存在问题，有利于企业分析总结经营业绩，为出台改善经营管理、提高经济效益的具体措施提供参考依据，是企业财务报告使用者，特别是单位负责人和国家宏观管理部门了解企业生产经营活动情况的重要资料。其主要内容包括企业基本情况、资金周转情况、盈利或亏损情况等。

财务情况说明书的编写要求突出重点、兼顾一般、观点明确、抓住关键、注重实效、客观公正、真实可靠、报告清楚、文字简练。

【案例 9-1】

成立于 1998 年的 JZD 生态工程集团股份有限公司主要从事复合肥、缓控释肥、硝基肥、水溶肥、生物肥、磷肥以及土壤调理剂等土壤所需全系列产品以及为种植户提供相关的种植业解决方案服务。公司于 2010 年 9 月 8 日在深圳证券交易所挂牌上市，2020 年 7 月 1 日起被实行退市风险警示，2021 年 12 月 29 日起撤销退市风险警示并实施其他风险警示。

经中国证券监督管理委员会查明，JZD 存在以下违法事实：

（1）通过虚构贸易业务虚增收入利润。2015 年至 2018 年上半年，JZD 及其合并报表范围内的部分子公司通过与其供应商、客户和其他外部单位虚构合同，空转资金，开展无实物流转的虚构贸易业务，累计虚增收入 2 307 345.06 万元，虚增成本 2 108 384.88 万元，虚增利润总额 198 960.18 万元。

（2）未按规定披露关联方及关联交易。

（3）虚减应付票据。2018 年至 2019 年，JZD 作为出票人和承兑人，通过 4 家银行向 7 家参与前述虚构贸易业务的公司开具商业承兑汇票，累计金额 102 800 万元。JZD 对其开具的上述商业承兑汇票未进行账务处理，导致 2018 年财务报告虚减应付票据、其他应收款 92 800 万元，2019 年半年报虚减应付票据、其他应收款 102 800 万元。

（4）虚增发出商品。通过领用虚假暂估入库的原材料和实际已盘亏的存货、虚构电费和人工费等方式虚构生产过程，虚增产成品 254 412.84 万元，并通过虚假出库过程，计入发出商品科目。同时，将虚假采购并暂估入库的 65 302.33 万元货物计入发出商品科目，最终导致 2019 年财务报告虚增存货 319 715.17 万元。

2022 年 1 月，证监会对 JZD 公司责令改正，给予警告，并处以 150 万元罚款；对 8 名相关责任人员处以 240 万元至 50 万元不等的罚款。其中，对实际控制人、董事长、总经理处以 240 万元罚款，采取 10 年市场禁入措施；对时任财务负责人处以 60 万元罚款，并采取 5 年市场禁入措施。

## 思考与实训练习

### 一、简答题

1. 什么是财务报告？有哪些内容？
2. 财务报告的作用是什么？编制要求有哪些？
3. 什么是资产负债表？有何作用？
4. 资产负债表以什么为编制基础？格式如何？
5. 资产负债表的各项目的填列依据是什么？如何填列？
6. 什么是利润表？有何作用？
7. 利润表以什么为编制基础？格式如何？
8. 利润表的各项目填列依据是什么？如何填列？
9. 什么是现金流量表？有何作用？结构如何？
10. 现金及现金等价物的内容有哪些？

11. 什么是财务报表附注和财务情况说明书？
12. 财务报表附注应披露哪些内容？

## 二、单项选择题

1. 下列不属于财务报告编制要求的是（　　）。
   A. 合法合规　　B. 真实可靠　　C. 相关可比　　D. 内容完整
2. 财务报告提供的会计信息应具有时效性，是指编制财务报告应符合（　　）要求。
   A. 编报及时　　B. 真实可靠　　C. 便于理解　　D. 内容完整
3. 反映企业在某一特定日期（月末、季末、年末）财务状况的报表，称为（　　）。
   A. 利润表　　B. 现金流量表　　C. 利润分配表　　D. 资产负债表
4. 资产负债表中资产项目按（　　）排列。
   A. 重要性　　B. 流动性　　C. 时间性　　D. 收益性
5. 在资产负债表项目中，可以直接根据总账账户余额填列的是（　　）。
   A. 短期借款　　B. 应收账款　　C. 货币资金　　D. 长期借款
6. 下列属于资产负债表中非流动资产项目的是（　　）。
   A. 应收利息　　B. 固定资产　　C. 存货　　D. 其他应收款
7. 利润表中的全部指标均依据损益类账户的（　　）填列。
   A. 期末余额　　　　　　　　B. 发生额
   C. 期末余额或发生额　　　　D. 期初余额
8. "预收账款"账户所属明细分类账户如有借方余额，应在（　　）项目中反映。
   A. 应付账款　　B. 预收账款　　C. 应收账款　　D. 预付账款
9. 我国企业的资产负债表采用（　　）结构。
   A. 账户式　　B. 报告式　　C. 单步式　　D. 多步式
10. 我国企业利润表的格式为（　　）。
    A. 账户式　　B. 报告式　　C. 单步式　　D. 多步式
11. 反映企业在一定会计期间现金、现金等价物流入和流出的财务报表是（　　）。
    A. 资产负债表　　　　　　　B. 利润表
    C. 现金流量表　　　　　　　D. 所有者权益变动表
12. 资产负债表中的"未分配利润"项目，应根据（　　）填列。
    A. "利润分配"账户余额　　　　B. "本年利润"账户余额
    C. "应付股利"账户余额　　　　D. "本年利润"和"利润分配"账户余额计算
13. 反映企业一定会计期间经营成果的会计报表是（　　）。
    A. 利润表　　　　　　　　　B. 现金流量表
    C. 利润分配表　　　　　　　D. 资产负债表
14. 资产负债表的编制基础是（　　）。
    A. 收入－费用＝利润
    B. 资产＝负债＋所有者权益
    C. 所有账户借方发生额＝所有账户贷方发生额
    D. 期末余额＝期初余额＋本期借方发生额－本期贷方发生额

15. 利润表的编制基础是（　　）。
    A. 收入 – 费用 = 利润
    B. 资产 = 负债 + 所有者权益
    C. 所有账户借方发生额 = 所有账户贷方发生额
    D. 期末余额 = 期初余额 + 本期借方发生额 – 本期贷方发生额
16. 资产负债表中负债项目按（　　）排列。
    A. 债务人　　　　　　　　　　B. 金额大小
    C. 流动性　　　　　　　　　　D. 债权人
17. 下列报表项目中，需要根据有关账户期末余额计算填列的是（　　）。
    A. 存货　　　　　　　　　　　B. 实收资本
    C. 应交税费　　　　　　　　　D. 应付职工薪酬

### 三、多项选择题

1. 按月编制的财务报表称为月度报表，下列报表中属于月度报表的是（　　）。
    A. 利润表　　　　　　　　　　B. 现金流量表
    C. 所有者权益变动表　　　　　D. 资产负债表
2. 资产负债表中"货币资金"项目，应根据（　　）账户期末余额的合计数填列。
    A. 库存现金　　B. 银行存款　　C. 资本公积　　D. 其他货币资金
3. 财务报告的使用者包括（　　）等。
    A. 投资人　　　B. 债权人　　　C. 社会公众　　D. 政府及有关部门
4. 下列属于利润表中"税金及附加"项目的有（　　）。
    A. 增值税　　　B. 车船税　　　C. 资源税　　　D. 城市维护建设税
5. 按所反映的经济内容分类，财务报表可分为（　　）。
    A. 反映经营成果的报表　　　　B. 反映财务状况的报表
    C. 静态财务报表　　　　　　　D. 动态财务报表
6. 资产负债表中，流动负债项目包括（　　）等。
    A. 短期借款　　B. 预收账款　　C. 应收账款　　D. 应付票据
7. 下列项目中，应在资产负债表"存货"项目中反映的是（　　）。
    A. 工程物资　　B. 原材料　　　C. 生产成本　　D. 库存商品
8. 根据企业业务活动的性质和现金流量的来源，现金流量分为（　　）。
    A. 经营活动现金流量　　　　　B. 销售活动现金流量
    C. 筹资活动现金流量　　　　　D. 投资活动现金流量
9. 下列资产负债表项目中，可根据其总分类账户期末余额直接填列的是（　　）。
    A. 短期借款　　　　　　　　　B. 存货
    C. 应付职工薪酬　　　　　　　D. 资本公积
10. 财务报告的编制要求包括（　　）。
    A. 真实可靠　　　　　　　　　B. 相关可比
    C. 内容完整　　　　　　　　　D. 编报及时

11. 在营业利润的基础上，加或减（　　）得出利润总额。
    A. 其他业务收入　　　　　　B. 其他业务成本
    C. 营业外收入　　　　　　　D. 营业外支出
12. 利润表中的"营业收入"项目，根据（　　）账户的本期发生额计算填列。
    A. 其他业务收入　　　　　　B. 主营业务收入
    C. 营业外收入　　　　　　　D. 投资收益
13. 资产负债表中"应收账款"项目应根据（　　）之和减去"坏账准备"账户中有关应收账款计提的坏账准备期末余额填列。
    A. "应收账款"科目所属明细账户的借方余额
    B. "应收账款"科目所属明细账户的贷方余额
    C. "应付账款"科目所属明细账户的贷方余额
    D. "预收账款"科目所属明细账户的借方余额
14. 资产负债表中，下列属于非流动资产项目的是（　　）。
    A. 固定资产　　B. 无形资产　　C. 在建工程　　D. 存货
15. 现金流量表中的现金包括（　　）。
    A. 银行存款　　B. 库存现金　　C. 商业汇票　　D. 其他货币资金

### 四、判断题

1. 资产负债表是反映企业在某一特定时期财务状况的报表，它是动态报表。（　　）
2. 财务报告包括财务报表和财务情况说明书。（　　）
3. 中期财务报表是以短于一个完整会计年度的报告期间为基础编制的财务报表。（　　）
4. 所得税费用的多少直接影响营业利润的计算结果。（　　）
5. 我国企业编制资产负债表时可采用账户式，也可采用报告式。（　　）
6. 资产负债表根据有关账户发生额填列，利润表根据有关账户期末余额填列。（　　）
7. 现金流量表中的"现金"就是库存现金。（　　）
8. 企业财务报告体系中，最核心的是财务报表。（　　）
9. 为保证财务报告编制的及时性，企业可以适当提前结账。（　　）
10. 财务报表一般都是比较会计报表。（　　）
11. 一套完整的财务报表至少应当包括资产负债表、利润表、现金流量表和附注。（　　）
12. 资产负债表的编制基础是"收入－费用＝利润"。（　　）
13. 利润表的编制基础是"资产＝负债＋所有者权益"。（　　）
14. 所有者权益变动表是列示所有者权益各组成部分当期增减变动情况的报表。（　　）
15. 资产负债表的资产项目按流动性排列，流动性越小的资产，越排在最前面。（　　）

### 五、实训题

#### 实训一

[目的]练习资产负债表的编制。

[资料]某企业 2024 年 8 月 31 日有关账户余额如表 9-11 所示。

表 9-11 账户余额

| 账　户 | 借方金额 | 账　户 | 贷方余额 |
|---|---|---|---|
| 库存现金 | 750 | 短期借款 | 78 000 |
| 银行存款 | 74 560 | 应付账款 | 37 550 |
| 交易性金融资产 | 12 400 | 其他应付款 | 4 288 |
| 应收账款 | 32 100 | 应付职工薪酬 | 27 690 |
| 其他应收款 | 500 | 应交税费 | 8 804 |
| 原材料 | 176 770 | 应付股利 | 12 300 |
| 生产成本 | 30 500 | 应付利息 | 1 700 |
| 库存商品 | 17 570 | 长期借款 | 50 000 |
| 长期股权投资 | 60 000 | 累计折旧 | 181 700 |
| 固定资产 | 500 000 | 实收资本 | 491 700 |
| 在建工程 | 34 000 | 资本公积 | 37 000 |
| 无形资产 | 20 000 | 盈余公积 | 25 000 |
| 利润分配 | 32 900 | 本年利润 | 36 318 |
| 合　　计 | 992 050 | 合　　计 | 992 050 |

"应收账款"明细账户余额：A厂为 45 000 元（借方），B厂为 12 900 元（贷方）。
"应付账款"明细账户余额：C厂为 49 350 元（贷方），D厂为 11 800 元（借方）。
[要求]根据上述资料编制 2024 年 8 月月末资产负债表（见表 9-12）。

表 9-12 资产负债表（简表）

会企 01 表

编制单位：略　　　　　　　　　年　月　日　　　　　　　　　单位：元

| 资　产 | 年初余额 | 期末余额额 | 负债和股东权益 | 年初余额 | 期末余额 |
|---|---|---|---|---|---|
| 流动资产： | （略） | | 流动负债： | （略） | |
| 货币资金 | | | 短期借款 | | |
| 交易性金融资产 | | | 交易性金融负债 | | |
| 应收票据 | | | 应付票据 | | |
| 应收账款 | | | 应付账款 | | |
| 预付账款 | | | 预收账款 | | |
| 其他应收款 | | | 应付职工薪酬 | | |
| 存　货 | | | 应交税费 | | |

续表

| 资产 | 年初余额 | 期末余额额 | 负债和股东权益 | 年初余额 | 期末余额 |
|---|---|---|---|---|---|
| 其他流动资产 | | | 其他应付款 | | |
| 流动资产合计 | | | 流动负债合计 | | |
| 非流动资产: | | | 非流动负债: | | |
| 长期应收款 | | | 长期借款 | | |
| 长期股权投资 | | | 应付债券 | | |
| 投资性房地产 | | | 非流动负债合计 | | |
| 固定资产 | | | 负债合计 | | |
| 在建工程 | | | 股东权益: | | |
| 生产性生物资产 | | | 股　　本 | | |
| 无形资产 | | | 资本公积 | | |
| 开发支出 | | | 盈余公积 | | |
| 其他非流动资产 | | | 未分配利润 | | |
| 非流动资产合计 | | | 股东权益合计 | | |
| 资产总计 | | | 权益总计 | | |

**实训二**

[目的]练习利润表的编制。

[资料]某企业2024年8月31日结账前损益类各账户余额如表9-13所示。

表9-13　账户余额

| 账　户 | 借方余额 | 账　户 | 贷方余额 |
|---|---|---|---|
| 主营业务成本 | 5 000 000 | 主营业务收入 | 7 500 000 |
| 税金及附加 | 90 000 | 其他业务收入 | 120 000 |
| 其他业务成本 | 100 000 | 营业外收入 | 35 000 |
| 销售费用 | 150 000 | 投资收益 | 50 000 |
| 管理费用 | 300 000 | | |
| 财务费用 | 200 000 | | |
| 营业外支出 | 3 000 | | |

[要求]根据上述资料编制2024年8月的利润表（见表9-14）。（按利润总额的25%计算所得税）

表 9-14 利润表（简表）

会企 02 表

编制单位：　　　　　　　　　　　　　年　月　　　　　　　　　　　　　单位：元

| 项　目 | 本期金额 | 上期金额（略） |
|---|---|---|
| 一、营业收入 | | |
| 　减：营业成本 | | |
| 　　　税金及附加 | | |
| 　　　销售费用 | | |
| 　　　管理费用 | | |
| 　　　财务费用 | | |
| 　　　资产减值损失 | | |
| 　　　信用减值损失 | | |
| 　加：公允价值变动收益（损失以"－"填列） | | |
| 　　　投资收益（损失以"－"填列） | | |
| 二、营业利润（损失以"－"填列） | | |
| 　加：营业外收入 | | |
| 　减：营业外支出 | | |
| 　　其中，非流动资产处置损失 | | |
| 三、利润总额（亏损总额以"－"填列） | | |
| 　减：所得税费用 | | |
| 四、净利润（净亏损以"－"填列） | | |

# 第十章 账务处理程序

> **学习目标**：了解账务处理程序的设计意义和原则，理解账务处理程序的概念和种类，熟悉账务处理程序的基本步骤，以及不同程序的特点、优缺点和适用范围，掌握记账凭证账务处理程序和科目汇总表账务处理程序。
>
> **学习重点**：记账凭证账务处理程序和科目汇总表账务处理程序。
>
> **学习难点**：汇总记账凭证账务处理程序。
>
> **课程思政**：创新精神培育、效率效益理念养成。

## 第一节 账务处理程序概述

作为持续经营的每一个会计主体，会计信息的生成包含了会计确认、计量、记录和报告4个程序。4个程序在会计实务中形成一个会计循环，会计循环在每一个会计期间周而复始地不间断进行，形成有序的会计循环。账务处理程序又称会计核算形式，是指在会计循环中，会计凭证、会计账簿、财务报表相结合的方式。

### 一、会计循环

会计循环是指会计主体在一定会计期间内，从经济业务（也称交易或事项）发生取得或填制会计凭证起，到登记账簿、编制财务报表的一系列处理程序。在连续的会计期间，这些程序从会计期初开始至会计期末终止，周而复始、不断循环，因而被称为会计循环。

#### （一）会计循环过程

会计循环是按照划分的会计期间，周而复始地进行的会计核算工作。一个完整的会计循环过程包括以下环节：

（1）根据审核无误的原始凭证填制记账凭证，采用复式记账法为经济业务编制会计分录。

（2）根据审核无误的记账凭证登记账簿，包括日记账、总分类账和明细分类账。

（3）根据分类账的记录，编制结账（调整）前的试算表。

（4）按照权责发生制的要求，编制调整分录并予以过账。

（5）编制结账分录并登记入账，结清损益类账户（月末或年末）。

（6）根据全部账户的数据资料，编制结账后的试算平衡表。

（7）根据账簿记录，编制财务报告，包括资产负债表和利润表等。

以上 7 个环节全面反映了一个会计主体在一定会计期间内会计核算工作的所有内容，构成了一个完整的会计循环。其中，前 3 个环节属于会计主体日常的会计核算工作内容；后 4 个环节属于会计主体在会计期末的会计核算工作内容。

### （二）账务处理程序

会计循环是以会计核算（账务处理）方法为纽带连接程序和内容的综合体，运用会计核算方法处理经济业务是会计循环的实质，而会计核算形式（账务处理程序）仅仅是会计循环的表现形式。在会计核算的 7 种方法中，复式记账是处理经济业务的基本方法；设置会计科目与账户、填制和审核会计凭证是会计核算工作的开始；登记账簿是会计核算工作的中间过程；成本计算和财产清查是保证会计信息准确、正确的科学手段；编制财务报告是一个会计期间工作的终结。而会计循环就是从经济业务发生到最终形成财务报告的过程中，经历的确认经济业务发生、编制审核会计凭证、登记账簿、期末对账与结账、编制财务报告等一系列账务处理程序。所以，会计循环是会计核算方法在一个会计期间的顺序运用和在各个会计期间的连续运用。

### （三）记账凭证与账簿组织、记账程序

在会计循环过程中，任何会计主体核算和监督所发生的经济业务，都应采用适合的会计凭证、会计账簿和记账程序。

#### 1. 记账凭证与账簿组织

记账凭证与账簿组织是指在会计循环中，会计主体对发生的经济业务进行核算和监督时，采用的会计凭证、会计账簿的种类、格式，以及会计凭证与账簿之间、账簿与账簿之间的联系方法。

#### 2. 记账程序

记账程序是指在会计循环中，会计主体对发生的经济业务进行核算和监督，从填制和审核原始凭证、填制和审核记账凭证、登记会计账簿，到根据会计账簿编制财务报告的工作程序和具体方法。

会计凭证、会计账簿和财务报告是用以记录和储存会计信息的重要载体。会计实际工作中所采用的会计凭证（特别是记账凭证）、会计账簿种类较多，格式不一。一个特定的会计主体应当根据选定的业务处理程序和方法，选择一定种类和格式的会计凭证（特别是记账凭证）、会计账簿和财务报告，这也就决定了不同的会计主体所采用的会计凭证、会计账簿和财务报

告的种类及格式会有所不同。因此，会计主体对其所发生的经济业务如何进行具体的处理，特别是如何登记总分类账簿有不同的方法。也就是说，即使是对同样的经济业务内容进行账务处理，由于会计主体所采用的会计凭证、会计账簿种类及格式不同，记账程序也会截然不同，也就会形成方法各异的账务处理程序。

## 二、账务处理程序设计

账务处理程序又称会计核算组织程序或会计核算形式，是指在会计循环中，会计主体以会计账簿体系为核心，将会计凭证、会计账簿、财务报表相结合的方法和步骤，即从取得原始凭证、填制记账凭证、登记账簿直到编制财务报表的方法与步骤。可见，会计凭证与会计账簿采用何种方法连接，凭证与凭证之间、凭证与账簿之间、账簿与账簿之间的关系如何，形成了不同的账务处理程序。

### （一）账务处理程序的设计意义

账务处理程序是做好会计工作的一个重要前提，关系到会计主体人员分工的合理性以及工作的有效性，对整个会计核算工作产生诸多影响。可见，设计科学合理的账务处理程序具有重要意义。

（1）有利于规范会计核算工作。科学合理的账务处理程序，可保证会计部门和会计人员在进行会计核算的过程中有序可循，按照不同的责任分工，有条不紊地处理好各个环节的工作内容，提高会计工作效率。

（2）有利于确保会计信息质量。科学合理的账务处理程序，能形成加工和整理会计信息的正常机制，使凭证、账簿与报表之间的联系方式规范化，保证会计信息加工过程的严密性、及时性、正确性，提高会计信息质量。

（3）有利于实现业财融合。科学合理的账务处理程序，能减少不必要的会计核算环节，体现"效益大于成本"的原则，促进业务与财务的融合，节约会计核算过程的人力、物力和财力消耗，在一定程度上降低会计核算成本。

### （二）账务处理程序的设计原则

账务处理程序的核心是会计凭证与账簿结合的方式。任何会计主体的会计核算都要填制会计凭证、登记会计账簿和编制财务报告。不同会计主体由于经济业务性质不同、生产经营规模大小不同，会计核算的繁简程度也不同。因此，在会计凭证设置、传递和会计账簿的种类、格式以及登记方法上就会有所不同。但不论账务处理程序如何设计，都应遵循以下原则。

（1）遵循从实际出发的原则。充分考虑会计主体规模的大小、经济活动的性质、经济业务的繁简、经济管理的特点、会计机构的设置和会计人员的配备等多种因素，使账务处理程序与本单位会计的核算工作需要相适应。

（2）保证会计信息质量的原则。确定账务处理程序的目的是要保证能够准确、及时和完整地提供系统而完备的会计信息资料，满足不同会计信息使用者对会计信息的需要。为此，账务处理程序应以保证会计信息质量为立足点。

（3）遵循成本效益为上的原则。在满足会计核算工作需要、保证会计核算工作质量、提高会计核算工作效率的前提下，应力求简化核算手续，节省会计核算工作的时间以及人力、物力和财力的消耗，降低会计核算成本，并能适应会计信息化的要求。

（4）强化内部控制的原则。设计账务处理程序，应有利于会计部门和会计人员的分工协作，有利于明确各会计工作岗位的职责，实现不同程序之间、不同岗位之间的相互牵制，保证各会计信息的处理环节分工明确、责任清楚、约束力强。

## 三、账务处理程序的种类

实务中，由于各会计主体的规模和业务特点不同，会计凭证与会计账簿采用何种方式连接、凭证与账簿之间、账簿与账簿之间的关系如何，特别是对总分类账登记依据的选择不同，形成了不同的账务处理程序。目前我国设计的账务处理程序主要有 5 种：记账凭证账务处理程序、科目汇总表账务处理程序、汇总记账凭证账务处理程序、多栏式日记账账务处理程序和日记总账账务处理程序。

其中，记账凭证账务处理程序、科目汇总表账务处理程序和汇总记账凭证账务处理程序是最常用的 3 种基本账务处理程序。不同账务处理程序最主要的区别是登记总分类账的依据和方法不同。

各种账务处理程序的具体步骤虽不同，但基本步骤是相同的。基本步骤如图 10-1 所示。

会计凭证 ——————→ 会计账簿 ——————→ 财务报表
　　　　　（登账过程）　　　　　（编表过程）

图 10-1　账务处理程序的基本步骤

# 第二节　记账凭证账务处理程序

记账凭证账务处理程序是指对发生的经济业务，先根据原始凭证或原始凭证汇总表编制记账凭证，然后根据记账凭证逐笔登记总分类账，并定期编制财务报告的一种处理程序。

## 一、记账凭证账务处理程序的基本内容

记账凭证账务处理程序是最基本、最简单的一种账务处理程序，其他账务处理程序都是在它的基础上，根据经营管理的需要发展演变而来的。

### （一）记账凭证账务处理程序的记账凭证、账簿组织与财务报告

作为最基本的账务处理程序，记账凭证账务处理程序的记账凭证和账簿组织也是其他账务处理程序的基础。

1. 记账凭证

在记账凭证账务处理程序下，记账凭证可采用专用记账凭证（收款凭证、付款凭证、转账凭证），分别反映日常发生的各种收付款业务和转账业务，也可采用通用记账凭证反映各类业务。

2. 账簿组织

在记账凭证账务处理程序下，序时账设库存现金日记账和银行存款日记账，用以序时反映库存现金和银行存款的收付业务，格式一般采用三栏式；分类账设置总分类账和明细分类账，进行总分类核算和明细分类核算，总分类账一般采用三栏式。明细分类账根据需要可采用三栏式、多栏式、数量金额式、横线登记式。

3. 财务报告

《企业会计准则》对财务报告的种类和格式有着明确的规定，因此，无论何种账务处理程序下，财务报告的种类和格式都是一致的。

### （二）记账凭证账务处理程序的核算步骤

在记账凭证账务处理程序下，记账凭证不做任何加工，直接据以登记总分类账。其核算步骤如图 10-2 所示。

（1）根据原始凭证或原始凭证汇总表，填制记账凭证（专用凭证或通用凭证）。
（2）根据收款凭证和付款凭证逐日逐笔顺序登记库存现金日记账和银行存款日记账。
（3）根据记账凭证及所附原始凭证或原始凭证汇总表逐笔登记明细分类账。
（4）根据记账凭证（专用凭证或通用凭证）逐笔登记总分类账。
（5）按照对账要求，定期将总分类账与日记账、明细分类账相核对。
（6）期末，根据审核无误的总分类账和明细分类账编制财务报表。

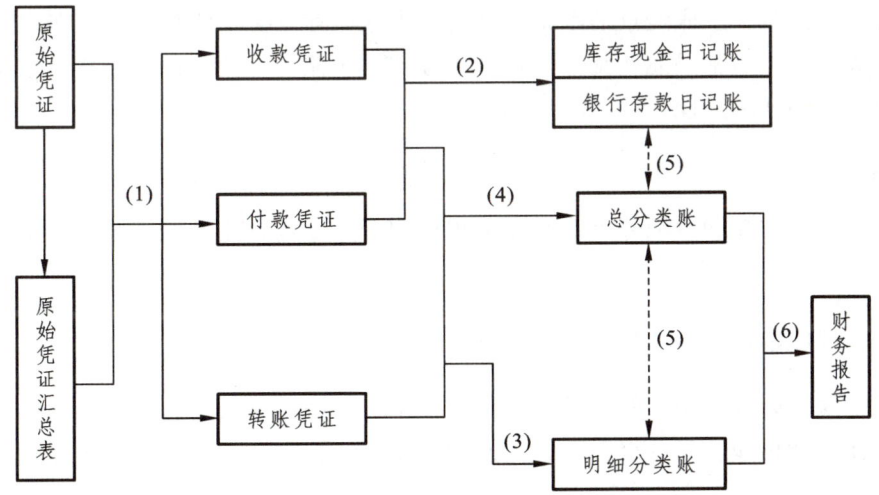

图 10-2　记账凭证账务处理程序

## 二、记账凭证账务处理程序的优缺点和适用范围

各种账务处理程序在核算步骤上有共同之处，如登记日记账和明细分类账、编制财务报表，在任何一种账务处理程序下都是相同的。将各种账务处理程序相比较，其最大的特点就是总分类账的登记依据和方法不同。

### （一）记账凭证账务处理程序的优点

（1）原理直观、易于理解。记账凭证账务处理程序的特点是直接根据各种记账凭证逐笔登记总分类账，直观明了。

（2）方法简便、容易掌握。日记账、总分类账和明细分类账的登记方法一致，是一种最容易掌握的账务处理程序。

（3）逐笔登记、便于查账。日记账、总分类账和明细分类账一样，都是根据记账凭证逐笔登记的。因此，总分类账也能够详细清晰地反映经济业务的动态，形成一一对应关系，便于对账和查账。

### （二）记账凭证账务处理程序的缺点

#### 1. 总分类账登记的工作量较大

在记账凭证账务处理程序下，对发生的每一笔经济业务都要根据记账凭证逐笔登记总分类账，使总分类账登记的内容与日记账和明细分类账登记的内容一致，是一种简单的重复登记，无形中增加了登记总分类账的工作量。为克服这一缺点，应尽量根据原始凭证汇总表填制记账凭证，减少记账凭证的数量。

#### 2. 预留账页的数量难以把控

总分类账对所发生的经济业务都要在日记账和明细分类账登记的基础上重复登记一遍，必然耗用更多的账页，造成账页的浪费；加之一本账簿涉及多个账户，每个账户登记业务的多少难以预先确定，通常需要在每一个账户下预留一定账页，预留过多会造成浪费，预留不足又影响账户登记的连续性。

#### 3. 不利于会计人员的分工

日记账、总分类账和明细分类账都需要根据记账凭证逐日逐笔顺序登记，不利于会计人员的分工协作。

### （三）记账凭证账务处理程序的适用范围

记账凭证账务处理程序一般只适用于规模较小、经济业务较少、需要编制的记账凭证不多的会计主体。如果业务量过少，可采用通用记账凭证，避免凭证种类的多样化而造成凭证购买上的过多支出。

需注意：在计算机环境下，应用会计软件进行账务处理可以弥补工作量大的缺点。

## 三、记账凭证账务处理程序应用案例

### （一）某企业2024年10月初部分总分类账账户余额（见表10-1）

表10-1  企业总分类账账户余额　　　　　　　　　　　　　单位：元

| 账户名称 | 方　向 | 金　　额 | 账户名称 | 方　向 | 金　　额 |
|---|---|---|---|---|---|
| 库存现金 | 借 | 8 400 | 短期借款 | 贷 | 30 000 |
| 银行存款 | 借 | 73 000 | 应付账款 | 贷 | 10 200 |
| 应收账款 | 借 | 15 000 | 应交税费 | 贷 | 900 |
| 应收票据 | 借 | 10 000 | 其他应付款 | 贷 | 200 |
| 其他应收款 | 借 | 1 200 | 长期借款 | 贷 | 40 000 |
| 原材料 | 借 | 25 000 | 实收资本 | 贷 | 50 000 |
| 库存商品 | 借 | 40 000 | 资本公积 | 贷 | 22 000 |
| 生产成本 | 借 | 9 200 | 盈余公积 | 贷 | 20 000 |
| 固定资产 | 借 | 100 000 | 本年利润 | 贷 | 70 000 |
| 累计折旧 | 贷 | 28 500 | 利润分配 | 贷 | 30 000 |
| 无形资产 | 借 | 20 000 |  |  |  |
| 合　　计 |  | 273 300 | 合　　计 |  | 273 300 |

### （二）企业10月初有关"原材料"明细分类账余额

甲材料：3 000千克，每千克4.1元，金额12 600元；

乙材料：5 000千克，每千克2.2元，金额11 000元；

丙材料：200千克，每千克7.0元，金额1 400元。

### （三）企业10月份发生的经济业务

（1）1日，购入甲材料2 000千克，每千克4元；乙材料3 000千克，每千克2元，取得增值税专用发票，增值税额1 820元。另供方代垫运杂费1 000元，取得普通发票，货款及运费以银行存款支付（运费按材料重量分配）。

（2）2日，上述甲、乙两种材料验收入库，并按实际采购成本入账。

（3）4日，生产A产品，领用甲材料1 000千克，每千克4.2元，乙材料1 500千克，每千克2.2元。

（4）6日，销售A产品1 000件，每件售价100元，货款100 000元，销项税额13 000元，价税款已存入银行。

（5）9日，以银行存款支付A产品广告费2 000元。

（6）10日，从银行提取现金43 000元，准备发放职工工资。

（7）11日，以库存现金43 000元支付本月职工工资。

（8）31日，结转本月应付职工工资43 000元。其中，A产品生产工人工资20 000元，车间管理人员工资8 000元，厂部管理人员工资15 000元。

（9）31日，按职工工资总额的14%提取职工福利费。

（10）31日，提取本月固定资产折旧3 000元。其中，生产车间固定资产折旧2 000元，行政管理部门固定资产折旧1 000元。

（11）31日，结转本月产品负担的制造费用。

（12）31日，本月A产品全部完工，结转完工产品成本。

（13）31日，结转已售产品成本（单位成本40元）。

（14）31日，将"管理费用""销售费用""主营业务成本"结转至"本年利润"账户。

（15）31日，将"主营业务收入"结转至"本年利润"账户。

### （四）核算步骤

（1）根据资料，按时间顺序填制记账凭证，如表10-2所示。

表10-2　记账凭证

| 2024年 | | 凭证号数 | 摘　要 | 一级科目 | 明细科目 | 借方金额 | 贷方金额 |
|---|---|---|---|---|---|---|---|
| 月 | 日 | | | | | | |
| 10 | 01 | 银付01 | 采购材料 | 在途物资 | 甲材料 | 8 400 | |
| | | | | | 乙材料 | 6 600 | |
| | | | | 应交税费 | 应交增值税（进） | 1 820 | |
| | | | | 银行存款 | | | 16 820 |
| | 02 | 转01 | 材料入库 | 原材料 | 甲材料 | 8 400 | |
| | | | | | 乙材料 | 6 600 | |
| | | | | 在途物资 | 甲材料 | | 8 400 |
| | | | | | 乙材料 | | 6 600 |
| | 04 | 转02 | 生产领用 | 生产成本 | A产品 | 7 500 | |
| | | | | 原材料 | 甲材料 | | 4 200 |
| | | | | | 乙材料 | | 3 300 |
| | 06 | 银收01 | 销售产品 | 银行存款 | | 113 000 | |
| | | | | 主营业务收入 | A产品 | | 100 000 |
| | | | | 应交税费 | 应交增值税（销） | | 13 000 |
| | 09 | 银付02 | 支付广告费 | 销售费用 | 广告费 | 2 000 | |
| | | | | 银行存款 | | | 2 000 |
| | 10 | 银付03 | 提现 | 库存现金 | | 43 000 | |
| | | | | 银行存款 | | | 43 000 |
| | 11 | 现付01 | 发放工资 | 应付职工薪酬 | 工资 | 43 000 | |
| | | | | 库存现金 | | | 43 000 |
| | 31 | 转03 | 结转工资 | 生产成本 | A产品 | 20 000 | |
| | | | | 制造费用 | 工资 | 8 000 | |

续表

| 2024年 | | 凭证号数 | 摘 要 | 一级科目 | 明细科目 | 借方金额 | 贷方金额 |
|---|---|---|---|---|---|---|---|
| 月 | 日 | | | | | | |
| | | | | 管理费用 | 工资 | 15 000 | |
| | | | | 应付职工薪酬 | 工资 | | 43 000 |
| | 31 | 转 04 | 计提福利费 | 生产成本 | A产品 | 2 800 | |
| | | | | 制造费用 | 福利费 | 1 120 | |
| | | | | 管理费用 | 福利费 | 2 100 | |
| | | | | 应付职工薪酬 | 福利费 | | 6 020 |
| | 31 | 转 05 | 计提折旧 | 制造费用 | 折旧费 | 2 000 | |
| | | | | 管理费用 | 折旧费 | 1 000 | |
| | | | | 累计折旧 | | | 3 000 |
| | 31 | 转 06 | 结转制造费用 | 生产成本 | A产品 | 11 120 | |
| | | | | 制造费用 | | | 11 120 |
| | 31 | 转 07 | 结转完工产品成本 | 库存商品 | A产品 | 50 620 | |
| | | | | 生产成本 | A产品 | | 50 620 |
| | 31 | 转 08 | 结转已销产品成本 | 主营业务成本 | A产品 | 40 000 | |
| | | | | 库存商品 | A产品 | | 40 000 |
| | 31 | 转 09 | 结转损类账户 | 本年利润 | | 60 100 | |
| | | | | 管理费用 | | | 18 100 |
| | | | | 销售费用 | | | 2 000 |
| | | | | 主营业务成本 | A产品 | | 40 000 |
| | 31 | 转 10 | 结转益类账户 | 主营业务收入 | A产品 | 100 000 | |
| | | | | 本年利润 | | | 100 000 |

（2）根据收、付款凭证登记日记账。以银行存款日记账为例，如表10-3所示。

表10-3 银行存款日记账

| 2024年 | | 凭证号数 | 摘 要 | 对方账户 | 收入 | 支出 | 结余 |
|---|---|---|---|---|---|---|---|
| 月 | 日 | | | | | | |
| 10 | 01 | | 期初余额 | | | | 73 000 |
| | 01 | 银付01 | 采购材料 | 在途物资等 | | 16 820 | 56 180 |
| | 06 | 银收01 | 销售产品 | 主营业务收入等 | 113 000 | | 169 180 |
| | 09 | 银付02 | 支付广告费 | 销售费用 | | 2 000 | 167 180 |
| | 10 | 银付03 | 提现 | 库存现金 | | 43 000 | 124 180 |
| | 31 | | 本月合计 | | 113 000 | 61 820 | 124 180 |

（3）根据记账凭证登记明细分类账。以原材料明细分类账为例，如表 10-4 所示。

表 10-4　原材料明细分类账

类别：甲材料　　　　　　　　　　　　　　　　　　　　　　　计量单位：千克

| 2024年 | | 凭证号数 | 摘要 | 收入 | | | 发出 | | | 结存 | | |
|---|---|---|---|---|---|---|---|---|---|---|---|---|
| 月 | 日 | | | 数量 | 单价 | 金额 | 数量 | 单价 | 金额 | 数量 | 单价 | 金额 |
| 10 | 01 | | 期初余额 | | | | | | | 3 000 | 4.2 | 12 600 |
| | 02 | 转 01 | 材料入库 | 2 000 | 4.2 | 8 400 | | | | 5 000 | 4.2 | 21 000 |
| | 04 | 转 02 | 生产领用 | | | | 1 000 | 4.2 | 4 200 | 4 000 | 4.2 | 16 800 |
| | 31 | | 本月合计 | 2 000 | | 8 400 | 1 000 | | 4 200 | 4 000 | 4.2 | 16 800 |

（4）登记总分类账。以生产成本、银行存款总分类账为例，如表 10-5 和表 10-6 所示。

表 10-5　生产成本（总分类账）　　　　　　　　　　　　　　　　　　　单位：元

| 2024年 | | 凭证号数 | 摘　要 | 借方 | 贷方 | 借或贷 | 余额 |
|---|---|---|---|---|---|---|---|
| 月 | 日 | | | | | | |
| 10 | 01 | | 期初余额 | | | 借 | 9 200 |
| | 04 | 转 02 | 生产领用 | 7 500 | | 借 | 16 700 |
| | 31 | 转 03 | 结转工资 | 20 000 | | 借 | 36 700 |
| | 31 | 转 04 | 计提福利费 | 2 800 | | 借 | 39 500 |
| | 31 | 转 06 | 结转制造费用 | 11 120 | | 借 | 50 620 |
| | 31 | 转 07 | 结转完工产品成本 | | 50 620 | 平 | 0 |
| | 31 | | 本月合计 | 41 420 | 50 620 | 平 | 0 |

表 10-6　银行存款（总分类账）　　　　　　　　　　　　　　　　　　　单位：元

| 2024年 | | 凭证号数 | 摘　要 | 借方 | 贷方 | 借或贷 | 余额 |
|---|---|---|---|---|---|---|---|
| 月 | 日 | | | | | | |
| 10 | 01 | | 期初余额 | | | 借 | 73 000 |
| | 01 | 银付 01 | 采购材料 | | 16 820 | 借 | 56 180 |
| | 06 | 银收 01 | 销售产品 | 113 000 | | 借 | 169 180 |
| | 09 | 银付 02 | 支付广告费 | | 2 000 | 借 | 167 180 |
| | 10 | 银付 03 | 提现 | | 43 000 | 借 | 124 180 |
| | 31 | | 本月合计 | 113 000 | 61 820 | 借 | 124 180 |

（5）将总分类账与日记账、明细分类账相核对。（略）

（6）编制试算平衡表，如表 10-7 所示。

表 10-7　试算平衡表

2024 年 10 月　　　　　　　　　　　　　　　　　　　　　　单位：元

| 账户名称 | 期初余额 | | 本期发生额 | | 期末余额 | |
|---|---|---|---|---|---|---|
| | 借方 | 贷方 | 借方 | 贷方 | 借方 | 贷方 |
| 库存现金 | 8 400 | | 43 000 | 43 000 | 8 400 | |
| 银行存款 | 73 000 | | 113 000 | 61 820 | 124 180 | |
| 应收账款 | 15 000 | | | | 15 000 | |
| 应收票据 | 10 000 | | | | 10 000 | |
| 其他应收款 | 1 200 | | | | 1 200 | |
| 在途物资 | | | 15 000 | 15 000 | | |
| 原材料 | 25 000 | | 15 000 | 7 500 | 32 500 | |
| 库存商品 | 40 000 | | 50 620 | 40 000 | 50 620 | |
| 固定资产 | 100 000 | | | | 100 000 | |
| 累计折旧 | | 28 500 | | 3 000 | | 31 500 |
| 无形资产 | 20 000 | | | | 20 000 | |
| 短期借款 | | 30 000 | | | | 30 000 |
| 应付账款 | | 10 200 | | | | 10 200 |
| 应交税费 | | 900 | 1 820 | 13 000 | | 12 080 |
| 应付职工薪酬 | | | 43 000 | 49 020 | | 6 020 |
| 其他应付款 | | 200 | | | | 200 |
| 长期借款 | | 40 000 | | | | 40 000 |
| 实收资本 | | 50 000 | | | | 50 000 |
| 资本公积 | | 22 000 | | | | 22 000 |
| 盈余公积 | | 20 000 | | | | 20 000 |
| 本年利润 | | 70 000 | 60 100 | 100 000 | | 109 900 |
| 利润分配 | | 30 000 | | | | 30 000 |
| 生产成本 | 9 200 | | 41 420 | 50 620 | | |
| 制造费用 | | | 11 120 | 11 120 | | |
| 主营业务收入 | | | 100 000 | 100 000 | | |
| 主营业务成本 | | | 40 000 | 40 000 | | |
| 销售费用 | | | 2 000 | 2 000 | | |
| 管理费用 | | | 18 100 | 18 100 | | |
| 合　计 | 301 800 | 301 800 | 554 180 | 554 180 | 361 900 | 361 900 |

（7）编制财务报表。（略）

## 第三节　科目汇总表账务处理程序

科目汇总表账务处理程序又称记账凭证汇总表账务处理程序，是指对发生的经济业务，先根据原始凭证或原始凭证汇总表编制记账凭证，再根据记账凭证定期编制科目汇总表，然后根据科目汇总表登记总分类账，并定期编制财务报告的一种账务处理程序。

### 一、科目汇总表账务处理程序的基本内容

科目汇总表账务处理程序的特点是"先汇总、再登记"，即总分类账的登记依据是科目汇总表。

#### （一）科目汇总表账务处理程序的记账凭证与账簿组织

科目汇总表账务处理程序是在记账凭证账务处理程序的基础上发展和演变而来的，采用的记账凭证和账簿组织与记账凭证账务处理程序的基本相同。

##### 1. 记账凭证

在科目汇总表账务处理程序下，记账凭证一般采用专用记账（收款凭证、付款凭证、转账凭证），也可采用通用记账凭证。为了定期对记账凭证进行汇总，还需增设具有汇总性质的记账凭证——科目汇总表（记账凭证汇总表）。

##### 2. 账簿组织

科目汇总表账务处理程序下的账簿组织与记账凭证账务处理程序下的账簿组织基本相同。序时账设库存现金日记账和银行存款日记账，其格式一般采用三栏式。分类账设置总分类账（不设对应账户的普通三栏式）和各种明细分类账（三栏式、多栏式、数量金额式、横线登记式）。

#### （二）科目汇总表的编制方法

科目汇总表实际上也是一种记账凭证，只不过是一种汇总性质的记账凭证，它是依据借贷记账法的记账规则，定期对全部记账凭证汇总后，按照不同的会计科目分别列示各账户借方发生额和贷方发生额的一种凭证，因此又称记账凭证汇总表。其格式如表 10-8 和 10-9 所示。

表 10-8　科目汇总表

年　月　日 — 月　日　　　　　　　　　　　汇字第　号

| 会计科目 | 记账 | 本期发生额 | | 记账凭证起讫号数 |
| --- | --- | --- | --- | --- |
| | | 借方 | 贷方 | |
| | | | | |
| | | | | |
| | | | | |
| 合　计 | | | | |

会计主管：　　　记账：　　　复核：　　　出纳：　　　制证：

表10-9  科目汇总表

年　月　日—　月　日　　　　　　　　　　　　　　　　汇字第　号

| 会计科目 | 记账 | 1—10日 | | 11—20日 | | 21—31日 | | 本月合计 | |
|---|---|---|---|---|---|---|---|---|---|
| | | 借方 | 贷方 | 借方 | 贷方 | 借方 | 贷方 | 借方 | 贷方 |
| | | | | | | | | | |
| | | | | | | | | | |
| | | | | | | | | | |
| 合　计 | | | | | | | | | |

会计主管：　　　　记账：　　　　复核：　　　　出纳：　　　　制证：

科目汇总表的具体编制方法：

（1）将汇总期内所有经济业务所涉及的全部会计科目都填写在科目汇总表的"会计科目"栏内，一般按资产类、负债类、所有者权益类、成本类、损益类的顺序填写，与会计账簿中账户的开设顺序基本保持一致。

（2）根据汇总期内审核无误的所有记账凭证，按会计科目分别加计借方发生额和贷方发生额，将其汇总数填在相应会计科目的"借方"和"贷方"栏。

（3）加总借、贷方发生额，进行发生额的试算平衡。公式为：

所有账户本期借方发生额合计 = 所有账户本期贷方发生额合计

会计主体一定时期所编制的记账凭证中，会计分录涉及较多的会计科目，在对这些会计科目分别按借、贷方发生额进行汇总时，可运用编制科目汇总表工作底稿的方法来完成，即采用T字形账户的形式反映每一个账户的发生额，然后据以编制科目汇总表。

科目汇总表在每次汇总时都应注明汇总记账凭证的起讫字号，以便查验。科目汇总表可每汇总一次编制一张，也可定期汇总，每月编制一张，并按"汇字第×号"字样按月连续编号。任何格式的科目汇总表都只反映各个账户本期借方发生额和本期贷方发生额，不反映各个账户之间的对应关系。

### （三）科目汇总表账务处理程序的核算步骤

科目汇总表账务处理程序是在记账凭证账务处理程序的基础上，增加了编制科目汇总表的步骤。其核算步骤如图10-3所示。

（1）根据原始凭证或原始凭证汇总表，填制记账凭证（专用凭证或通用凭证）。

（2）根据收款凭证和付款凭证逐日逐笔顺序登记库存现金日记账和银行存款日记账。

（3）根据记账凭证及所附原始凭证或原始凭证汇总表逐笔登记明细分类账。

（4）根据记账凭证（专用凭证或通用凭证）定期编制科目汇总表。

（5）根据科目汇总表定期登记总分类账。

（6）按照对账要求，定期将总分类账与日记账、明细分类账相核对。

（7）期末，根据审核无误的总分类账和明细分类账编制财务报表。

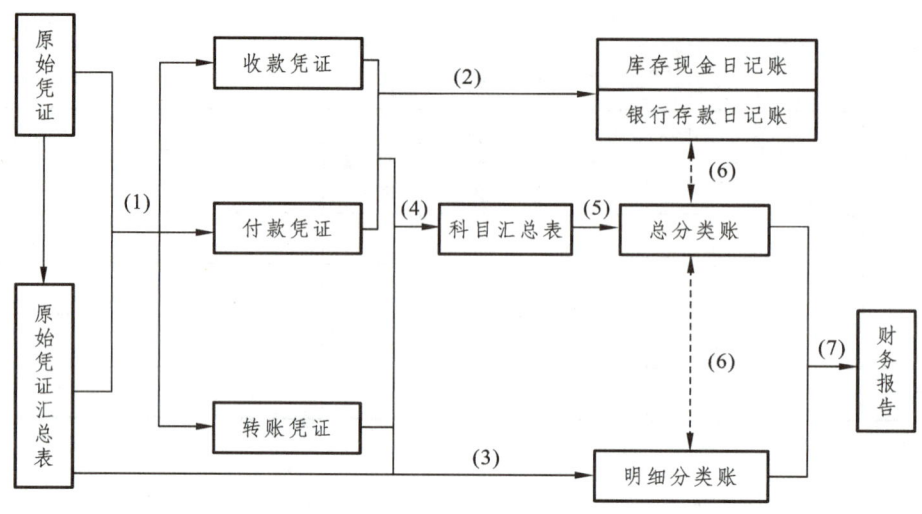

图 10-3　科目汇总表账务处理程序

## 二、科目汇总表账务处理程序的优缺点和适用范围

编制科目汇总表的目的是对总分类账进行汇总登记，其特点是定期（5 天或 10 天或 15 天）根据所有的记账凭证编制科目汇总表（即记账凭证汇总表），然后根据科目汇总表登记总分类账，即将科目汇总表中有关科目的本期借、贷方发生额合计数，分次或月末一次记入相应的总分类账的借方或贷方。因此，科目汇总表账务处理程序具有以下优缺点：

### （一）科目汇总表账务处理程序的优点

（1）可以进行账户发生额的试算平衡。科目汇总表的汇总结果体现了一定时期内所有账户的借方发生额和贷方发生额之间的平衡关系，利用这种发生额的相等关系，可以进行所有账户发生额的试算平衡，检验账户发生额记录的准确性，减少会计差错的发生。

（2）可以保证总分类账登记的正确性。科目汇总表的试算平衡功能，不仅可以检验记账凭证填制的正确性，也可以及时检查发现汇总过程中的失误。在保证所有账户发生额相等的基础上才根据科目汇总表登记总分类账，在一定程度上能够保证总分类账登记的正确性。

（3）可以大大减轻登记总分类账的工作量。在科目汇总表账务处理程序下，可以根据科目汇总表中有关账户的汇总发生额，在月中定期或月末一次性登记总分类账，大大减少总分类账登记的工作量，提高会计工作效率。

### （二）科目汇总表账务处理程序的缺点

（1）科目汇总表的编制工作量较大。在科目汇总表账务处理程序下，对发生的经济业务要首先填制记账凭证，然后才定期对记账凭证进行汇总，编制据以登记总分类账的科目汇总表，增加了编制科目汇总表这一个工作环节，且工作量较大。

（2）科目汇总表不能清晰反映账户之间的对应关系。科目汇总表是按会计科目归类汇总其发生额的，表中不能清晰显示各个账户之间的对应关系，从总分类账中不能反映经济业务的来龙去脉，因而不利于对经济业务进行分析和检查。

### （三）科目汇总表账务处理程序的适用范围

无论规模大小的会计主体都可采用科目汇总表账务处理程序，但一般适用于规模较大、经济业务较多、会计人员分工较细的会计主体。

## 三、科目汇总表账务处理程序应用案例

仍以第二节的案例为例。其中，（1）（2）（3）前3个步骤的处理与记账凭证账务处理程序相同。

（4）根据记账凭证，将经济业务所涉及会计科目的借方发生额和贷方发生额汇总，编制科目汇总表，如表10-10所示。

表10-10 科目汇总表

2024年10月1日至10月31日　　　　单位：元　　汇字第10号

| 会计科目 | 账目页数 | 本期发生额 借方 | 本期发生额 贷方 | 记账凭证起讫号数 |
|---|---|---|---|---|
| 库存现金 |  | 43 000 | 43 000 | 银行收款凭证1<br>银行付款凭证1-3<br>现金付款凭证1<br>转账凭证1-10 |
| 银行存款 |  | 113 000 | 61 820 |  |
| 在途物资 |  | 15 000 | 15 000 |  |
| 原材料 |  | 15 000 | 7 500 |  |
| 库存商品 |  | 50 620 | 40 000 |  |
| 累计折旧 |  |  | 3 000 |  |
| 应交税费 |  | 1 820 | 13 000 |  |
| 应付职工薪酬 |  | 43 000 | 49 020 |  |
| 本年利润 |  | 60 100 | 100 000 |  |
| 生产成本 |  | 41 420 | 50 620 |  |
| 制造费用 |  | 11 120 | 11 120 |  |
| 主营业务收入 |  | 100 000 | 100 000 |  |
| 主营业务成本 |  | 40 000 | 40 000 |  |
| 销售费用 |  | 2 000 | 2 000 |  |
| 管理费用 |  | 18 100 | 18 100 |  |
| 合计 |  | 554 180 | 554 180 |  |

（5）根据科目汇总表登记总分类账，如表10-11和表10-12所示（以生产成本和银行存款总分类账为例）。

表 10-11　生产成本（总分类账）

| 2024 年 | | 凭证号数 | 摘　　要 | 借　方 | 贷　方 | 借或贷 | 余　额 |
|---|---|---|---|---|---|---|---|
| 月 | 日 | | | | | | |
| 10 | 01 | | 期初余额 | | | 借 | 9 200 |
| | 31 | 汇字 | 1—31 日汇总表过入 | 41 420 | 50 620 | 平 | 0 |
| | 31 | | 本月合计 | 41 420 | 50 620 | 平 | 0 |

表 10-12　银行存款（总分类账）

| 2024 年 | | 凭证号数 | 摘　　要 | 借　方 | 贷　方 | 借或贷 | 余　额 |
|---|---|---|---|---|---|---|---|
| 月 | 日 | | | | | | |
| 10 | 01 | | 期初余额 | | | 借 | 73 000 |
| | 31 | 汇字 | 1—31 日汇总表过入 | 113 000 | 61 820 | 借 | 124 180 |
| | 31 | | 本月合计 | 113 000 | 61 820 | 借 | 124 180 |

（6）按照对账要求，将总分类账与日记账、明细分类账相核对。（略）

（7）根据总分类账和明细分类账编制财务报表。（略）

# 第四节　汇总记账凭证账务处理程序

汇总记账凭证账务处理程序是指对发生的经济业务，先根据原始凭证或原始凭证汇总表编制收款凭证、付款凭证和转账凭证，再根据收付款凭证和转账凭证定期编制汇总记账凭证，然后根据汇总记账凭证登记总分类账，并定期编制财务报告的一种账务处理程序。

## 一、汇总记账凭证账务处理程序的基本内容

汇总记账凭证账务处理程序的特点也是"先汇总、再登记"，即总分类账的登记依据是汇总记账凭证。

### （一）汇总记账凭证账务处理程序的记账凭证与账簿组织

汇总记账凭证账务处理程序也是在记账凭证账务处理程序的基础上发展和演变而来的，采用的记账凭证和账簿组织基本相同。

1. 记账凭证

在汇总记账凭证账务处理程序下，只能采用专用记账凭证（收款凭证、付款凭证和转账凭证），并增设汇总收款凭证、汇总付款凭证和汇总转账凭证。

2. 账簿组织

汇总记账凭证账务处理程序的账簿组织与记账凭证账务处理程序基本相同。序时账设库存现金日记账和银行存款日记账，其格式可采用三栏式或多栏式；分类账设置总分类账（三栏式）和各种明细分类账（三栏式、多栏式、数量金额式、横线登记式）。

(二) 汇总记账凭证的编制

汇总记账凭证也是一种记账凭证，它是按会计账户的对应关系，根据收款凭证、付款凭证和转账凭证的种类，采用一定的方法定期汇总编制而成的。记账凭证的种类不同，汇总记账凭证的编制方法也有所不同。汇总记账凭证可以每汇总一次即编制一张，也可定期汇总，每月编制一张。

1. 汇总收款凭证的编制

按专用凭证中的收款凭证汇总，根据库存现金或银行存款的收款凭证，按库存现金或银行存款科目的借方分别设置，并按贷方科目（即收款凭证上会计分录中"库存现金"或"银行存款"的对应科目）加以归类汇总、定期编制。可以根据每次的汇总数分次登记库存现金或银行存款总分类账的借方以及各个对应账户的贷方；也可以于月份终了，计算出汇总收款凭证的合计数后，分别登记库存现金或银行存款总分类账的借方以及各个对应账户的贷方。格式如表 10-13 所示。

表 10-13　汇总收款凭证

借方科目：　　　　　　　　　　　　　年　　月　　　　　　　　　　　汇收字第　号

| 贷方账户 | 金额 | | | | 总分类账页数 | |
|---|---|---|---|---|---|---|
| | 1—10 日<br>收款凭证<br>号至　号 | 11—20 日<br>收款凭证<br>号至　号 | 21—31 日<br>收款凭证<br>号至　号 | 合计 | 借方 | 贷方 |
| | | | | | | |
| | | | | | | |
| 合计 | | | | | | |

2. 汇总付款凭证的编制

按专用凭证中的付款凭证汇总，根据库存现金或银行存款的付款凭证，按库存现金或银行存款科目的贷方分别设置，并按借方科目（即付款凭证上会计分录中"库存现金"或"银行存款"的对应科目）加以归类汇总、定期编制。可以根据每次的汇总数分次登记库存现金或银行存款总分类账的贷方以及各个对应账户的借方；也可以于月份终了，计算出汇总付款凭证的合计数后，分别登记库存现金或银行存款总分类账的贷方，以及各个对应账户的借方。格式如表 10-14 所示。

表 10-14　汇总付款凭证

贷方科目：　　　　　　　　　　　　　年　月　　　　　　　　　　　汇付字第　号

| 借方账户 | 金额 | | | | 总分类账页数 | |
| --- | --- | --- | --- | --- | --- | --- |
| | 1—10日付款凭证号至号 | 11—20日付款凭证号至号 | 21—31日付款凭证号至号 | 合计 | 借方 | 贷方 |
|  |  |  |  |  |  |  |
|  |  |  |  |  |  |  |
| 合计 |  |  |  |  |  |  |

需注意：在汇总收付款凭证时，库存现金和银行存款之间的相互划转业务，应以付款凭证为依据进行汇总。

### 3. 汇总转账凭证的编制

按专用凭证中的转账凭证汇总，根据转账凭证按每个科目的贷方分别设置，并按对应的借方科目归类汇总、定期编制。可以根据每次的汇总数分次登记各有关总分类账的借方或贷方；也可以于月份终了，计算出汇总转账凭证的合计数后，分别登记各有关总分类账的借方或贷方。格式如表 10-15 所示。

表 10-15　汇总转账凭证

贷方科目：　　　　　　　　　　　　　年　月　　　　　　　　　　　汇转字第　号

| 借方账户 | 金额 | | | | 总分类账页数 | |
| --- | --- | --- | --- | --- | --- | --- |
| | 1—10日转账凭证号至号 | 11—20日转账凭证号至号 | 21—31日转账凭证号至号 | 合计 | 借方 | 贷方 |
|  |  |  |  |  |  |  |
|  |  |  |  |  |  |  |
| 合计 |  |  |  |  |  |  |

为了便于汇总记账凭证的编制（特别是汇总转账凭证），日常编制转账凭证时，应使账户的对应关系保持一个贷方账户与一个或几个借方账户相对应，尽量避免一个借方账户或几个借方账户与几个贷方账户相对应。即编制的会计分录应为一借一贷或一贷多借，尽量避免一借多贷或多借多贷，否则会造成会计账户之间的对应关系模糊难辨，给汇总记账凭证的编制带来不便。对于一借多贷或多借多贷的会计分录，可以将金额进行拆分，以保证账户对应关系的明晰，且便于按贷方科目汇总。

### （三）汇总记账凭证账务处理程序的核算步骤

汇总记账凭证账务处理程序是在记账凭证账务处理程序的基础上，增加了编制汇总记账凭证的步骤。其核算步骤如图 10-4 所示。

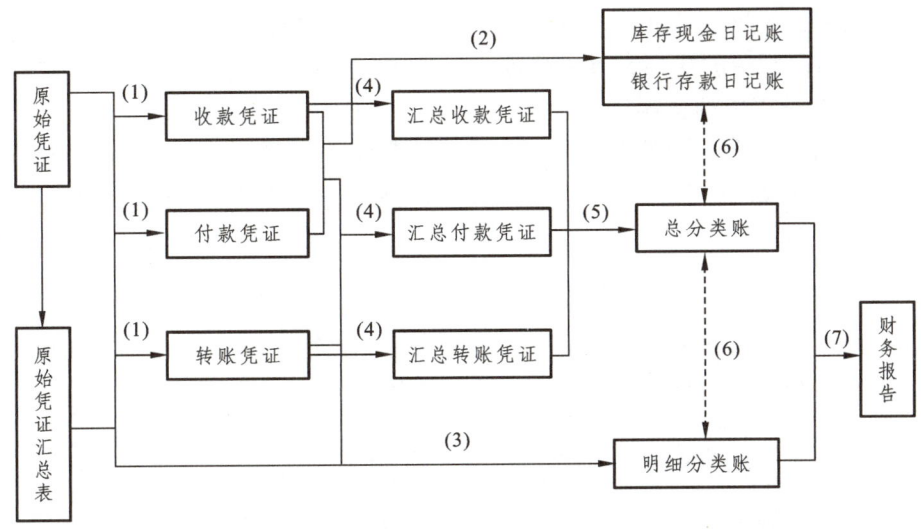

图 10-4 汇总记账凭证账务处理程序

（1）根据原始凭证或原始凭证汇总表，填制收款凭证、付款凭证和转账凭证。
（2）根据收款凭证和付款凭证逐日逐笔顺序登记库存现金日记账和银行存款日记账。
（3）根据记账凭证及所附原始凭证或原始凭证汇总表逐笔登记明细分类账。
（4）根据收款凭证、付款凭证和转账凭证定期编制汇总收款凭证、汇总付款凭证和汇总转账凭证。
（5）根据汇总收款凭证、汇总付款凭证和汇总转账凭证登记总分类账。
（6）按照对账的要求，将总分类账与日记账、明细分类账相核对。
（7）期末，根据审核无误的总分类账和明细分类账编制财务报表。

## 二、汇总记账凭证账务处理程序的优缺点和适用范围

编制汇总记账凭证的目的也是对总分类账进行汇总登记，其特点是定期（5天或10天或15天）根据记账凭证编制汇总收款凭证、汇总付款凭证、汇总转账凭证，然后根据汇总记账凭证登记总分类账，即根据汇总记账凭证中的汇总数分次或月末一次计入相应的总分类账。可见，汇总记账凭证账务处理程序具有以下优缺点：

### （一）汇总记账凭证账务处理程序的优点

（1）可以清晰地反映账户之间的对应关系。汇总记账凭证是按照账户对应关系根据专用记账凭证进行归类汇总编制的，能够清晰地反映账户之间的对应关系，便于进行经济业务的分析和检查。
（2）可以减轻登记总分类账的工作量。根据汇总记账凭证上有关账户的汇总发生额，在月中定期或月末一次性登记总分类账，可以减轻登记总分类账的工作量。

### （二）汇总记账凭证账务处理程序的缺点

（1）定期编制汇总记账凭证的工作量比较大。对发生的经济业务首先要填制专用记账凭证，再定期分类对专用记账凭证进行汇总，编制作为登记总分类账依据的汇总记账凭证，增加了编制汇总记账凭证这一工作环节，且工作量较大。

（2）难以发现汇总过程中发生的失误。编制汇总记账凭证是一项较为复杂的工作，容易产生汇总错误，但汇总记账凭证本身不能反映相关数字之间的平衡关系，不能进行试算平衡，以致难以发现汇总过程中的错误。

（3）不利于日常核算工作的合理分工。汇总转账凭证是按每一贷方科目分别编制的，不是按经济业务的性质进行归类，因此不利于日常核算工作的合理分工，也不能编制一借多贷或多借多贷的会计分录。

### （三）汇总记账凭证账务处理程序的适用范围

汇总记账凭证账务处理程序一般适用于规模较大、业务较多、会计分工较细的会计主体，特别是收付款业务较多，但转账业务较少的会计主体。

## 三、汇总记账凭证账务处理程序应用案例

仍以第二节的案例为例。其中，（1）（2）（3）前3个步骤的处理与记账凭证账务处理程序相同。

（4）根据记账凭证编制汇总记账凭证。以银行存款汇总收款凭证、汇总付款凭证、汇总转账凭证为例，详见表10-16~表10-18，其余略。

表10-16　汇总收款凭证

借方科目：银行存款　　　　　　　　　2024年10月　　　　　　　　　汇收字第　　号

| 贷方账户 | 金额 | | | | 总分类账页数 | |
| --- | --- | --- | --- | --- | --- | --- |
| | 1—10日<br>收款凭证<br>1号至　号 | 11—20日<br>收款凭证<br>　号至　号 | 21—31日<br>收款凭证<br>　号至　号 | 合　计 | 借方 | 贷方 |
| 主营业务收入 | 100 000 | | | 100 000 | 略 | 略 |
| 应交税费 | 13 000 | | | 13 000 | | |
| | | | | | | |
| 合计 | 113 000 | | | 113 000 | | |

表10-17　汇总付款凭证

贷方科目：银行存款　　　　　　　　　2024年10月　　　　　　　　　汇付字第　　号

| 借方账户 | 金额 | | | | 总分类账页数 | |
| --- | --- | --- | --- | --- | --- | --- |
| | 1—10日<br>付款凭证<br>1号至3号 | 11—20日<br>付款凭证<br>　号至　号 | 21—31日<br>付款凭证<br>　号至　号 | 合　计 | 借方 | 贷方 |
| 在途物资 | 15 000 | | | 15 000 | 略 | 略 |
| 应交税费 | 1 820 | | | 1 820 | | |
| 销售费用 | 2 000 | | | 2 000 | | |
| 库存现金 | 43 000 | | | 43 000 | | |
| 合计 | 61 820 | | | 61 820 | | |

表 10-18　汇总转账凭证

贷方科目：生产成本　　　　　　　　2024 年 10 月　　　　　　　　汇转字第　号

| 借方账户 | 金额 | | | | 总分类账页数 | |
|---|---|---|---|---|---|---|
| | 1—10 日<br>转账凭证<br>号至　号 | 11—20 日<br>转账凭证<br>号至　号 | 21—31 日<br>转账凭证<br>号至　号 | 合　计 | 借方 | 贷方 |
| 库存商品 | | | 50 620 | 50 620 | 略 | 略 |
| | | | | | | |
| 合　计 | | | 50 620 | 50 620 | | |

（5）根据各种汇总记账凭证登记总分类账。（略）

（6）按照对账的要求，将总分类账与日记账、明细分类账相核对。（略）

（7）期末，根据总分类账和明细分类账编制财务报表。（略）

科目汇总表的作用与汇总记账凭证的作用相同，都可以简化总分类账的登记工作，但它们的汇总方法不同，产生的结果也不同。科目汇总表是定期汇总计算每一账户的借方发生额和贷方发生额，并不考虑账户的对应关系，全部账户的借、贷方发生额可以汇总在一张表内，能进行试算平衡。但科目汇总表和据此登记的总分类账都不能反映各账户间的对应关系，所以不便于了解经济业务的具体内容。汇总记账凭证是定期以每一账户的贷方（或借方），分别按与其对应的借方（或贷方）账户汇总发生额，不便于进行试算平衡，但汇总记账凭证和据此登记的总分类账都能反映各账户间的对应关系，便于了解经济业务的具体内容。

## 第五节　多栏式日记账账务处理程序

多栏式日记账账务处理程序是指对发生的经济业务，先根据原始凭证或原始凭证汇总表编制收款凭证、付款凭证和转账凭证，再根据收款凭证、付款凭证逐笔登记多栏式日记账。对于转账业务，若转账凭证较多，也可根据转账凭证编制转账凭证科目汇总表，然后根据多栏式日记账和转账凭证或转账凭证科目汇总表登记总分类账。

### 一、多栏式日记账账务处理程序的基本内容

#### （一）多栏式日记账账务处理程序的记账凭证与账簿组织

多栏式日记账账务处理程序的记账凭证和账簿组织与记账凭证账务处理程序基本相同。

1. 记账凭证

在多栏式日记账账务处理程序下，记账凭证采用专用记账凭证（收款凭证、付款凭证、转账凭证），可增设转账凭证科目汇总表。

## 2. 账簿组织

多栏式日记账账务处理程序的账簿组织与记账凭证账务处理程序基本相同。序时账设库存现金日记账和银行存款日记账，其格式采用多栏式，如表 10-19 所示；也可分别设置多栏式库存现金（银行存款）收入日记账、库存现金（银行存款）支出日记账，如表 10-20 和表 10-21 所示。分类账设置总分类账（三栏式或多栏式）和各种明细分类账（三栏式、多栏式、数量金额式、横线登记式）。

表 10-19 银行存款日记账

| 2024 年 | | 凭证号数 | 摘要 | 收入 | | | 支出 | | | | | 余额 |
|---|---|---|---|---|---|---|---|---|---|---|---|---|
| 月 | 日 | | | 主营业务收入 | 应交税费 | 合计 | 在途物资 | 销售费用 | 应交税费 | 库存现金 | 合计 | |
| 10 | 01 | | 期初余额 | | | | | | | | | |
| | 01 | 银付 01 | 采购材料 | | | | 15 000 | | 1 820 | | 16 820 | |
| | 06 | 银收 01 | 销售产品 | 100 000 | 13 000 | 113 000 | | | | | | |
| | 09 | 银付 02 | 付广告费 | | | | | 2 000 | | | 2 000 | |
| | 10 | 银付 03 | 提现 | | | | | | | 43 000 | 43 000 | |
| 10 | 31 | | 本月合计 | 100 000 | 13 000 | 113 000 | 15 000 | 2 000 | 1 820 | 43 000 | 61 820 | |

表 10-20 库存现金（银行存款）收入日记账

| 年 | | 收款凭证号数 | 摘 要 | 贷方科目 | | 支出合计 | 金额 |
|---|---|---|---|---|---|---|---|
| 月 | 日 | | | | 收入合计 | | |
| | | | | | | | |
| | | | | | | | |

表 10-21 库存现金（银行存款）支出日记账

| 年 | | 收款凭证号数 | 摘 要 | 借方科目 | | 收入合计 | 金额 |
|---|---|---|---|---|---|---|---|
| 月 | 日 | | | | 支出合计 | | |
| | | | | | | | |
| | | | | | | | |

### （二）多栏式日记账账务处理程序的核算步骤

在多栏式日记账账务处理程序下，若转账凭证较多，则需要在记账凭证账务处理程序的基础上，增加编制转账凭证科目汇总表的步骤。其核算步骤如图 10-5 所示。

（1）根据原始凭证或原始凭证汇总表填制收款凭证、付款凭证、转账凭证。

（2）根据收款凭证和付款凭证逐日逐笔顺序登记多栏式库存现金和银行存款日记账。

（3）根据记账凭证和原始凭证（或原始凭证汇总表）逐笔登记各种明细分类账。

（4）根据转账凭证编制转账凭证科目汇总表。

（5）根据多栏式日记账和转账凭证或转账凭证科目汇总表登记总分类账。

（6）按照对账的要求，定期将总分类账与日记账、明细分类账相核对。

（7）期末，根据审核无误的总分类账和明细分类账编制财务报表。

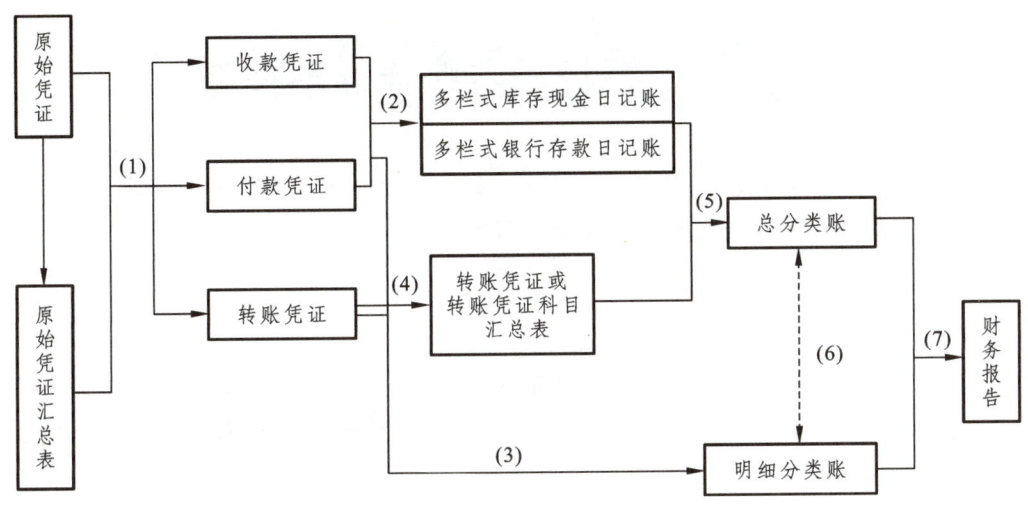

图 10-5 多栏式日记账账务处理程序

## 二、多栏式日记账账务处理程序的优缺点和适用范围

多栏式日记账账务处理程序的特点是根据多栏式日记账（库存现金日记账和银行存款日记账）以及转账凭证或转账凭证科目汇总表登记总分类账。可见，多栏式日记账账务处理程序具有以下优缺点：

### （一）多栏式日记账账务处理程序的优点

（1）减少凭证的汇总环节。多栏式日记账具有汇总收、付款凭证的作用，减少了记账凭证的归类和汇总工作。

（2）账户的对应关系明确。多栏式日记账按账户的对应关系设置专栏，便于分析和检查与收付款相关的经济业务。

（3）简化了总分类账的登记工作。根据多栏式日记账和转账凭证科目汇总表登记总分类账，减轻了总账的工作量。

### （二）多栏式日记账账务处理程序的缺点

（1）总账对日记账无法控制。由于"库存现金"和"银行存款"的总账是根据多栏式日记账登记的，总账对日记账不能发挥控制作用。

（2）不利于账簿登记。若企业的经济业务量较多且复杂，多栏式日记账的专栏（会计科目的数量）会较多，账页篇幅过大，不利于会计人员登记账簿。

### （三）多栏式日记账账务处理程序的适用范围

多栏式日记账账务处理程序适用于规模较小、运用的会计科目较少，但收支业务较多的会计主体。

## 第六节 日记总账账务处理程序

日记总账账务处理程序是指对发生的经济业务，先根据原始凭证或原始凭证汇总表编制记账凭证，再根据记账凭证逐笔顺序登记日记总账的一种账务处理程序。

### 一、日记总账账务处理程序的基本内容

在日记总账账务处理程序下，所有账务都必须在日记总账中进行登记，既要顺序登记，又要分科目进行总分类核算，所以既是日记账，又是总分类账，是一种兼具序时账和分类账的联合账簿。

#### （一）记账凭证和账簿组织

日记总账账务处理程序的账簿组织与记账凭证账务处理程序的基本相同。

1. 记账凭证

记账凭证可采用专用记账凭证或通用记账凭证。

2. 账簿组织

除日记总账（见表 10-22）外，账簿的设置与前几种基本相同。序时账设库存现金日记账和银行存款日记账，其格式采用三栏式或多栏式；分类账设置多栏式的日记总账和各种明细分类账。明细分类账根据需要可采用三栏式、多栏式、数量金额式、横线登记式。

表 10-22 日记总账

| 年 | | 凭证 | | 摘要 | 发生额 | 库存现金 | | 银行存款 | | 应收账款 | | ... |
|---|---|---|---|---|---|---|---|---|---|---|---|---|
| 月 | 日 | 字 | 号 | | | 借 | 贷 | 借 | 贷 | 借 | 贷 | |
| | | | | | | | | | | | | |
| | | | | | | | | | | | | |

#### （二）日记总账账务处理程序的核算步骤

日记总账账务处理程序的核算步骤如图 10-6 所示，具体包括：
（1）根据原始凭证或原始凭证汇总表填制记账凭证。
（2）根据收款凭证和付款凭证逐日逐笔顺序登记库存现金和银行存款日记账。
（3）根据记账凭证和原始凭证（或原始凭证汇总表）逐笔登记各种明细分类账。
（4）根据各种记账凭证逐笔登记日记总账。
（5）按照对账的要求，定期将日记总账与库存现金和银行存款日记账、明细分类账相核对。
（6）期末，根据日记总账和明细分类账编制财务报表。

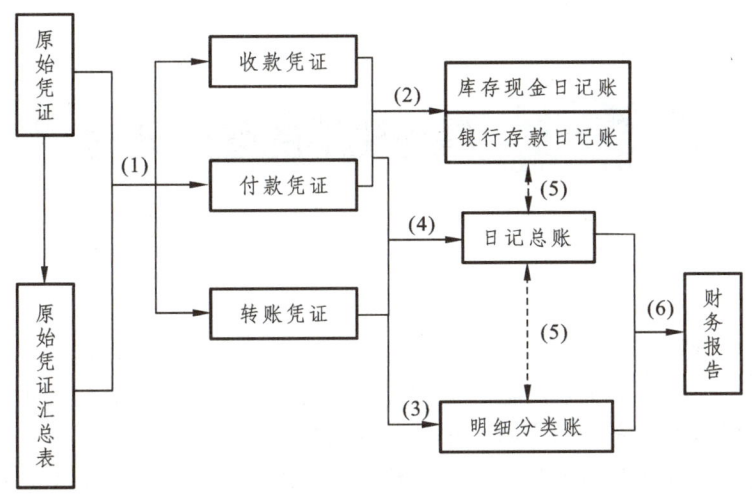

图 10-6　日记总账账务处理程序

## 二、日记总账账务处理程序的优缺点和适用范围

日记总账账务处理程序的特点是设置日记总账，直接根据记账凭证逐笔顺序登记日记总账。可见，日记总账账务处理程序具有以下优缺点：

### （一）日记总账账务处理程序的优点

在日记总账账务处理程序下，日记账与总分类账相结合，简化了总账的登记手续，易于掌握和操作，能集中反映经济业务的全貌，可在同一账页中体现账户对应关系，能够进行试算平衡，便于进行会计检查和分析。

### （二）日记总账账务处理程序的缺点

在日记总账账务处理程序下，全部账户集中在一张账页上，如果会计主体使用的会计科目过多，账页会较大，不利于记账和查阅，也不便于会计人员的业务分工，且登记日记总账的工作量较大。

### （三）日记总账账务处理程序的适用范围

日记总账账务处理程序适用于规模较小、业务简单、账户数量少的小型会计主体。但在会计电算化的企业，账簿登记等工作由计算机完成，因而能克服这种账务处理程序的缺点，所以一些大中型企业也可以采用日记总账账务处理程序。

在实际工作中，上述各种账务处理程序经常结合运用。比如：采用汇总记账凭证账务处理程序时，如果转账业务不多，可以直接根据转账凭证登记总分类账，而不必编制汇总转账凭证，从而结合运用记账凭证账务处理程序和汇总记账凭证账务处理程序。总之，各会计主体要根据自身的具体情况，选择和运用适合本单位的账务处理程序，既要有利于提高会计核算工作的质量和效率，又必须满足经济管理的需要。

## 第七节 信息化下的账务处理

### 一、会计信息化概述

会计信息化是指将会计信息作为管理信息资源,通过全面运用计算机、网络通信为主的信息技术对其进行获取、加工、传输、应用等处理的行为。会计信息化为企业经营管理、控制决策和经济运行提供了充足、实时、全方位的信息。

会计信息化是信息社会的产物,它将计算机、网络、通信等先进的信息技术引入会计学科,与传统的会计工作相结合。会计信息化还包含会计基本理论信息化、会计实务信息化、会计教育信息化、会计管理信息化等更深的内容。

处于会计核算信息化阶段的企业,应当结合自身情况,逐步实现资金管理、资产管理、预算控制、成本管理等财务管理信息化。

处于财务管理信息化阶段的企业,应当结合自身情况,逐步实现财务分析、全面预算管理、风险控制、绩效考核等决策支持信息化。

分公司、子公司数量多、分布广的大型企业、企业集团应当探索利用信息技术促进会计工作的集中,逐步建立财务共享服务中心。

### 二、信息化下的会计账务处理

信息化下的会计账务处理是通过会计软件完成的。会计软件是指企业使用的,专门用于会计核算、财务管理的计算机软件、软件系统或者其功能模块,包括指挥计算机进行会计核算与管理工作的程序、存储数据以及有关资料。

#### (一)会计软件的功能

会计软件一般具有以下功能:
(1)为会计核算和财务管理直接采集数据。
(2)生成会计凭证、账簿、报表等会计资料。
(3)对会计资料进行转换、输出、分析、利用。

#### (二)会计信息化对会计软件的要求

(1)企业使用的会计软件应当保障企业按照国家统一会计准则开展会计核算,设定了经办、审核、审批等必要的审签程序,能够有效防止电子会计凭证重复入账,并不得有违背国家统一会计准则的功能设计。

(2)企业使用的会计软件的界面应当使用中文并且提供对中文处理的支持,可以同时提供外国或者少数民族文字界面对照和处理支持。

（3）企业使用的会计软件应当提供符合国家统一会计准则的会计科目分类和编码功能。

（4）企业使用的会计软件应当提供符合国家统一会计准则的会计凭证、账簿、报表的显示和打印功能。

（5）企业使用的会计软件应当提供不可逆的记账功能，确保对同类已记账凭证的连续编号，不得提供对已记账凭证的删除和插入功能，不得提供对已记账凭证日期、金额、科目和操作人的修改权限。

（6）企业使用的会计软件应当具有符合国家统一标准的数据接口，满足外部会计监督需要。

（7）企业使用的会计软件应当具有会计资料归档功能，提供导出会计档案的接口，在会计档案存储格式、元数据采集、真实性与完整性保障方面，符合国家有关电子文件归档与电子档案管理的要求。

（8）企业使用的会计软件应当记录生成用户操作日志，确保日志的安全、完整，提供按操作人员、操作时间和操作内容查询日志的功能，并能以简单易懂的形式输出。

### （三）会计信息化下会计资料保管

（1）企业会计信息系统数据服务器的部署应当符合国家有关规定。数据服务器部署在境外的，应当在境内保存会计资料备份，备份频率不得低于每月一次。境内备份的会计资料应当能够在境外服务器不能正常工作时，独立满足企业开展会计工作的需要以及外部会计监督的需要。

（2）企业会计资料中对经济业务事项的描述应当使用中文，可以同时使用外国或者少数民族文字对照。

（3）企业应当建立电子会计资料备份管理制度，确保会计资料的安全、完整和会计信息系统的持续、稳定运行。

（4）企业电子会计档案的归档管理，应当符合《会计档案管理办法》等法规规章的规定。

（5）实行会计集中核算的企业以及企业分支机构，应当为外部会计监督机构及时查询和调阅异地储存的会计资料提供必要条件。

（6）企业不得在非涉密信息系统中存储、处理和传输涉及国家秘密、关系国家经济信息安全的电子会计资料；未经有关主管部门批准，不得将电子会计资料及其复印件携带、寄运或者传输至境外。

## 思考与实训练习

### 一、简答题

1. 什么是账务处理程序？常用的是哪几种？
2. 账务处理程序有何设计意义？应遵循哪些原则？
3. 简述记账凭证账务处理程序的步骤、优缺点和适用范围。
4. 简述科目汇总表账务处理程序的步骤、优缺点和适用范围。
5. 如何编制科目汇总表？

6. 简述汇总记账凭证账务处理程序的步骤、优缺点和适用范围。

7. 如何编制汇总记账凭证？

8. 不同账务处理程序的特点是什么？

9. 科目汇总表账务处理程序与汇总记账凭证账务处理程序有何异同？

## 二、单项选择题

1. 在下列核算程序中，被称为最基本会计核算程序的是（　　）。
   A. 记账凭证核算程序　　　　　　B. 汇总记账凭证核算程序
   C. 科目汇总表核算程序　　　　　D. 日记总账核算程序

2. 汇总付款凭证是按（　　）。
   A. 收款凭证上的借方科目定期汇总　　B. 收款凭证上的贷方科目定期汇总
   C. 付款凭证上的借方科目定期汇总　　D. 付款凭证上的贷方科目定期汇总

3. 汇总记账凭证核算程序的特点是（　　）。
   A. 根据各种汇总记账凭证登记明细账
   B. 根据各种记账凭证登记总账
   C. 根据各种汇总记账凭证登记日记账
   D. 根据各种汇总记账凭证登记总账

4. 记账凭证账务处理程序适用于（　　）。
   A. 规模小且业务量较少的经济单位　　B. 经济业务较多的单位
   C. 经济业务量较复杂的单位　　　　　D. 规模大、经济业务较多的单位

5. 在记账凭证账务处理程序下，日记账和总分类账均可采用（　　）。
   A. 多栏式　　　B. 三栏式　　　C. 活页式　　　D. 数量金额式

6. 记账凭证核算程序下，登记总分类账的根据是（　　）。
   A. 记账凭证　　　　　　B. 汇总记账凭证
   C. 科目汇总表　　　　　D. 原始凭证

7. 科目汇总表核算程序的特点是（　　）。
   A. 根据各种记账凭证登记总账　　　　B. 根据科目汇总表登记总账
   C. 根据汇总记账凭证登记总账　　　　D. 根据科目汇总表登记明细账

8. 科目汇总表的基本编制方法是（　　）。
   A. 按照不同会计科目进行归类定期汇总
   B. 按照相同会计科目进行归类定期汇总
   C. 按照借方会计科目进行归类定期汇总
   D. 按照贷方会计科目进行归类定期汇总

9. 各种账务处理程序之间的主要区别是（　　）。
   A. 总账的格式不同　　　　　B. 会计凭证的种类不同
   C. 登记总账的依据不同　　　D. 编制会计报表的依据不同

10. 汇总记账凭证应按（　　）定期汇总编制。
    A. 账户对应关系　　　　B. 每十天
    C. 每月　　　　　　　　D. 会计凭证

11. 科目汇总表与汇总记账凭证都属于（　　）。
    A. 原始凭证　　　　　　　　　　B. 汇总原始凭证
    C. 记账凭证　　　　　　　　　　D. 汇总记账凭证
12. 科目汇总表的缺点是不能反映（　　）。
    A. 借方发生额　　　　　　　　　B. 贷方发生额
    C. 账户对应关系　　　　　　　　D. 借贷方发生额
13. 在各种账务处理程序中，相同的是（　　）。
    A. 登记总账的依据　　　　　　　B. 登记明细账的依据
    C. 账务处理程序　　　　　　　　D. 优缺点和适用范围
14. 编制科目汇总表的直接依据是（　　）。
    A. 原始凭证　　　　　　　　　　B. 原始凭证汇总表
    C. 记账凭证　　　　　　　　　　D. 汇总记账凭证
15. 下列关于科目汇总表的表述，错误的是（　　）。
    A. 科目汇总表不便于对账
    B. 科目汇总表能减轻登记总账的工作量
    C. 科目汇总表能清晰反映账户的对应关系
    D. 科目汇总表具有试算平衡的作用
16. 编制科目汇总表时汇总的范围是（　　）。
    A. 全部科目的借方余额　　　　　B. 全部科目的贷方余额
    C. 全部科目的借、贷方余额　　　D. 全部科目的借、贷方发生额
17. 下列凭证中，不能作为登记总账依据的是（　　）。
    A. 记账凭证　　B. 原始凭证　　C. 科目汇总表　　D. 汇总记账凭证

### 三、多项选择题

1. 记账凭证账务处理程序需要设置的凭证有（　　）。
    A. 收款凭证　　B. 科目汇总表　　C. 付款凭证　　D. 转账凭证
2. 以记账凭证为依据，按有关科目的贷方设置，按借方科目归类汇总的是（　　）。
    A. 汇总收款凭证　　　　　　　　B. 汇总付款凭证
    C. 汇总转账凭证　　　　　　　　D. 科目汇总表
3. 科目汇总表能够（　　）。
    A. 作为登记总账的依据　　　　　B. 起到试算平衡的作用
    C. 反映各账户之间的对应关系　　D. 减少登记总账的工作量
4. 科目汇总表账务处理程序可以设置（　　）。
    A. 三栏式总账　　　　　　　　　B. 数量金额式明细账
    C. 多栏式明细账　　　　　　　　D. 通用记账凭证
5. 企业登记总账的依据有（　　）。
    A. 记账凭证　　B. 科目汇总表　　C. 汇总记账凭证　　D. 多栏式日记账
6. 记账凭证账务处理程序下，登记总账的依据是（　　）。
    A. 付款凭证　　B. 转账凭证　　C. 收款凭证　　D. 记账凭证汇总表

7. 在汇总记账凭证账务处理程序下，登记总分类账的依据是（　　）。
   A. 汇总收款凭证　　　　　　　　B. 汇总付款凭证
   C. 汇总转账凭证　　　　　　　　D. 汇总原始凭证
8. 记账凭证核算程序的优点有（　　）。
   A. 能够清晰地反映账户之间的对应关系
   B. 总账登记方法易于掌握
   C. 总账能够详细地反映经济业务的发生情况
   D. 可以减轻总账登记的工作量
9. 各种不同账务处理程序的相同点有（　　）。
   A. 根据原始凭证或原始凭证汇总表编制记账凭证
   B. 根据记账凭证逐笔登记总账
   C. 根据总账或明细账编制会计报表
   D. 根据记账凭证或原始凭证登记明细账
10. 记账凭证账务处理程序一般适用于（　　）的企业和单位。
    A. 规模小　　　　　　　　　　　B. 规模大
    C. 经济业务较少　　　　　　　　D. 经济业务较多
11. 账务处理程序是（　　）相结合的方法和步骤。
    A. 会计凭证　　B. 会计账簿　　C. 财务报表　　D. 科目汇总表
12. 为便于汇总转账凭证的编制，日常会计分录的形式最好是（　　）。
    A. 一借一贷　　B. 一借多贷　　C. 多借一贷　　D. 多借多贷
13. 适用于生产经营规模较大、业务量较多企业的账务处理程序是（　　）。
    A. 汇总记账凭证账务处理程序　　B. 科目汇总表账务处理程序
    C. 记账凭证账务处理程序　　　　D. 日记总账账务处理程序

### 四、判断题

1. 各种账务处理程序的主要区别是登记总账的依据和方法不同。　　　　　　（　　）
2. 记账凭证账务处理程序是最基本的会计核算程序。　　　　　　　　　　　（　　）
3. 科目汇总表可以试算平衡，也可以反映账户之间的对应关系。　　　　　　（　　）
4. 汇总记账凭证能体现账户之间的对应关系，但无试算平衡的作用。　　　　（　　）
5. 科目汇总表核算程序以科目汇总表为依据，直接登记总账和明细账。　　　（　　）
6. 各种账务处理程序中的明细账和日记账都是直接根据记账凭证登记的。　　（　　）
7. 各种账务处理程序中的日记账登记依据都是相同的。　　　　　　　　　　（　　）
8. 日记总账是一种兼具序时账簿和分类账簿两种功能的联合账簿。　　　　　（　　）
9. 科目汇总表是编制财务报告的主要依据。　　　　　　　　　　　　　　　（　　）
10. 填制记账凭证是各种核算程序所共有的步骤。　　　　　　　　　　　　（　　）
11. 采用的账务处理程序不同，编制财务报表的依据也不相同。　　　　　　（　　）
12. 同一企业可将几种不同的账务处理程序结合使用。　　　　　　　　　　（　　）
13. 企业会计循环一般都是在一定会计期间内完成的。　　　　　　　　　　（　　）
14. 科目汇总表的作用与汇总记账凭证相似，但它们的结构和填制方法不同。（　　）

### 五、实训题

[目的]练习科目汇总表账务处理程序。

[资料]第六章实训题和第七章实训二相关资料。

[要求]根据第六章实训题所填制的记账凭证编制科目汇总表,并根据科目汇总表和期初余额资料登记"库存现金""银行存款""原材料""应收账款""应付账款"5个账户的总账。(为学生发放所需要的账页和科目汇总表)

# 参考文献

[1] 中华人民共和国财政部. 企业会计准则[M]. 上海：立信会计出版社，2024.

[2] 中华人民共和国财政部. 企业会计准则案例讲解[M]. 上海：立信会计出版社，2024.

[3] 臧红文. 会计学基础[M]. 3版. 北京：北京大学出版社，2020.

[4] 李占国. 基础会计[M]. 4版. 北京：高等教育出版社，2021.

[5] 周传丽，张程睿. 会计学原理[M]. 北京：高等教育出版社，2022.

[6] 财政部会计财务评价中心. 初级会计实务[M]. 北京：经济科学出版社，2023.

思考与实训练习参考答案